청동기
青銅器
中國 西安(長安)의 문화유산

Xi'an Relics Essence_Bronze Wares

초판인쇄 2015년 7월 10일
초판발행 2015년 7월 10일

엮은이 시안시문물보호고고학연구소
옮긴이 중국문물전문번역팀
펴낸이 채종준
진 행 박능원
기 획 지성영
편 집 박선경 · 이정수
디자인 조은아
마케팅 황영주 · 한의영

펴낸곳 한국학술정보(주)
주 소 경기도 파주시 회동길 230(문발동513-5)
전 화 031-908-3181(대표)
팩 스 031-908-3189
홈페이지 http://ebook.kstudy.com
E-mail 출판사업부 publish@kstudy.com
등 록 제일산-115호(2000. 6. 19)

ISBN 978-89-268-6989-5 94910
978-89-268-6263-6 (전11권)

한국학술정보(주)의 학술 분야 출판 브랜드입니다.

시안시문물보호고고학연구소 엮음
중국문물전문번역팀 옮김

한국학술정보

추천사

한눈에 보는 중국 시안(西安, 長安)의 문화유산

시안(西安, 長安)은 중국 고대문명의 발상지로 역사상 13왕조의 왕도인바 중국 전통문화의 산실이라고 할 수 있다. 주(周)·진(秦)·한(漢)·당(唐)나라 등의 수도로서 청동기(靑銅器)를 비롯한 각종 옥기(玉器)와 금은기(金銀器), 불교조각상(佛敎彫刻像), 당삼채(唐三彩), 도용(陶俑), 자기(瓷器), 회화(繪畵), 서예(書藝) 등 수많은 문화유산을 남기고 있다. 그러나 이러한 문화유산은 여러 박물관이나 문화재연구소에서 분산 소장하고 있어 한눈에 감상할 수가 없다.

시안을 답사했을 때 중국의 지역연구기관으로서 시안 지역의 유적·왕릉·건축물 등 역사문화유적의 보호와 연구를 담당하고 있는 시안시문물보호고고소(西安市文物保護考古所)에서 정리하고, 세계도서출판시안공사(世界圖書出判西安公司)에서 발행한『西安文物精華(시안문물정화)』를 접한 바 있다. 이번에 출간된『中國 西安(長安)의 문화유산』시리즈는 이를 번역·출판한 것으로, 이를 통하여 시안의 문화유산을 한눈에 감상할 수 있게 되었다. 이 책은 전문가들이 몇 년간에 걸쳐 시안의 문화유산 가운데 에센스를 선정, 회화·금은기·옥기·당삼채·불교조각상·자기·청동거울·도용·청동기·서예·도장(圖章) 등으로 분류하여 집대성한 것이다. 중국어를 해득하지 못하는 이들을 위해 각종 문화유산에 대한 상세한 해설을 실어 이해를 돕고 있으며, 화질이 좋아 원서보다도 선명하게 문화유산을 접할 수 있게 되었다.

특히 회화편은 원서보다도 화질이 선명하여 그림의 색감이 더 살아나며, 청동기와 동경(銅鏡)도 세밀한 부분이 더 입체적으로 드러나고 있다. 회화편의 경우, 그림을 보고 있노라면 한국화의 주제나 기법이 어디서 영향을 받았는지를 확연하게 알 수 있어 한국의 회화를 이해하는 데도 많은 도움이 될 것이다. 청동기와 동경의 경우, 한국의 그것과 공통점과 차이점을 비교해보는 재미를 느낄 수 있으며, 불교조각상과 자기의 경우에도 중국과 한국의 공통점과 차이점을 한눈에 살펴볼 수 있다. 이와 같이『中國 西安(長安)의 문화유산』시리즈는 중국의 문화유산을 감상하고 이해하는 것뿐만 아니라 한국의 문화유산과의 비교를 통하여 두 전통문화 간의 공통점과 차이점을 느낄 수 있다.

실크로드의 기점인 시안은 중국뿐만 아니라 서역의 많은 문화유산을 소장하고 있으나 이곳의 문화유산을 감상하려면 박물관이나 미술관에 직접 가야만 하고, 중요한 유물을 모두 보기 위해선 여러 번 발품을 팔아야 한다. 이에『中國 西安(長安)의 문화유산』시리즈는 한눈에 중국의 우수한 문화유산을 감상하면서 눈의 호사를 누리고, 중국의 전통문화를 제대로 이해하는 계기가 될 것이다.

2015년
前 문화체육관광부 장관
現 고려대학교 한국사학과 교수
최광식

중국 시안(西安, 長安)의 유구한 역사를 보여주다

시안(西安, 長安)은 중국의 역사에서 다양한 별명을 갖고 있다. 중화문명의 발상지, 중화민족의 요람, 가장 오래된 도시, 실크로드의 출발지 등이 그것이다. 시안의 6천 년 역사 가운데 왕도(王都, 혹은 皇都)의 역사가 1200년이었다는 사실도 시안을 일컫는 또 다른 이름이 될 수 있다. 즉, 시안은 남전원인(藍田原人)의 선사시대부터 당(唐) 시기 세계 최대의 도시 단계를 거쳐 근대에 이르기까지 중화의 역사, 종교, 군사, 경제, 문화, 학예 등 분야 전반에 걸쳐 가히 대륙의 중심에 서 있어 왔다고 할 수 있다. 그만큼 시안은 역사의 자취가 황토 고원의 두께만큼 두껍고, 황하의 흐름만큼 길다고 할 것이다.

시안시문물보호고고소(西安市文物保護考古所)에서 엮은『西安文物精華(시안문물정화)』 도록 전집은 이와 같은 시안의 유구한 역사와 그 문화사적인 의미를 잘 보여주고 있다. 첫째, 발굴 및 전수되어 온 문화재들이 병마용(兵馬俑), 자기(瓷器), 인장(印章), 서법(書法), 옥기(玉器), 동경(銅鏡), 청동기(青銅器), 회화(繪畫), 불상(佛像), 금은기물(金銀器物) 등 다양할 뿐 아니라, 시안만이 가지는 역사 배경의 특징을 심도 있게 관찰할 수 있는 분야의 문화재가 집중적으로 수록되어 있다. 각 권의 머리말에서 밝히고 있듯이 이 문화재의 일부는 시안 지역의 특징을 이루는 것들을 포함하면서 다른 일부, 예컨대 자기는 당시 전국의 물품들이 집합되어 있어 그 시기 중국 전체의 면모를 보여주기도 한다는 것이다. 둘째, 당 이후 중국 역사의 주된 무대는 강남(江南)으로 옮겨갔다고 할 수 있는데, 이 문화재들은 시안이 여전히 역사와 문화의 중심축에서 크게 벗어나지 않고 있음을 보여준다. 문인 취향의 서법, 인장 및 자기들이 이를 말해준다고 할 수 있다. 셋째, 이 문화재들은 병마용의 경우처럼 대부분이 해당 예술사에서 주로 다루어질 수준의 것들이지만 다른 일부, 예컨대 회화 같은 경우는 그러한 수준에서 다소 벗어난 작품들로 보이기도 한다. 그러나 이 경우 이 문화재들은 해당 예술사 분야에서 대표성을 갖는 작품들이 일류 작가의 범작(凡作)들과 이류 작가의 다른 주제와 기법을 통하여 어떻게 조형적 가치와 대표성을 가질 수 있는가를 되비쳐줌과 동시에 중국적인 조형 의식의 심층을 엿볼 수 있게 한다는 사료적 가치가 있다고 평가할 수 있다.

이러한 시안의 방대하고 의미 있는 문화재를 선명한 화상과 상세한 전문적 설명을 덧붙여 발간한 것을 한국학술정보(주)에서 한국어 번역본으로 출간, 한국의 관련 연구자와 문화 애호가들에게 시의적절하게 제공하게 된 것은 매우 다행스럽고 보람된 일이라 생각한다. 향후 이를 토대로 심도 있는 연구가 진행되고, 이웃 문화권에 대한 일반 독자들의 이해가 깊어질 수 있기를 기대하면서 감상과 섭렵을 적극적으로 추천하는 바이다.

2015년 관악산 자락에서
서울대학교 미학과 교수
박낙규

산시(陝西)는 문물로 이름난 지역이다. 그 중심인 시안시는 바로 주(周), 진(秦), 한(漢), 당(唐)의 도읍지로서 그곳에 매장된 문화재 또한 매우 풍부하다. 시안시문물보호고고소(西安市文物保護考古所)에는 50여 년 동안 출토, 수집한 문물들이 소장되어 있는데 연구 가치가 매우 크다. 최근에 연구소에서는 소장된 문물들을 선별하여 『시안문물정화(西安文物精華)』 시리즈의 출간 계획을 세웠고, 그중 「옥기(玉器)」 편 1권은 이미 2004년 11월에 출간하였다. 지금 「청동기」 편의 출간에 앞서 연구소 소장인 쑨푸시(孫福喜) 박사로부터 서문 의뢰를 받았으니 기꺼이 필을 드는 바이다.

본 연구소에 소장된 청동기는 종류가 다양하고 그 수량도 매우 많지만 그중 일부만 발표되어 그에 대한 학자들의 토론이 있었을 뿐이다. 이를테면 은상(殷商)의 시존(始尊)[을미존(乙未尊)], 서주(西周)의 신왕촌대정(新旺村大鼎), 익과진방정(䜌媧進方鼎), 허남정(許男鼎), 중남부력(仲枏父鬲), 준숙궤(㪤叔簋), 위궤(衛簋), 포우(逋盂), 여복여반(呂服余盤), 전국시대(戰國時代)의 곽대부언(郭大夫甗) 등이 그러하다. 하지만 대부분 문물들은 제대로 된 기록이 없다. 1990년에 왕창치(王長啓) 선생의 논문 「시안시 문물센터에 소장된 상주(商周) 청동기」가 『고고와 문물(考古與文物)』 학회지 제5기(1990년)에 게재되었는데 도합 74점의 문물이 수록되었다. 그러나 지면과 인쇄상의 한계로 말미암아 사진이 선명하지 못한 아쉬움이 있었다. 『시안문물정화(西安文物精華)』 「청동기」 편은 컬러판으로 모두 268점의 기물이 수록되어 있다. 이로써 연구와 감상에 더 좋은 자료를 마련하였고 오랜 기간의 아쉬움을 덜 수 있었다.

이 서적에는 시안시의 주요 유적에서 출토된 문물이 수록되어 있는데 상대(商代)의 라오니우포(老牛坡) 유적지, 시저우(西周) 펑가오(豐鎬) 유적지, 한대(漢代)의 창안청(長安城) 유적지가 주목할 만하다. 여기서 출토된 청동기는 유적지 및 역사적 의의 연구에 참고할 수 있다. 예를 들어, 몇 년 전 시베이대학(西北大學) 류시에(劉士莪) 교수가 쓴 「라오니우포(老牛坡) 발굴 보고서」에는 이 방면에 관한 자료들을 수록함으로써 유적에 대한 인식을 풍부히 하였다.

책 속의 여러 문물을 통해 독자들 스스로 고고학과 예술적 연구가 가능하다. 여기서 사람들이 그다지 주목하지 않는 몇몇 기물에 대해 나의 견해를 밝힘으로써 이 자료들의 중요성을 설명하고자 한다.

주기(酒器) 부분에 수록된 '기좌라녀(跽坐裸女)'는 사실 극히 기이한 유(卣)이다. 그 속은 비어 있고 위에는 입이 있는데 원래 상투 모양의 뚜껑이 있었을 것으로 추정된다. 두 귀는 반환형(半環形)이고 그 위에는 손잡이가 있었을 것으로 추정된다. 두 눈과 입술은 본래 상감한 것인데 떨어져 얕은 홈이 파여 있다. 등에 장식한 도철문(饕餮紋)의 분해와 변형으로 보면 이 유(卣)의 제작연대는 대략 상대(商代) 말기에서 서주(西周) 초기로 추정되는데 더 깊은 연구가 기대된다. 예기(禮器)인 유(卣)가 어찌하여 나신의 모습으로 만들어지고 뚜렷한 성적 특징마저 표현되었는지 나아간 연구가 필요하다.

병기(兵器) 부분에 수록된 우수문삼각원과(牛首紋三角援戈, 소머리 무늬 삼각원과)와 어골문단호과(魚骨紋短胡戈, 물고기 뼈 무늬 단호과)는 모두 선명한 특색을 지니고 있다. 이와 비슷한 기물이 1972년에 란티안(藍田) 후앙꼬우(黃溝)에서, 1973년에 치산(岐山) 허지아춘(賀家村)에서 각 한 점씩 출토되었다. 이 밖에 『유럽소장중국청동기유주(歐洲所藏中國青銅器遺珠)』에도 두 점이 수록되어 있는데 그중 한 점에는 명문(銘文)이 새겨져 있다. 과원(戈援)에는 모두 물고기 뼈 모양의 깃 문양이 있다. 이는 지방 특유의 기물로 보인다.

취사기 부분에 수록된 구년정(九年鼎)은 산시(山西) 린펀시(臨汾市)에서 출토되었다고 주를 달고 있다. 각명(刻銘)의 서두에 "九年, 承匡命(令)[구년, 승광명(령)]"이라 했는데 승광(承匡) 혹은 승광(承筐)이라고 불리는 곳은 춘추시대(春秋時代)에는 송(宋)나라[『춘추(春秋)』 경문공 11년(經文公十一年) 참조]에, 전국시대(戰國時代)에는 위(魏)나라에 속했다[『전국책(戰國策)』「제책2(齊策二)」 참조]. 지금은 허난(河南) 쑤이현(睢縣) 서남부에 위치한 광청(匡城)을 가리키는데 이 지명은 고문자 중에서 처음으로 나타났다.

병기 부분에는 또 두 점의 파촉문자로 명문을 쓴 과(戈)가 있다. 그중 한 점은 시안 지앙우디엔춘(講武殿村)에서 출토되었는데 상당히 중요하다. 졸저『사해심진(四海尋珍)』에서 다음과 같이 언급한 바가 있다. 이런 표기가 있는 과(戈)는 후난(湖南)의 장사(長沙)와 창더(常德), 후베이(湖北)의 장링(江陵)과 징먼(荊門), 쓰촨(四川)의 신두(新都)와 피현(郫縣) 그리고 베트남의 둥산(東山) 문화유적에서 출토되었으며 후에 쓰촨(四川)의 시팡(什邡)에서도 발견되었다. 시안(西安)은 이런 병기가 출토된 지역 중 가장 북쪽인데 진(秦)나라가 파촉(巴蜀)을 정벌한 후 옮겨온 것으로 추정된다.

명문(銘文)이 새겨져 있는 진(秦)의 병기도 무척 진귀하다. 한 점의 과(戈) 내부의 정면에 "高武(고무)"라 새겨져 있는 경우 '고노무고(高奴武庫)'를 가리킨다. 진상군고노(秦上郡高奴)에서는 병기를 많이 생산했는데 이는 전국시대(戰國時代)의 문자 연구를 진행하는 학자들은 익히 알고 있는 점이다. 한편 뒷면에 "櫟陽(역양)"이라 새겨져 있으면 바로 과(戈)가 사용된 지역을 가리킨다. 두 글자는 매우 가늘어 확대경을 통해서만 식별할 수 있다.

거마구에 수록된 호형할(虎形轄)은 시안 요시춘(窯西村)에서 출토되었다. 각명(刻銘) 중에 "십육년(卌六年)"은 진소왕(秦昭王) 46년(기원전 261년)을 가리켜 연대 기록이 명확한 기물이라고 할 수 있다.

동인(銅人) 부분에 수록된 우인(羽人)은 시안 난시아오항(南小港)에서 출토되었는데 그 모양은『유럽소장청동기유주(歐洲所藏中國青銅器遺珠)』에 수록된 우인연화등(羽人蓮花燈)과 유사하다. 무릎 사이에 홈이 패 있는 것으로 보아 이것도 일종의 기좌(器座)로 보인다. 우인연화등도 시안에서 출토된 것으로 우인과 함께 연구 자료가 된다.

진(鎭) 부분에는 시안 제2벽돌기와공장에서 출토된 4점의 설창용진(說唱俑鎭)이 있다. 싱가포르 아시아문명박물관에서 2000년 개최된 청동기전 중에도 4점의 유사한 동진(銅鎭)이 있었는데 풍격은 이와 같으나 형태가 약간 다르다. 이전 집필한『중국청동기췌상(中國青銅器萃賞)』중에서 그 연대를 '동한(東漢)에서 진(晉)까지'라고 추정한 적이 있는데 지금에 와서 다시 보니 다소 늦은 감이 있다.

이상의 내용은『시안문물정화(西安文物精華)』「청동기」의 주요 내용에 비해 턱없이 부족하다. 하지만 일부를 통해 연구소 소장품의 가치를 짐작할 수 있을 것이다. 고대문화예술을 사랑하고 연구하는 독자들은 이 책을 간과하지 않으리라 믿는다.

2005년 6월 7일 베이징(北京) 칭화위안(清華園)에서

리쉐친(李學勤)

序言

陝西公認爲文物大省，作爲其中心的西安市，乃周秦漢唐建都之地，文物蘊藏更是十分丰富。西安市文物保護考古所的收藏系五十余年來所出土和征集，有非常重要的研究价值。最近該所將所藏珍品選編爲《西安文物精華》系列，分卷出版，其中《玉器》一卷已于2004年11月問世。現在《青銅器》卷又將付印，所長孫福喜博士要我寫一篇序，自然樂于執筆。

西安市文物保護考古所收藏的青銅器，品類繁富，數量衆多，只有很少一部分曾經發表，并有學者討論，如殷商的始尊(乙未尊)、西周的新旺村大鼎、進方鼎、許男鼎、仲枏父鬲、叔簋、衛簋、逋盂、永盂、呂服余盤、戰國的郭大夫甗等，但大多數沒有很好的著錄材料。1990年，王長啓先生有《西安市文物中心收藏的商周青銅器》一文，刊于《考古與文物》該年第5期，述及74件。限于篇幅和印制狀況，圖片等仍未臻理想。《西安文物精華 · 青銅器》是一部彩版圖錄，共收各類器物268件，對研究賞鑒提供了更好的依据，弥補了長期的缺憾。

這部書包含有西安市范圍內几個重要遺址的出土品，其中最值得注目的是商代老牛坡遺址，西周丰鎬遺址，漢代長安城遺址。相關的青銅器是研究這些遺址及其歷史意義時大家應當參照的。比如前几年西北大學劉士莪教授所著《老牛坡》發掘報告，就收入了這方面的材料，從而丰富了對遺址的認識。

書中種種珍品，讀者自能從考古和藝術的角度分別研究。這里我只想挑選几件大家可能不太注意的，略說個人的看法，借以說明這批材料的重要性。

在酒器部分收入的“跽坐裸女”，其實是一件极爲奇特的卣。器中空，頂上有口，原應有盖，可能作發髻形。女首雙耳爲半環形，其上本當有提梁。兩眼和口唇原有鑲嵌，脫落成淺槽狀。從后背裝飾的饕餮紋分解變形來看，這件裸女卣的時代大約在商代末年以至西周早期，有待進一步探究。至于作爲禮器的卣何以鑄成裸女，而且突出其性征，更需要仔細考慮。

在兵器部分收入的牛首紋三角援戈和魚骨紋短胡戈，都很有特色。類似的器物，1972年藍田黄溝，1973年岐山賀家村各出土一件；《歐洲所藏中國青銅器遺珠》錄有兩件，其中一件還有銘文。這些戈援面都有魚骨狀的羽紋，看來是地方獨有的産物。

炊具部分收入的九年鼎，注明是山西臨汾市出土。刻銘開端云“九年，承匡命（令）”，承匡或作承筐，春秋時爲宋國地（見《春秋》經文公十一年），戰國時屬魏國（見《戰國策 · 齊策二》），在今河南睢縣西南匡城。這個地名在古文字中是第一次出現。

兵器部分還有兩件巴蜀銘文戈，其中一件系西安講武殿村出土，相當重要。拙著《四海尋珍》曾經論述，這種有符號的戈的出土地点有湖南的長沙、常德，湖北的江陵、荊門，四川的新都、郫縣和越南的東山文化遺址，后來知道四川什邡也有發現。西安是這種兵器出現的最北地点，是否秦伐巴蜀携來，很值得玩味。

有銘文的秦兵器也頗珍貴。一件戈內部正面刻有“高武”，當即“高奴武庫”的省文。秦上郡高奴多産兵器，是研究戰國文字的學者熟知的。反面刻有“櫟陽”，則是戈的使用地，兩字細如毫發，用放大鏡才能辨識。

收在車馬器部分的虎形轄，西安窯西村出土。刻銘中“卌六年”自系秦昭王四十六年（公元前261年），是紀年明确的標准器。

銅人部分所收的羽人，出土于西安南小巷，其造型和《歐洲所藏中國青銅器遺珠》書內的羽人蓮花灯相似。看其膝間有凹槽，也是一種器座。羽人蓮花灯傳亦西安出土，正可互相印證。

列于鎮的部分的，有西安第二磚瓦廠出土的四件說唱俑鎮。2000年在新加坡亞洲文明博物館舉辦的一次青銅器展中，也有四件類似的銅鎮，作風與此一樣，但姿態有所不同，我在圖錄《中國青銅器萃賞》里估計其年代爲“東漢至晋”，現在看來是偏晚了。

以上所談，不過是信手拈來，并未涉及《西安文物精華·青銅器》的主要內容，然而窺豹一斑，也能看出西安文物考古所藏品的珍貴。相信研究和喜愛古代文化藝術的讀者，都不會錯過這本書。

李學勤

2005年6月7日于北京清華園

Preface

Shaanxi is one of the best - known provinces for its cultural relics. Xi'an, an its capital city, used to be the ancient capital of Zhou, Qin, Han and Tang Dynasties, and it holds in store abundant historical relics. The excavations and collections done by the collection department of Xi'an Institute of Cultual Relics Conservation and Archeology in the recent fifty years bear very important research value. Lately the institute has selected its collector's items and had them edited into a series of books called the 〈Essence of Xi'an Cultural Relics〉, which are to be published in separate volumes, among which the first volume 〈Jade Articles〉 has already been published in November 2004, and the 〈Fine Bronze Wares〉 is to be printed at hand. Invited by the superintendent Sun Fuxi, I am very happy to writ this preface for the book.

The bronze wares collected by Xi'an Institute of Cultural Conservation and Archeology are great both in quantity and variety. Only a few of the collections, however, have been published and discussed by scholars like the Original Zun (also Yi Wei Zun) of Shang Dynasty, the Big Tripod of Xinwang village of West Zhou Dynasty, Zhou Huai Jin Square Tripod, Xu Nan's Tripod, Zhong Nan Fu Li, Shu Gui, Wei Gui, Bu Yu, Yong Yu, Plate of Lǚ Fu Yu, and Yan of Guo Dafu of the Warring States Period. Most of the collections have not been recorded properly. In 1990, Mr Wang Changqi wrote an article 〈Fine Bronze Wares Collected by Xi'an Cultural Relics Center〉 published in the fifth issue of Archeology and Cultural Relics, which only covers 74 pieces of the collections with rough pictures due to the space and printing conditions. 〈Essence of Xi'an Cultural Relics Fine Bronze Wares〉 is a color book which records 268pieces of bronze wares of various types, which provides better foundation for research and appreciation, and has supplied the gap left for a long time.

This book has covered excavations from several important sites within the city of Xi'an, among which the Lao Niu Po Site of Shang Dynasty, Feng Hao Site of West Zhou Dynasty, and Chang'an City Site of Han Dynasty deserve the readers' close attention. The relevant bronze wares are what we shall consul in researching these sites and their historical significance. For instance, the excavation report Lao Niu Po written by Professor Liu Shie of Northwest University han embodied this sort of information, which enriched our acquaintanceship of the sites.

The book has recorded all kinds of collector's items, which the readers can research independently from the point of archeology and art. Here, I just want to comment on several pieces which may not be focused on so as to illustrate the importance of this document. The 'Naked Female Figurine in Prostration' in the Bronze Figurine Section is actually a very fancy wine vessel called You. The vessel has a hollow body, with a mouth on the tip. It should have a lid which might take on the shape of a chignon. Both ears of the lady's head take on semi - circle shape. There should have been a handle on the lid of the vessel. The eyes and mouth of the figurine used to be inlaid with tesseras, which have already fallen off into shallow grooves. Judging form the Taotie patterns decorated on the figure's back, this You could date back to approximately the late Shang Dynasty or in early West Zhou Dynasty. It should be deserved further consideration that You, as the bronze ritual vessels, was in naked female shape and given prominence to its sexual characters.

The triangular holding dagger - axe with ox head designs and short Hu dagger - axe with fish bone designs recorded in the Weapon Section have clear features. Similar apparatus were excavated at Huang Gou of Lantian county in 1972 and Hejiacun Village of Qishan county in 1973 respectively; 〈Lost Pearls of Chinese Bronze Wares Collected by Europe〉 recorded two pieces, one of which had inscriptions on it. The surface of these dagger - axes all have feather designs in fish bone shape, which seems to be local specialties. The Jiunian Tripod recorded in the Cooking Utensil Section is marked with its excavation site Linfen City of Shanxi Province. The beginning of its inscription says 'In the ninth year, Chengkuang ordered', Chengkuang belonged to the State of Song in the Spring and Autumn Period(《History of the Spring and Autumn Period - the Eleventh Year of Emperor Jingwen》), and became part of the State of Wei in the Warring State Period(《Record of the Warring States Period Record of the State of Qi Ⅱ》), which is today's Kuangcheng situated in the southwest of Sui County in Henan Province. This is the first time the name Kuang appeared in ancient inscriptions. There are other two dagger - axes with Bashu inscriptions in the Weapon Section, which were excavated at Jiangwudian Village and are of great importance. My poor book 〈Searching for Treasures in China〉 has dissertation that this kind marked dagger - axes were excavated in Changsha and Changde of Hunan Province, Jiangling, Jingmen of Hubei Province, Xindu and Binxian County of Sichuan Province, as well as the Dongshan Cultural Site of Vietnam, and later were also found in Shifang of Sichuan Province. Xi'an the utmost place in the north of China where this type of weapons were excavated. Whether they had been brought from Bashu(today's Sichuan, Yunnan, and Gyizhou Provinces) when Qin sent armed forces to suppress the state is worth discussing.

Inscribed weapons of Qin Dynasty are also very precious. A dagger - axe has the inscription 'Gaowu', which was the mark of 'Gaonu Weapon Warehouse'. It is known to all scholars researching the characters of the Warring States Period that Gaonu County of Qin Dynasty produced large number of weapons. 'Liyang' engraved on the back of the dagger indicated the place where the weapon was used. The two characters are so thin like hair that can only be distinguished with a magnifier.

The tiger - shaped linchpin recorded in the Harness and Cart Appliances Section was excavated in Yaoxi Village of Xi'an. The 'Forty - sixth Year' in its inscription indicated the forty - sixth of Emperor Zhao of Qin Dynasty(261BC). This weapon is a standard apparatus with clear record of time.

The Immortal Figure of the Bronze Figurine Section was excavated at Nanxiaoxiang in Xi'an, the structure of which is similar to the Lotus Lamp with Immortal Figure Design recorded in the book of 〈Lost Pearls of chinese Bronze Wares Collected by Europe〉. The groove between the knees of the figure shows that it was used as a stand. The Immortal Figure Lotus Lamp was also said to be excavated in Xi'an, which can just be proved by this apparatus.

Displayed in the Section of Paperweight are four Singing Figurines excavated from the Second Tile Kiln of Xi'an. There were also four similar bronze paperweights displayed at one of the exhibitions of the Asian Civilization Museum in Singapore in 2000, which had same features as the ones displayed in this book, but with different postures. I estimated in the antique catalogue 〈Appreciation of Chinese Fine Bronze Wares〉 that these four exhibited figures could date back to East Han till Jin Dynasties, which seems a bit late now. The words I've mentioned above are at my fingertips and I just wrote them with facility, and they have not covered the main contents of the 〈Essence of Xi'an cultual Relics Fine Bronze Wares〉. However, I do think the small segment can show the value of the collections in Xi'an Institute of Cultural Relics Conservation and Archeology. I believe readers who studies and takes interest in ancient culture and arts will not miss this book.

Li Xueqin

June 7, 2005 On the campus of Tsinghua University

陝西省は文物大省と認められ、その中心が西安市で、周、秦、漢、唐、などの都で、文物が豊富につみ蓄えています。西安市文物保護考古所の所蔵はみな５０余年來出土及び探し求めたもので、研究の価値は大いにあります。このあたり、当所は所蔵の珍品『西安文物精華』シリーズに編集され、出版するようになつています。その中の「玉器」巻はすでに２００４年11月に世に出されていました。目下『青銅器巻』は間もなく出版される予定であるところ、当所長の孫福喜博士が序を書くように希望して、私は非常に喜んでペンを執筆いたします。

西安市文物保護考古所の所蔵する青銅器は種類が豊富で、また数量も少なくありません。ただし、その中の一部分だけは研究のため世間に知られて、学者の間でも話題にされています。たとえば、殷の師始尊（乙未尊）、周の新旺村大鼎、[illegible]進方鼎、許男鼎、仲枏父鬲、叔簋、衛簋、逋盂、永盂、呂服余盘、戦国の郭大夫甗などがあります。ところが、その大部分について詳しい記載収録はみられません。1990年、王長啓先生の論文「西安市文物センターが所蔵する殷周の青銅器」は雑誌『考古と文物』1990年第5号に载せられました。その中で74点の物を論じたが、内容や印刷狀況、写真などは完璧とはまだ言えません。その反面、『西安文物精華·青銅器巻』は色刷りで、中には268点の器物が収録されていて、研究や鑑賞にはとても役立ち、長年の夢が叶われました。

この書籍には西安市にある幾つかの重要遺跡の出土品も含まれてあり、その中で最も注目すべきものは殷の老牛坡遺跡、周の豊鎬遺跡、漢の長安城です。関係される青銅器はこれらの遺跡及びその重要意義を研究する時に参照しなければなりません。たとえば、何年前かの西北大学劉士莪教授の「老牛坡」発掘調査にもこういう材料を取り入れて、更に遺跡を広い範囲にわたって読み取りました。

書籍の中のさまざまな珍品を読者自身は考古と芸術の角度から研究することが出來ます。ここではいくつかあんまり皆さんの注目を引かないものを頼りにして、自分の見方及びこの書籍の重要性を説明しましょう。

銅人の部分には「跽坐裸女」があります。実は非常にめずらしい卣です。その中は空っぽで、上は穴で、もともと蓋があるはずと考えられ、たぶん曲げみたいです。また女首双耳(頭と耳の 部分)は半円形で、とっては確かあります。目と口の部分は象嵌も付いて、もう溝状にはげ落ちています。後ろの飾りは饕餮(古代の伝説の悪獣)紋の変化した形から見ると、この裸女卣の時代はおよそ殷の末及至周の初め頃か、さらに研究する必要がある。なぜ裸女に鋳られ、その性的特徴が際立っているのか、もっと吟味する必要があります。

兵器の部分に収録した牛首紋三角援戈と魚骨紋短胡戈はみんなかなりの特色を持っています。 類似のものは1972年藍田黃溝、1973年岐山賀家村でそれぞれ一点出土されて、また『欧洲所蔵中国青銅器遺珠』には二点収録されてあります。そのうちの一つに銘があります。これらの 戈援面の魚骨状の羽紋から見ると、地方独特の所産です。

炊具の部分の9年鼎は山西臨汾市の出土と記してあります。刻んだ銘の始めには九年、承匡命 (令)という。承匡或いは承筐、春秋の时には宋の(『春秋』経文公十一年参照)、戦国時代には 魏の国(『戦国国策·斎策二』参照)、今の河南睢县の西南部にある匡城を指します。この地名は 古文の中で最初に出たのです。

兵器の部分にはまた巴蜀銘文戈2点あります。西安講武殿村で出土されたもので、相当重要です。拙作『四海尋珍』に論じたことがあります。この符号のある戈の出土地は湖南省の長沙、常徳、湖北省の江陵、荊門、四川省の新都、郫县及びベトナムの東山文化遺跡、後に四川省の什邡でも発見れたことがあります。西安はその中で最北端で、昔秦が巴蜀を征伐したついでに持つてきたものかどうか、非常に興味深いものです。

銘のある秦の兵器も珍しいです。ある戈の内部表に「高武」、すなわち「高奴武庫」の省略で、秦上郡高奴で多く兵器が作られていました。これは戦国文字研究者のご周知のものです。裏には「栎陽」と刻んであり、つまり戈の使用地と思われます。 二文字は毫髪の如き、拡大鏡でなければ見られません。

車馬部に収録された虎形軎は西安の窑西村で出土されました。銘には「卌六年」と刻んだのは秦昭王46年(紀元前261年)の標準器です。

銅人部分に収録した羽人は西安の南小巷で出土されたものでそのデザインは『欧洲所藏中国青銅器遺珠』にある羽人蓮華灯とそつくり、また膝に窪みがあり、一種の器座です。

羽人蓮華灯も西安から出たものと言われ、お互いに裏付けることができます。

文鎮の部分には西安第二レンガ場出土の寄席俑は四点あります。2000年シンガポールのアジア文明博物館で行われた青銅器展示会でも似たものがあります。作風はいっしょで、姿勢ちょっと違います。私の『中国青銅器萃賞』にもあり、その時、年代を後漢東晋と推定したが、今振返って見たら遅かったに決まっています。

以上その中から手当たり次第持ってきたもので、『西安文物精華·青銅器巻』の真髓にまだ触れていません。でも、一部を見てその全体を見ることができます。また西安文物考古所蔵品がめずらしいと言う実情が見られます。古代文化芸術の好きな人また研究者にはこの書籍を買い逃すにはいかないものです。

李学勤

北京清花園にて 2005年6月7日

1. 머리말

산시(陝西)는 문물로 이름난 지역으로 특히 청동기가 유명하다. 시안(西安)은 산시성(陝西省)의 행정부 소재지이고 또한 13개 왕조의 도읍지이기도 하다. 이와 같이 역사가 유구한 시안의 고대(古代) 청동기(青銅器) 수량과 등급, 가치와 의의에 대해 아는 사람이 별로 없었다. 이전의 보도와 논문이 전문적인데다 기물의 사진 또한 선명하지 않아 시안지역 청동기에 대한 인식에 영향을 주었을 뿐만 아니라 문화 고도인 시안에 대한 관심을 제대로 반영해 내지 못했다.

시안시문물보호고고소(西安市文物保護考古所) 소장 쑨푸시(孫福喜) 선생이 몇 년 전 부임한 후에 내부적으로 개혁을 추진하고 격려 제도를 추진했으며 대외적으로 문호를 개방하여 전문가를 적극 초빙해 커다란 성과를 거두었다. 국내외의 관심을 일으킬 만한 중요한 발굴 성과가 나타났고 장편의 연구보고와 저서들이 소개되었다. 이 도판집(圖板集)도 그 성과 중의 하나이다. 쑨푸시 선생이 서언을 요청한데다 나도 또한 하고 싶은 말이 있는지라 흔쾌히 승낙하였다.

지난 몇 년간 쑨푸시 선생과 보관소 주임 왕펑쥔(王鋒鈞) 선생의 초대를 받아 여러 차례 청동기를 직접 살펴볼 기회가 있었다. 그중에 예술적 가치가 높은 청동기가 아직 발표되지 못한 점이 안타까웠다. 또 녹을 제거하지 않아 명문(銘文)이 가려져 있어 등급의 판정과 가치의 판단이 어려운 경우도 있었다. 이런 상황은 다른 박물관 또한 마찬가지이다. 문물은 국가 소유로 국민에게 공개되어야 한다. 조사 과정에서 보관소의 청동기 자료를 정리, 출판하기로 의견이 모아졌다. 본 도판집의 편집과정에 녹 제거와 복원을 통해 일부 청동기의 명문을 발견하였고 형태와 구조, 문양이 독특한 기물에도 주목하게 되었으며 동시에 지금까지 발표된 자료에 대한 수정작업도 진행하였다. 그러므로 이 도판집의 출간은 시안시문물보호고고소 소장 청동기에 대해 전면적으로 이해하는 기회이자 향후 연구에 대한 추진 역할을 할 것으로 기대된다.

본 도판집을 통해 시안시문물보호고고소 소장 청동기의 다음과 같은 특징을 파악할 수 있다.

우선 수량이 많고 종류가 다양하다. 이는 시안시박물관이 개관할 수 있었던 이유이기도 하다. 다음으로 등급이 매우 높다. 소장 청동기는 주로 시안시 교외 및 주변 현에서 수집한 것인데 해당 지역은 고대 서주(西周)와 진(秦), 한(漢) 왕조의 통치 중심지였다. 그 때문에 출토된 청동기의 대다수는 왕실 및 대신, 귀족들이 사용하던 기물이다. 셋째로 연대가 비교적 명확하며 서주, 특히 진한대(秦漢代) 동기(銅器)를 중심으로 시대적 풍격을 충분히 드러내 준다. 넷째로 조형이 독특하고 문양이 화려하며 예술적 가치가 높다. 예를 들어, 영우(永盂), 위궤(衛簋), 영과방호(寧戈方壺), 동급호(銅汲壺), 홍안훈로(鴻雁熏爐) 등이 그러하다. 다섯째, 역사 연구에 있어 귀중한 자료가 된다. 상주(商周)의 시존(始尊), 영우(永盂) 등 청동기는 당시 제사와 토지제도의 연구에 중요한 자료가 된다. 전국(戰國), 진한대(秦漢代)의 청동기 명문(銘文)은 비록 짧지만 지명, 관직, 도량형제도에 대한 연구에 참고가 된다. 그중 다수 동기에는 명확한 연대 기록이 있는데 표준적인 기물[標准器]로서 기물의 연대 연구에 도움이 된다.

본 서적에 수록된 청동기의 일부분은 이미 보도 및 연구가 진행된 바 있고[1] 본 도판집에 자세한 설명이 있기 때문에 여기서는 다만 중요하고 특색이 있는 청동기에 대해서만 간략히 소개하고자 한다. 시안지역 청동기의 가치와 의의를 이해하는 데 도움이 되길 바란다.

2. 영과방호(寧戈方壺)와 영과정(寧戈鼎)[2)]

두 점의 영과방호(寧戈方壺)(No.3gtA221)와 세 점의 영과정(寧戈鼎)(No.3gtA224)은 1979년 창안현(長安縣) 마왕전(馬王鎭) 신왕춘(新旺村) 가마창고에서 출토되었고 비공개된 기물이다. 관련 자료는 왕창치(王長啓) 선생이 쓴 논문『시안문물센터에 소장된 상주청동기(西安文物中心收藏的商周靑銅器)』에서 볼 수 있다. 왕창치 선생은 이 청동기들의 연대를 서주(西周) 말기로 판단하고 있는데 이는 정확하다고 본다.

영과방호는 높이가 47cm이고 뚜껑이 있으며 뚜껑에는 둥근 모양의 손잡이가 있다. 넓은 목, 큰 배, 처진 아랫배에 낮은 권족(圈足)이 아래로 내려가면서 밖으로 벌어진다. 뚜껑의 테두리에는 절곡문(竊曲紋)을, 목 부위에는 환대문(環帶紋)을, 복부에는 교룡문(交龍紋)을 장식하였는데 문양의 입체감이 매우 강하다. 무엇보다도 경부 양측에 함환(銜環)의 귀가 달려 있는 것이 독특하다. 귀의 윗부분은 짐승의 머리 모양을 하고 짐승의 코는 위로 말려 'S'형을 이루면서 다시 짐승의 머리 모양을 하고 있다. 방호(方壺)는 서주(西周) 말기의 흔한 형태이나 이처럼 포수함환(鋪首銜環)의 귀가 있는 방호는 매우 드물다. 영과방호와 가장 비슷한 것은 2003년 초에 산시성(山西省) 메이현(眉縣) 양지아춘(楊家村) 동기(銅器) 가마창고에서 발견된 단오부호(單伍父壺)가 있다.[3)]

다른 점이 있다면 단오부호가 좀 더 크고 제작도 좀 더 정교하며 뚜껑 가장자리에는 절곡문(竊曲紋)이 아닌 환대문(環帶紋)이 있다는 점이다. 특히 영과방호와 단오부호의 귀에 모두 짐승의 머리가 달려 있는데 그 위치가 조금 다를 뿐이다. 단오부호가 선왕(宣王) 시기의 전형적 양식임을 감안하면 영과방호의 제작연대도 선왕 전후로 추정된다. 이 두 호(壺)의 귀의 형태가 독특한데 서주 말기에 새로 나타난 것으로 보인다. 단오부호의 제작연대가 선왕 후기라는 점으로 미루어 이는 선왕 중흥 이후에 점차 나타난 새로운 형태로 짐작된다. 이는 여왕(厲王)과 선왕 시기의 동기를 구분하는 하나의 기준이 될 수 있다. 단오부호 및 영과방호와 조형, 문양이 비슷한 것으로 또 양기호(梁其壺)가 있다. 탕란(唐蘭), 바이촨징(白川靜), 천멍지아(陳夢家) 등 학자들은 양기호를 이왕(夷王) 혹은 여왕(厲王) 시기의 기물로 보았는데[4)] 선왕 시기의 기물로 보는 것이 더욱 적합하다. 뚜껑의 꽃잎 모양 장식도 선왕 시기 기물의 특징이다.

영과정(寧戈鼎)(No.3gtA224)도 영과방호와 같은 곳에서 출토되었다. 같은 명문(銘文)이 새겨진 동종(銅鼎)이 1982년 1월 신왕춘(新旺村) 남쪽 요장갱(窯藏坑)에서 출토되었다. 장창서우(張長壽) 선생은 영과정을 서주 중 · 후기의 유물로 판단하고 있다.[5)] 영과정은 42년래정(42年逨鼎)과 매우 비슷하다. 곧게 선 귀에 귀의 윗부분은 약간 밖으로 향해 있고 구연(口沿) 아래는 조금 오므라들었다. 윗배는 조금 불룩하게 나와 있고, 아랫배는 둥그런 모양으로 오그라들었으며 그 밑에는 말굽 모양의 발이 달려 있다. 마찬가지로 구연 아래에는 절곡문을, 복부에는 환대문이 있어 세부적인 부분도 무척 유사하다. 이 두 정(鼎)의 공통점은 배가 비교적 얕고 발은 전형적인 말굽형태이며 문양이 간결하다는 것이다. 이는 서주 말기 동기(銅器)의 특징이며 여왕 시기의 기물과는 다소 차이를 보인다. 영과정의 명문은 영과방호의 명문의 서체와 완전히 일치해 영과정도 선왕 시기의 동기로 판단할 수 있다. 이로 볼 때 영과정과 가장 유사한 것은 사송정(史頌鼎)이라고 하겠다. 탕란(唐蘭)은 효왕(孝王) 시기로,[6)] 천멍지아(陳夢家)는 여왕(厲王) 시기로,[7)] 마청원(馬承源)은 선왕 시기로 보고 있는데[8)] 그중 마청원의 주장이 일리가 있다고 판단된다. 소극정(小克鼎)도 영과정과 매우 비슷해 과거에는 소극

정을 효세(孝世), 이세(夷世)의 것으로 보았는데 지금에 와서 보니 너무 이르게 추정한 듯싶다. 소극정과 극종(克鍾) 등은 모두 동일인의 작품이다. 비록 구체적인 제작 시기가 차이가 있지만 차이는 그리 크지 않다. 극종은 선왕(宣王) 18년의 기물이므로 기타 극기(克器) 또한 여왕(厲王) 시기보다 빠르지 않다.

이상과 같이 영과방호, 영과정, 양기호, 사송정 및 단오부호, 42년래정에 대한 종합연구를 통하여 선왕 시기 동기의 시대적 특징에 대한 기준을 찾아낼 수 있으며 따라서 여왕(厲王) 시기 동기와 구분하여 서주 말기 동기의 심층연구를 추진할 수 있을 것이다.

3. 문양이 독특한 동기

문양이 독특한 동기가 있어 주목할 만하다.

조문방뢰(鳥紋方罍)(No.3gtA143)는 1989년에 수집한 것으로서 출토지점이 분명하지 않으며 이 책에서 처음으로 수록하였다. 높이는 40.4cm이고 뚜껑은 유실되었는데 뚜껑의 높이까지 계산하면 50cm 이상은 될 것으로 보인다. 조문방뢰는 제작이 정교하고 장식이 화려하다. 높은 깃, 둥근 어깨, 배는 깊이 들어갔고 고권족(高圈足)이 있다. 목부터 발까지 8개의 비릉(扉稜)이 장식되어 있는데 각각 목과 어깨, 어깨와 배, 배와 발이 만나는 곳에서 분리된다. 비릉의 기점과 중간, 어깨 양측의 두 귀에도 튀어나온 부분이 있는데 흡사 소녀의 치맛자락처럼 기복을 이루고 있어 무게감 속에 생동감을 더해 주었다. 복부의 나뭇잎 모양 외에 목, 어깨, 윗배, 발에는 모두 조문(鳥紋)이 있는데 복부의 문양이 가장 크고 목, 발의 문양이 가장 작다. 조문(鳥紋)의 선은 바탕의 운뢰문(云雷紋)보다 확연히 높고 뚜렷하다. 새의 날개 끝은 위로 치켜들었고 꼬리는 아래로 드리워졌으며 새머리는 'S' 모양을 하고 있다. 그 곡선이 적절하게 운용되어 고요함 속에 움직임이 있어 새마다 원기가 왕성하여 날갯짓을 하며 날아갈 듯하다. 새 무늬로 장식한 상주대(商周代) 청동기 중에 정교하게 주조된 기물에 속한다.

이 기물의 조형 및 문양과 거의 일치하는 두 점의 방뢰(方罍)가 있는데 각각 『종람(綜覽)』의 뇌(罍)39와 뇌(罍)40이다. 전자는 1966년에 후베이(湖北) 한양(漢陽) 쭈린지우(竹林咀)에서 출토되었다.[9] 출토지점이 명확히 알려진 방뢰는 극히 적은데 이 뇌와 풍격이 비슷한 명천전방뢰(皿天全方罍)가 후난(湖南)에서 출토된 것을 미루어 이 기물 역시 본래 남쪽 지방에서 출토되었을 가능성이 크다. 조형과 문양의 풍격으로 보면 중원의 기물과 일치하므로 남방으로 간 은(殷)나라 사람 및 그 후손의 작품으로 추정된다.

등공정(鄧公鼎)(No.3gtA30)은 그 제작이 정교하고 모서리가 뚜렷하며 장식 풍격 또한 매우 독특하다. 복부의 가운데 선에 삼각목문(三角目紋, 삼각으로 된 눈의 문양) 한 줄이 둘러져 있다. 보통 이런 문양은 뇌(罍), 존(尊) 등 어깨 부분에 장식된다. 정에 장식되는 경우에도 구연(口緣)의 바로 아랫부분에 배치되는데 구연과 매우 가깝다. 하지만 복부는 거의 아무런 장식도 없는 경우가 많다. 일반적으로 시각적 관점에서 구연의 아랫부분이 가장 눈에 띄는 부분이기 때문에 전체적으로 문양을 장식한 기물이 아닌 경우 이 부분에 문양을 장식하면 그 효과가 비교적 좋다. 단, 등공정은 일반적인 정과는 달리 은상(殷商) 시기 동기(銅器)에서 흔히 볼 수 있는 삼각목문을 정의 복부 중간에 장식하고 상하 부분에는 아무런 장

식도 없이 큰 공백으로 되어 있다. 이런 수법은 도리어 흔한 문양에 색다른 느낌을 주고 있어 제작자의 독특한 발상에 탄복하지 않을 수 없다.

등공정과 장식풍격이 비슷한 『은주청동기종람(殷周青銅器綜覽)』의 정(鼎)247[10]은 타이베이고궁박물원에 소장되어 있다. 그러나 정247은 꼬리가 갈라진 새의 문양을 장식하고 구연의 아랫부분에 현문(弦紋)이 한 줄 있어 차이가 있다. 기물의 형태는 십오년작조정(十伍年趞曹鼎)과 흡사하여 공왕(共王) 전후의 기물로 보인다. 등공정의 제작연대는 조금 이르고 명문(銘文) "昪公乍(作)旅障鼎[두공이 여존정을 제작하다]" 6자가 새겨져 있다. 글자 모양은 가늘고 길며 초기의 파책(波磔)은 사라졌다. '존(障)' 자의 서법은 동유(同卣), 동방정(方鼎)과 비슷하고 '공(公)' 자의 서법은 효유(效卣), 자정(剌鼎)과 비슷하다. 따라서 등공정의 제작연대는 서주(西周) 중기에서 조금 이른 시기인 목왕(穆王) 또는 공왕(共王) 시기로 추정된다. 이로써 이와 같은 새로운 장식풍격은 서주 중기에 비로소 나타나기 시작했음을 알 수 있다.

『종람(綜覽)』의 정(鼎)247의 구분은 명확하지 않다. 등공정은 등(鄧)나라 동기인데 문양은 복잡하지 않으나 정밀하게 주조(鑄造)되어 있다. 장가파(張家坡) 정숙묘지(井叔墓地)에서 출토된 등중희존(鄧仲犧尊)과 관련시켜 보면 등나라 동기의 독특함과 뛰어난 수준을 엿볼 수 있다. 등공정의 출토지점은 분명치 않은데 시안시(西安市) 다바이양(大白楊) 폐품처리창고에서 수집한 것이므로 시안시 교외에서 출토했을 것으로 추정된다. 시안은 옛날 도읍지로 사방의 제후들이 천자를 알현하러 오거나 사절을 보내면서 자연히 이곳에 진귀한 동기가 많아지게 되었다. 이 역시 과거 도읍지에서 출토된 청동기의 특징이다. 등공(鄧公)이 제작한 동기 중 과거에 출토지점이 명확한 것으로 도합 4점의 등공작응만궤(鄧公作應嫚簋)가 있는데 각각 70년대 말과 80년대 초에 허난(河南) 핑딩산시(平頂山市)에서 출토되었으며[11] 그 제작연대는 서주 중 · 후기이다.

『은주금문집성(殷周金文集成)』에는 등공려궤(鄧公旅簋)(No.3858) 한 점이 수록되어 있는데 이는 서주 말기의 기물이다. 다른 한 점인 등공궤개(鄧公簋盖)(No.4055)의 제작연대는 서주와 동주의 전환 시기이다. 그러므로 등공정은 등공동기(鄧公銅器) 중에서 초기의 작품으로 등나라의 역사연구에 큰 도움이 되리라 믿는다. 등공정의 독특한 장식풍격(완전히 똑같은 기물은 아직 발견되지 않음)으로 미루어 그 등급도 마땅히 높여야 할 필요성을 느낀다.

을치(乙觶)(No.3gtA65)의 문양과 배치도 매우 독특하다. 목 부위에는 도철문(饕餮紋)을, 뚜껑, 복부, 권족(圈足) 부위에는 사판목문(四瓣目紋, 네 쪽의 꽃잎으로 된 눈의 문양)을 장식했다. 일반적으로 사판목문은 보조 문양이고 와문과 번갈아 새겨 문양대(紋飾帶)를 이루어 구연 아래에 장식한다. 소둔M18(小屯M18)에서 출토된 와문정(渦紋鼎)이 그 예이다. 을치와 같이 사판목문을 주 문양으로 뚜껑, 복부 등에 장식한 것은 소둔M 5 (小屯M 5)에서 출토된 동치(銅觶)뿐이지만 완전히 같지는 않다. 후자의 목 부위에는 초엽문(蕉葉紋)과 호문(虎紋)을, 권족에는 운뢰문(雲雷紋)을 장식하였다. 사판목문의 면적을 보면 을치에서 더욱 넓게 나타난다. 사판목문을 주 문양으로 한 경우도 은허(殷墟) 2기(二期)에 한하며 그 이후에는 보조문양으로 이용하였다. 을치의 높이는 18.8cm이고 소둔M 5 치(小屯M 5 觶)의 높이는 18.2cm이다. 형태 및 문양이 비슷한 것으로 보아 같은 시기의 기물로 추정된다. 을치는 출토 장소가 확인되지 않으며 1980년 시안시 다바이양(大白楊) 폐품처리창고에서 수집한 것이다. 위에는 족휘문(族徽紋) '↑'가 쓰여 있는데 은상(殷商)의 후예가 동쪽에서 가져왔거나 다른 경로를 통해 시안 부근까지 온 것으로 보인다. 본 기물의 상하 세 층은 전부 문양으로 가득하고 그 장식은 섬세하고 풍부해 기물의 주인이 일반 귀족은 아닐 것으로 추정된다.

영우(永盂)(No.특1)에는 긴 명문이 있어 학계의 주목을 끌었다. 이 밖에 문양 또한 주목할 만하다. 구연(口沿) 아래와 권족(圈足)은 절곡문(竊曲紋)으로 장식되었다. 눈동자는 대체로 가운데에 위치해 있고 눈두덩이 분명하고 주위는 직선이나 곡선으로 되어 있어 일반적인 절곡문보다 복잡하다. 하지만 서주(西周) 초기의 도철(饕餮)과 비교하여 도안은 이미 추상화되어 있다. 이는 분명 도철문(饕餮紋)에서 절곡문(竊曲紋)으로 넘어가는 과도기의 것으로 절곡문이 어떻게 도철문에서 변화해 왔는지 잘 설명해 준다. 이 기물의 제조연대와 관련하여 공왕(共王), 의왕(懿王), 이왕(夷王) 등의 설이 있기는 하지만 문양의 결합형태로 보아 서주시대, 특히 이왕 이전으로 추정된다.

No.216, 217인 한 쌍의 동방호(銅方壺)도 특징적인 기물이다. 서주 중후기에 제조된 방호는 복부에 보통 십자환대문(十字環帶紋)을 장식했는데 양기호(梁其壺), 학주호(周壺) 등이 그러하다. 송호(頌壺)나 단오부호(單伍父壺) 같은 경우는 교룡문(交龍紋)을 장식했고 산백차부호(散伯車父壺) 같은 기물은 수린문(垂鱗紋, 드리운 고기비늘문양)을 장식하였다. 기부호(畿父壺), 홍호(壺) 등 원호(圓壺)는 일반적으로 큰 환대문을 장식했는데 모두 서주 중후기에 유행한 문양이다. 반면, 이 동방호는 복부에 큰 도철문을 장식하였다. 이런 은상(殷商) 시기의 전통 문양은 서주 중 · 후기에 이르러서는 보기 드물어져 『종람(綜覽)』의 호(壺)46, 48, 49 세 점의 방호만 이런 문양이 있다. 문양이 간략했던 서주 중 · 후기에 해당 호는 3층으로 나누어 문양을 장식한 것이 매우 독특하다. 『종람』의 세 방호의 높이는 각각 46.6cm(뚜껑 포함), 47.2cm, 48.5cm이고 본 호의 높이는 뚜껑을 포함한 경우 58.5cm이고 뚜껑을 제외하면 48cm인데 이 같은 문양의 방호 중 두 번째로 높다. 더군다나 높이가 47.2cm와 48.5cm인 두 점의 호는 다 뚜껑이 없다. 따라서 본 호는 복부에 도철문을 장식하고 뚜껑이 달린 방호 중 가장 높아 매우 귀중한 유물이다.

문양은 연대 판단에 매우 중요하다. No.3gtA180번의 동정(銅鼎)에는 명문(銘文) "或作寶鼎, 子孫永用(역이 보정을 만들어, 자손이 영원히 사용하도록 한다)" 8자가 쓰여 있다.[12]

본래 간보(簡報)의 저자는 이 정의 연대를 서주 중기 이전으로 보았다. 『왕문(王文)』에서는 '도철문대정(饕餮紋大鼎)'이라고 명명하였고 제작연대는 서주 초기 후반으로 보았다. 그러나 실물을 관찰해 보면 정 구연 아래의 문양은 비록 복잡하지만 도철문은 아니고 절곡문으로 되어 있다. 그 모양은 도철문 및 영우의 문양과 비슷해 도철문에서 절곡문으로의 과도기에 속한다. 그러나 영우의 문양에 비하면 간략한 편이다. 이 정은 57cm 높이로 매우 크다. 기물은 무게가 있고 발이 굵어 제작연대를 착각하기 쉽다. 형태로 보면 확실히 여정(旟鼎)과 비슷하지만 절곡문은 서주 초기에는 존재하지 않았다. 이런 문양과 유사한 기물로는 원년사사궤(元年師旋簋), 평정산(平頂山)에서 출토된 등공궤(鄧公簋)가 있다. 주평한(朱鳳瀚) 선생은 그것을 '분해형절곡문(分解形竊曲紋)'으로 분류하고 "정면으로 보면 도철문의 변형과 비슷하다"고 지적하였다.[13] 왕시민(王世民) 선생은 이를 절곡문 I 형(竊曲紋 I 型) - 유목절곡문(有目竊曲紋)으로 분류하였다.[14] 앞에서 이야기한 두 점의 궤는 모두 서주 중 · 후기의 기물에 속한다. 물론 형태로 보면 본 정은 대략 사사궤(師旋簋)보다 이르지만 그 제작연대는 역시 서주 중기에 속한다. 그리고 정의 명문 형태는 분명 서주 초기의 것이 아니다. 예컨대 '寶(보)' 자는 파책(波磔)이 없다. 보(宝) 윗부분이 굽은 곳은 둥그렇게 되어 있어 이미 본래의 상형자 특징을 찾아볼 수 없다. 그러므로 종합적으로 분석하면 본 정은 서주 중기 초반에 속한다고 하겠다.

4. 족휘문자동기(族徽文字銅器)

시안시문물보호고고소에 소장된 상주(商周)의 동기(銅器) 중 족휘문자동기(族徽文字銅器)가 가장 많다. 보이는 족씨(族氏)로는 (업)[부계두(父癸豆), 시안시 동쪽 교외 라오뉴포(老牛坡) 유적지에서 출토. No.3gtA18; 부을치(父乙觶), No.3gtA66; 모기치개(母己觶盖), 시안시 다바이양(大白楊) 폐품처리창고 발견.『왕문(王文)』참조; 시존(始尊), No.2gt22)], 戈(과)[과부을작(戈父乙爵), 시안시 문물상점에서 구입.『왕문』참조; 과언(戈甗), 시안시 문물관리위원회 소장.『왕문』참조. 과부신존(戈父辛尊), No.3gtA23; 영과방호(寧戈方壺)와 정(鼎), 창안현(長安縣) 마왕전(馬王鎭) 신왕춘(新旺村) 가마창고 출토, No.3gtA221과 224; 복임유(僕麻卣), 위에 족휘문 戈 (과□)가 새겨져 있음. 시안시 문물상점 구입. 창안(長安) 펑시(灃西) 신왕춘 출토], [□정(鼎), 시안시 다바이양 폐품처리창고 수집.『왕문』참조; □정(鼎), 1963년 창안현 펑시공사(灃西公社) 마왕춘(馬王村) 출토.『왕문』참조; □궤(簋), No.3gtA233], [부을유(父乙卣), 1976년 창안현 펑시 출토. No.3gtA94; 부을궤(父乙簋), 위의 기물과 같은 갱에서 출토.『왕문』참조], 聿貝(율패)[율패정(聿貝鼎), 시안시 다바이양 폐품처리창고 수집.『왕문』참조], [을치(乙觶), 1980년 시안시 다바이양 폐품처리창고 수집. No.3gtA65], [부정유(父丁卣), 창안현 펑시공정(灃西工程) 부품공장 출토.『왕문』참조; 부계궤(父癸簋), No.3gtA40], 史(사)[사유(史卣), 1956년 창안현 다완춘(大原村) 출토. No.3gtA93], [부계궤(父癸簋), 시안시 다바이양 폐품처리창고에서 발견.『왕문』참조], 申(신)[부경유(父庚卣), 1975년 창안현 펑시향(灃西鄉) 출토. No.3gtA96], [벽유(辟卣), 창안현 펑시 구리망 공장 출토. No.3gtA90], 聿舟(율주)[율주작(聿舟爵), 창안현 펑시 마왕춘 출토.『왕문』참조], [부정작(父丁爵), 창안현 펑시 출토.『왕문』참조], 天(천)[부존(雛尊)과 유(卣), 1976년 창안현 구리망공장 서남쪽 출토. No.3gtA74와 98]; 臤(현)[현작(臤爵), 1980년 마왕전(馬王鎭) 3대대 출토.『왕문』참조], [부병호(父丙壺), 창안현 펑시 장지아춘(張家村) 출토.『왕문』참조], [부임고(父壬觚), No.3gtA211], [숙은부정(叔䪢父鼎), No.3gtA173], [익과진방정(䜌䚄進方鼎), 창안현 후아위안춘(花園村) M17 출토. No.3gtA257], [책고(冊觚), No.3gtA366], [방호(方壺), No.3gtA226과 227] 등이 있다.

이상 동기의 출토지와 수집지역을 분석해 보면 대부분이 펑하오(灃鎬) 지역에서 나왔음을 알 수 있다. 또 이 지역에서 발굴을 통해 출토된 족휘동기(族徽銅器)도 적지 않다. 이 점은 적어도 두 가지 의의가 있다.

(1) 서주(西周)시대 특히 서주 초기 펑하오(灃鎬) 지역은 동쪽에서 온 은(殷)의 유민 등 씨족이 거주하고 있었다. 그중 다수 씨족은 저우완(周原)에서 출토된 청동기에서 찾아볼 수 없다. 이 점은 혹여 펑하오 지역이 저우완 지역에 비해 정치, 경제, 문화 등 교류 및 왕래가 더욱 빈번했음을 설명하는 데 도움이 될 것이다. 펑하오 지역 외에 족휘 종류가 가장 많은 곳은 상(商)의 은허(殷墟) 지역과 서주의 다른 도성인 루오이(洛邑)이다. 이는 펑하오가 서주의 정치, 경제, 문화의 중심임을 보여 준다. 예를 들어, 1967년 창안현 마왕전 신왕춘에서 출토된 보우(遹盂)는 궁녀 선발에 관한 내용을 담고 있다. 이는 저우완이 아닌 펑하오가 서주의 왕도임을 말해 준다.[15]

(2) 과족(戈族), □족(族), □족(族), 사족(史族), □족(族) 등은 모두 상대의 큰 부족이고 지금까지 전해지는 관련 동기는 수십 점에 달한다. 서주시대에 들어서도 해당 부족은 계속 번성하였다.

과족의 동기를 예로 들면, 상말주초(商末周初)에는 과부을작(戈父乙爵), 과언(戈甗)이 있는데 후자는 높이가 43cm이다. 그런데 언(甗)은 당시 그 수가 많지 않았다. 여기서 과족의 실력을 엿볼 수 있다. 서주 초기 과족의 한 갈래는 산시성(陝西省) 징양현(涇陽縣) 가오지아바오(高家堡)에,[16] 한 갈래는 펑하오 일대에서 살았다. 복임유(僕麻卣)에는 족휘문 '戈 (과□)'가 있는데 과족의 새로운 한 갈래로 보인다.[17] 앞에서 언급한 영과방호(寧戈方壺)와 영과정

(寧戈鼎)의 족휘는 '[illegible]'이고 역시 과족의 새로운 한 갈래이다. 이 갈래는 상대 말기에 이미 형성되었다. 이를테면 부을언(父乙甗)[『삼대(三代)』5.2.3], 부을호개(父乙壺盖)(『삼대』12.3.2) 및 『집성(集成)』에 수록된 다른 한 점의 부을호개(父乙壺盖)(No.9523)에서 부을 위에 족휘 '[illegible]'를 새겼는데 다만 방향이 다를 뿐이다. 족휘가 같은 동기로는 병존(竝尊)(『삼대』11.29.4)도 있는데 명문(銘文)에 "冊[illegible]竝作父乙寶𨺅彝(책□병작부을보준이)"라고 적혀 있다. 병굉(竝觥)(『삼대』17.28.1)의 명문은 존명(尊銘)과 같고 문자의 풍격은 일치한다. 이로써 존(尊), 굉(觥)은 같은 시기 동일한 사람이 만들었음을 알 수 있다. 그 연대는 서주 중기 초반에 속한다. 위에 언급한 서주 후기 선왕 때의 영과방호 및 영과정[18]과 연관시켜 보면 과족의 이 한 갈래는 서주시대 지속적으로 발전했음을 알 수 있다. 서주 말기에 이르러서도 높이가 47cm에 달하는 한 쌍의 방호(方壺)를 제작한 것은 그 실력을 가볍게 볼 수 없음을 말해 준다. 방호와 정의 형태와 문양은 기타 주나라 사람들의 동기와 차이가 없다. 만약 족휘문(族徽文)이 없었다면 그것이 본래 은상(殷商) 시기 대족인 과족(戈族)의 후예가 만든 것임을 알 수 없었을 것이다. 이는 서주시대 문화 융합의 성과를 말해 주는 한편 문화의 융합이 하나의 기나긴 과정임을 의미한다. 영과방호와 같은 기물은 비록 단오부호(單伍父壺)와 지극히 유사하지만 여전히 은대(殷代) 족휘(族徽)를 사용해 명문을 새겼다. 이 호의 연대와 비슷한 것으로 또 □방호(□方壺)가 있는데 뚜껑이 포함된 높이는 58cm이다. 이렇듯 커다란 한 쌍의 방호가 기세가 웅대한 것으로 보아 그 주인은 고급귀족 또는 왕조 대신으로 추정된다. 이로써 은주(殷周)의 후예 및 기타 동방씨족의 후예가 서주 왕조에서 벼슬을 지냈으며 고위관직까지 올랐음을 알 수 있다. 이는 서주 사회의 구조, 주나라 사람들의 통치방식을 연구하는 데 의미가 있다.

을유년(乙酉年) 늦봄 시안(西安) 고성(古城) 남쪽 교외에서

장마오롱(張懋鎔)

주석

1) 王長啓《西安市文物中心收藏的商周青銅器》（以下簡稱《王文》），《考古與文物》1990年5期；《西安市文物中心藏戰國秦漢時期的青銅器》，《考古與文物》1994年4期。

2) 銘文作[illegible]狀，爲印刷方便，暫寫作宁戈二字。

3) 陝西省考古研究所等：《陝西眉縣楊家村西周青銅器窖藏發掘簡報》，《文物》2003年6期。

4) 唐蘭：《西周青銅器銘文分代史征》，中華書局，1986年；白川靜《金文通釋》卷三上，白鶴美術館，1969年；陳夢家：《西周銅器斷代》，中華書局，2004年。

5) 張長壽：《記陝西長安灃西新發現的兩件銅鼎》，《考古》1983年3期。

6) 與7.同4。

8) 馬承源：《中國青銅器研究》，上海古籍出版社，2002年。

9) 蘭蔚：《漢陽縣發現陳子墩古文化遺址》，《江漢考古》1980年1期。

10) 林巳奈夫：《殷周青銅器綜覽》，吉川弘文館，1984年。

11) 張肇武：《平頂山市出土周代青銅器》，《考古》1985年3期；《河南平頂山市發現西周銅》，《考古》1981年4期；《河南平頂山市又出土一件鄧公簋》，《考古與文物》1983年1期。

12) 西安市文物管理處：《陝西長安新旺村, 馬王村出土的西周銅器》，《考古》1974年1期。

13) 朱鳳瀚：《古代中國青銅器》，南開大學出版社，1995年。

14) 王世民等：《西周青銅器分期斷代研究》，文物出版社，1999年。

15) 張懋鎔：《周原出土西周有銘青銅器散論》，《古文字與青銅器論集》，科學出版社，2002年。

16) 張懋鎔：《高家堡出土青銅器研究》，《考古與文物》1997年4期。

17) 朱鳳瀚：《仆卣銘考釋》，《于省吾教授誕辰100周年紀念文集》，吉林大學出版社，1996年。

18) 西周晚期的同族之器還有匜，見《青銅器圖釋》（文物出版社，1960年）。

一、引　言

陕西是中国的文物大省，尤以青铜器着称。作为省会城市、十叁朝古都所在地的西安，究竟拥有多少古代青铜器，其品级又如何，有怎样的价值和意义，在本图集问世之前，一般人是不了解的。先前的报道和研究文章由于比较专业，加之器物照片不甚清晰，影响到外界对西安地区青铜器的认识，在某种程度上又不可避免地减弱了人们对西安作为文化古都的了解。

数年前，现任西安市文物保护考古所所长孙福喜先生走马履新，对内大力推进改革，采取激励机制；对外门户开放，延聘专家，很快面貌一新，重要考古发掘震动海内外，大部分的报告与研究着作摆上案头。本图集就是其中的一种。承蒙福喜先生盛情，要我写篇文章，我有话要说，慨然应允。

近几年来，由于福喜先生和库房主任王锋钧先生相邀，我曾多次进入库房考察青铜器。感慨的是，有些青铜器相当精美，具有很高的艺术价值，可惜没有发表出来；有些青铜器由于未除銹，塬来的文字没有显现出来，影响了级别的评定和价值的认识。这种情况我在其它博物馆也曾遇到过。文物是国家的，应该向社会开放，让民衆了解，从而发挥它的作用。在考察中，我们逐渐形成共识：把库房所藏青铜器资料结集出版。在本图集的编写过程中，经过除銹、修復，在一些青铜器上又发现了铭文，也注意到某些形制、纹饰比较特别的器物，同时对塬先发表的资料作了厘正工作。因此本图集的出版，不仅让人们对西安市文物保护考古所所藏青铜器有一个比较全面的了解，对今后的研究工作也将起到促进作用。

从本图集可以看到西安市文物保护考古所所藏青铜器的特点：首先是数量巨大，品种比较齐全。这为西安市博物馆的建立提供了先决条件。其次是品级很高。所藏青铜器主要来自西安市郊及周隣县份，这一区域在古代是西周和秦汉王朝的统治中心，因此所出青铜器规格很高，多为王室及其大臣、贵族所用器物。第叁，时代比较明确，以西周和秦汉时期的铜器为主体，充分显示出这一时期铜器的特有风貌。第四，造型别致，纹饰华丽，有很高的艺术鉴赏价值。如永盂、卫簋、宁戈方壶、铜汲壶、鸿雁熏炉等。第五，是歷史研究的珍贵资料。商周青铜器如始尊、永盂对于商周祭祀与土地制度的研究具有重要意义。战国秦汉青铜器铭文虽短，但对于地名、职官、度量衡制度的研究很有价值。其中不少铜器上有明确的纪年，是一批标准器，有助于器物年代的研究。

鉴于本书所登录的青铜器一部分已报道或研究过[1]，且本图集的器物说明文字又作了尽可能详细的介绍，所以本文只对一些重要的有特色的青铜器做点阐释，希望能有助于加深对西安地区青铜器价值与意义的认识。

二、宁戈方壶与宁戈鼎[2]

两件宁戈方壶（编号3gtA221）和3件宁戈鼎（编号3gtA224）系1979年长安县马王镇新旺村窖藏出土，未见简报发表，资料见于王长启先生所写《西安文物中心收藏的商周青铜器》一文，他将这批铜器年代断为西周晚期是正确的。

宁戈方壶，高47cm，有盖，盖上为圈形捉手。宽颈、硕腹，下腹倾垂，低圈足，略外撇。盖沿饰窃曲纹，颈部饰环带纹，腹部饰交龙纹，纹饰立体感很强。尤为特殊的是，颈部两侧有衔环耳，耳上部作兽首状，兽的鼻子弯曲向上呈“S”形，又形成一个兽头。方壶在西周晚期不少，但有此种衔环兽首耳的方壶却很少。与宁戈方壶最接近的是2003年初陕西眉县杨家村铜器窖藏中的单五父壶[3]。不同的是单五父壶更高一点，制作更精细一点，壶盖沿饰环带纹而不是窃曲纹。引人注目的是宁戈方壶和单五父壶的兽首耳上都有一兽头，只是方位朝向上略有差异。单五父壶为宣王时期的标准器，那幺宁戈方壶的年代也应在宣王左右。这两件壶的两耳形制比较特殊，应是西周晚期新出现的一种装饰风格。考虑到单五父壶的年代在宣王后期，所以这很可能是宣王中兴以后逐渐產生的一种新的设计形式。这或许会成为我们区分厉 · 宣铜器的一个标准。与单五父壶、宁戈方壶形制、纹饰接近的还有梁其壶，过去学者如唐兰、白川静，陈梦家等都把它列在夷王或厉王时期[4]，现在看来置于宣王时期更为合适。壶盖顶作花瓣状，也是年代很晚的特征了。

宁戈鼎（编号3gtA224）与宁戈方壶同出。同样铭文的铜鼎，1980年1月在新旺村南断崖的窖藏坑中出土。张长寿先生断宁戈鼎为西周中晚期遗物[5]。如果将宁戈鼎与42年逨鼎作比较，则二者非常相近。同样是直立耳，耳上部略向外撇，口沿下稍微收束，上腹略鼓而下腹圜收，足均作马蹄式；同样在口沿下饰一圈窃曲纹，腹饰环带纹，构形细部也十分接近。这两件鼎的共同特点是腹较浅，马蹄式足标准，纹饰更为简洁，这或许是西周晚期偏晚铜器的特点，而与厉王时器有所差别。宁戈鼎铭文与宁戈方壶铭文的字形书体完全一致，所以它也是一件宣王时期的铜器。以此来分析，与其最为接近的是史颂鼎，唐兰定为孝王时器[6]，陈梦家断为厉王时器[7]，马承源以为是宣王时器[8]，当以马说为近是。小克鼎与宁戈鼎很相近，以往有将小克鼎列入孝世、夷世者，现在来看，失之过早。它与克钟等为一人之作。虽然具体制作时间有早有晚，但相差并不多远，克钟为宣王18年器，其它克器也决不会早于厉王时期。

通过对以上宁戈方壶、宁戈鼎、梁其壶、史颂鼎以及单五父壶、42年逨鼎的综合研究，有可能为宣王铜器的时代特征抽绎出一些标准来，从而与厉王铜器加以区分，促进西周晚期铜器的深入研究。

三、纹饰特殊的铜器

有几件纹饰特殊的铜器很值得注意。

鸟纹方罍（编号3gtA143），1989年征集，出土地点不详，本书是首次着录。高40.4cm，失盖，如加上盖，应在50cm以上。鸟纹方罍制作精致且装饰华丽。高领，圆肩，深腹，高圈足。从颈至圈足饰扉稜8条，分别在颈肩、肩腹、腹足交界处分离。每段扉稜的起端处或中段有突刺翘出，肩侧两耳上也有尖刺突出，像少女的裙边或高或低，有了起伏，为本器在凝重中平添了几分灵动。除下腹饰垂叶纹外，颈、肩、上腹、圈足均饰鸟纹，以腹部鸟纹为最大，颈、足上鸟纹最小。鸟纹的线条明显高于作为地纹的云雷纹，十分醒目。更难得的是，羽翅后端上翘，羽尾下垂，鸟冠呈“S”形布局，其曲线的运用恰到好处，静中有动，一只只精神饱满的鸟似欲振翅飞翔。在以鸟纹装饰的商周青铜器中，这是铸造十分精致的一件。

与本器形制纹饰几乎一致的有两件方罍，分别是《综览》罍39与罍40，前者于1966年出土于湖北汉阳竹林咀[9]。有明确出土地点的方罍很少，联系到与本罍风格相似的皿天全方罍出土于湖南，那幺本器也有可能塬出土于南方。就形制与纹饰风格来说，与中塬器物一致，可能是南下的殷人及其后裔所为。

邓公鼎（编号3gtA30）制作精致，稜角分明，装饰风格也别具特点。其腹部的中线处饰一周叁角目纹。通常这种纹饰装饰在上下空间比较窄的部位，如罍、尊的肩部。如果装饰在鼎上，也是布局于口沿下，离口沿很近，而腹部往往是素面。一般来说，从人的视觉感受出发，口沿下是十分醒目的部位，除了满花器之外，在这里装饰花纹效果较好。而本鼎不同，一反常规，将叁角目纹这种殷商铜器上常见的老纹饰，分布于鼎腹中段，而上下部均无纹饰，留出大空白，反倒使见惯的纹饰産生了一种新奇的感觉，不能不佩服作器者出奇制胜的思维方式。

与邓公鼎装饰风格相似的器有《殷周青铜器综览》鼎247[10]，此器藏台北故宫博物院。稍有不同的是，鼎247所饰为分尾鸟纹，且口沿下多一周弦纹。器形与十五年趞曹鼎相似，当为共王前后之器。邓公鼎年代略早，铭文6字作：“异公乍（作）旅障鼎。”字形修长，已无早期波磔体的意味，障字写法接近同卣、𢦚方鼎，公字写法近于效卣、刺鼎，所以邓公鼎年代应在西周中期偏早，穆共之时。可见这种新的装饰风格是西周中期才开始出现的。

《综览》鼎247的族属不清楚。邓公鼎为邓国铜器，纹饰虽不復杂，但铸造精细，联系到张家坡井叔墓地出土的邓仲牺尊，可见邓国铜器的别致与精采。邓公鼎的出土地点不详，西安市大白杨废品回收库征集，当出于市郊。作为王畿所在地，四方诸侯前来殷见或聘享，自然会在这里遗下珍贵铜器。这也是王畿地区出土青铜器的一个特点。邓公所作铜器，以往有出土地点的有邓公作应嫚簋，共4件，分别于70年代末、80年代初出土于河南平顶山市[11]，年代在西周中晚期之交。《殷周金文集成》着录一件邓公旅簋（编号3858），是西周晚期器。另一件邓公簋盖（编号4055），年代在两周之际。因此本器应是邓公铜器中较早的一件，对于研究邓国的歷史当有所裨益。鉴于本鼎独特的装饰风格（未见有完全相同者），其级别也应当予以提高。

乙觯（编号3gtA65）的纹饰与布局也很有特点。颈部饰饕餮纹，盖面、腹部、圈足饰四瓣目纹。通常四瓣目纹只作辅助纹饰，与涡纹相间，组成纹饰带饰于口沿下，如小屯M18所出涡纹鼎。侚乙觯这样以四瓣目纹为主纹，饰于盖面、腹部等主要部位者，只有小屯M5所出铜觯，但也不完全相同。后者颈部饰蕉叶纹、虎纹，圈足饰云雷纹。就四瓣目纹所占实际面积来说，乙觯更多些。似乎尙未见与乙觯完全相同的装饰。看来四瓣目纹作主纹，只流行于殷墟二期，以后就作辅助纹饰了。乙觯高18.8cm，小屯M5觯高18.2cm，形制、纹饰相近，当是同一时期的器物。乙觯没有出土地点，系1980年西安市大白杨废品回收库征集。上有族徽文字“↑”，可能是殷商后裔从东方带来或是通过其它途径来到西安附近。本器满花叁层，纹饰细致，层次丰富，其主人亦非一般贵族。

永盂（编号特1）因铸有长篇铭文而受到学界关注。此外，它的纹饰也值得我们重视。其口沿下及圈足上饰窃曲纹。其眼珠大致居中，眼眶清晰，四周线条或直或曲，比一般的窃曲纹復杂，但与西周早期的饕餮纹相比，图案已抽象化，不那幺象形了。显然它处于饕餮纹向窃曲纹过渡的时期，有力地说明了窃曲纹是如何由饕餮纹发展演化来的。此器年代有共王、懿王、夷王等说法，从纹饰结合形制分析，应在西周中期，不会晚到夷王时期。

编号为216、217的一对铜方壶也极有特点。西周中晚期的方壶腹部通常饰十字环带纹，如梁其壶、周䜌壶；或饰交龙纹，如颂壶、单五父壶；或饰垂鳞纹，如散伯车父壶。在圆壶上则通常饰大环带纹，如几父壶、㾓壶等，都是西周中晚期流行的新纹饰。而本壶却在腹部饰大饕餮纹。这种殷商的传统纹饰到西周中晚期已很少见，只有《综览》壶46、48、49叁件方壶饰这种纹饰。在纹饰简约的西周中晚期，本壶以其纹饰的繁復（叁层满花）而别具一格。《综览》的叁件方壶高度分别为46.6cm(带盖)、47.2cm、48.5cm，而本壶带盖高度58.5cm，不带盖48cm，是饰有这种纹饰的第二高度的方壶。况且高度为47.2cm和48.5cm的两件壶均无盖，本壶则应为最大的一件腹饰饕餮纹的有盖壶，其价值由此可见。

纹饰对于断代具有重要意义。编号为3gtA180的铜鼎，上有铭文8字："或作宝鼎，子孙永用"[12]。塬简报作者认为此鼎较早（早于西周中期），《王文》定其名为"饕餮纹大鼎"，年代在西周早期后段。但观察实物，鼎的口沿下的纹饰虽然復杂，但不是饕餮纹，而是窃曲纹，形态有点接近饕餮纹，与永盂上的纹饰相似，处于饕餮纹向窃曲纹的过渡阶段，但比永盂的纹饰要简单一些。此鼎高57cm，甚为宏伟。器厚重，足较粗，给人以年代稍早的错觉。从形制看，确与旟鼎相近，但这种窃曲纹不见于西周早期器。与之纹饰相近的器有元年师旋簋、平顶山出土的邓公簋。朱凤瀚先生将其归为"分解形窃曲纹"，指出它"从正面看颇似饕餮纹的省变"[13]。王世民先生分其为窃曲纹Ⅰ型-有目窃曲纹[14]。上舉两件簋都是西周中晚期器。当然从形态上观察，本鼎大约略早于师旋簋，但也仍在西周中期范围。再说鼎上铭文字形书体绝非西周早期形态，如宝字，已丝毫没有波磔体的味道，宝盖头的弯曲处浑圆，已无塬来屋顶的象形性。所以综合分析，本鼎应在西周中期早段。

四、族徽文字铜器

西安市文物保护考古所所藏商周铜器中，以族徽文字铜器为多，这是一大特点。所见族氏有：

[illegible]（父癸豆，西安市东郊老牛坡遗址出土，编号3gtA18；父乙觯，编号3gtA66；母己觯盖，西安市大白杨废品回收库拣选，见《王文》；始尊，编号2gt22)；戈（戈父乙爵，西安市文物商店收购，见《王文》；戈甗，西安市文管会旧藏，见《王文》；戈父辛尊，编号3gtA23；宁戈方壶和鼎，长安县马王镇新旺村窖藏出土，编号为3gtA221和224；仆麻卣，上有族徽文字戈[illegible]，西安市文物商店收购，出土于长安沣西新旺村）；[illegible]（[illegible]鼎，西安市大白杨废品回收库征集，见《王文》；[illegible]鼎，1963年长安县沣西公社马王村出土，见《王文》；[illegible]簋，编号3gtA233）。[illegible]（父乙卣，1976年长安县沣西出土，编号3gtA94；父乙簋，与上器同坑出土，见《王文》）。聿贝（聿贝鼎，西安市大白杨废品回收库征集，见《王文》）。[illegible]（乙觯，1980年西安市大白杨废品回收库征集，编号3gtA65）。[illegible]（父丁卣，长安县沣西工程配件厂一墓出土，见《王文》；父癸簋，编号3gtA40）。史（史卣，1956年长安县大塬村出土，编号3gtA93）。[illegible]（父癸簋，西安市大白杨废品回收库拣选，见《王文》）。申（父庚卣，1975年长安县沣西乡出土，编号3gtA96）。[illegible]（辟卣，长安县沣西铜网厂出土，编号3gtA90）。聿舟（聿舟爵，长安县沣西马王村出土，见《王文》）。[illegible]（父丁爵，长安县沣西出土，见《王文》）。天（雜尊和卣，1976年长安县铜网厂西南出土，编号3gtA74与3gtA98）。臤（臤爵，1980年马王镇叁大队出土，

见《王文》）。䊶（父丙壶，长安县沣西张家村出土，见《王文》）。𢆶（父壬觚，编号3gtA211）。丨（叔䫀父鼎，编号3gtA173）。宋(𤔲𠦪进方鼎，长安县花园村M17出土，编号3gtA257)。吕（册觚，编号3gtA366）。𢎃（方壶，编号3gtA226和227）。

从以上铜器的出土地与征集地分析，大部分来自沣镐地区。而这一区域内，经科学发掘的族微铜器也不少。这至少有两点意义：

（1）在西周时期，尤其在西周早期，沣镐地区聚居着不少来自东方的包括殷遗民在内的氏族。其中有很多氏族不见于周塬所出青铜器，这一点或许有助于说明沣镐地区较之周塬地区在政治、经济、文化等方面的交流往来更为频繁。除了沣镐之外，出现族徽种类最多的地区是商代的殷墟地区和西周的另一都城洛邑。这无疑显示出沣镐作为西周政治、经济、文化中心的不可替代的地位。例如1967年出土于长安县马王镇新旺村𨘢盂就提到宫女的遴选一事。这说明沣镐正是西周的王都，而周塬则不是[15]。由此也暗示我们：周王陵不在周塬。

（2）戈族、䀠族、𠫤族、史族、宋族等都是商代的大族，其传世与出土铜器均在几十件以上。进入西周之后，他们依然兴盛不衰。

试以戈族铜器为例，商末周初有戈父乙爵、戈甗，后者高43cm，且甗在当时数量不多，从中可见戈族的实力。在西周早期，戈族的一支在陕西泾阳县高家堡[16]，一支在沣镐一带。仆麻卣上有族徽文字“戈䒑”，应是戈族的一个新分支[17]。前边提及的宁戈方壶与宁戈鼎，其上族徽为宁，也是戈族的一个新分支。这一支在商代晚期已形成，如父乙甗（《叁代》5.2.3）、父乙壶盖（《叁代》12.3.2）及《集成》着录的另一件父乙壶盖（编号9523），父乙之上缀族徽宁，只是方向不同罢了。族徽相同的铜器还有𢦚尊（《叁代》11.29.4），铭曰：“册宁𢦚作父乙宝𩁹彝”𢦚觥（《叁代》17.28.1）铭文同尊铭，字形风格一致，可知尊、觥为同时同人所作，年代在西周中期前段。联系到前述作为西周晚期宣王时的宁戈方壶与宁戈鼎[18]，可见戈族的这一分支在西周时期始终兴盛发达，到了西周晚期还能拥有47cm高的一对方壶，其实力不容小视。方壶与鼎的形制与纹饰和其它周人的铜器没有任何差别。如果不是族徽文字，看不出它塬是殷商时期的大族戈族的后裔所为。这一方面说明西周时期文化融合的成果，另一方面也说明文化的融合是一个漫长的过程。象宁戈方壶这样的器物虽然和单五父壶极相似，但依然使用殷代族徽作铭记。与此壶年代相近的还有𢎃方壶，通盖高58cm。如此高大的一对方壶，气势宏大，其主人当是一位高级贵族、王朝大臣。诸如此类的殷周后裔及其他东方氏族的后裔在西周王朝任职，有的甚至担任高级职务，这对研究西周社会结构、周人统治方式都有一定的意义。

乙酉暮春于西安古城南郊

张懋镕

注释：

1. 王长啓《西安市文物中心收藏的商周青铜器》（以下简称《王文》），《考古与文物》1990年5期；《西安市文物中心藏战国秦汉时期的青铜器》，《考古与文物》1994年4期。
2. 铭文作[illegible]状，为印刷方便，暂写作宁戈二字。
3. 陕西省考古研究所等：《陕西眉县杨家村西周青铜器窖藏发掘简报》，《文物》2003年6期。
4. 唐兰：《西周青铜器铭文分代史征》，中华书局，1986年；白川静《金文通释》卷叁上，白鹤美术馆，1969年；陈梦家：《西周铜器断代》，中华书局，2004年。
5. 张长寿：《记陕西长安沣西新发现的两件铜鼎》，《考古》1983年3期。
6. 与7. 同4。
8. 马承源：《中国青铜器研究》，上海古籍出版社，2002年。
9. 兰蔚：《汉阳县发现陈子墩古文化遗址》，《江汉考古》1980年1期。
10. 林巳奈夫：《殷周青铜器综览》，吉川弘文馆，1984年。
11. 张肇武：《平顶山市出土周代青铜器》，《考古》1985年3期；《河南平顶山市发现西周铜毁》，《考古》1981年4期；《河南平顶山市又出土一件邓公簋》，《考古与文物》1983年1期。
12. 西安市文物管理处：《陕西长安新旺村、马王村出土的西周铜器》，《考古》1974年1期。
13. 朱凤瀚：《古代中国青铜器》，南开大学出版社，1995年。
14. 王世民等：《西周青铜器分期断代研究》，文物出版社，1999年。
15. 张懋镕：《周塬出土西周有铭青铜器散论》，《古文字与青铜器论集》，科学出版社，2002年。
16. 张懋镕：《高家堡出土青铜器研究》，《考古与文物》1997年4期。
17. 朱凤瀚：《仆麻卣铭考释》，《于省吾教授诞辰100周年纪念文集》，吉林大学出版社，1996年。
18. 西周晚期的同族之器还有匜，见《青铜器图释》（文物出版社，1960年）。

The Fine Bronze Wares in Historical Relic Storehouse of Xi'an

Ⅰ. Introduction

Shaanxi is a large province of historical relic in china, and famous for bronze wares particularly. Xi'an is the provincial capital and also an ancient capital of 13 dynasties. Before this book come out, common people don't quite know how many ancient bronze wares are in Xi'an, how about their grade and what kind of value and meaning they have. Previous report and research articles are more professional, in addition the photos are not very clear, Which influence the external understanding of bronze wares in Xi'an. To some extent the cultural understanding of ancient capital as to Xi'an is also weakened unavoidably.

A few years ago, Mr. Sun Fuxi, the incumbent chief of Xi'an Historical Relic's Protection and Archaeological Research Institution, assume his new post and new challenge. He advanced the reform internally in a more cost-effective manner and adopted the incentive mechanism. He contact with foreign countries and engaged experts, therefore the Institution takes on a complete new look quickly. Some important archaeological discoveries are launched and shaking home and abroad. Voluminous reports and research work are laid out. This book is one kind among them. Mr. Sun Fuxi ask me to write an article and I have something to say and assent with deep feeling.

In recent years, by the invitation of Mr. Sun Fuxi and Mr. Wang Fengjun, the director of the storehouse, I had the opportunity to investigate the bronze wares in the storehouse for many times. It's a pity that some bronze wares are quite exquisite and have very high artistic value, which still had not be issued out. And also for some bronze wares having not been eliminated rust, the original characters can not displayed, which influenced the evaluation of the rank and the understanding of value. I have also met such kind of situation in other museums. The historical relics belong to the country and should be made open to society. Only when people understand them, could they play the role of themselves. Gradually, we form the same understanding publish the bronze ware materials in the storehouse. In the course of the writing of this picture collection, through eliminating rust and repairing, the inscriptions on some bronze wares have been found again and the implements of some structures which lines with more special decorations have also been noticed. Meanwhile we revised the materials that are delivered originally. Therefore, the publication of this picture collection, not merely let people have a more overall understanding to the bronze ware that the historical relic storehouse of Xi'an store, but also will play a role in promoting the research work in the future.

It can be seen from this picture collection that the characteristic of the bronze ware that the historical relic storehouse of Xi'an stores. It is that the quantity is enormous at first and the variety is more complete, which has offered the precondition for the setting-up of the museum of Xi'an. Second, it is that the grade is very high. The bronze ware that the storehouse stores mainly comes from the neighboring county and the suburbs of Xi'an. This area is the governance enter of West Zhou Dynasty as well as Dynasty Qin and Han imperial court in ancient times. Therefore, the bronze wares produced here have a very high standard and most of them were used by the imperial families, ministers and nobles. Third, those bronze wares have more clear eras, with subject bronze of the West Zhou Dynasty as well as Qin and Han period, which fully demonstrated the peculiar style and features of the bronze of this period. Fourth, those fancy bronze with the line adorned magnificently have a high appreciating arts value, such as Yong Yu, Wei Gui, Ningge Cubic-shaped Pots, Copper Draw Pot, and Incense Burner in Swan Goose Shape, etc. Fifth, they are the precious materials for historical study. The bronze wares of Shang and Zhou period, such as Yimao Zun and Yong Yu, have the signification for the research of offering sacrifices and the land system of Shang and Zhou period. Although the inscription of the bronze wares of the Warring States, Qin and Han period is short, it is much valuable to the research of name of the place, officials and weights and measures system. Among many bronzes there is a clear annals on them, so they are a batch of standard devices, which contribute to the research of times of the implements.

Because most bronze wares logged in this book have already been reported or studied, and the implements comment of the picture collection has done the introduction as detailed as possible, this text clicks explaining only to some important characteristic bronze wares, and the writer hope to contribute to strengthening the understanding of the bronze wares value and meaning in the area of Xi'an.

II. Ningge Cubic-shaped Posts and Ningge Tripod

Two pieces of Ningge Cubic-shaped Pots and three pieces of Ningge Tripod are excavated in the cellar of Xinwang Village of Mawang Town in Chang'an County, in 1979. The bulletin does not publish them, but those materials can be found in <The Bronze Wares of Shang and Zhou period in Xi'an Historical Relic Center> written by Mr. Wang Changqi. He concluded that those could be traced back to late West Zhou Dynasty.

Ningge Cubic-shaped Pot is 47cm high and with a loop knob on the lid. The pot has a wide neck, large belly, and the low loop base slightly tilts outside. Qiequ pattern was decorated along the lid, loop belt shaped patterns on neck and dragon patterns on belly. It is very strong that the line adorns the three-dimensional effect. Particularly on the neck both sides there are the mouth ring ears. The ear's top was made like a head of a beast. The mose of the beast takes the form of 'S' crookedly upwards, which forms the beast's head again. Many cubic-shaped pots were made in the late period of West Zhou Dynasty. This kind of cubic-shaped pot, which holds the mouth ring ears, is quite rare. The ones that are most similar with the Ningge Cubic-shaped Pots are Shan Wufu Pots excavated from the cellar of village of the Yangs of Mei County of Shaanxi at the beginning of 2003. Shan Wufu Pots are a bit high and were made more delicate. The decorations along the pot's lid are not Qiequ patterns but the loop belt shaped patterns. On both the ear of Ningge Cubic-shaped Pots and Shan Wufu Pots, there is a beast's head, which people fixed their eyes on. The difference between them is their facing direction. Shan Wufu Pot is a standard device of King Xuan's period; therefore Ningge Cubic-shaped Pot should be made also in about King xuan's period. Two ear structures of these two pots are more special, and it should be one kind of emerging ornament styles in late period of West Zhou Dynasty. Considering that Shan Wufu Pot was made in late period of King Xuan, it is possible that this kind of new design came into being in later period of King Xuan, which gives us a standard in telling the difference between the bronze of King Xuan's period and King Li's period. The structure and the decoration of Liang Qi Pots are similar with Shan Wufu Pots and Ningge Cubic-shaped Post. The scholars in the past, such as Tang Lan, Bai Chuanjing and Chen Mengjia ets., class it at the period of King Yi or King Li. Now it seems that it is suitable to be class at King Xuan's period. That the pot lid was made in the form of the petal is a characteristic of the later times too.

Ningge Tripod was excavated at the same time with Ningge Cubic-shaped Pot. In January 1982, at the broken cliff cellar of the southern Xin Wang village the same copper pot with inscription was excavated. Mr. Zhang Changshou thinks that Ningge Tripod is a relic of late period in West Zhou Dynasty. If Ningge Tripod is compared with Lai pot, the two are very similar. They all have upright ears. Their ear tops slightly tilt outward. The opening is directing downward. The upper abdomen is slightly bulging but the lower abdomen is restraining. The feet were made in the horse's hoof type. One circle of Qiequ pattern is decorated beneath the brim. The belly is decorated with the loop belt shaped patterns. The structure detail is very similar too. The common characteristics of these two pots are that the belly is relatively shallow, horse's hoof type foot is standard, and the line adorned is more succinct. Perhaps these are the characteristics of late bronze at the later period of West Zhou Dynasty, which is different with the device of King Li's period. The shape and body of the inscription of the Ningge Tripod and Ningge Cubic-shaped pot are totally unanimous, so Ningge Tripod is also a bronze ware of King Xuan's period. It can be analyzed that Shi Song Tripod that is much similar to the Ningge Tripod is also a bronze of King Xuan's period. (Tang Lan thinks that it is a ware of King Xiao's period; Chen Mengjia determines that it is at King Li's period; Only Ma Chengyuan considers that it is King Xuan's period. We have the same idea with Mr. Ma). Xiao Ke Tripod looks much like Ningge Tripod. In the past someone listed Xiao Ke

Tripod in King Xiao or King Yi's period. Now it can be seen that it is much earlier than that period. Both the Xiao Ke Tripod and the Ke Bell were made by the same person. The concrete making time is earlier or later, but it is mot very different between the two. Ke Bell was made at 18 years of King Xuan's period; therefore other Ke devices would be never earlier than King Li's period.

The comprehensive research of Ningge Cubic-shaped Pot, Ningge Tripod, Liang Qi Pot, Shi Song Tripod and Shan Wufu Pot can probably declare some standards of the characteristic of the bronze wares of King Xuan's period. Thus we can distinguish them form King Li's bronze for promoting the further investigation of the bronze in late period of West Zhou Dynasty.

III. Bronze with Special Decorations

It is very noteworthy to some pieces of bronzes with special decorations.

Birds Pattern square Lei, which was collected in the year of 1989, and first stated in this book, whereas the place of discovery is not clear. The height is 40.4cm, without lid, 50 more cm supposing with lid. This Birds Pattern Square Lei is made delicately and decorated magnificently, which high neck, round shoulder, deep belly and high circle feet. There are eight ridges from neck to circle feet, set separately on the neck, shoulder, belly and feet. Some thorns are made in the front and middle part of each ridge, as well as two ear part on the shoulders, the whole making is like maiden's dress rising up and down, and have a characteristic of dignity and delicate beauty. Besides the leaves pattern on the lower belly, sone birds patterns are made on the neck, shoulder, upper belly and circle feet, the biggest ones are on the belly, smallest ones are on neck and feet. The bird pattern is more bulging than the Cloud and Thunder pattern, which are very distinct. Moreover, the rear of bird is rising at the back, and the tail is dropping downward, and the head of bird is taking the pattern of 'S', the curves are made rightly, dynamic like in static state. Each bird is raising the wings to take flight. In some bird pattern bronze wares made in Shang and Zhou Dynasty this one is very delicately made.

Two pieces of same pattern square Lei is No.39 and No.40 Lei in <Zong Lan>, the former one is excavated in a bamboo woods in Hanyang of Hubei Province in 1966. Square Lei with definite place of discovery is very rare. According to the same flavor Tianquan Square Lei in Hunan, this one maybe excavated in southern part of China. Concerning the size, make and pattern flavor, it is somewhat the same with wares excavated in the middle of China, and may be made by Yin People and their descendents in the south.

Deng Gong Tripod was made exquisitely. The raised angle is clearly demarcated. The ornamental style also has some special characteristics. A kind of triangular eye line for a circle is in the centerline of its belly. Usually this kind of decoration is decorated in the position with narrower upper and lower space, such as the shoulder of Lei and Zun. When decorated at the tripod, it is arranged beneath the brim and much close to the brim, and the belly is often the plainly made one. Generally speaking, from people's vision, the brim is in the very striking position. Besides the full flower devices, the ornamental pattern is better and appropriately decorated here. This tripod is an abnormal one. The plainly made one. Generally speaking, from people's vision, the brim is in the very striking position. Besides the full flower devices, the ornamental pattern is better and appropriately decorated here. This tripod is an abnormal one. The triangular eye line which is the common old line decorations at the bronze of Yin and Shang Dynasty was distributed in the tripod belly midsection, but the upper and lower departments do not have decorations of a line, which reserves a large blank part. The common decorations produce a novel feeling. We cannot but admire the producer's mode of thinking.

The tripod 247, recorded in <A Comprehensive Look at The Bronze Wares of Yin Zhou Dynasty>, has the similar ornamental style as Deng Gong Tripod. And this ware is stored in the Palace Museum of Taipei. A slight difference is that the tripod 247 was decorated with the bird's tail dividing lines, and beneath the brim is a circle of string lines. The shape of the ware is similar with Cao Tripod of 15 years. It is a device at about King Gong's period. Deng Gong Tripod is slightly earlier. There are six Chinese characters inscription on it. The word shape is slender, and has no flavor of early Bo Zhe pattern yet. The sign the word is close to You, and cubic-shaped tripod. The character of '公' looks much like the same character in Xiao You La Tripod, so Deng Gong Tripod should in the early middle period of West Zhou Dynasty, that is King Mu and King Gong's period. It is obvious that this kind of ornament style appeared at the middle period of West Zhou Dynasty.

Which class does the tripod 247 recorded in the book mentioned above is not clearly. Deng Gong Tripod is a bronze ware of Deng Kingdom. It is uncomplicated that this device is adorned, but it is molded meticulously. Thinking of Deng Zhongxi Zun excavated from the cemetery of Uncle Jing of Zhang Jiapo, it is obvious that Deng Kingdom's bronzes are quite unique and magnificent. Deng Gong Tripod's excavating place is not quite clear. The storehouse of Xi'an Da Baiynag collected it from the suburbs. As the capital, the duke under emperor came from all parts to visit or engage and enjoy left behind the precious bronze here naturally. This is also a natural thing that capital area excavates the bronze ware. There are four pieces of bronzes here that Deng Gong made such as Man Gui and they all demonstrate the excavating place. These four pieces of bronzes excavated from Ping Dingshan of Henan, the two ones excavated at the end of the 70's and at the beginning of the 80's separately should be made between the middle and the later period of West Zhou Dynasty. A piece of Deng Gong Lv Gui recorded in <An Integration of Inscription on Ancient Bronzes of Yin Zhou Dynasty> is a device of the late period of West Zhou dynasty. A Lid of Deng Gong Gui is a ware made between West and East Dynasty.

Therefor, the tripod mentioned above is the relatively early one in Deng Gong Bronzes. It is of great benefit to study the history of Deng Kingdom. In view of this tripod of unique ornamental styles(the same flavor one has not been seen yet), its rank should be elevated too.

The decorations of Yi Zhi and overall arrangement also have its characteristics. Its neck is decorated with Taotie pattern (a mythical ferocious animal). Its lid, belly, and loop base are decorated with four-petals like eye patterns. Four-petal like eye patten is usually used only as auxiliary decoration with volute alternately, which make up a belt and hoop pattern and is decorating beneath the brim. Volute Tripod excavated from tomb No.M18 in Xiaotun has such kind of decorations. Like Yi Zhi, only Bronze Zhi excavated from tomb No.M5 in Xiaotun has such decorations that the four-petal eye pattern is the main pattern, which decorated on the lid and belly. But these two are not completely the same. The latter's neck is decorated with the pattern of four pieces of plantain leaves and tiger pattern. The loop base is decorated with the clouds and thunder pattern. The four-petal eye pattern's actual area on Yi Zhi is a bit more. It seems that there are no complete same decorations with Yi Zhi. Therefore, using the four-petal eye pattern as the main pattern only prevails in the second phase of Yin Dynasty ruins, and after that it is used as auxiliary pattern. Yi Zhi is 18.8 centimeters high and No.M5 Zhi from Xiaotun is 18.2 centimeters high. The make and pattern are similar. They are the implements of the same period. Yi Zhi does not have the excavating place. It was collected by the storehouse of Xi'an Da Baiyang in 1980. Tribal emblem characters ' ↑ ' were found on it. It may have been brought to Xi'an from the east or through other ways by the descendant of the Yin family. The full flower of the ware is completely decorated with three layers flower pattern and the pattern is designed carefully with its distinct layer, thus its host is also distinct noble.

Yong Yu is paid close attention to by the academic circles because of the long passage inscription on it, moreover, the decorations are worth of our attention too. The Qiequ pattern is decorated beneath the brim and the loop base. The eyeball of the Qiequ pattern is roughly in the middle. The eye line is clear. The lines all around are either straight or curved. It is more complicated than general Qiequ pattern. When compared with Taotie pattern in the early period of West Zhou Dynasty, the pattern has advanced more abstractly instead of pictograph. It is obvious that it is in the intermediate time when Taotie pattern was transiting into Qiequ pattern. It can be proved effectively how Qiequ pattern evolved from Taotie pattern. There are such belief that this ware was made in the period of either King Gong, King Yi, or King Yi, etc, we can conclude from the make and pattern that it should be in the middle period of West Zhou Dynasty and cannot be so late belong to the period of King Yi.

A pair of cubic-shaped copper pot also have distinct characteristic. The cubic-shaped pot of late period of West Zhou Dynasty generally has the crossing loop belt shaped pattern on the belly, such as Liang Qi Pot and Zhou Pot, or decorated with the dragon design as in Song Pot and Shan Wufu Pot. The fish scale dropping pattern also can be found on such wares such as on San Bo Chefu Pot. Usually the round pot is decorated with the big round loop belt pattern, for instance Ji Fu Pot etc. They are all the new prevailing decorations in West Zhou Dynasty. The cubic-shaped copper pots mentioned above are decorated with the big Taotie pattern on the belly, which is the traditional decoration of Yin and Shang Dynasty. Such decoration is rarely seen in the middle and late period of West Zhou Dynasty. We can only find such decoration on three cubic-shaped pots(No.46, 48, 49) recorded in <A Comprehensive Look at The Bronze Wares of Yin Zhou Dynasty>. In the middle and late period of West Zhou Dynasty, the decoration style is very brief and this pot is very peculiar because of its three layers of full flowers. Three cubic-shaped pots recorded in <A Comprehensive Look at The Bronze Wares of Yin Zhou Dynasty> are 46.6cm(with lid), 47.2cm and 48.5cm high respectively. The cubic-shaped copper pot is 58.3cm high with lid and 48cm without lid. It is the second highest cubic-shaped pot which is decorated with such kind of line decorations. Moreover the two pots, height of 47.2cm and 48.5cm, do not have lids on them. This pot should be the biggest one with lid which is decorated with Taotie pattern on its belly. Its value can be seen easily.

Decorations are a significant factor to judge the time of the historical relic. On the copper tripod of No.3gta180, there is a eight-words inscription. The original bulletin author thinks that it is made much early (earlier than the middle period of West Zhou Dynasty). <The Bronze Ware of Shang Zhou Period Collected by Xi'an Historical Relic Center> give this tripod the name of Taotie Pattern Tripod and its time should be in the late period of early West Zhou Dynasty. When contrasting with the object, although the decoration beneath the brim is complicate, it is Qiequ pattern instead of Taotie pattern, which is similar to Taotie pattern, and is a bit similar to the decoration on Yong Yu. It is at the intermediate time when Taotie pattern is transiting to Qiequ pattern, but the decoration is a little simpler than that on Yong Yu. This tripod is 57cm high and very grand. The ware is thick and heavy and the base is relatively thick, which give us the false image of earlier time. By the look of structure, it is really similar to Tripod, but this kind of Qiequ pattern could not be seen in the wares of early period of West Zhou Dynasty. The wares with pattern similar to these decorations are Yuan Nian Shi Gui and Deng Gong Gui excavated from Ping Dingshan. Mr. Zhu Fenghan classified it as 'Resolving Shape Qiequ Pattern', and pointed out 'from the front it looks much like the substitute of Taotie pattern'. Mr. Wang ShiMin identify it type of Qiequ patterneye like Qiequ pattern. The two pieces of Gui mentioned above are all the wares of the middle and late period of West Zhou Dynasty. Certainly observing from the shape, this tripod is probably slightly earlier than Shi Gui, but still in the middle period of West Zhou. Moreover, on the tripod the character shape of the inscription is absolutely not the character shape of the early period of West Zhou. For example, the Chinese character of '寶' has had no flavor of BoZhe pattern at all. The crooked place of one of its radicals is perfectly round, and there has not been a pictograph flavor of the roof structure yet.

So analyzing synthetically, this tripod should be in early section of middle period of West Zhou Dynasty.

Ⅳ. Bronze Wares with Tribal Emblem Characters

Most bronze wares of Shang and Zhou Dynasty collected by Xi'an Historical Relic Storehouse are the bronze wares with tribal emblem characters. This is a distinct characteristic.

The tribe names are [illegible](Fu Gui Dou, serial NO.3gtA18, excavated from Laoniupo Village Baqiao District, Xi'an City; Fu Yi zhi, serial NO.3gtA66; Lid of Mu Yi Zhi, collected by the Storehouse of Xi'an Da Baiyang, recorded in <The Bronze Ware of Shang Zhou Period Collected by Xi'an Historical Relic Center>; Yi Mao Zun, serial NO.2gt22); 戈(Ge Fu Yi Zun, collected by Historical Relic Shop of Xi'an, recorded in <The Bronze Ware of Shang Zhou Period Collected by Xi'an Historical Relic Center>; Ge Yan, collected by Xi'an Historical Relic Management Committee, recorded in <The Bronze Ware of Shang Zhou Period Collected by Xi'an Historical Relic Center>; Ge Fu Xin Zun, serial NO.3gtA23; Ningge Cubic-shaped Pot and Tripod, excavated from Xin Wang Village of Ma Wang Town of Chang'an District, serial NO.3gtA221 and 224; Pu Ma You, there is the tribal emblem character of '戈' [illegible] on it, collected by Historical Relic Shop of Xi'an, excavated from Xin Wang Village of Chang'an District); [illegible] (Tripod, collected by the Storehouse of Xi'an Da Baiyang, recorded in <The Bronze Ware of Shang Zhou Period Collected by Xi'an Historical Relic Center>; Tripod, excavated from Ma Wang Village of Feng Xi Commune of Chang'an District, recorded in <The Bronze Ware of Shang Zhou Period Collected by Xi'an Historicla Relic Center>; Gui, serial NO.3gtA233); [illegible](Fu Yi You, excavated from Feng Xi of Chang An District in 1976, serial NO.3gtA94; Fu Yi Gui, excavated from the same place of Fu Yi You, recorded in <The Bronze Ware of Shang Zhou Period Collected by Xi'an Historical Relic Center>); 聿貝(Yu Bei Tripod, collected by the Storehouse of Xi'an Da Baiyang, recorded in <The Bronze Ware of Shang Zhou Period Collected by Xi'an Historical Relic Center>); [illegible](Yi Zhi, collected by the Storehouse of Xi'an Da Baiyang, serial NO.3gtA65); [illegible](Fu Ding You, excavated from a tomb of Feng Xi Engineering Fittings Factory of Chang'an District, recorded in <The Bronze Ware of Shang Zhou Period Collected by Xi'an Historical Relic Center>; Fugui Gui, serial NO.3gta40); 史(Shi You, excavated from Da Yuan Village of Chang'an District, serial No.3gtA93); [illegible](Fugui Gui, collected by the Storehouse of Xi'an Da Baiyang, recorded in <The Bronze Ware of Shang Zhou Period Collected by xi'an Historical Relic Center>); 申(Fugeng You, excavated from Feng Xi of Chang An District, serial NO.3gtA96); [illegible](Bi You, excavated from Feng Xi Copper Net Factory, serial NO.3atA90); 聿舟(Yu Zhou Jue, Ma Wang Village of Chang'an District, recorded in <The Bronze Ware of Shang Zhou Period Collceted by Xi'an Historical Relic Center>); [illegible](Fuding Jue, excavated from Feng Xi of Chang'an District, recorded in <The Bronze

Ware of Shang Zhou Period Collected by Xi'an Historical Relic Centter>); 天(Zun and You, excavated from the southwest of Copper Net Factory of Chang An District, serial NO.3gtA74 and 3ftA98); 臤(Jue, excavated from the Third Group of Ma Wang Town in 1980, recorded in <The Bronze Ware of Shang Zhou Period Collected by Xi'an Historical Relic Center>; [illegible](Fubing Pot, excavated from Zhang Jia Village of Chang'an District in the year of 1980, recorded in <The Bronze Ware of Shang Zhou Period Collected by Xi'an Historical Relic Center>); [illegible](Furen Gu, serial NO.3ftA211); [illegible](Shu Fu Tripod, serial NO.3gtA173); [illegible](Jin Fang Tripod, excavated from M17 of Garden Village in Chang'an Distric, serial NO.3gtA257); [illegible](Ce Gu, serial NO.3gtA366); [illegible](Cubic-shaped Pot, serial NO.3gtA226 and 227).

From the analysis of the excavating and collecting place, most bronze wares mentioned above are all from Feng and Hao area of ancient China. In this area, many bronze wares with tribal emblem characters excavated by scientific method are also been found, which demonstrate two meaningful thins at least:

(1) In West Zhou Dynasty, especially in early days, besides the descendents of Yin Dynasty, many tribes coming from the east were all living in Feng and Hao area. Among them a lot of tribes are not seen in the inscription on the bronze wares made in Zhou Yuan area originally, and perhaps this contributes to proving that the exchanges in such aspects as politics, economy, and culture in Feng Hao area are more frequently compared to those in Zhou Yuan area. Besides Feng Hao area, most tribal emblems appeared at Yin Dynasty ruins of Shang dynasty and another capital of West Zhou Dynasty Luo Yi. This undoubtedly demonstrates Feng and Hao area as the irreplaceable position of the political, economic, and cultural center of West Zhou. For example, excavated from XinWang Village of Ma Wang Town of Chang'an District in 1967, Pu Yu has the inscription about the selection of the maiden of honor. This proves that Feng and Hao area instead of Zhou Yuan area is the exact capital of West Zhou Dynasty. Therefore, it gives us the hint that the mausoleum of the Zhou King is not in Zhou Yuan area.

(2) The tribe of 戈, [illegible], [illegible], 史, [illegible], etc. are all big tribes of Shang Dynasty. Its excavated bronze handing down from ancient times is above dozens. After entering into West Zhou Dynasty, these tribes are still prosperous.

Let us try to take the bronze wares of tribe 戈 as an example. In the period between the end of Shang and the beginning of Zhou Dynasty, there are Ge Fu Yi Jue and Ge Yan. The latter is 43cm high and it is in little quantity at that time. Therefore, the power of tribe 戈 can be seen easily. In early days of West Zhou Dynasty, one group of tribe 戈 is in Gao Jiabu of Shaanxi Jingyang county, and another branch of 戈 Tribe is in regions of Feng Hao area. There is a tribal emblem characters '戈, [illegible]' on Pu Ma You, which demonstrate a new branch of tribe 戈. Ningge Cubic-shaped pot and Ningge Tripod mentioned before have tribal emblem characters [illegible] suggesting that they are made by another new branch of tribe 戈. This new branch had already taken shape in the late period of Shang Dynasty. Other wares of this branch with emblem are, [illegible] for example, Fu Yi Yan(<Three Generations>5.2.3), the Lid of Fu Yi

Pot(<Three Generations>12.3.2), and another Lid of Fu Yi Pot recorded in <Integrate>(NO.9523), the difference is that the directions of [illegible] are on the same. The bronze wares having the same tribal emblem are Zun(<Three Generations>11.29.4) and Gong (<Three Generations>17.28.1). the Inscription Chinese character shape style is unanimous, and we can know they were made by the same person at the same time. The time should be at the beginning stage of middle period of West Zhou Dynasty. Relating to above-mentioned Ningge Cubic-shaped Pot and Ningge Tripod in King Xuan time of later period of West Zhou Dynasty, it is obvious that this branch of tribe 戈 is in the prosperity all the time in West Zhou Dynasty. Still having a pair of 47cm high cubic-shaped pot at the later period of West Zhou Dynasty, the power of this tribe cannot be neglected. The structure and the decorations of the cubic-shaped pot and the tripod do not have any difference with the bronzes made by other Zhou descendents. Supposing it is without the emblem characters of the tribe, we can not assume it is made by the descendants of the big tribe 戈 in the period of Yin and Shang Dynasty. On one hand this shows the achievement that the cultures merge at West Zhou Dynasty, and on the other hand it proves that the integration of cultures is a long course. Though Ningge Cubic-shaped pot is extremely similar with Shan Wufu Pot, it still uses the tribal emblem of Yin Dynasty as inscriptions. The one, which time is similar to this pot times, includes 58cm high cubic-shaped pots with lid. Such high a pair of cubic-shaped pots are very grand which demonstrate its host should be an advanced noble or an imperial court minister without doubt. Such descendants of Yin and Zhou Dynasty and other descendants of eastern tribes took the official post in West Zhou Dynasty, and some of them held advanced post even, which gives us a meaningful way to study the social structure and the governing style of West Zhou Dynasty.

Zhang Maorong

Autumn, 2005 in Xi'an

一、前書き

陕西省は中国において文物保有量は最も豊富な省である。特に青銅器は有名である。西安は陕西省の省都で、また十三の王朝の都の所在地として、どれだけの古代青銅器を保有しているのか。またその品味はどうだろうか。その価値と意義はどうだろうか。この図版集は世に問うまでは、あまり世に知られなかった。今までの報道や研究論文などはあまりにも専門しすぎて、そのうえ器物の映像はあまり明晰ではなかったため、これもまた世間の青銅器認識に妨げたと思われる。さらに世間が文化古都としての西安への理解にも妨げた。

数年前、西安市文物保護と考古学研究所長の孫福喜先生が、大いに改革改新を推進し、奨励体制を整え、研究分野を開放し、専門家を招聘した。これにより、研究所の面目が一新し、内外を驚かす重要な考古発掘成果は相次ぎ、多くの研究報告や研究著作を机上に並べられた。この図版集はその成果のひとつである。なにかを書いてくれという福喜先生のご要請で、また、私も言いたいことがあったから、快く引き受けた。

近年、福喜先生と倉庫主任の锋鈞先生のお招きで、私はたびたび倉庫に入り、青銅器を考察した。これらの青銅器の精巧さや美しさに感嘆した。極めて高い芸術価値があるが、残念なことに世に知られなかった。あるものは錆とりをまだ施していないので、銘文が見えない。これもそのもの品味と価値の判定に影響したと思われる。このような現象は他の博物館でも見たことがある。文物は国有のもので、社会に公開し、民衆に見せなければならない。そうしないと、文物としての意義がなくなる。考察をした結果、われわれの間には在庫の青銅器資料を整理して出版するという共通認識ができた。本図版集の編集作業の中で、錆とり、修復により、青銅器に銘文があることを再発見した。また、あるものはその形作り、紋飾などはわりに特殊であることに気が付いた。同時に今まで公開した資料の中の正確でないところを訂正作業をしたのである。この図版集の出版によって、世間の人々に西安市文物倉庫に収蔵される青銅器を全面的に認識させることができるだけでなく、今後の青銅器研究を促進することもでるだろう。

この図版集から、西安市文物倉庫に収蔵されている青銅器の特徴をうかがうことができる。まずその量は膨大であり、種類は多いことである。これは西安市に博物館を建立するために、先決条件を備えた。次にその品味の極めて高いことである。倉庫所蔵の青銅器は主に西安市郊外やその周辺の県から集められたものである。この地域はかつて古代の西周、秦、漢王朝の支配の中心地であったので、出土した青銅器は品格が高く、その多くは皇室および大臣、貴族の使用の器物である。第三には、所属时代はわりに明瞭である。西周、秦、漢の时期の銅器を主体として、この時期の銅器を風貌を十分に表している。第四には、造型は独特であり、紋様は華麗であり、芸術的鑑賞価值は非常に高いことである。たとえば永盂、衛簋、寧戈方壺、銅汲壶、鸿雁薫炉など。第五には、歴史研究のための貴重な資料である。商、周の青銅器は、たとえば乙卯尊、永盂などは商、周の祭祀と土地制度の研究に重要な意義をもっている。戦国時代、秦の時代、漢の時代の青銅器の銘文は短いが、地名、官職、度量衡制度の研究には価值がある。多くの銅器にははっきりした紀年を記しており、基準器物と言われ、器物の年代研究の助けになるものである。

本書収録された青銅器の大半は報道され、または研究発表されたことを鑑み、そして本図版集の器物說明欄において、詳しく紹介されているから、本文はただ重要かつ特色のある青銅器だけについて解說することにする。西安地域の青銅器の価值と意義の認識を深めるために役に立つことができれば幸いに思う。

二、寧戈方壺と寧戈鼎

二個の寧戈方壺(No.3gtA221)と三個の寧戈鼎(No.3gtA224)は1979年長安県馬王鎮新旺村窯藏から出土したもので、未公開のもので、資料は王長啓先生が著した《西安文物中心收藏的商周青銅器》から見られる。氏はこれらの銅器の年代を西周晚期に断定していることは正解だと思う。

寧戈方壺、高47cm。蓋有り、蓋には輪狀の把っ手がある。壺頚が広く、壺腹は豊碩で、壺腹の下部は傾垂し、輪狀の低い足がつく。その足はやや外側に向いている。蓋の縁には窃曲紋を施し、頚部には環帶紋を施し、腹部には交龍紋を施していて、立体感が強い。最も特徵のあるのは、頚部の両側にリンダをつけた耳がついている。耳の上部は獣首狀を成している。獣の鼻は上に曲がって、“S”狀を呈していて、また獣の首を成している。方壺は西周時代の晚期の器物として、多く発見されたが、しかし、このような耳は獣の首の形をし、またその耳にリンダがついた方壺はめったに見られない。寧戈方壺の形に最も近いのは2003年初、陕西省眉県楊家村銅器窯蔵の中の単五父壺である。異なるのは単五父壺の方がやや高く、製作がさらに精緻であり、蓋の縁に施した環帶紋が窃曲紋ではないのである。人の目を引くのは寧戈方壺と単五父壺の獣首耳にはいずれも獣の首がついていることである。ただ首の位置は少し違うだけである。単五父壺は宣王时期の標準器物であれば、寧戈方壺の製作年代は宣王时期の前後であるはずだ。この二点の壶の耳のつくりは特殊であり、西周時代晚期に新たに現れた裝飾風格だと考えられる。単五父壺の製作年代は宣王後期だったことを考えると、寧戈方壺は、おそらく宣王中興以後、現れた新しい設計形式であろうと思う。これは厉王朝、宣王朝の銅器を区分する基準になるだろう。単五父壺と寧戈方壺の形作り、紋飾に似ているのは梁其壺もある。唐蘭、白川静、陳夢家などの先輩学者はそれらを夷王時期、または厉王時期のものにしているが、現在の研究結果を見ると、宣王時期のものにすればさらに適当ではないかと思う。また、壺の蓋のてっぺんの花弁狀も年代遅れの特徵である。

寧戈鼎(No.3gtA224)は寧戈方壺と同じところから出たもので、同様銘文のある铜鼎である。1982年1月新王村大隊南断崖の窯蔵坑から出土したものである。張長寿先生は寧戈鼎は西周中晚期の遗物だと断定している。寧戈鼎を42年逨鼎と比べてみると、両者はよく似ていえることがわかる。同じところは直立耳、耳の上部はやや外向きで、口沿いはやや集束している。上腹は膨らんで、下腹は凹んでいる。足はいずれも馬蹄形で、同様に口沿いに窃曲紋を施している。腹飾は環帶紋で、構造の細部もよく似ている。この二点の鼎の共有の特徴は腹部が浅く、足が馬蹄形であり、紋飾がさらに簡潔である。これは西周晩期の銅器の特色かもしれないが、 厉王時期の銅器とは差異がある。寧戈鼎の銘文は寧戈方壺の銘文の書体とはまったく同じであり、だから、宣王時期の銅器でもある。こう分析すると、それに最も近いのは史頌鼎であり、唐蘭はそれは孝王時期のもの、陳夢家はそれは厉王時期のもの、馬承源はそれは宣王時期のものだと断定している。馬承源説は事実に近いと思われる。小克鼎と寧戈鼎とは似合っていて、以前、小克鼎は孝世、夷世のものだと考えられたが、今考えると、それは事実に合わないようである。小克鼎と克鐘などは同じ人の作品である。具体な製作時期は早かったり、遅かったりするが、あまりかけ離れていない。克鐘は宣王18年の器物であるから、その他の克器も厉王時期より早いはずはない。

以上の寧戈方壺、寧戈鼎、梁其壺、史頌鼎および単五父壺、42年逨鼎の総合研究で、宣王銅器の時代特徴にならかの基準を抽出することができるかもしれない。これに基づいて、厉王時期の銅器と区分して、西周晩期の銅器の深層研究を促進することができるだろう。

三、紋飾の特殊な銅器

紋飾の特殊な銅器には注目の値がある。

鳥紋方罍(No.3gtA143)は、1989年収集したもので、出土地は不明である。本書には初めて収録したのである。高さは40.4㎝で、蓋は紛失したが、もし蓋の高さを加算すると、その高さは50㎝以上あると考えられる。鳥紋方罍は製作は精緻で、またその装飾も華麗である。えりが高く、肩が円く、腹部は凹んでおり、圏足が高い。頚から圏足まで扉棱を8本施し、それぞれ頚 肩、肩腹、腹足の境い目で分離している。各扉棱の起点部と中段部には刺が突き出している。两の耳にも刺が突き出していて、少女のスカートの裾のように高くなったり、低くなったりして、起伏している。これは荘重なる本器のために幾分の霊気を添え加えたのである。また、下腹部に垂葉紋を施したほか、頚、肩、上腹部、圏足にはことごとく鳥紋を施している。腹部の鳥紋は最も大きくて、足の鳥紋は最も小さいのである。鳥紋の線条は地紋としての雲雷紋より 明らかに高く、極めて目立つのである。さらに珍しいのは鳥紋白の後端は上に反り上がり、羽尾は垂れ下がって、鳥冠は“S”状に分布している。その曲線の応用はちょうどいい塩梅にあり、静の中に動があり、精神に満ちた鳥が今にも翼を振るわせて飛ばんとうするように見えるのである。鳥紋を装飾とする商、周時代の青銅器の中で、極めて精緻なものである。

本器の形製と紋飾とほぼ同様な方罍はほかに二点発見されている。それは《総覧》の罍39と罍40である。前者は1966年、于湖北漢陽竹林咀に出土したもので、明確した出土地が分かる方罍は少なく、この罍の風格に類似する皿天全方罍の出土地は湖南であることを鑑み、鳥紋方罍の出土地も南方にあるだろうと思う。形製と紋飾の風格から言えば、中原の器物と一致している。南下する殷の人またはその後人が為したことであろう。

鄧公鼎(No.3gtA30)製作は精緻で、棱角は明晰で、装飾風格も特別である。その腹部の中線部には一周の三角目紋を施している。通常、このような紋飾装飾は上下空間のわりに狭窄の部位にあり、たとえば罍、尊の肩部。鼎の頂部に装飾するならば、口沿いの下部に分布し、口沿いに近い。腹部はほとんど素面である。一般的に言えば、人間の視覺感受から見れば、口沿い下部は目立つ部位である。満花器以外、この部位に装飾した花紋は装飾効果がよいが、鄧公鼎はそれと違い、規成の規則に反して、このような殷商銅器によく見られる三角目紋を鼎の中腹部に分布して、その上下部に何にも飾らずに、空白を残す。こうして、見慣れた紋飾に新奇な感じを与える結果になる。製作者の新奇な発想に感心せざるを得ない。

鄧公鼎の装飾風格に似ているものは《殷周青銅器総覧》の鼎247であり、その器物は台北故宮博物院に蔵しているが、ちょっと違うのは、鼎247の紋飾は尾鳥紋であり、口沿いの下の方に一周の弦紋を施している。器物の形は十五年趞曹鼎に似ている。共王時期の前後のものである。鄧公鼎の製作年代はやや早く、銘文6文字“㬻公乍(作)旅隣鼎”。字形は細長く、早期の波磔体の意味はない。隣その書き方は同卣、方鼎に似ている。公字の書き方は卣剌鼎に似る。だから、鄧公鼎の製作年代は西周中期より少し早い。このような新しい装飾風格は西周中期に生まれたと考えられる。

《総覧》の鼎247の族属ははっきりしないが、鄧公鼎は鄧の国の銅器であり、この器物の紋飾は複雑ではないが、鋳造はとても精緻である。张家坡の井叔墓地から出土した鄧仲犠尊と関連して見ると、鄧の国の銅器の独特さと精彩さを伺うことができる。鄧公鼎の出土場所は詳しくはないが、西安市大白杨倉庫が集めたものだから、西安市の郊外から出土したものだと考えられる。西安は昔の王畿所在地で、四方の諸侯はよく謁見に来たりするのだから、この地に珍品なる銅器を遺留することは不思議なことではない。それもまた王畿地方に出土した青銅器の特徴の一つであろう。鄧公が製作した銅器は、以前の出土場所は“鄧公作应嫚媵簋、其永寶用”がある。あわせて4点であり、それぞれ70年代の末、80年代の初、河南平頂山市から出土した。年代は西周中晩期の転換期だある。《殷周金文集成》には鄧公旅簋(No.3858)、一点収録されており、西周晩期の器物である。もう一つ鄧公簋蓋(No.4055)、製作年代は両周の転換期に当たる。したかって、本器物は鄧公銅器の中の早期のものだと考えられる。鄧公銅器は鄧国の歴史を研究するには裨益があると思う。この類の鼎の独特な装飾風格を鑑み、(全く同形のものは発見されていない)その等級を認定する場合、格上げする必要があると思う。

乙觶(No.3gtA65)の紋飾と紋様配置もその特徴がある。頚部饕餮紋が飾り、蓋面、腹部、足には四弁目紋が飾ってある。通常、四弁目紋はただ補助的な紋飾とされ、渦紋と織り交ぜて、口沿いの下部に施される。小屯M18から出土した渦紋鼎はその一例である。乙觶のように四弁目紋を主紋として、蓋面、腹部などの主要な部位に飾られるのは、小屯M5から出土した銅觶だけである。しかし、その紋様は全く同じとは言えない。後者はその頚部には蕉葉紋、虎紋を施し、足には雲雷紋を施している。四弁目紋の実際面積は、乙觶の放は広いのである。乙觶と全く同様の装飾紋様を未だ見たことはない。四弁目紋を主紋様として、殷墟の二期に流行したが、その後は補助的な紋様として利用されたようである。乙觶は高さ18.8㎝、小屯M5觶の高さは18.2㎝、両者は形態、紋様がよく似たところがあり、同じ时期の器物だと思われる。乙觶の出土場所は不明で、1980年西安市大白楊倉庫が収集したものである。器物には"↑"という文字の族徽が刻まれている。殷商の後裔は东方から携わってきたものだと推測できる。または別のルートで、西安の付近に伝来したものかもしれない。この器物には花の紋様が飾ってあり、紋飾は極めて細かく、階層構造はとても豊富多彩である。その持ち主は普通の貴族ではないだろう。

永盂(No.特1)は長編の銘文が刻まれているから、学術界で注目されている。そのほか、その紋飾にも重視する値がある。その口沿いの下部と足には窃曲紋が飾ってあり、その目球はおおよそ真中に位置し、目縁はとても明晰でする。四周の線は直線もあり、曲線もある。普通の窃曲紋より、複雑である。しかし、西周早期の饕餮紋と比べると、図案は抽象化されている。明らかに饕餮紋から窃曲紋への過渡期のものである。饕餮紋からどのようにして窃曲紋に変化したかを力強く裏付けている。この器物の製作年代については、共王期、懿王期、夷王期などの說があるが、紋飾と形態を関連して分析すれば、西周中期のものだと思い、夷王期以後のものにはならない。

No.216、217はペアになる銅方壺で、特徴のあるものである。一般的には西周中晩期の方壺は、その腹部には十字環帯紋が飾ったある。たとえば、梁其壺、周壺は交龍紋を、頌壺、単五父壺は垂鱗紋を施している。また、散伯車父壺の場合、円壺には通常大環帯紋を装飾する。たとえば、几父壶、壶まど。それはみな西周期に流行った新紋飾であるが、No.216、217の銅方壺は腹部に大饕餮紋を装飾している。このような殷商時期の伝統的な紋飾は西周中晩期の器物にはあまり見られないが、ただ《総覧》に収録された壺46、48、49の三点の方壺にはこの種の紋飾が施されている。西周中晩期の銅器の紋飾は非常に簡潔だったが、No.216、217の銅方壺には複雑な紋飾が飾られ、独特な風格をもっている。《総覧》に収録された壺46、48、49の三点の方壺の高さはそれぞれ46.6㎝(蓋を含む)、47.2㎝(蓋なし)、48.5㎝(蓋なし)であるか、No.216、217の銅方壺の高さは蓋を含む場合58.3㎝で、蓋を含まない場合48㎝である。高さから言えば、No.216、217の銅方壺はこの種の紋飾を施した銅方壺中で二位になる。そして《総覧》に収録された壺46、48、49の三点の方壺の中で、高さ47.2㎝と48.5㎝の方壺はいずれも蓋がつかない。そうすると、No.216、217の銅方壺は腹部に饕餮紋を施した、もっとも大きい蓋つきの方壺になる。この点からもその価値が分かるだろう。

紋飾は時代を判明するために重要な意義を持ってうる。No.3gtA180の銅鼎には"彧作宝鼎、 子孫永用"と言う8文字の銘文がある。もと報告書の作者はNo.3gtA180の銅鼎の製造時期は西周中期より早いと認め、《王文》においてはその名を"饕餮紋大鼎"と定め、年代は西周早期の後半とされている。ただし写真と対照してみると、鼎の口沿の下部に施した紋飾は複雑が、饕餮紋ではなく窃曲紋であることがわかる。形態は饕餮紋に近いし、永盂上の紋食に似ているいる。饕餮紋が窃曲紋に転換する時期にあると思われるが、永盂の紋飾より簡潔で、高さは鼎より57cm高く、かなり大きくて、重厚であり、足も太くて、年代が早い錯覚を与えられる。形態から見ると、確かに鼎に似ているが、しかし、このような窃曲紋は西周早期の器に見られない。この紋飾にあい似ている器に元年师旋簋、平顶山に出土した鄧公簋などがある。朱鳳瀚先生が「分解形窃曲紋」と定め、これは「正面から見ると饕餮紋の変形似ている」のがと指摘している。王世民先生はこれをそれを窃曲紋Ⅰ型有目窃曲紋と決めた。上に挙げた二点の簋はいずれも西周中晩期の器物である。当然、形態から見ると、この鼎の製作時期は师旋簋よりやや早いが、西周中期の範囲内のものである。また、鼎の銘文の字形と書体は西周早期の形態ではない、たとえば「宝」、少しも波磔体の痕迹はない。「ウカンムリ」曲がりは円形になり、元来の屋根形の象形性が見られない。こうして分析すると、この鼎は西周中期の前期のものと判断できる。

四、族徽文字銅器

西安市文物倉庫に収蔵されている商、周の銅器の中に、族徽文字銅器が最も多く、これは一大特徴である。よく見られる族氏は次のとおりである。

[illegible](父癸豆、西安市東郊外老牛坡遺址の出土、No.3gtA18、父乙觶、No.3gtA66、母己觶盖、西安市大白杨倉庫検出、《王文》参照。乙卯尊、No.2gt22)、戈(戈父乙爵、西安市文物商店購入、《王文》参照。戈甗、西安市文物管理委員会旧藏、《王文》参照。戈父辛尊、No.3gtA23。寧戈方壺と鼎、长安県馬王鎮新旺村窯藏出土、No.3gtA221と224。僕麻卣、族徽文字戈[illegible]有り、西安市文物商店購入、长安沣西新旺村から出土)、[illegible]([illegible]鼎、西安市大白楊倉庫収集、《王文》参照。[illegible]鼎、1963年长安県沣西公社馬王村出土、《王文》参照。[illegible]簋、No.3gtA233)。[illegible](父乙卣，1976年长安県沣西出土、No.3gtA94。父乙簋，前器と同じ場所出土、《王文》参照)。聿貝(聿貝鼎、西安市大白杨倉庫収集、《王文》参照)。[illegible](乙觶、1980年西安市大白杨倉庫収集、No.3gtA65)。[illegible](父丁卣、长安県沣西工程部品工場出土、《王文》参照。父癸簋、No3gtA40)。史(史卣，1956年长安県大原村出土、No3gtA93)。[illegible](父癸簋，西安市大白楊倉庫選出、《王文》参照)。申(父庚卣，1975年长安県沣西郷出土、No3gtA96)。[illegible](辟卣，长安県沣西銅網工場出土、No3gtA90)。聿舟(聿舟爵、长安県沣西馬王村出土《王文》参照)。[illegible](父丁爵，长安県沣西出土、《王文》参照)。天(雞尊和卣，1976年长安県銅網工場西南出土、No3gtA74とNo3gtA98)。臤(臤爵，1980年馬王鎮三大隊出土、《王文》参照)。[illegible](父丙壺、长安県沣西張家村出土、《王文》参照)。[illegible](父壬觚、No3gtA211)。[illegible](叔[illegible]父鼎、No3gtA173)。[illegible]([illegible]進方鼎、长安県花園村M17出土、No3gtA257)。[illegible](册觚、No3gtA366)。[illegible](方壶、No3gtA226和227)。

以上の銅器の出土地と収集地を分析すると、大部分は沣镐地区から集まったことが分かる。また、この地域内には、族徽铜器も多く埋蔵されていることが発掘調查で分かった。そのことは以下の二つの有意義な情報を提供してくれた。

(1)西周時期において、特に西周早期、沣镐地区には東方から来た殷の移民を含めた氏族が住んでいた。その中の氏族は周原から出土した銅器には見られない。これは沣镐地区は周原地区より政治、経済、文化などの方面で交流往来がさらに頻繁であることを物語っている。沣镐のほかに、族徽類の銅器は最も出土の多い地区は商代殷墟と西周の別都-洛邑である。これは沣镐は西周の政治、経済、文化の中心的地位を表している。たとえば1967長安県馬鎮新旺村で出土した[illegible]盂には宫女の選出のことを触れました。これは沣镐は西周の都であったことを裏付けている。したがって、周王の陵の所在地は周原ではないことを暗示している。

(2)戈族、[illegible]族、[illegible]族、史族、[illegible]族などは商代の豪族であり、その伝世ないし出土した銅器は数十点以上もある。西周に入ってからも衰えが見られない。

戈族铜器を例にしてみれば、商末と周初には戈父乙爵や戈甗がある。後者は高さ43㎝で、そして、甗は当時において数量はほんのわずかであった。こういうことか戈族の実力を伺うことができる。西周早期において戈族の一分枝は陕西泾陽県高家堡に分布し、一分枝は沣镐一帯に分布した。僕[illegible]卣には族徽文字"戈[illegible]"があるから、戈族の新分枝と考えられる。前述の寧戈方壶 と宁戈鼎の族徽は[illegible]となっている。これも戈族の一新分枝だろうと思われる。この分枝は商代の晩期にすでに成立した。たとえば、父乙甗(《三代》5.2.3)、父乙壶盖(《三代》12.3.2)また《集成》に収録された父乙壶盖(No9523)、父乙之には[illegible]という族徽を綴っている。ただ方向が違うだけである。族徽の同じ銅器にはまた尊(《三代》11.29.4)がある。"册[illegible][illegible]作父乙宝障彝"という銘がある。また[illegible]觥(《三代》17.28.1)があり、銘文は尊のそれと同じである。字形の风格は一致であるから、尊、觥は同時代の人が製作したものと考えられる。年代は西周の中期の前部であろうと思われる。西周晩期の宣王時代の寧戈方壺と寧戈鼎と関連してみると、戈族の一分枝は西周時代において、始终繁栄していたと推測することができる。西周の晩期になっても、高さ47㎝一对の方壺をもっていたことから、その実力を無視することができないだろう。方壺と鼎との形制と紋飾はほかの周人の銅器とはいささかの差もなかった。もし族徽文字がなければ、殷商時代の豪族である戈族の後人が造ったものと判別することが出来なかっただろう。これは西周時代の文化融合の成果である。これはまた文化的融合は長期的なプロセスであることを物語っている。寧戈方壺のような器物は単五父壺に似ているが、依然として殷代の族徽をもって銘を記している。この壺と年代はほぼ同じものには[illegible]方壺がある。その高さ58㎝もある。それほど大型な方壺であるから、その主人はきっと大貴族であり、または王朝大臣であろう。このように殷周の後人及びその他の东方氏族の後人は西周王朝に仕え、あるものは高級官吏を勤めた。これは西周の社会構造、周人の支配方式を研究するには意義がある。

张懋荣

西安市にて2005年

Contents

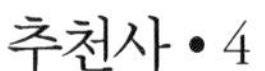

Cooking Utensils

취구
炊具

정(鼎) 은 고대의 취사도구로 육류를 삶거나 담아 제사를 지내고 연회를 베푸는 데 사용하였다. 그 형태는 세 발 달린 원형이 많았고, 그 밖에 방형사족정(方形四足鼎), 편족정(扁足鼎)과 역정(鬲鼎) 등의 형태도 있다. 도정(陶鼎)은 신석기(新石器)시대에 나타났고 상주(商周) 및 한(漢)의 명기(明器)로 사용하였다. 청동정(青銅鼎)은 이리두(二里頭)문화 시기에 나타났고 상주대에 가장 성행하여 한위(漢魏)에까지 줄곧 사용했다. 청동정의 형태는 시기에 따라 변화가 크다. 상대(商代) 초기의 솥은 귀가 곧고 복부가 깊숙하며 짧고 안이 빈 송곳 모양의 발을 갖고 있다. 상대 말기에는 속이 얕고 귀가 곧고 조금 컸으며 발은 원주형(圓柱形)에 기물의 형태는 보다 큰 편이었다. 서주(西周) 중기부터는 솥의 복부가 얕아졌고 바닥은 평평하고 복부 아랫부분의 벽은 밖으로 벌어졌으며 발의 상단은 점차 굵어져 동물의 발굽 모양으로 변화하는 추세를 볼 수 있었다. 서주 말기에서 춘추(春秋) 초기에는 귀는 크고 주둥이는 벌어진 반원형 복부의 제형족정(蹄形足鼎)이 주를 이루었다. 춘추 중 · 후기에는 연이제족정(沿耳蹄足鼎)과 부이제족정(附耳蹄足鼎) 외에도 귀가 몸체 밖으로 튀어나오고 뚜껑이 달린 원복제족정(圓腹蹄足鼎)이 새로 나타났다. 전국(戰國)시대는 기본적으로 이러한 형태를 유지하면서 정족(鼎足)은 춘추시대의 높은 동물발굽 모양에서 점차 낮아졌다. 진한대(秦漢代)에는 솥의 배가 전국시대보다 납작해졌고 동물발굽 모양의 발[蹄足]도 굵고 작아졌으며 문양이 없는 것도 많았다.

솥은 청동예기(青銅禮器) 중의 주요한 취사기이고 노예사회에서 권력과 신분의 상징이기도 하다. 서주대(西周代)에 열정(列鼎)제도가 존재했다. 열정은 왕공귀족(王公貴族)이 제사, 연회, 장례 등 의례에서 사용한 것으로 형태와 문양이 같고 크기는 점차 작아지거나 같은 크기로 일련의 세트를 이루는 것이다. 다시 말하면 천자(天子)는 9점, 제후(諸侯)는 7점, 경대부(卿大夫)는 5점, 사(士)는 3점 또는 1점을 사용하였다. 노예제도가 와해됨에 따라 정(鼎)의 사용 또한 변화가 나타났다. 그러나 여전히 무덤 주인의 신분을 보여 주는 중요한 상징으로 쓰였다.

As a form of ancient cooking utensils, the tripod had been used to cook or to serve meat at an altar or dinning tables. Most of the tripods exist in the form of three-legged round shape, while there are also four-legged cuboid shaped ones, flat-footed ones and hollow-legged ‘Li’. Originated in the Neolithic age, which had been used as burial objects in Shang, Zhou, and Han Dynasties, Bronze tripod, originated in Erlitou culture period, prevailed in Shang and Zhou Dynasties, and remained popular in Han Dynasty and the state of Wei(One of the Three Kingdoms). The shape and structure of tripod varied tremendously on the way of its development. In the early Shang Dynasty, tripods had straight handle and deep belly, with short-hollow awl-shaped legs. Until late Shang Dynasty, tripods started to take on deeper bellies, and bigger handles, with higher cylinder legs, Since the mid West Zhou Dynasty, the bellies of tripods started to take on shallow, flat-based shape with the lower part of the belly extending outwardly. Tripods of this period also took on upwardly thicker feet, which were likely to develop into hooves later on. From the late West Zhou Dynasty till he early Spring and Autumn period, most of the tripods were bi-handled, wide-mouthed, and semicircular-bellied ones with hoof-like feet. Till the mid and late Spring and Autumn period, tripods started to adopt new shapes. Besides the wide-edge handleless tripods, and the ones with both handles and hoof-like feet, some new forms also appeared, such as hoof-footed, round-bellied tripods with both handle and lid. This kind of shape and structure continues to be used until the Warring States period, except for the feet, which changed from high hooves into shorter ones. In the Qin and Han Dynasties, tripods started to take on smooth oblate bellies, with stumpy hooves, among which beast-shaped ones were the most popular.

Tripod is the most common cooking utensil among all the bronze ritual vessels, which was also taken as symbol of power and status in slave society. During the West Zhou Dynasty, there was a system called ‘Tripod Ranking System’, in which tripods of different sizes of numbers were used to indicate the different ranks of the nobility. The following rule was followed Nine tripods indicate the King, seven indicate the feudal dukes, five indicates officials, and three or one indicates the functionaries. As the disintegration of slavery, the way of using tripods also changed, however, the number or tripods is still one of the most important indications of the tomb-owners’ status.

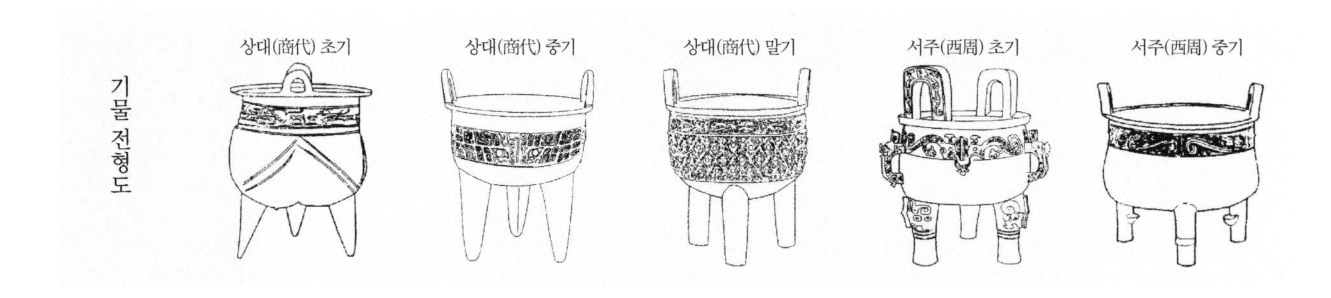

001

와문정(渦紋鼎)

상대(商代) 말기
높이 35.4cm 입지름 31.8cm 귀높이 7cm
발높이 13cm 무게 13.37kg
1975년 5월 서안시(西安市) 수집

Tripod with Volute Pattern

Shang Dynasty(1600BC~1066BC)
Total H 35.4cm Mouth D 31.8cm Handle H 7cm
Feet H 13cm Weight 13.37kg
Collected in Xi'an in May 1975

솥은 가로의 폭이 넓고 입이(立耳)는 조금 기울었다. 네모난 입술은 평평하게 꺾였고 복부는 기운 채 드리웠으며 복부 밑 부분이 최대지름에 가깝다. 밑은 둥글게 생겼고 위는 굵고 아래는 가는 세 개의 낮은 기둥 모양의 발[矮柱足]이 달려 있다. 발의 바깥쪽에는 세로로 된 범선[範線, 청동기를 제조할 당시 한 쌍의 거푸집을 맞붙인 자리에 남겨진 동액(銅液)의 흔적] 한 가닥이 나 있다. 복부 윗부분의 둘레에는 사판목문(四瓣目紋)과 소용돌이무늬가 번갈아 배열되고 바탕문양은 운뢰문(雲雷紋)으로 되어 있다. 복부의 밑 부분 족근(足根) 사이의 범선은 약간 밖으로 굽었다. 이 솥을 자세히 보면 기물의 입은 둥글지만 정연하지 못하고 세 발[三足]은 두께와 발 사이 간격이 고르지 않다.

사판목문은 짐승의 눈을 가운데 새겼다. 모서리마다 크기가 같은 꽃잎을 붙였고 꽃잎의 가운데는 초승달 모양으로 오목하게 들어가 있다. 또한 모서리에 나선형 운뢰문이 새겨져 있다. 이런 문양은 상대(商代) 중기 후반에 나타났고 서주(西周) 초기까지 지속되었다. 사판목문과 번갈아 배열된 소용돌이문양은 둥근 모양에 조금 볼록하고 가장자리에는 네 개의 구부러진 호선(弧線)을 새겼고 중심에는 작은 동그라미가 있다. 소용돌이문양은 처음으로 이리강(二里崗) 상층에서 처음 나타났고 상대와 서주의 초기에 많이 볼 수 있었으나 서주 중기 이후로 점차 줄어들었다. 춘추전국(春秋戰國)시대 소용돌이 문양은 비록 여전히 존재했지만 형식이 변형되고 간략해졌다. 사판목문과 소용돌이문양이 번갈아 배열되어 있는데 사판목문이 약간 크고 운뢰문을 바탕에 새겼다. 이와 같은 문양은 상대 말기에서 서주 초기에 많이 볼 수 있었다. 형태를 볼 때 이 기물은 상대 말기에 만들어진 것으로 짐작된다.

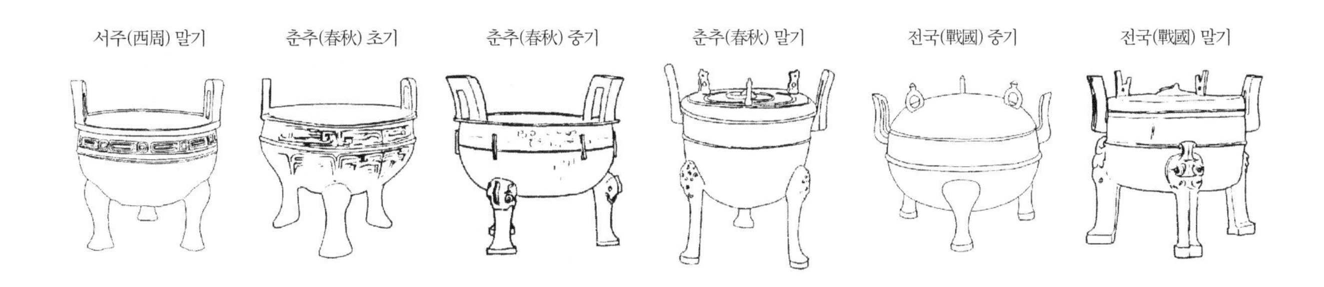

탁본 크기 8.3×8.5cm

002

익과진방정(𨩲䢹進方鼎)

서주(西周) 초기
높이 23cm 입길이 18.2cm 입너비 15cm 귀높이 2.8cm
발높이 9.5cm 무게 3.15kg
1981년 서안시 장안현(구) 화원촌(西安市 長安縣(區) 花園村) 출토

Zhou Huai Square-shaped Tripod

Western Zhou Dynasty(1066BC~771BC)
Total H 23cm L 18.2cm W 15cm Handle H 2.8cm
Feet H 9.5cm Weight 3.15kg
Excavated from Huayuan Village Chang'an County(District), Xi'an in 1981

방정(方鼎)은 상대(商代)와 서주(西周) 초기에 유행하였고 서주 중기 이후에는 점차 줄어들었다. 시대마다 방정의 모양과 문양 또한 변화가 생겼다. 형태로 보면 상대 초반의 방정은 방체두형주족식(方體斗形柱足式)인데 복부는 속이 깊고 네 벽 위의 입은 크며 밑은 비교적 작고 비스듬한 모양을 하고 있으며 입이(立耳)는 넓고 두껍다. 입이의 바깥쪽은 움푹 들어간 모양이고 네 개의 기둥 모양의 발은 위는 굵고 아래는 가늘다. 상대 후기의 방정은 일반적으로 직사각형 구유 모양이고 네 벽은 조금 비스듬하고 입이의 바깥쪽은 움푹 들어간 부분이 없다. 네 개의 기둥 모양의 발은 상하의 굵기가 거의 같다. 일부는 기(夔) 모양의 납작한 발을 하고 있다. 서주 초기의 방정은 상대의 형태를 많이 따랐고 중반에 이르러서야 변화가 있어 직사각형에 모서리가 둥근 형태가 나타났다. 대개 뚜껑이 있고 부이(附耳)이며 네 기둥 모양의 발의 위치가 기물 벽의 모서리로 옮겨졌다.

이 솥의 입, 복부는 직사각형이고 입술은 네모나고 입이(立耳)는 조금 바깥으로 기울었으며 기둥 모양의 발이 달렸다. 복부 사면의 문양은 같고 중간 부분과 모서리에는 모두 세로로 비릉(扉稜, 기물 위 연속된 도안을 나누는 데 사용하는 튀어나온 막대기 모양 장식)이 있는데 비릉 위에는 비아(扉牙, 비릉 가운데 이빨 모양의 장식)를 새겼다. 복부의 윗부분은 주변에 뱀무늬를 장식했는데 뱀의 머리는 삼각형 모양을 하고 둥근 눈은 튀어나왔고 몸의 중간 부분은 아래로 굽어 꺾이고 몸에는 비늘이 있다. 복부 중하부의 양측 및 아랫부분은 세 줄의 돌기무늬를 장식했는데 'U' 형태를 취하고 있다. 중간 부분은 구련뇌문(勾連雷紋), 즉 'T'형 뇌문을 새겼다. 세로로 된 줄의 하단은 구부러지면서 다른 가로줄의 뇌문으로 이어졌다. 이처럼 상하좌우가 서로 연결되어 기물의 구조를 형성하였다. 발 윗부분은 각각 비릉을 중심으로 머리가 있고 몸이 없는 도철문(饕餮紋)을 새겼는데 머리 부분의 눈썹, 눈, 입, 코가 서로 분리되어 있다.

복부 안쪽 벽의 한쪽에는 네모난 테두리 안에 다음과 같은 다섯 행의 명문(銘文) 27자가 새겨져 있다. "唯八月辰在乙亥, 王在京. 王賜進金, 肆奉對揚王休, 用作父辛寶. 朱." 명문의 둘레는 아자형(亞字形)이고 명문(銘文) 전부를 그 안에 넣어 도기(圖記) 형태를 이루었다.

풍경[(豊)京]은 주왕(周王) 희창(姬昌)이 풍하(灃河) 서안에 건립한 것이고 그가 서백후(西伯侯)를 지낼 당시 주 부족을 관장하던 곳이기도 하다. 이 명문은 "주문왕(周文王)이 풍경에서 익과사봉금(동)(肆奉金)(銅)을 하사하여 부신(父辛)이 예기(禮器)를 만드는 데 사용하도록 했다"는 의미이다. 명문에 따르면 이 정의 연대는 서주 초기에 해당한다.

탁본 크기 7.2×7.6cm

003

신고정(臣高鼎)

상대(商代) 말기
높이 20.9cm 입지름 16.5cm 귀높이 3.9cm 발높이 8.6cm 무게 1.73kg
1974년 10월 서안시 대백양(西安市 大白楊) 폐품처리창고 수집

Chengao's Ding, *Cooking Utensil*

Shang Dynasty(1600BC~1066BC)
Total H 20.9cm Mouth D 16.5cm Handle H 3.9cm Feet H 8.6cm Weight 1.73kg
Collected in Dabaiyang warehouse, Xi'an in Oct 1979

정(鼎)의 몸체는 두툼하고 무거우며 입이(立耳)는 조금 비스듬하다. 가장자리가 휘어지고 입술이 네모지며 복부는 약간 주머니 모양의 발의 형태를 하고 있다. 가랑이 안은 매우 옅게나마 오목하게 들어갔고 세 개의 기둥 모양의 발을 갖고 있다. 기물 복부 안 벽에는 다음과 같은 네 줄로 된 17자의 명문이 새겨져 있다. "乙未王商(賞)臣高貝十朋, 用乍(作)文父丁寶彝. 子." 복부는 발의 윗부분을 중심으로 세 개의 도철문(饕餮紋)을 장식했고 도철무늬 얼굴의 눈썹, 눈, 입, 코 사이 그리고 머리 부분과 몸뚱이, 다리와 발톱 사이는 전부 확연하게 분리되어 있다. 주요 문양에는 세문(細紋)이 없고 사이에 운뢰문(雲雷紋)을 바탕에 새겼다. 이런 도철문양은 서주(西周) 초기 기물에서 주로 보인다.

이와 유사한 정이 출토된 유적은 모두 주대(周代) 초기 유적으로, 예를 들어, 1958년에 발굴된 장안(長安) 적촌(迪村) 주묘(周墓), 1963년에 발굴된 부풍(扶風) 장가파(張家坡) M54, M87, 장안(長安) 마왕촌(馬王村) 서주묘(西周墓)가 그러하다. 이 밖에 하남(河南), 감숙(甘肅), 북경(北京) 등에서 같은 유형의 솥이 출토된 적이 있는바 연대는 모두 주대 초기 무왕(武王), 성왕(成王), 강왕(康王) 시기로 강왕(康王), 소왕(昭王) 시기까지 이어진다.

004

구련뇌문대정(勾連雷紋大鼎)

서주(西周) 초기
높이 85.5cm 입지름 66.7cm 복부지름 65.4cm 귀높이 18.3cm
발높이 29cm 무게 85.2kg
1973년 서안시 장안현(구) 신왕촌(西安市 長安縣(區) 新旺村)
서주(西周) 풍호(豊鎬) 유적지 출토

Tripod with Interconnected Thunder Patterns

Western Zhou Dynasty(1066BC~771BC)
Total H 85.5cm Mouth D 66.7cm Belly D 65.4cm Handle H 18.3cm
Feet H 29cm Weight 85.2kg
Excavated from Fenggao Relic of Western Zhou Dynasty in
Xinwang Village Chang'an County(District), Xi'an in 1973

정(鼎)의 몸체는 무척 크다. 귀는 세우고 입술은 네모지며 복부는 약간 불룩하고 속은 비교적 깊으며 아래는 역시 세 개의 기둥 모양의 발로 지탱하고 있다. 두 귀는 위가 좁고 아래가 넓으며 바깥쪽은 한 쌍의 용무늬를 새겼다. 구연(口沿) 아래에 비릉(扉稜)을 중심으로 여섯 개의 도철문(饕餮紋)을 장식했고, 하반부는 구련뇌문(勾連雷紋)을 새겼다. 발은 위가 굵고 가운데가 가늘고 아래는 밖으로 벌어졌다. 발 윗부분은 비릉을 중심으로 하나의 도철면(饕餮面)을 새겼고 가운데 부분은 세 개의 철현문(凸弦紋)이 있다.

귀의 용문양은 기어오르는 모양이고 입술은 아래위로 말리고 눈은 둥글고 튀어나와 있고 이마에는 뿔이 있으며 목, 등을 따라 새긴 좁은 띠는 등지느러미를 표시한다. 지느러미는 등허리에 하나의 가닥이 있고 꼬리 부분은 굵고 위로 향하면서 구부러졌다. 이 용의 머리는 서주(西周)시대 용문양과 일치하지만 뿔, 등지느러미와 사지의 형태는 비교적 보기 드물다.

구연 아래의 여섯 개의 도철문양은 두 종류가 번갈아 배열되었다. 하나는 코, 눈, 눈썹, 귀와 몸체가 하나로 연결되었고, 눈썹 위 굽은 뿔 한 쌍은 분리되었으며, 꼬리가 아래로 꺾인 다음 다시 구부러졌다. 다른 하나는 형태가 거의 같은데 꼬리 부분이 위로 치켜들었다가 양측으로 갈라지면서 구부러졌고 몸체 측면의 아래에는 다리와 발이 있다. 주요 문양인 도철무늬 위의 가는 문양은 T형 운문(雲紋)이고 바탕문은 나선형 권운문(卷雲紋)이다. 이 같은 도철무늬의 형태 및 두 가지 형태의 도철문양을 번갈아 배열한 장식방법은 모두 무척 보기 드물다. 족부의 도철문양은 구연 아래의 것과 확연히 다르다. 운두형(雲頭形)의 비릉을 콧등으로 하고 양측의 눈, 뿔, 몸뚱이와 다리는 서로 분리되었다. 머리 각 부위의 사이 및 머리와 몸뚱이, 다리가 모두 분리된 도철 문양은 상대(商代) 중기 초반, 서주 초기, 중기에서 볼 수 있다.

정(鼎) 아래쪽 복부의 구련뇌문, T형 뇌문의 세로 줄 부분의 하단도 모난 나선형이면서 동시에 다른 가로줄의 뇌문(雷紋)으로 이어졌다. 이처럼 상하좌우가 서로 연결되어 구련뇌문을 형성하고 있는데 이런 문양은 상대 초기에서 서주 초기까지 유행하였다.

이 솥의 형태는 성왕(成王) 시기의 덕정(德鼎), 강왕(康王) 시기의 대우정(大盂鼎)과 유사하다. 이 밖에 섬서(陝西) 순화(淳化) 사가원(史家塬) 주초묘(周初墓), 부풍(扶風) 유가촌(劉家村) 강소(康昭) 시기의 풍희묘(豊姬墓) 및 기산(岐山) 하가촌(賀家村) 강왕 시기의 서호묘(西壕墓)에서도 모두 출토되었다. 그 형태와 문양을 볼 때 서주 초기의 기물로 추정할 수 있다.

005

환대문정(環帶紋鼎)

서주(西周) 말기
높이 41.6cm 입지름 36.5cm 복부지름 36cm 귀높이 9.9cm
발높이 16cm 무게 15.7kg
1984년 서안시 장안현(구)(西安市 長安縣(區)) 서주(西周) 풍호(豊鎬) 유적지 출토

Tripod with Loop-shaped Patterns

Western Zhou Dynasty(1066BC~771BC)
Total H 41.6cm Mouth D 36.5cm Belly D 36cm Handle H 9.9cm
Feet H 16cm Weight 15.7kg
Excavated from Fenggao Relic of Western Zhou Dynasty in Chang'an County(District), Xi'an in 1981

정(鼎)의 가장자리에 두 귀가 서 있고 복부는 조금 불룩하며 아래로 세 개의 수면제형족(獸面蹄形足)이 받쳐주고 발의 내측은 평평하다. 복부 위쪽 6개의 비릉(扉棱) 사이에 절곡문(竊曲紋)을 장식했다. 하반부는 환대문(環帶紋)을 새기고 복부 밑의 중심과 세 발 족근(足根) 부분에는 직철릉범선(直凸棱範線)이 있고 발에는 분해식 도철면(饕餮面)을 장식하였으며 복부 안쪽에는 족휘(族徽) [族徽]가 새겨져 있다.

절곡문은 기문(夔紋) 따위의 용무늬에서 변형되어 온 것이다. 형태는 두 짐승의 머리가 연결된 것이 있는가 하면 두 꼬리의 상하 혹은 좌우가 서로 붙은 것도 있다. 이런 문양은 청동기에서는 대개 띠 모양으로 연결되고 있는데 기물의 구연(口沿) 아래에 장식되고 뚜껑 테두리 및 종(鍾)의 전(篆) 부분에 주요 문양으로 사용되었다. 서주(西周) 중 · 후기에서 춘추(春秋)시대까지 성행했고 전국(戰國)시대에도 여전히 이어졌다. 이 기물에 장식된 절곡문은 반대 방향의 두 부분으로 구성되고 양 끝은 모두 엇갈린 모양을 하고 안의 밑 부분은 두 갈래의 가지가 생겨 나왔는데 좌우 두 부분은 연결되지 않았다. 이런 형태의 절곡문은 서주 중 · 후기의 것에 속한다.

환대문(環帶紋)은 파곡문(波曲紋)이라고도 한다. 오목하게 들어간 부분은 짐승의 눈 혹은 짐승의 눈과 유사한 문양으로 채웠다. 이는 간략하게 변형된 동물무늬이고 서주 중 · 후기에서 춘추 초기의 청동식기와 주기(酒器)의 상복부 혹은 경부(頸部)에 사용한 주요 문양의 하나이다. 이 정의 복부에 장식한 환대문에서 파구(波丘) 사이는 좌우로 대칭을 이루고 중간에는 눈썹, 주둥이 모양의 문양을 새겼다. 이런 장식은 주로 서주 후기 초반에서 춘추 초기까지 이어졌다.

이 정의 형태는 서주 중 · 후기에 유행했고 문양의 특징을 감안하면 서주 말기로 추측할 수 있다.

탁본 크기 4.5×6.5cm

탁본 크기 8.5×18.6cm

006

오왕희정(吳王姬鼎)

서주(西周) 말기
높이 52.5cm 입지름 45cm 귀높이 11.8cm
발높이 21.6cm 무게 25.8kg
1970년대 서안시(西安市) 수집

King Ji of the State of Wu's Tripod

Western Zhou Dynasty(1066BC~771BC)
Total H 52.5cm Mouth D 45cm Handle H 11.8cm
Feet H 21.6cm Weight 25.8kg
Collected in Xi'an in 1970's

서 있는 귀는 조금 기울고 가장자리는 네모나고 속은 깊고 고리 모양의 밑에 아래로 세 개의 굵고 낮은 발굽 모양의 발이 받쳐 주고 있다. 배의 윗부분은 철현문(凸弦紋) 두 줄을 둘렀고 그 사이에 절곡문(竊曲紋) 한 줄을 둘렀다. 배의 밑 부분과 족근(足根) 사이에 각각 직철능범선(直凸稜範線) 한 줄이 보인다. 그 내측에는 또 안으로 굽은 호형(弧形) 범선(範線)이 있다. 복부의 안벽에는 3행 18자의 다음과 같은 명문(銘文)이 새겨져 있다. "嗚王姬乍(作)南宮史叔飤(飼)鼎, 其萬年子子孫孫永寶用(오왕 희가 남궁 씨에게 음식을 담는 정을 상여하여 그 자손이 대대손손 물려받도록 한다)." 정(鼎)의 발[鼎足] 안쪽은 평평하고 곧으며 바깥 측은 'S' 모양이다. 발의 윗부분은 둥글게 불룩하고 정강이는 가늘고 족근(足根)은 아래로 내려가면서 밖으로 벌어졌다. 솥 복부의 절곡문양은 두 끝이 갈라지면서 안으로 굽은 '∽'형으로 그 모양이 매우 특이하다. 이런 특징의 절곡문양은 주로 서주(西周) 말기에서 춘추(春秋) 초기의 것들이다.

007

허남정(許男鼎)

서주(西周) 말기
높이 37.2cm 입지름 38.3cm 귀높이 8.4cm
발높이 11cm 무게 13.7kg
1967년 장안현(구) 풍서공사(향) 마왕촌(長安縣(區) 灃西公社(鄉) 馬王村)
서주(西周) 풍호(豊鎬) 유적지 출토

Tripod of Xunan

Western Zhou Dynasty(1066BC~771BC)
Total H 37.2cm Mouth D 38.3cm Handle H 8.4cm
Feet H 11cm Weight13.7kg
Excavated from Fenggao Relic of Western Zhou Dynasty in Mawang Village Fengxi Community Chang'an County(District), Xi'an in 1967

정(鼎)의 복부는 반구 모양이고 한 쌍의 입이(立耳)는 위는 넓고 아래가 좁다. 네모난 입술에 가장자리는 젖혀지고 입은 크다. 복부는 비스듬하게 들어갔고 밑은 거의 평평하다. 아래로 세 발굽 모양의 발이 받쳐 주고 발은 바깥이 둥글고 안쪽은 오목하게 들어갔다. 발의 어깨는 조금 불룩하고 정강이가 가늘며 아랫부분은 아래로 내려가면서 밖으로 벌어진 상태이다. 구연(口沿) 아래는 크기가 서로 다른 삼중연속식중환문(三重連續式重環紋)을 장식하였고 그 아래는 현문(弦紋) 한 줄을 더했다. 복부의 밑은 약간 평면삼각형 모양이고 세 변은 밖으로 곡선을 이루고 있으며 중심에서 세 족근(足根)까지 평행으로 두 개의 직선을 이루는 'Y'형 범선(範線)이 있다. 복부의 안벽에는 4행 15자의 다음과 같은 명문(銘文)이 새겨져 있다. "鄦(許)男乍(作)成姜追母媵障鼎, 子子孫孫永寶用[허남이 어머니를 추모하는 제기를 제작하여 자자손손이 보물로 여겨 영원히 사용하도록 한다]." 글씨체는 서주(西周) 말기의 풍격에 해당한다.

이 정의 기물형태는 서주 선왕(宣王) 시기의 송정(頌鼎)과 비슷하다. 이 기물과 함께 출토된 것으로 용문정(龍紋鼎) 1점과 현문정(弦紋鼎) 1점, 호(壺) 2점, 뇌(罍) 1점이 있다. 그중 호 2점의 기물형태도 선왕 시기의 송호(頌壺)와 유사하다. 이로 추정하건대 이 정의 제작연대는 마땅히 서주 말기에 속한다고 하겠다.

탁본 크기 9×15cm

008

숙은부정(叔䫃父鼎)

서주(西周) 말기
높이 46.2cm | 입지름 46cm
귀높이 9.7cm | 발높이 12.2cm
무게 20.1kg
1974년 서안시 장안현(구)(西安市 長安縣(區)) 서주(西周) 풍호(豊鎬) 유적지 출토

Tripod of Shu Yin Fu

Western Zhou Dynasty(1066BC~771BC)
Total H 46.2cm | Mouth D 46cm
Handle H 9.7cm | Feet H 12.2cm
20.1kg
Excavated from Fenggao Relic of Western Zhou Dynasty in Chang'an County(District), Xi'an in 1974

정(鼎)의 복부는 반구 모양이고 한 쌍의 입이(立耳)는 위는 넓고 아래가 좁다. 네모난 입술에 가장자리는 젖혀지고 입은 크다. 복부는 비스듬하게 들어갔고 밑은 거의 평평하다. 아래로 세 발굽 모양의 발이 받쳐 주고 발의 바깥은 둥글고 안쪽은 오목하게 들어갔다. 발의 어깨 부위는 조금 불룩하고 정강이가 가늘며 아랫부분은 아래로 내려가면서 밖으로 벌어진 형태이다. 복부의 윗부분은 철현문(凸弦紋) 두 줄을 장식했다. 복부 밑의 세 족근(足根) 사이에 직철릉범선(直凸稜範線) 한 줄이 있고 그 안쪽에는 또 안으로 굽은 호형(弧形)의 범선이 있다. 발 바깥쪽의 중간에 세로로 향한 범선 한 줄이 있다. 복부 안벽에는 5행 25자의 다음과 같은 명문(銘文)이 새겨져 있다. "(唯)十又一月既死霸己酉, 叔䫃父乍(作)寶鼎, 子子孫孫萬年永寶用.」[기유년 11월 기사패(서주시대 역법에서 한 달을 달의 크기에 따라 네 등분하였는데 그중에서 마지막 기간, 즉 23일 후부터 월말까지의 시간을 이른다)에 숙은부가 보정을 만들어 자자손손이 영원히 보물로 사용하도록 한다]." 이 정의 형태, 명문의 글씨체는 서주(西周) 말기에 속한다.

탁본 크기 11×11.5cm

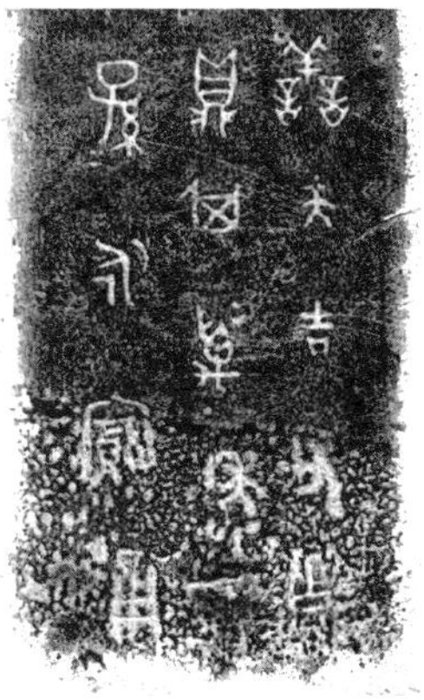

탁본 크기 6.5×10.6cm

009

선부길부정(善夫吉父鼎)

서주(西周) 말기
높이 32.2cm 입지름 30.5cm 귀높이 6.37cm
발높이 13.4cm 무게 5.9kg
1979년 6월 서안시(西安市) 문물상점에서 넘겨받음.

Shanfujifu's Tripod

Western Zhou Dynasty(1066BC~771BC)
Total H 32.2cm Mouth D 30.5cm Handle H 6.37cm
Feet H 13.4cm Weight 5.9kg
Transferred by Xi'an Culture Relic Shop in June 1979

기물의 형체는 반구형이고 입이(立耳)에 호형(弧形)의 배, 둥근 바닥, 짐승 발굽 모양의 발을 갖고 있으며 발의 안쪽은 오목하게 들어갔다. 구연(口緣) 아래는 중환문(重環紋)을 장식했고 그 아래에 현문(弦紋) 한 줄을 새기었다. 복부의 밑은 삼중삼각형범선(三重三角形範線)이 있다. 복부의 안벽에는 다음과 같은 3행 16자의 명문(銘文)이 새겨져 있다. "善夫吉父乍(作)鼎, 其萬年子子孫孫永寶用(선부길부가 정을 만들어 천년만년 자자손손 영원히 보물로 사용하도록 한다)."

중환문은 상대(商代) 말기, 서주(西周) 초기까지 거슬러 올라갈 수 있고 서주 말기에서 춘추(春秋) 초기에 성행하였다. 이 기물 입 아래의 중환문은 크기가 서로 다른 방형(方形)을 연속으로 배치하였고 큰 고리는 타원 사각형에 가깝다. 한 끝은 반원이고 다른 한 끝은 가운데가 안으로 들어갔으며 양 끝은 뾰족하게 나와 있다. 작은 고리는 귀 모양에 가깝다. 큰 고리에 있는 굵고 가는 이중(二重)의 음각선(陰刻線)은 고리를 세 겹으로 나누었다. 작은 고리의 중간에 있는 음각선은 그 고리를 이중으로 나누었다. 이 같은 중환문은 서주 말기 기물에서 흔히 볼 수 있다.

선부길부 기물은 1940년 2월 섬서성(陝西省) 부풍현(扶風縣) 임가촌(任家村)에서 출토되었다. 이미 등록한 것이 7점인데 선부길부력(鬲) 4건 및 선부길부고(匿), 선부길부우(盂), 선부길부뢰(鑘) 각각 1점씩이 있으며 모두 서주 말기에 속한다.

010

반리문정(蟠螭紋鼎)

춘추(春秋) 말기－전국(戰國) 초기
높이 17.5cm 입지름 15.3cm 복부지름 18.5cm 귀높이 5.2cm
발높이 4.4cm 무게 1.74kg
1980년 1월 서안시 장안현(구)(西安市 長安縣(區)) 서주(西周)
풍호(豊鎬) 유적지 출토

Tripod with Pan and Chi Patterns

Spring and Autumn Period to Warring States
Period(about 770BC～221BC)
Total H 17.5cm Mouth D 15.3cm Belly D 18.5cm Handle H 5.2cm
Feet H 4.4cm Weight 1.74kg
Excavated from Fenggao Relic of Western Zhou Dynasty in Chang'an County(District), Xi'an in Jan 1980

정(鼎)의 형체는 납작한 구형이고 부이(附耳)는 조금 굽었으며 구연부(口沿部)는 볼록하다. 배는 깊고 아래로는 짐승 발굽 모양의 세 발이 받쳐 주고 있다. 뚜껑이 달려 있고 뚜껑의 가운데가 파손되어 있다. 뚜껑과 기물은 자모구(子母口)를 이룬다. 아치형 뚜껑 위에는 고리 세 개가 달려 있고 뚜껑에는 중심원과 현문(弦紋) 두 줄이 있다. 나머지 부분은 전부 변형된 반리문(蟠螭紋)을 장식했다. 기물 복부의 가운데에 새끼 모양의 철현문이 있고 상하에는 같은 반리문을 새겼다. 복부 밑은 떡 모양인데 조금 불룩하다. 두 귀 안팎의 양면은 운문(雲紋)을, 귀의 측면은 새끼를 꼰 모양으로 장식했다. 발 윗부분은 부조식(浮雕式) 도철면(饕餮面)을 새겼다.

기물 뚜껑과 복부에 새긴 반리문은 방형운뢰문(方形雲雷紋)과 굵은 'S'문양으로 표현하였다. 이런 형태의 반리문은 춘추(春秋) 말기에 보이기 시작했고 전국(戰國) 초기에 유행하였다. 발 어깨 부위의 도철문은 몸뚱이를 생략하고 뿔은 이마의 좌우에서 갈라졌으며 코와 눈은 연결되고 좌우의 다리와 발은 얼굴 측면 아래에 있다. 도철문은 이리강(二里崗) 시기에서 서주(西周) 초기에 성행한 주요 문양이다. 당시에는 기물의 복부, 경부(頸部) 등 주요 부위에 장식했고 기물의 주요 장식이었다. 서주 중반 이후에는 점차 쇠락하면서 일반적으로 기물의 귀와 발 부위에 나타났다. 이 기물의 형태나 문양으로 보면 그 연대는 춘추 말기에서 전국 초기로 추측할 수 있다.

탁본 지름 16cm

011

갑어문정(甲魚紋鼎)

전국(戰國) 초기
높이 25.2cm 입지름 16.2cm 최대복부지름 21cm 귀높이 5cm 발높이 15cm
무게 3.3kg(뚜껑 0.69kg, 몸체 2.61kg) 용량 3.05L
1972년 서안시 대백양(西安市 大白楊) 폐품처리창고 수집

Tripod with Tortoise Patterns

Warring States Period(475BC~221BC)
Total H 25.2cm Mouth D 16.2cm Max Belly D 21cm Handle H 5cm Feet H 15cm
Weight 3.3kg(Lid 0.69kg, body 2.61kg) Cubage 3.05L
Collected in Dabaiyang warehouse, Xi'an in 1972

정(鼎)의 형체는 둥글납작하고 부이(附耳)가 붙어 있다. 오므라든 입에 둥근 바닥, 아래는 세 개의 짐승 발굽 모양의 고족(高足)이 받쳐 주고 있다. 복부 밑의 중간에 짧은 철릉범선(凸稜範線)이 있다. 뚜껑이 달려 있고 뚜껑 정수리는 융기되었으며 정수리에는 작은 연결 고리가 달려 있다. 주변에는 세 개의 고리 모양의 꼭지가 붙어 있고 꼭지 끝은 새의 모양으로 되어 있다. 뒤집어 놓으면 고리 모양의 꼭지가 세 발이 되는데 이를 물건을 담는 소반으로 사용할 수 있다. 뚜껑과 기물은 자모구(子母扣)를 이룬다. 뚜껑 안은 양각선으로 갑어문(甲魚紋)을 새기었고 갑어의 머리는 삼각형 모양이며 목은 길게 내밀고 발 네 개에 꼬리는 짧다. 등껍질은 타원형이고 그 위에 짧은 직선 문양을 장식하였다. 이 솥의 조형은 하남(河南) 신양(信陽)에서 출토된 전국(戰國)시대 부이고족정(附耳高足鼎)과 비슷하다. 특히 가늘고 긴 짐승 발굽 모양의 다리가 기물의 벽에 붙은 것이 특이하다. 이는 전국 초기의 특징에 속한다.

012

구년정(九年鼎)

전국(戰國) 초기
높이 16.3cm 입지름 13.3cm 최대복부지름 17cm 귀높이 5cm 발높이 7.2cm
무게 2.26kg(뚜껑 0.45kg, 몸체 1.81kg) 용량 1.86L
1979년 산서성 임분시(山西省 臨汾市) 출토

Tripod with the Inscription Jiunian(the ninth year)

Warring States Period(475BC~221BC)
Total H 16.3cm Mouth D 13.3cm Max Belly D 17cm Handle H 5cm Feet H 7.2cm
Weight 2.26kg(Lid 0.45kg, Body 1.81kg) Cubage 1.86L
Excavated from Linfen in Shanxi Province in 1979

탁본 크기 10.6×3.8cm

정(鼎)의 형체는 납작한 구형이고 두 귀가 붙어 있다. 주둥이는 조금 오므라들었고 복부는 약간 불룩하다. 밑은 둥글고 아래는 짐승 발굽 모양의 세 발이 받쳐 주고 있다. 뚜껑에 세 개의 고리 모양 꼭지가 달려 있으며 복부의 가운데는 철현문(凸弦紋)을 장식하였다. 복부의 밑은 권족형(圈足形) 철릉(凸稜)이 희미하게 보이는데 그 중심에는 또 십자형 작은 양각선(陽刻線)이 있다.

복부 위 벽에는 다음과 같은 8행 18자의 명문(銘文)이 새겨져 있다. "九年承�(匡)命(令)夬, 工師贊大夫惡治期(鑄)腎(容)四分[9년에 승광에서 명령 □, 공사 장, 대부 안이 기로 하여금 용기 4점을 주조하게 하다]." 여기서 명(령)[命(令)], 공사(工師), 대부(大夫)는 모두 당시의 관직명이고 □, 장(贊), 안(惡), 기(期)는 인명(人名)으로 이로써 신분을 알 수 있다. 출토지점, 조형 및 명문의 서체로 보아 이 솥은 전국(戰國) 중 · 후기 위(魏)의 기물로 추정된다.

탁본 크기 2×5cm

013

임진주정(臨晉廚鼎)

서한(西漢)
높이 17.7cm 입지름 12.9cm 최대복부지름 21.4cm 귀높이 6.2cm
발높이 7cm 무게 2.18kg(뚜껑 0.5kg, 몸체 1.68kg) 용량 2.17L
1972년 서안시 대백양(西安市 大白楊) 폐품처리창고 수집

LinJinchu Tripod

Western Han Dynasty(206BC~23AD)
Total H 17.7cm Mouth D 12.9cm Max Belly D 21.4cm Handle H 6.2cm
Feet H 7cm Weight 2.18kg(Lid 0.5kg, Body 1.68kg) Cubage 2.17L
Collected in Dabaiyang warehouse, Xi'an in 1972

기물(器物)은 둥글납작한 모양이고 뚜껑과 몸체는 자모구(子母扣)를 이루고 바닥은 둥근 모양이다. 뚜껑 위에는 세 개의 반 고리 모양 꼭지가 있고 꼭지에는 우산 모양을 장식했다. 부이(附耳)는 조금 굽었고 아래로 짐승 발굽 모양의 세 발이 받쳐 주고 있다. 복부에는 철현문(凸弦紋)이 있고 뚜껑과 기물의 복부에는 모두 명문(銘文)이 새겨져 있다.

뚜껑의 명문은 세 곳에 있는데 각각 다음과 같다. "乙卄三(을입삼)", "名卅二(명삽이)", "臨晉(임진)". 복부에도 명문이 세 곳에 있다. "乙卄三, 九斤五兩一斗一升(을입삼은 아홉 근 다섯 냥, 한 말 한 되)", "臨晉廚鼎一合容一斗八升, 盖重二斤, □重七斤十兩, 幷重九斤十兩, 名卅二(임진주정은 용량이 한 말 여덟 되, 뚜껑무게가 두 근, □ 무게가 일곱 근 열 냥, 총 아홉 근 열 냥, 이름은 삽이)", 세 번째 명문은 "臨晉重……(임진중……)" 석 자만 알아볼 수 있고 그 밖의 것은 식별이 불가능하다. 실제로 측량한 결과 이 솥의 무게는 2.18kg이고, 그중 뚜껑의 무게는 0.5kg, 몸체의 무게는 1.68kg이며 용량은 2.17L이다. 임진(臨晉)은 전국(戰國)시대에 위(魏)에 속했고 진대(秦代)에는 현을 설치했으며 서한(西漢) 무제(武帝) 시기에는 포진관(浦津關)으로 고쳤는데 지금의 섬서성(陝西省) 대려현(大荔縣)에 위치해 있다. 이 솥의 이름이 임진주정인 점을 감안하면 관주(關廚) 혹은 현주(縣廚)에서 쓰인 것 같다.

뚜껑 위의 명문은 두 번에 나누어 새겼는데 "乙卄三"과 복부의 "乙卄三 九斤五兩一斗一升"은 동시에 새긴 것이다. "名卅二"와 복부의 "臨晉廚鼎一合……"은 역시 동시에 새긴 것으로 볼 수 있다. 복부의 다른 한 곳의 "臨晉重……"은 본래의 명문이다. 이는 동정(銅鼎)을 사용하는 곳이 변경되어 본래의 명문을 지워 버리고 다시 새로운 명문을 새긴 것으로 추정된다.

기물 형태와 명문 중의 지명 '임진'에 근거해 연대를 판단할 때 서한 초기의 기물로 짐작된다.

탁본 크기 23.5×3.5cm

014

초대관주정(楚大官廚鼎)

서한(西漢) 초기
높이 18.5cm 입지름 16.5cm 최대복부지름 22cm 귀높이 6.3cm
발높이 9.5cm 무게 2.38kg 용량 2.86L
1979년 6월 서안시(西安市) 문물상점에서 넘겨받음.

Tripod with the Inscription 'Chudaguanchu'

Western Han Dynasty(206BC~23AD)
Total H 18.5cm Mouth D 16.5cm Max Belly D 22cm Handle H 6.3cm
Feet H 9.5cm Weight 2.38kg Cubage 2.86L
Transferred by Xi'an Culture Relic shop in June 1979

정(鼎)의 뚜껑은 유실되었다. 자구(子口)에 귀는 조금 비스듬히 안으로 기울었으며 배는 얕고 밑은 둥글다. 그 아래는 짐승 발굽 모양의 세 발이 받쳐 주고 있다. 복부의 둘레는 철현문(凸弦紋)을 장식했고 복부의 밑은 비대칭의 십자형 범선(範線)이 있다. 범릉(範稜)은 지워졌으나 흔적은 분명하다.

입에 가까운 복부 위쪽에 명문(銘文)이 네 곳에 있는데 각각 다음과 같다. "楚大官廚, 有蓋, 並重十三斤十三兩, 一斗五升, 八十二[초대관주정은 뚜껑이 있고 무게는 도합 열서 근 열석 냥, (용량은) 한 말 다섯 되, 제82]", "今七年, 左鼎, 第十二(금7년 좌정 제12)", "今好畤共廚金鼎容一斗五升, 重九斤八兩, 第百一十(금호치공주금정의 용량은 한 말 다섯 되, 무게는 아홉 근 여덟 냥, 제110)", "七年, 第四百八十六, 名口客(7년, 제486, 이름은 구객)." 실제로 측량해 보면 이 정의 무게는 2.38kg이고, 용량은 2.86L이다. 글자체의 풍격과 내용으로 보아 "楚大官廚…"는 처음에 새긴 명문이고, "今七年, 左鼎……"은 두 번째로 새긴 명문이며, "今好畤共廚金鼎……"은 마지막에 새긴 명문이다. 1968년 하북(河北) 만성중산(滿城中山) 정왕(靖王) 유승(劉勝)의 묘지에서 "초대관조(楚大官槽)" 동호(銅壺) 1건이 출토되었는데 명문에 "楚大官槽, 容一石并重二鈞八斤十兩, 第一(초대관조, 용량은 한 섬, 무게는 육십여덟 근 열 냥, 제1)"이라고 새겨져 있다. 여기서 초대관조정에 새긴 '초대관' 석 자는 정의 유래를 나타낸다. 이 동정은 본래 초원왕(楚元王) 유교(劉交) 집안의 기물로 추정된다. 경제(景帝) 전원(前元) 3년(기원전 154) 유교의 손자 유무(劉戊)가 '칠국의 난[七國之亂]'에 가담했다가 사망하였는데 동정(銅鼎)은 당시 조정에서 몰수한 뒤 유승(劉勝)에게 하사한 것으로 짐작된다. 초대관주정은 초원왕 유교 가문의 기물에서 이후에 호치(好畤)에 넘어가 호치공주금정(好畤共廚金鼎)으로 쓰였을 가능성이 있다. 호치는 곧 호치현(好畤縣)을 가리키는 것으로 한대(漢代)에 설치했다가 북주(北周) 때에 폐지했다. 고성(故城)은 섬서성(陝西省) 건현(乾縣) 동쪽으로 십 리 되는 곳에 위치해 있다. "금호치공주금정(今好畤共廚金鼎)"의 뜻은 이 정은 전대에 쓴 적이 있는데 지금은 호치공주용정(好畤共廚用鼎)으로 되었다는 것이다. 공주(共廚)는 제사 때에 부엌에서 사용한다는 의미이다. 『금석색(金石索)』「금색(金索)」에 한대의 솥을 기록한 것이 있는데 명문은 "今好畤共廚金一斗, 鼎蓋重二斤十兩, 第百卅(금호치공주금일두, 정의 뚜껑 무게는 두 근 열 냥, 제130)"이라고 새겨져 있다. 따라서 이 솥과 같은 시기 같은 부엌에서 사용했을 것으로 추측된다.

015

곤양승여정(昆陽乘輿鼎)

서한(西漢)
높이 39.7cm 입지름 28cm 복부지름 40cm 발높이 17.6cm
무게 15.4kg(뚜껑 2.28kg, 몸체 13.12kg) 용량 19.45L
1961년 12월 서안시 미앙구 삼교진 고요촌(西安市 未央區 三橋鎭 高窯村) 출토

Tripod of Kunyangchengyu

Western Han Dynasty(206BC~23AD)
Total H 39.7cm Mouth D 28cm Belly D 40cm Feet H 17.6cm
Weight 15.4kg(Lid 2.28kg, Body 13.12kg) Cubage 19.45L
Excavated from Gaoyao Village Sanqiao Town Weiyang District, Xi'an in Dec 1961

탁본 크기 17×10.2cm

이 정(鼎)의 형태는 태산궁정(泰山宮鼎)과 거의 같다. 상복부에 다음과 같은 7행 35자의 예서(隸書) 명문(銘文)이 새겨져 있다. "昆陽乘輿銅鐫一, 有蓋, 容十斗, 並重六十六斤. 三年, 陽翟守令當時, 守丞千秋, 佐樂, 工□造(곤양승여동정 하나, 뚜껑이 있으며 용량은 열 말, 무게는 육십여섯 근이다. 3년, 양적에서 지방관으로 지내던 천추, 좌악, 공□가 만듦)." 실제로 측량해 보면 이 솥의 무게는 15.4kg이고, 뚜껑의 무게는 2.28kg이며, 기물의 무게는 13.12kg, 용량은 19.45L이다. 명문에서 알 수 있다시피 이 솥은 곤양현(昆陽縣)에서 황실에 공납한 기물이다. 출토 지역은 원(元) 상림원(上林苑) 유적이다. 이로써 이 정은 상림원에서 사용하였음을 알 수 있다.

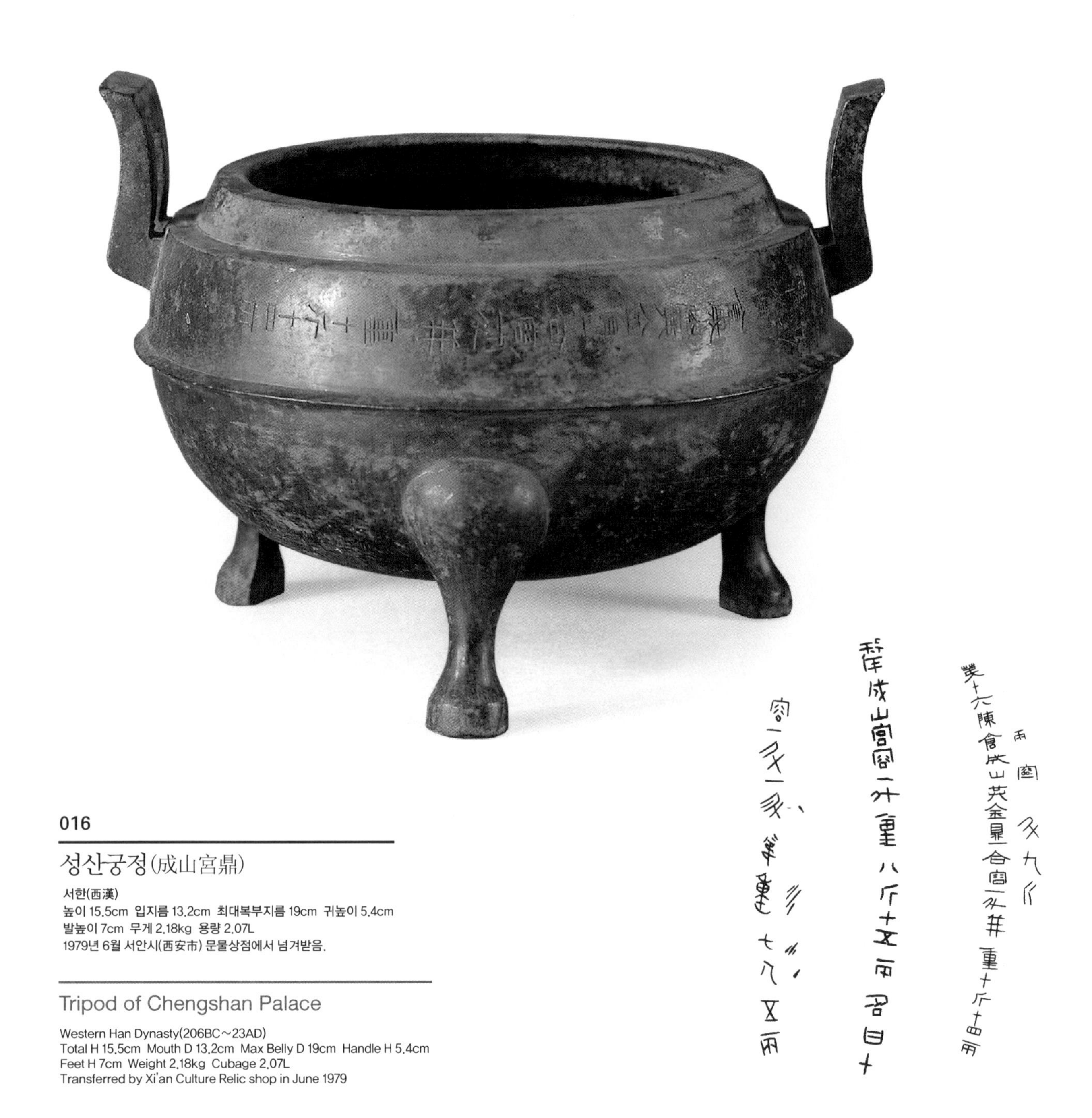

016

성산궁정(成山宮鼎)

서한(西漢)
높이 15.5cm 입지름 13.2cm 최대복부지름 19cm 귀높이 5.4cm
발높이 7cm 무게 2.18kg 용량 2.07L
1979년 6월 서안시(西安市) 문물상점에서 넘겨받음.

Tripod of Chengshan Palace

Western Han Dynasty(206BC~23AD)
Total H 15.5cm Mouth D 13.2cm Max Belly D 19cm Handle H 5.4cm
Feet H 7cm Weight 2.18kg Cubage 2.07L
Transferred by Xi'an Culture Relic shop in June 1979

기물은 둥글납작하고 달린 귀는 조금 굽었다. 복부의 중간에는 철현문(凸弦紋)을 장식했고 밑은 짐승 모양의 세 발이 받쳐 주고 있으며 발의 안쪽은 평평하다. 복부 윗부분은 세 곳에 다음과 같은 49자의 명문(銘文)이 새겨져 있다. 첫째, "第十六陳倉成山共金鼎一合, 容一斗幷重十斤十四兩(제16진창성산공금정 한 홉, 용량은 한 말, 무게는 도합 열 근 열넉 냥)." 이 명문 아래에 있던 본래의 명문은 이미 지워졌으나 식별이 가능한데 "容一斗九斤(용량은 한 말 아홉 근)"이라 적혀 있다. 둘째, "犛成山宮, 容一斗重八斤十五兩名曰十(이성산궁 용량은 한 말이고 무게는 여덟 근 열다섯 냥, 이름은 10)" 셋째, "容一斗一升, □重七斤五兩(용량은 한 말 한 되, □무게는 일곱 근 다섯 냥)" 명문은 고쳐 새긴 것이 많았다. 실제로 측량해 보면 뚜껑 없는 이 솥의 무게는 2.18kg이고 용량은 2.07L이다.

글자체와 지워진 글자 모양을 보면 복부의 제일 마지막 단락이 첫 번째로 새긴 것인데 현재 다만 용량의 글자 모양을 알아볼 수 있을 정도이고 그 나머지는 이후에 새긴 것이다. 진창(陳倉)은 진대(秦代)에 설치한 현(縣)이고 북주(北周)시대에 폐지했다. 고성(故城)은 지금의 섬서(陝西) 보계(寶鷄) 동쪽에 위치해 있고 수대(隋代)에 다시 진창현을 설치하였다. 지역 변경으로 인해 둘째 명문 중에 나온 '성산(成山)'은 '성산궁(成山宮)'을 가리킨다. 고고학 조사에 따르면 지금의 미현(眉縣) 서남쪽 7.5km 되는 곳에서 성산궁 유적을 발견했는데 그곳에서 10여 건의 '성산'문자가 새겨진 기와가 출토되었다. 이 궁전은 서한의 이궁(離宮)에 속하고 이궁은 한대(漢代)의 제왕들이 태양에 제사 지내는 곳을 가리킨다.

017

오작궁정개(五柞宮鼎蓋)

한대(漢代)
높이 5cm 뚜껑지름 17.5cm 무게 0.49kg 용량 0.63L
1970년대 서안시(西安市) 수집

Tripod's Lid of Wuzuo Palace

Han Dynasty(206BC~220AD)
Total H 5cm Lid D 17.5cm Weight 0.49kg Cubage 0.63L
Collected in Xi'an in 1970's

뚜껑 위는 융기했고 뚜껑 윗면에는 세 개의 다리 모양의 꼭지가 있으며 꼭지의 끝은 버섯 모양으로 볼록하게 나와 있다. 뚜껑 윗면에는 두 곳에 명문(銘文)이 새겨져 있는데 각각 다음과 같다. "杜五柞宮三升少半二斤(두릉 오작궁 석 되 소반 두 근)", "鄠五柞共, 蓋容三升少半, 重二斤, 第百八(호 오작공, 뚜껑 용량 석 되 소반, 무게 두 근, 제108)", "今百八(금108)", 실제로 측량한 데 의하면 뚜껑의 무게는 0.49kg이고 용량은 0.63L이다. 두(杜)는 고대 두백국(杜伯國)을 말한다. 진대(秦代)에 두현(杜縣)을 설치했고, 한대(漢代)에는 두현 동쪽의 평원을 초릉(初陵)으로 정하고 명칭을 두릉(杜陵)으로 고쳤는데 지금의 섬서(陕西) 장안현(長安縣) 동남쪽에 위치해 있다. 『삼보황도교증(三輔黃圖橋證)』에는 다음과 같이 전한다. "오작궁은 한대의 이궁인데 부풍주질에 위치해 있다. 궁에는 오작수가 자랐으며 이로 하여 이름이 지어졌다. 오작수는 모두 나뭇가지들이 서로 엉키어 몇 무나 되는 면적에 그늘을 지어 준다(五柞宮, 漢之離宮也, 在扶風周至. 宮中有五柞樹, 因以爲名. 五柞皆連抱上枝, 覆蔭數畝)." 『한서(漢書)』 「무제기(武帝紀)」에는 "오작궁의 서쪽을 지나 동북으로 흐른다. 장양궁과 오작궁은 8리가 떨어져 있다. 아울러 두 궁은 모두 나무로 인해 이름이 명명되었다(東北通五柞宮西. 長楊, 五柞二宮相去八裏. 並以樹名宮)"라 하였고, 『옹승략(雍勝略)』에는 "오작궁은 주질현 동남쪽 38리쯤 되는 곳에 위치해 있는데 한무제가 지었다(五柞在周至縣東南三十八裏, 漢武帝造)"라고 기록하고 있다. 이로 볼 때 오작궁은 한무제가 만들었고 오작수로 인해 명명되었음을 알 수 있다. 하지만 뚜껑의 명문에는 그 위치가 두현 경내에 있다고 밝히었다.

다음의 명문 "戶五柞宮……"에서 호(戶)는 하대(夏代)의 호국(扈國)인데, 진대에 와서는 호읍(扈邑)이라 했고, 한대에는 호현(扈縣)이라 지칭하였다. 옛 도읍은 지금의 섬서 호현 북쪽에 위치해 있었고 오작궁은 한대에는 호현에 귀속된 적이 있었다. 두 곳의 명문을 통해 오작궁은 한대에 두현에도 호현에도 속한 적이 있었음을 알 수 있다. 이 솥의 뚜껑은 한대 오작궁의 역사를 연구하는 데 자료가 된다.

탁본 크기 : 8.5×7cm

018

태산궁정(泰山宮鼎)

서한(西漢) 말기
높이 35.2cm 입지름 29cm 복부지름 38.7cm 귀높이 10.5cm
발높이 17.5cm 무게 15.3kg 용량 22.5L
1961년 11월 서안시 미앙구 삼교진 고요촌(西安市 未央區 三橋鎭 高窯村) 출토

Tripod of Taishan Palace

Western Han Dynasty(206BC~23AD)
Total H 35.2cm Mouth D 29cm Belly D 38.7cm Handle H 10.5cm
Feet H 17.5cm Weight 15.3kg Cubage 22.5L
Excavated from Gaoyao Village Sanqiao Town Weiyang District, Xi'an in Dec 1961

정(鼎)은 둥글납작한 모양이고 융기된 뚜껑에는 세 개의 고리로 된 꼭지가 달려 있으며 꼭지의 끝은 작고 짧은 기둥이 붙어 있는데 이는 거꾸로 놓는 데 편리하도록 한 것이다. 뚜껑과 입은 자모구(子母扣)를 이루고 가장자리 아래는 위가 고리로 되어 있는 곱자[曲尺] 모양의 부이(附耳)가 양쪽에 붙어 있다. 복부는 둥글면서 불룩하고 밑은 둥글고 아래는 세 개의 짐승 발굽 모양의 발이 받쳐 주고 있다. 복부는 철현문(凸弦紋)을 한 줄 둘렀다. 기물 전체의 무게중심이 매우 낮고 형체는 굵고 둔중하며 문양이 없다. 이는 한대(漢代)에 유행했던 솥의 형태이다.

복부 위쪽에 다음과 같은 5행 30자의 명문(銘文)이 예서(隸書)로 새겨져 있다. "泰山宮鼎, 容一斗, 具蓋, 幷重六十二斤二兩. 甘露三年(前51年)工王意造, 第百一十六[태산궁정, 용량 한 말, 뚜껑이 있음. 무게는 도합 육십두 근 두 냥. 감로 3년(기원전 51) 장인 왕의 만듦. 제116]." 그러나 실제로 정의 무게는 15.3kg이고 용량은 22.5L이다. 명문 중의 태산궁은 서한(西漢)의 이궁(離宮)일 것으로 추측된다. 사서에는 기록이 없는데 한무제(漢武帝)가 태산에서 봉선(封禪)한 후 건물을 지은 것으로 짐작된다. 명문을 통해 이 솥은 기원전 52년 태산궁을 위해 만든 것이고, 주조 책임자는 왕의라는 공장(工匠)이며, 당시 함께 주조된 여러 청동기 중 편성된 번호는 116번임을 알 수 있다. 이런 기물에 공장의 이름을 새겨 넣는 방식은 상주대(商周代)의 청동기에서 이미 나타난 바 있다.

정(鼎)1

정(鼎)2

탁본 크기 : 3×7cm

정1 정2

탁본 크기 : 정1 5×39.5cm
정2 3×29cm

019

상림정(上林鼎)

서한(西漢) 말기
정1: 높이 36cm 입지름 32cm 귀높이 6.8cm 발높이 6.6cm 무게 11.8kg 용량 20.75L
정2: 높이 20cm 입지름 18.8cm 최대복부지름 24.1cm 귀높이 6.7cm 발높이 10.4cm 무게 4.24kg용량 4.5L
1977년 5월 30일 서안시 미앙구 삼교진 고요촌(西安市 未央區 三橋鎮 高窯村) 삼교(三橋)차량공장 동력부서공사장 출토

Shanglin Tripod

Western Han Dynasty(206BC~23AD)
Tripod I : Total H 36cm Mouth D 32cm Handle H 6.8cm Feet H 6.6cm Weight 11.8kg Cubage 20.75L
Tripod II : Total H 20cm Mouth D 18.8cm Max Belly D 24.1cm Handle H 6.7cm Feet H 10.4cm Weight 4.24kg Cubage 4.5L
Excavated from Building Site of the Power Plate in Gaoyao Village Sanqiao Town Weiyang District, Xi'an in May 30 1977

두 정(鼎)의 형태는 같다. 정의 형체는 둥글납작하고 아치 모양의 뚜껑 위에는 세 개의 고리 모양의 꼭지가 있는데 꼭지 끝에 달려 있는 단주(端柱)는 뚜껑을 열어 땅에 놓을 때 받쳐 주는 역할을 한다. 복부의 양측에는 고리 모양의 귀가 달려 있고 복부 중간의 둘레에는 철현문(凸弦紋)을 장식하였고 밑 부분은 세 개의 짐승 발굽 모양의 다리가 받쳐 주고 있다. 두 솥은 모두 명문(銘文)이 새겨져 있다.

정1은 복부 위쪽에 다음과 같은 음각(陰刻) 명문(銘文) 28자가 있다. "上林銅鼎容一石, 幷重六十斤, 鴻嘉二年(前19)六月, 工李音造, 伍十合。第十一(상림동정은 용량이 한 섬이고 무게는 육십 근이다. 홍가 2년(기원전 19) 6월 장인 이음이 제조했고 50합이다. 제11)." 실제로 측량해 본 결과 총 무게는 11.8kg이고, 뚜껑의 무게는 0.89kg, 용량은 20.75L이었다.

정2는 뚜껑의 가운데 부분에 세로로 "上林第廿六(상림제입육)"이라는 명문 5자가 새겨져 있다. 복부의 위쪽에 다음과 같은 음각 명문 35자가 있다. "上林銅二斗鼎, 幷重十六斤八兩, 元延二年(前11)四月工孫敞造, 百卅四枚, 嗇夫褒省, 第五十七(상림동이두정, 무게는 도합 열여섯 근 여덟 냥, 원연 2년(기원전 11) 4월 장인 손창 만듦. 134매, 색부보성, 제57)." 실제로 측량해 본 결과 무게는 4.24kg, 용량은 4.5L였다.

이 두 정은 상림원(上林苑)에서 사용하기 위해 제조한 것이고 기물의 명문은 일련번호를 나타낸다. 정2의 뚜껑 안쪽에 있는 '상림 제26'은 상림원에 조달된 후에 새긴 일련번호이다. 상림원에서 사용한 솥은 매우 많다. 상림원에 조달된 후 다른 솥과 통일적으로 번호를 매기되 사용 번호는 뚜껑에 새겼다. 이렇게 하면 관리와 사용이 편리했다.

020

추족력(錐足鬲)

상대(商代) 초기
높이 23.3cm 입지름 14.7cm 복부지름 15.8cm 귀높이 4cm
발높이 8.3cm 무게 1.7kg
1978년 서안시 대백양(西安市 大白楊) 폐품처리창고 수집

Li with Awl-shaped Legs

Shang Dynasty(1600BC~1066BC)
Total H 23.3cm Mouth D 14.7cm Belly D 15.8cm Handle H 4cm
Feet H 8.3cm Weight 1.7kg
Collected in Dabaiyang warehouse, Xi'an in 1978

기물의 입은 약간 둥글지만 그리 정연하지 못하다. 밖으로 비스듬하게 젖혀진 입 가장자리에 두 귀가 세워져 있다. 곧은 목은 약간 안으로 들어갔고 복부는 불룩하다. 그 아래로는 둔각(鈍角)으로 갈라진 가랑이가 있고 송곳 모양의 속이 빈 세 발이 받쳐 주고 있다. 귀와 발의 위치가 안정적인 구도를 이룬다. 복부에는 쌍철선절문(雙凸線折紋)이 새겨져 있고 다리의 바깥쪽 범선(範線)은 위로 기물의 가장자리까지 이어진다. 다리의 안쪽 범선은 복부 밑의 'Y'형 범선과 연결되어 있다. 이로써 기물을 주조(鑄造)할 때 세 개의 외범(外範)을 사용했음을 알 수 있다. 이 기물의 형태는 휘현유리각(輝縣琉璃閣) M110:1에서 출토된 역(鬲)[『상주동기종합연구(商周銅器綜合研究)』 1981년 12월, 87쪽 참조]과 유사한 것으로 상(商) 전기의 기물에 속한다.

역(鬲)은 고대의 취사기이다. 도력(陶鬲)은 일찍 신석기(新石器)시대에 나타났다. 청동력(青銅鬲)은 상대(商代) 초기에 나타났는데 그 모양은 입이 크고 귀가 없으며 주머니 모양의 배에 가랑이가 있고 밑은 세 개의 짧은 송곳 모양의 다리가 달렸다. 상대 중 · 후기의 역은 가랑이가 있는 정(鼎)과 유사한데 양쪽으로 귀가 붙어 있다. 고족(高足), 허리에 문양이 많다. 서주(西周) 전기에는 깃이 높은 역이 대부분이고 기물의 형체는 두껍고 묵직하며 기둥 모양의 발은 속이 비어 있다. 서주 중기에서 춘추(春秋)시대까지 역의 모양은 가로의 폭이 넓고 판구연(板口沿, 판자 모양의 구연)에다 복부는 비릉(扉稜)을 장식했다. 전국(戰國)시대 중기에 이르러 역의 다리는 점차 짧아졌다. 일부는 뚜껑을 더하고 환이(環耳)를 달았다.

Li was used as cooking or good vessel in ancient times. Pottery Li appeared during the Neolithic period. Originated form the early Shang Dynasty. bronze Li is wide, without handle and open-crotched with three short awl-like feet. In the mid and late Shang Dynasty. Li started to shape like open-crotched tripod with twos straight handles. high stem, and engraved decorative patterns on the waist. In the early West Zhou Dynasty, most of this kind of vessels were thick heavy ones with high collars and hollow cylinder feet. From the mid West Zhou Dynasty to the Spring and Autumn period, Li started to be wide and flat-edged with door leaf arris decorations. Till the mid warring States period, Li began to have shorter feet and loop-shaped handles, some with lids.

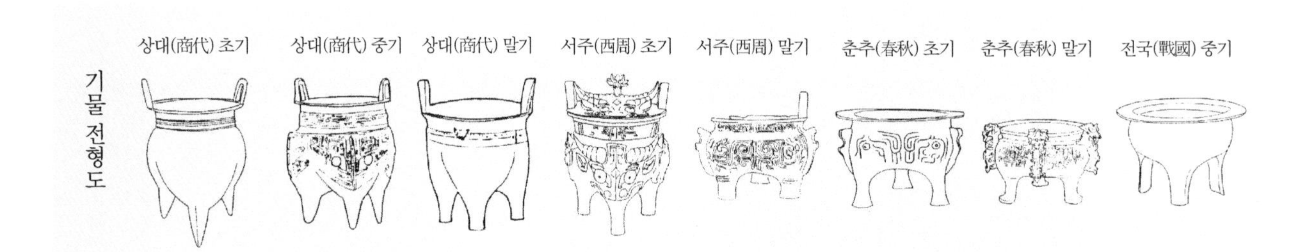

021

도철문력(饕餮紋鬲)

상대(商代) 후기
높이 33cm 입지름 23.7cm 복부지름 25.5cm 귀높이 6.6cm
발높이 9cm 무게 5.65kg
1974년 서안시(西安市) 수집

Li with Taotie Patterns

Shang Dynasty(1600BC~1066BC)
Total H 33cm Mouth D 23.7cm Belly D 25.5cm Handle H 6.6cm
Feet H 9cm Weight 5.65kg
Collected in Xi'an in 1974

기물의 형체는 두껍고 묵직하다. 입은 넓고 그 가장자리에는 입이(立耳)와 깃이 있다. 주머니 모양의 배 아래로 가랑이가 있고 세 개의 주머니 모양의 기둥 같은 다리를 달았다. 목 부위에는 6 개의 비릉(扉稜)이 있고, 그 사이에는 각각 기문(夔紋)이 새겨져 있는데 둘씩 마주 보고 있다. 복부에는 도철문(饕餮紋) 세 줄을 둘렀다. 복부 밑의 다리 사이마다 'n'형의 범선(範線)이 있다.

외발 짐승 기(夔)는 고대 전설에서 용과 유사한 동물로서 대개 한 마리씩 나타난다. 그 조형이 측면으로 되어 있는데 일부는 몸이 두 갈래로 갈라져 있고 일부는 몸이 대각선 모양을 한 채 양 끝에 각각 머리가 달려 있다. 상대(商代)와 서주(西周)의 전반기에 성행하였다. 목 부위의 기문(夔紋)은 머리에 긴 뿔이 있고 입은 크게 벌렸으며 발은 하나이고 꼬리는 위로 말려 매우 보기 드문 기물이라 하겠다.

도철문은 상주(商周) 청동기에서 가장 주요한 장식문양이다. 그 기본 구도는 콧등을 중심선으로 삼아 양쪽에 뿔과 눈을 배치했고, 일부는 눈 위에 눈썹이 있고 눈의 양측에는 귀가 달린 경우도 있다. 대부분은 발톱이 달려 있고 양쪽에는 펼쳐진 몸통과 꼬리가 새겨져 있다. 이 역은 복부에 장식된 도철 문양의 뿔이 소의 뿔처럼 길고 눈은 튀어나왔으며 코는 크다. 이를 드러내고 웃는 모습을 하고 있으며 얼굴, 이마, 발톱, 몸통은 평조(平雕)와 부조(浮雕)를 결합하여 표현하였다. 이런 기물은 상대 후기에 많이 보인다.

역은 주머니 모양에 가랑이가 있는 형태지만 다리는 속이 차 있고 가장자리에는 두 귀가 붙어 있다. 이런 역은 상대 중기에 나타나 전국(戰國) 후기까지 사용하였다. 이 역은 제작이 정교하고 형태와 문양의 특징이 분명한데 1972년 섬서(陝西) 화현(華縣) 도하촌(桃下村)에서 출토된 수면문력(獸面紋鬲)과 거의 같은 것으로 상대 말기의 기물에 속한다.

022

아부신력(亞父辛鬲)

서주(西周) 초기
높이 14.2cm 입지름 10.6cm 귀높이 2.5cm
발높이 2.8cm 무게 0.55kg
1970년대 서안시(西安市) 수집

Ya Fuxin's Li

Western Zhou Dynasty(1066BC~771BC)
Total H 14.2cm Mouth D 10.6cm Handle H 2.5cm
Feet H 2.8cm Weight 0.55kg
Collected in Xi'an in 1970's

네모난 입이(立耳)는 조금 기울었다. 귀는 실타래무늬[扭絲紋]를 장식했고 입은 넓고 가장자리는 젖혀 있다. 곧고 둥근 모양의 목 부위가 약간 좁아지고 목 가운데 부분은 철현문(凸弦紋)을 둘렀다. 가랑이가 나 있고 안이 빈 다리는 둥근 기둥 모양이다. 구연(口沿) 안쪽의 네모난 테두리 안에는 '父辛(부신)'이라는 명문(銘文) 2 자가 새겨져 있다. 이 역(鬲)의 높이는 복부지름보다 길다. 귀와 발의 위치는 오점식(五點式)이고 둥근 입은 정연하지 못하다. 복부 밑의 중심은 세 다리 방향으로 범선(範線) 세 줄로 뻗어져 'Y'형을 나타내고 있다. 같은 모양의 역은 부풍(扶風) 운당(雲塘) M13, M20, 보계(寶鷄) 여가장(茹家庄) M2, 산서 홍동(洪洞) 영응보(永凝堡) M4, 산동 제양(濟陽) 유대자(劉臺子) M2 등지에서도 출토되었다. 이런 유적의 연대는 대체로 소왕(昭王)과 목왕(穆王) 시기에 속하므로 이 역은 서주(西周) 소왕과 목왕 시기의 기물로 추정된다.

023

빈왕력(豳王鬲)

서주(西周) 말기
높이 12.1cm 입지름 18cm 복부지름 17.2cm
발높이 3.5cm 무게 1.5kg
1978년 4월 섬서성 미현(陜西省 眉縣) 출토

Bin Wang Li

Western Zhou Dynasty(1066BC~771BC)
Total H 12.1cm Mouth D 18cm Belly D 17.2cm
Feet H 3.5cm Weight 1.5kg
Excavated from Meixian County in Shaanxi Province in Apr 1978

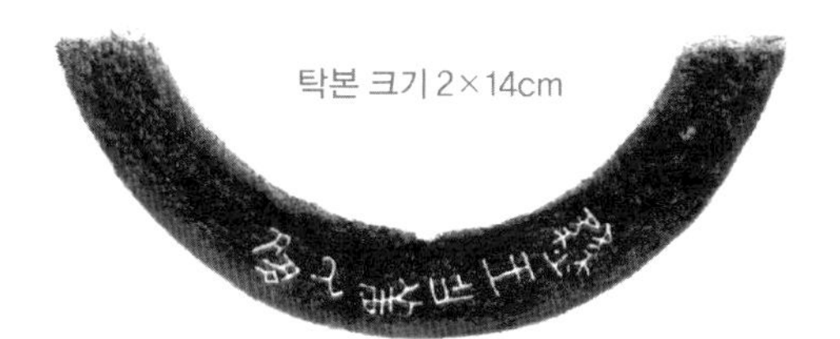
탁본 크기 2×14cm

기물 형체는 가로의 폭이 넓고, 넓고 비스듬한 구연부(口緣部)는 밖으로 젖혀졌으며 잘록한 목에 어깨는 둥글고 얕은 배는 아래로 가랑이[襠]가 나 있다. 세 개의 안이 빈 다리에 족근(足根)은 짧은 기둥 모양이고 다리의 속은 반은 차 있다. 다리와 서로 대응되는 복부에는 초승달 모양의 비릉(扉稜)이 있고 비릉의 양측에는 각각 비스듬히 평행되는 음각선(陰刻線) 네 줄이 장식되어 있다. 복부 위쪽에는 문양대(紋樣帶)가 빙 둘러 새겨져 있고 상하로 선이 두 줄씩 둘러져 있다. 안으로는 원와문(圓渦紋)과 쌍두연체조문(雙頭聯體鳥紋, 한 쌍의 머리가 연결된 새의 문양)이 번갈아 새겨져 있다. 하복부와 다리 부위는 세로로 구문(溝紋)을 장식했다. 복부 밑 족근(足根) 사이 범선(範線)과 다리 안쪽의 범선이 서로 연결되었다. 구연에 "豳王作姜氏齊(𩰫)[빈왕작강씨제(정)]"라는 6자의 명문(銘文)이 새겨져 있다. '빈'은 서주(西周)의 희성(姬姓) 이외의 제후국(諸侯國)이고 강 씨는 빈왕의 처이다.

본 역(鬲)과 같은 연대로 추정할 만한 것으로 미백력(微伯鬲), 미숙력(弭叔鬲), 희백력(戲伯鬲), 두백력(杜伯鬲) 등이 있다. 그중 보다 이른 것으로는 미백력을 들 수 있고 연대는 이왕(夷王), 역왕(厲王) 시기로 잡을 수 있다. 나머지 것들은 주로 역왕(厲王), 선왕(宣王) 시기에 속한다. 이에 근거하면 이 역은 서주 말기의 기물이며 이왕, 역왕 시기까지 거슬러 올라갈 수 있다.

024

중남부력(中枏父鬲)

서주(西周) 말기
높이 14.1cm 입지름 19.6cm 발높이 4cm 무게 2.33kg
1970년대 서안시(西安市) 수집

Li with the Inscription 'Zhong Nan Fu'

Western Zhou Dynasty(1066BC~771BC)
Total H 14.1cm Mouth D 19.6cm Feet H 4cm Weight 2.33kg
Collected in Xi'an in 1970's

기물의 형체는 가로의 폭이 넓고, 넓고 비스듬한 구연부(口緣部)는 밖으로 젖혀졌으며 목은 잘록하고 어깨 부위는 둥그렇다. 복부 안은 얕고 가랑이 부분은 평평하다. 다리는 짐승 발굽 모양이고 족근(足根)이 특히 크다. 세 다리와 서로 대응되는 복부에는 각각 비릉(扉稜)이 있고 비릉 위쪽에는 비아(扉牙)가 달려 있는데 그 양측에는 유운문(流雲紋)이 장식되어 있다. 비아의 능면(稜面) 중간 및 그와 대응되는 목, 가장자리 반대편에는 분명한 범선이 있다. 세 다리의 뒤쪽은 약간 평평하고 좌우 범선(範線) 두 줄은 제각기 복부 밑의 범선과 연결되어 있다. 다리와 복부 사이에는 'n'형 범선이 형성되었다. 복부는 비아를 중심으로 세 개의 도철문(饕餮紋)이 장식되었다. 도철 얼굴의 코, 눈, 눈썹, 귀는 몸의 앞부분과 하나로 연결되었고 두 눈은 돌출되고 동공은 안으로 쑥 들어갔으며 뿔은 곱자[曲尺] 모양을 하고 있다. 몸의 앞뒤가 분리되었고 전신의 끝 부분에 다리를 표시했다. 주요 문양 위에는 형태에 따라 평행쌍음각선(平行雙陰刻線)을 장식했다.

기물의 구연과 복부까지 연속 7행으로 된 38자의 명문(銘文)이 새겨져 있는데 그 내용은 다음과 같다. "唯六月初吉, 師湯父有司中枏父乍(作)寶鬲, 用敢饗孝皇且(祖)考, 用旟眉壽, 其萬年子子孫孫其永寶用(6월 초 첫 길일에 적는다. 사탕부의 부하 중남부는 보력을 만들어 세상 뜬 위대한 조부를 추모하여 장수를 기원한다. 중남부의 후손들은 대대손손 이를 보물로 사용할지어다)."

이 역(鬲)의 문양과 명문의 위치는 모두 1965년 섬서(陝西) 영수(永壽)에서 발견된 중남부력갑(中枏父鬲甲)과 거의 같은 것으로[『문물(文物)』 1965년 1기 참고] 서주(西周) 말기의 기물에 속한다.

탁본 크기 13×10cm

025

도철문언(饕餮紋甗)

서주(西周) 중기
높이 43.5cm 입지름 26.2cm 귀높이 8cm 발높이 9.2cm 무게 6.2kg
1979년 서안시(西安市) 종고루보관소(鐘鼓樓保管所)에서 보내옴.

Yan with Taotie Pattern

Western Zhou Dynasty(1066BC~771BC)
Total H 43.5cm Mouth D 26.2cm Handle H 8cm Feet H 9.2cm Weight 6.2kg
Transferred by Xi'an Bell Tower & Drum Tower storehouse in 1979

언(甗)의 형체는 상하 일체로 주조했다. 상부는 증(甑, 시루)이고 가장자리는 둥근 둔각에 밖으로 벌어졌는데 가장자리에는 새끼문양의 입이(立耳)가 있다. 복부는 깊숙하고 비스듬한 벽의 하부는 호형(弧形)으로 좁아진다. 증의 구연(口沿) 아래에 철현문(凸弦紋) 두 줄이 문양대(紋樣帶)를 끼고 빙 둘러 새겨져 있는데 그 안에는 7개의 떡 모양으로 장식했다. 증의 안쪽 밑바닥에는 조립식 발[活箅]을 설치했는데 발 가운데는 십자형 구멍이 있고 구멍 밖은 세 점의 투각(透刻)으로 된 권운문(卷雲紋)이 둘러싸고 있다. 하부는 역(鬲)인데 주머니 모양의 배에 호형의 가랑이가 있고, 아래는 기둥 모양의 다리 세 개가 있다. 다리의 윗부분은 도철면(饕餮面)을 장식했다. 다리 위의 가운데 돌출된 범선(範線)을 코로 삼고 두 귀는 뒤로 젖혀졌다. 눈은 부릅뜨고 눈썹은 갈고리 같으며 다리는 입안에서 뻗어나왔다. 윗부분의 증에는 음식물을 넣고 아랫부분의 역은 물을 담는다. 중간에는 발을 두어 서로 통하게 한다. 역의 물이 끓어 생긴 증기가 발을 통하여 증 속의 음식물을 익힌다. 이 증의 형태와 주요 특징은 장안(長安) 보도촌(普渡村) 장전묘(長田墓) 005호에서 출토된[『고고학보(考古學報)』 1957년 1기 참조] 증과 거의 같다. 연대는 서주(西周) 중기에 속한다.

언(甗) 은 고대의 시루로 증(甑)과 역(鬲) 두 부분으로 구성되었다. 위의 증에 음식물을 넣고 아래 역에 물을 넣는다. 중간은 폐(箅, 증 밑에 까는 발)를 놓아 서로 통하게 한다. 아래는 불을 피워 물을 끓이고 증기를 이용하여 음식물을 익힌다. 도언(陶甗)은 신석기시대에 나타났다. 동언(銅甗)은 도언을 모방하여 만들었고 상대(商代) 초기에 나타났으며 한(漢), 진(晉)까지 그대로 사용하였다. 언은 합체(合體)와 분체(分體) 두 가지가 있다. 합체로 된 언은 상대와 서주대(西周代)에 유행했고, 증과 역을 일체형으로 주조하였다. 분체로 된 언은 상대에 이미 출현했으나 주로 춘추전국(春秋戰國)시대에 유행했으며 증과 역을 따로 주조하였다. 사용 시에는 증아래의 권족(圈足)과 역 입을 맞추어 붙인다. 이때 네 다리, 두 귀, 상하의 분리와 결합이 가능한 방형(方形) 언이 나타났다. 일부 방형 언의 복부는 나누어져 있어 동시에 두 가지 음식물을 쪄낼 수 있다. 한대(漢代)에 와서는 부증(釜甑, 가마시루)으로 밥을 쪘으므로 역과 증이 결합된 언을 더 이상 사용하지 않았다.

Yan, as a kind of ancient cooking vessel(mainly used to steam food), is made up Zeng and Li, with a grid between them for steam to go up. The upper part Zeng is to hold the food; while the lower part Li is to hold water, which will vaporize when heated and steam the food above. Pottery Zeng came into being in the Neolithic age, Starting from early Shang Dynasty. bronze Zeng Was modeled on pottery Zeng. and remained to be made in this way until Han and Jin Dynasties. According to their structures, Yan can be divided into multiple-component Yan and separate-component Yan. The multiple-component Yan was popular during Shang Dynasty and West Zhou Dynasty and the Zeng and Li of it were cast together, Separate-component Yan originated from Shang Dynasty and was popular during the Spring & Autumn period and the Warring States period. It has its Zeng and Li separately cast, and can be tightly installed together with Zeng's loop bottom fixed to the mouth of Li. At this period of time, cubic Yan became in use, which bear two separate parts, with four feet, and two handles. Some Cubic Yans had partitions in their bellies, which mad it possible to steam two different kinds of food. Since Han Dynasty, cauldron started to be used to cook instead of multiple-component Yan with both Li and Zeng.

026

곽대부증(郭大夫甑)

전국(戰國) 말기
높이 19cm 입지름 26cm 밑지름 11.7cm 무게 3.36kg
1979년 6월 서안시(西安市) 문물상점에서 넘겨받음.

Zeng with the Inscription Guo Da Fu

Warring States Period(475BC~221BC)
H 19cm Mouth D 26cm Bottom D 11.7cm Weight 3.36kg
Transferred by Xi'an Culture Relic shop in Jun 1979

증(甑)의 몸체는 약간 반구형이고 곧은 입에 네모난 입술, 깊은 호형(弧形)의 배에 고권족(高圈足)이 있다. 목과 복부의 접촉 부분에 분명한 능대(稜臺)가 있고, 그 아래에 철현문(凸弦紋)을 둘렀다. 복부의 양측에 한 쌍의 포수함환(鋪首銜環)이 달렸다. 기물의 밑에는 둥근 장권(榫圈)이 있는데 증이 부(釜)의 구연(口沿)에 들어맞도록 한 것이다. 복부 바닥의 중간에는 폐(箅, 증 밑에 까는 발) 모양의 역(鬲)이 있고 그 폐는 십자 형태로 균등하게 네 개의 부채형 구역으로 나누어졌는데 저마다 평행으로 된 선형(線形)의 구멍이 뚫려져 있고 서로 닿아 있는 부분의 구멍 방향은 90도를 이룬다.

기물의 목에는 두 곳에 음각(陰刻) 명문(銘文)이 있다. 한 곳은 "郭大夫(곽대부)" 3자이고 다른 한 곳은 "郭大夫其復銘也(곽대부기복명야)" 7자이다. 글씨체는 전국(戰國)시대 연(燕)나라 문자 특징으로 보인다.

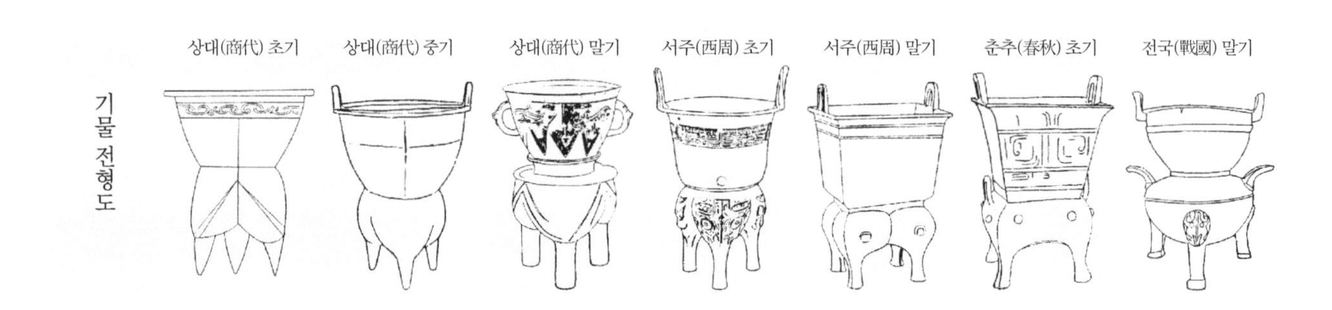

①　②　③

탁본 크기 ① 2.5×8cm
② 1.3×6.5cm
③ 1.3×9cm

027

조씨언(趙氏甗)

한(漢)
높이 44cm 무게 6.39kg
부(釜): 높이 16cm 입지름 13cm 최대복부지름 28cm
증(甑): 높이 15.5cm 입지름 28cm 가장자리너비 1cm 밑지름 14cm
분(盆): 높이 13.3cm 입지름 28cm 가장자리너비 1cm 밑지름 14cm
1977년 4월 20일 서안시 미앙구 소백양(西安市 未央區 小白楊) 제2기 벽돌공장 출토

Zhaoshi Yan

Han Dynasty(206BC~220AD)
Total H 44cm Weight 6.39kg
Fu: H 16cm Mouth D 13cm Max Belly D 28cm
Zeng: H 15.5cm Mouth D 28cm Edge W 1cm Bottom D 14cm
Peng: H 13.3cm Mouth D 28cm Edge W 1cm Bottom D 14cm
Excavated from the Second Brick Factory in Xiaobaiyang in Weiyang District, Xi'an in Apr 20 1977

이 취사도구는 부(釜, 가마), 증(甑, 시루), 분(盆, 동이)으로 구성되었고 세 기물의 입지름이 딱 들어맞는다.

동부(銅釜)는 곧은 입에 복부가 불룩하게 나왔고 밑은 둥글고 배 모양은 납작하다. 복부 윗부분의 양측에는 한 쌍의 포수함환(鋪首銜環)이 달려 있고 복부 중간에는 돌출된 현릉(弦稜)이 있는데 두께가 0.3cm이고 너비는 1cm이다. 구연(口沿)에는 1행 5자로 된 다음과 같은 명문(銘文)이 보인다. "趙氏, 十一斤(조 씨가 만듦, 열한 근)." 하지만 실제 무게는 2.63kg이다.

동증(銅甑)은 곧은 입에 아랫배가 들어갔고 밑은 평평하며 그 아래는 권족(圈足)이 있다. 복부의 양측에는 대칭되는 고리 모양의 손잡이가 달려 있다. 밑부분의 십자형 투각(透刻)은 네 부분으로 나뉘고 부분마다 평행으로 삼릉(三稜) 모양의 폐(箅)의 격자가 있다. 인접 부분의 폐의 격자는 '人(인)' 자형을 이룬다. 구연 위에는 1행 4자의 다음과 같은 명문이 있다. "趙氏, 八斤(조 씨가 만듦, 여덟 근)." 그러나 실제 무게는 1.99kg이다.

동분(銅盆)은 평평하게 젖혀진 구연부(口緣部)에 입은 곧고 배 속은 깊은데 아랫배가 좁아진다. 밑은 평평하고 낮은 권족(圈足)이 있으며 복부의 양쪽에는 대칭되는 손잡이 고리가 달려 있다. 구연에는 "趙氏, 八斤十二兩(조 씨가 만듦, 여덟 근 열두 냥)"이라는 1행 7자의 명문이 쓰여 있다. 하지만 실제 무게는 1.87kg이다.

이 언(甗)은 출토 시 분이 증 위에 뒤집혀 있었고 증의 틀은 부 위에 놓여 있었는데 입지름, 다리 지름이 틀과 딱 들어맞았다. 사용할 때 부, 증, 분을 하나의 세트로 맞추어 사용한 것이다. 부는 지금의 솥과 같고 증과 분은 지금의 찜통과 비슷해 음식물을 쪄 익히는 데 쓴다. 발굴 당시 일부 기물은 세트 형태로 발견되는데 구리 부뚜막에 놓고 쓰던 것으로 아마 당시 취사 시에 하나의 세트로 사용했던 것으로 보인다.

부(釜)를 '부(鬴)'라고도 하는데 이는 음식물을 익히는 기물이다. 신석기시대 유적에서 출토된 도부(陶釜)는 일반적으로 부뚜막 위에 올려놓고 사용한다. 심지어는 부뚜막에 고정시켜 놓기도 한다. 상주(商周)시대 도부와 동부(銅釜)를 함께 사용했고 서한(西漢)시대에는 동부를 보편적으로 사용했다. 수당(隋唐) 이후에는 철제부가 유행했고 동부는 보기 힘들었다.

Fu is a kind of cauldron. Pottery Fu, which were found in the Neolithic cultural relics, were mostly found right above the cooking stoves or even as a whole with the stove. During Shang and Zhou Dynasties, pottery Fu coexisted with the bronze ones. In the West Han Dynasty. bronze Fu were still very popular. Since Sui and Tang Dynasties, iron cauldron had started to be widely used instead of the bronze ones.

028

봉원부(奉元釜)

원(元)
높이 22.6cm 입지름 32.8cm 최대지름 43.6cm 무게 9.9kg
1978년 서안시 대백양(西安市 大白楊) 폐품처리창고 수집

Fengyuan Fu

Yuan Dynasty(1279AD~1368AD)
H 22.6cm Mouth D 32.8cm Max D 43.6cm Weight 9.9kg
Collected in Dabaiyang warehouse Xi'an in 1978

기물은 반구체(半球體)이고 비스듬한 입에 속은 넓다. 배는 둥글고 불룩하며 밑바닥은 둥글다. 상복부에 넓은 깃이 붙어 있는데 부뚜막에 올려놓는 데 쓴다. 하복부의 불이 닿는 면적이 넓어 음식을 익히는 데 유리하다. 그리고 비교적 두꺼운 그을음이 붙어 있는 것이 보인다. 기물의 벽은 비교적 두껍고 복부에는 가로로 '봉원조(奉元造)' 3자로 된 예서(隸書)가 양각(陽刻)으로 새겨져 있다. '봉원'은 지명이다. 원(元)에 이르러 송(宋)의 '경조부(京兆府)'를 '봉원로(奉元路)'라 개칭하였는데 관청이 지금의 서안에 위치해 있다. 명청대(明淸代)에 와서 서안부(西安府) 관할로 변경되었다. 그러므로 명문(銘文)을 통해 이 기물의 제작연대를 원대(元代)로 추정할 수 있다.

029

쌍이무(雙耳鍪)

서한(西漢) 말기
높이 15.2cm 입지름 11.4cm 복부지름 16.5cm 무게 1kg
1973년 서안시 대백양(西安市 大白楊) 폐품처리창고 수집

Mou with Two Handles

Western Han Dynasty(206BC~23AD)
H 15.2cm Mouth D 11.4cm Belly D 16.5cm Weight 1kg
Collected in Dabaiyang Warehouse, Xi'an in 1973

입은 넓고 목 부위가 좁다. 배는 둥글납작하고, 밑바닥은 둥글다. 어깨와 배가 만나는 곳에 같은 크기의 고리로 된 귀 한 쌍을 달았고 귓바퀴의 단면은 약간 삼각형으로 되어 있다. 귀 바깥 모서리 양측은 운문(雲紋)을 장식했고 어깨와 배의 사이에는 위가 높고 아래가 낮은 능대(棱臺)가 있으며 밑은 비교적 두꺼운 그을음이 보인다. 지금까지 발견된 동무(銅鍪)의 밑부분은 모두 그을음이 있고 일부 기물 안에는 뼈 찌꺼기가 들어 있었다. 이런 동무는 일반적으로 고분 가운데 정(鼎)이나 부(釜) 등속의 취사도구와 함께 부장했는데 이를 통해 동무는 주로 실용적인 취사도구로 존재했음을 알 수 있다. 다수의 동무가 병기와 같이 출토된 점을 미루어 보아 또한 군사용 가마로도 사용했음을 시사한다.

기물의 귀와 전체 형태로 보면 이 동무는 서한(西漢) 후기의 기물이라 할 수 있다.

무(鍪)는 본래 파촉(巴蜀) 문화의 특색을 띤 식기로 전국(戰國) 중 · 후기 이후에는 진나라 사람들도 사용하기 시작했다. 무의 기본 형태는 아랫부분이 부(釜)와 같고 배와 바닥이 둥글다. 윗부분은 관(罐, 항아리)과 비슷한데 둥근 어깨, 오므라든 입, 잘록한 목의 모양을 하고 있다. 지금까지 동무(銅鍪) 이외에 도자기로 된 것은 아직 발견되지 않고 있다. 전국(戰國)시대의 동무는 한쪽에만 고리 모양의 귀가 있고 다른 쪽에는 없다. 진대(秦代)에서 서한 중기까지 동무의 어깨 부위 양측에는 귀가 하나씩 달려 있는데 하나는 크고 하나는 비교적 작다. 서한 말기와 동한(東漢)시대의 동무는 어깨의 양측에 같은 크기의 귀가 달려 있다.

Mou was originally a typical food vessel of Bashu culture, Since the mid and late Warring States period, the vessel has also become popular in Qin Dynasty. The shape and structure. of Mou are as follows The lower part of Mou shapes as a jar with round shoulder, restrained mouth and neck. So far, the excavated Mou are all bronze-made rather than pottery. The Warring States style Mou has only one handle at its side. while the Qin and West Han style Mou has two handles of different sizes on each of its shoulders, The size of both handles was identical in late West han and East Han Dynasties.

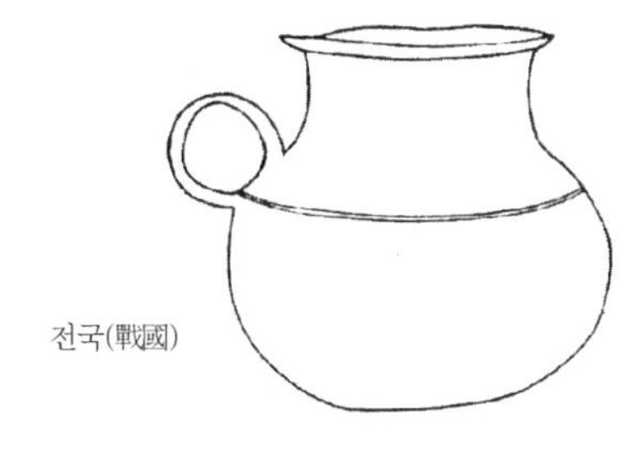

전국(戰國)

진한(秦漢)

조(灶, 부뚜막)는 주방에서 밥을 짓는 주요 도구이다. 서한(西漢) 중기 이후 북위(北魏)까지의 큰 고분 안에는 조를 부장한 것이 다수 보인다. 그중 대부분은 도조(陶灶)이고 일부 동조(銅灶)도 보인다.

Zao, the cooking range is one of the chief cooking utensils in the kitchen. Zao can be easily found as burial objects in the mausoleums of the mid and late West han Dynasty and North Wei Dynasty. The majority of these funerary Zao are pottery with only few bronze ones.

030

삼안행조(三眼行灶)

서한(西漢) 말기
높이 13.5cm 길이 21.5cm 최대너비 14.2cm 무게 0.74kg
1997년 8월 서안시(西安市) 수집

Movable Stove with Three Holes, *Cooking Stove*

Western Han Dynasty(206BC~23AD)
Total H 13.5cm L 21.5cm Max W 14.2cm Weight 0.74kg
Collected in Xi'an in Aug 1997

몸체는 선수(船首) 모양이고 위에는 구멍을 세 개 냈는데 '品(품)' 자형으로 되어 있다. 위에 부(釜)를 올려놓되 앞의 두 개는 작고 뒤의 것은 크다. 뒤에는 짐승 머리 모양의 연통을 세웠다. 조문(灶門)의 한 끝은 평평하고 곧으며 직사각형이다. 부뚜막 바닥은 평평하고 아래에 네 개의 발굽 모양의 다리가 받쳐 주고 있다. 사용 시 아궁이에 목탄을 넣고 부(釜)에는 물을 넣는다. 그리고 가마 위에 음식물이 들어 있는 증(甑)을 놓아 음식물을 장시간 보온할 수 있도록 한다. 이 동조(銅灶) 세트는 분리와 결합이 가능하고 이동하기에 편리하므로 '행조(行灶, 움직이는 부뚜막)'라고 불렀다. 행조는 주로 추운 북방에서 볼 수 있다. 이 기물의 출현은 사람들의 물질생활이 날로 풍부하고 복잡해졌음을 말해 주고 고대인의 물질과 정신생활에 대한 더욱 높은 추구를 드러내기도 한다. 이 기물의 제작 특징은 서한(西漢) 말기에 속하는 것으로 다만 몽골, 섬서(陝西), 산서(山西) 지방에서만 볼 수 있다.

031

단안행조(單眼行灶)

동한(東漢) 말기
높이 19cm 길이 15.8cm 최대너비 12.5cm 무게 0.75kg
1970년대 섬서성 유림(陝西省 榆林) 지역 출토

Movable Stove with One Hole, *Cooking stove*

Eastern Han Dynasty(25AD~220AD)
Total H 19cm L 15.8cm Max W 12.5cm Weight 0.75kg
Excavated from Yulin in Shaanxi Province in 1970's

부뚜막은 한 세트로 된 분해와 결합이 가능한 기물로서 몸체, 연통, 부(釜), 증(甑) 및 작(勺, 국자)으로 구성되었다. 그 형태는 조금 납작하고 평면은 허리가 호형(弧形)인 삼각형이고 윗면에는 하나의 조안(灶眼)이 나 있다. 뒤에는 짐승 머리 모양의 연통이 세워져 있고 벌려 있는 큰 입으로 연기가 나온다. 조문(灶門)은 직사각형이고 밑은 평평하며 아래로 네 개의 짐승 발굽 모양의 다리가 받쳐 주고 있다. 조안의 위에 바닥이 둥근 부를 올려놓는다. 이는 물을 담는 기물이다. 부 위에는 동이 모양의 증을 앉히고 그 밑은 둥그런 폐(箅)를 놓는다. 이는 음식물을 찌는 데 사용한다. 별도로 작(勺)이 두 개 있는데 이는 음식을 퍼낼 때 쓴다. 이런 단안조(單眼灶, 하나의 구멍이 나 있는 부뚜막)가 출현한 시기는 비교적 늦어 동한(東漢) 말기에 많이 보인다.

초두(鐎斗)는 '조두(刁斗)'라고도 하며 고대의 취사도구로서 군대에서 사용하기도 했다. 일반적으로 동이 모양이고 긴 손잡이가 달려 있으며 손잡이의 끝은 짐승 머리 모양으로 되어 있다. 밑에는 다리 세 개가 붙어 있다. 일부는 입 쪽에 별도로 흘러내릴 수 있는 유(流)를 냈다. 이런 기물은 한진남북조시대(漢晉南北朝時代)에 성행하였다.

Jiao Dou, also known as 'Diao Dou', was an ancient cooking utensil or for military use. Its body is in the shape of a basin with a long handle, the end of which is usually in the shape of a beast. It also has three feet at the bottom with a beak on the edge. Jiao Dou prevailed during the Han and South & North Dynasties.

032

용수곡병초두(龍首曲柄鐎斗)

동한(東漢)
높이 28.6cm 입지름 21.5cm 발높이 10.6cm 무게 1.69kg
1980년 서안시(西安市) 수집

Jiaodou with Crooked Handle of Dragon Head Pattern

Eastern Han Dynasty(25AD~220AD)
Total H 28.6cm Mouth D 21.5cm Feet H 10.6cm Weight 1.69kg
Collected in Xi'an in 1980

기물의 몸체는 세(洗)와 비슷하고 비스듬히 꺾이는 가장자리는 곡석으로 반구형을 이루며 배의 벽은 약간 기울었다. 하복부에는 평행 현문(弦紋) 네 줄이 있고 그 밑바닥은 둥글며 아래는 고족(高足) 세 개가 받쳐 주고 있다. 다리의 안쪽은 평평하고 바깥쪽은 둥글다. 다리의 어깨 부분은 아치형이고 족근(足根)은 말발굽 모양을 하고 있다. 복부에 붙은 손잡이는 위가 휘어지고 가로로 굽어 있다. 손잡이의 단면은 능(菱) 모양이고 짧은 기둥이 기물의 가장자리와 손잡이를 연결하여 보강 역할을 한다. 손잡이의 끝은 용의 머리 모양이다. 용의 머리는 세로로 길고 가로의 폭은 짧으며 주둥이는 길고 이빨은 날카롭다. 높은 콧등은 둥글고 앞이마는 돌출되어 있다. 눈이 크고 굽은 눈썹은 높고 우뚝하며 두 귀는 뒤로 젖혀졌다. 외뿔은 뒷목에 붙어 있다. 얼굴은 길고 수염은 없다. 이 같은 조형은 동한(東漢)의 화상석(畵像石)에서 흔히 볼 수 있다.

033

죽절형제족초두(竹節形蹄足鐎斗)

남북조(南北朝) 말기
길이 38cm 입지름 14.5cm 높이 13cm 발높이 7.8cm
유(流)길이 6.7cm 무게 0.98kg
1997년 섬서성(陝西省) 폐품처리창고 수집

Jiaodou with Bamboo-shaped Hoof feet

Southern and Northern Dynasty(420AD~581AD)
Total L 38cm Mouth D 14.5cm Total H 13cm Feet H 7.8cm
L of Beak 6.7cm Weight 0.98kg
Collected in Shaanxi warehouse in 1997

기물의 몸체는 얕은 동이 모양이고 넓고 평평한 가장자리는 비스듬히 젖혀졌다. 가장자리와 복부가 잇닿은 곳에 능대(稜臺)가 있다. 복부는 곧고 밑은 평평하다. 가장자리의 측면에 흘러내릴 수 있는 유(流)가 있으며 배의 벽에는 구부러져 가로로 뻗은 곧고 납작한 손잡이가 달려 있다. 대나무 마디식 발굽 모양의 다리는 가늘고 길며 바깥으로 벌려져 있다. 다리 각 부분의 단면은 삼각형이다. 이런 특징의 초두(鐎斗)는 남북조(南北朝) 말기에 볼 수 있다.

034

심복복(深腹鍑)

서한(西漢)
높이 37.2cm 입지름 26.5cm 귀높이 4.3cm
발높이 11.5cm 무게 4.15kg
1978년 4월 서안시 미앙구 범가채(西安市 未央區 範家寨) 출토

Fu with Deep Belly

Western han Dynasty(206BC~23AD)
Total H 37.2cm Mouth D 26.5cm Handle H 4.3cm
Feet H 11.5cm Weight 4.15kg
Excavated from Fanjiazhai Village Weiyang District, Xi'an in 1978

기물의 몸체는 높고 크며 입은 곧고 배는 깊숙하다. 배는 조금 기울면서 부풀어 있다. 하복부는 곡선을 이루며 오므라들고 밑은 나팔 모양의 권족(圈足)이 받쳐 주고 있다. 구연(口沿)의 외측에는 고리 모양의 귀가 달려 있다. 기물 가장자리 위에 고리의 절반이 보이고 귀 위의 가운데 부분에 구슬 모양의 짧은 기둥이 달려 있다. 귀의 양면이 옴폭하게 들어갔고 측면의 중간에는 범선(範線)의 흔적이 보인다. 상복부에는 철현문(凸弦紋)을 둘렀다.

청동복(青銅鍑)은 오르도스(鄂爾多斯)식 청동기에 속한다. 주로 내몽고, 하북(河北), 산서(山西), 섬서(陝西), 흑룡강(黑龍江) 등지에 분포하며 서주(西周) 말기에서 북위(北魏)시대까지 유행했다. 오르도스식 청동기는 조형에 따라 두 가지로 분류한다. 한 가지는 복부가 원통 모양인데 위가 굵고 아래가 가늘다. 그리고 평저(平底, 평평한 밑바닥)이거나 환저(圜底, 둥근 바닥)이고 권족(圈足)은 없다. 다른 한 가지는 배가 불룩한 것이 많은데 권족이 있다. 둘 다 같은 변화 과정을 거치는데 크게 벌어진 입은 점차 오므라들고 통 모양의 복부는 점차 불룩해지며 구형으로 변화한다. 이 밖에 둥근 바닥에서 평평한 바닥으로 변화한다.

청동복의 주요한 용도는 음식물을 삶는 것인데 군대에서 주로 사용하였다. 북방 유목 민족은 초기에 보편적으로 샤머니즘을 믿어 하늘, 땅, 산, 강과 불 및 조상과 조물주를 숭배했고, 제사를 지낼 때면 청동복으로 제물을 익혔다.

Bronze Fu was one of the largest components of the Erduosi style bronze wares, which were mainly used in inner Mongolia, Hebei Shanxi, Shaanxi and Heilongjiang provinces. It had prevailed form the late West Zhou Dynasty till the North Wei Dynasty. Erduosi style bronze wares falls into two categories according to their structures One category adopts the flat-end cone shape with loop bottoms but no round foot; while the other category bears bulging belly with loop foot. The two categories bear similar development, with the mouth become smaller and tighter, the belly from cylinder-shape to drum and ball-shapes, and the bottom from loop to flat.

Bronze Fu mainly functioned as cooking vessel, and was commonly used in the army. The north Downsman, whose early belief was Shamanism, applied Fu to prepare the sacrifice before the food were presented to god, the earth, mountains, rivers, fire, their ancestors and the creator on their sacrificial ceremonies.

035

장방형복복(長方形腹鍑)

한(漢)
높이 19.5cm 입너비 21.5×15cm 귀높이 3.1cm 발높이 5.9cm
발지름 10cm 무게 2.2kg
1976년 서안시 파교구(西安市 灞橋區) 방직타운 출토

Fu with Rectangular Belly

Han Dynasty(206BC~220AD)
Total H 19.5cm Mouse D 21.5×15cm Handle H 3.1cm Feet H 5.9cm
Bottom D 10cm Weight 2.2kg
Excavated from Fangzhicheng in Baqiao District, Xi'an in 1976

기물의 형체는 직사각형이다. 입은 약간 오므라들고 가장자리는 평평하다. 가장자리 아래는 안으로 오므라들었다. 가장자리 위에 타원형으로 된 납작한 두 귀가 세워져 있는데 귀의 끝에는 짧고 납작한 기둥이 있다. 배는 불룩하고 밑바닥은 둥글며 윗배에는 철현문(凸弦紋)을 한 바퀴 둘렀다. 아래에는 나팔 모양의 고권족(高圈足)이 있고 다리 벽에는 부정형(不定形) 누공(鏤孔)이 다섯 개 있다.

식기

食器

Food Vessels

궤(簋)는 고대의 음식을 담는 기물이다. 청동궤(青銅簋)는 귀족 계층에서 정(鼎)과 함께 사용하였다. 솥은 육류를 담는 데 사용하고 궤는 기장[黍], 조[稷]를 담는 데 사용한다. 궤는 대부분 입이 넓고 둥근 배, 권족(圈足)(다리가 세 개 또는 네 개 그리고 네모난 다리도 있다)으로 된 것이 많고 귀가 없거나 두 개 내지 네 개인 것도 있다. 도궤(陶簋)는 신석기시대에 나타났다. 청동궤는 상대(商代) 초기에 출현했는데 귀가 없고 다리가 둥근 것이 많았다. 상대 말기에 이르러 쌍이궤(雙耳簋, 귀가 두 개인 궤)가 많아지기 시작했지만 귀고리가 없었다. 서주(西周)는 궤가 성행한 시기로 수량이 많을 뿐더러 형태도 복잡하다. 쌍이궤 이외에도 사이궤(四耳簋, 귀가 넷인 궤), 사족궤(四足簋, 다리가 넷인 궤), 방좌궤(方座簋, 네모난 다리를 한 궤), 삼족궤(三足簋, 다리가 셋인 궤) 등이 있다. 서주 전기의 쌍이궤는 귀고리가 달려 있는 것이 많다. 서주 중기에는 뚜껑이 달린 궤가 나타났다. 서주 말기에는 귀 두 개에 귀고리가 있고 뚜껑이 달린 궤의 권족 아래에 세 개의 받침대를 더하였다. 서주 시기 계층에 따라 수량에 관한 엄격한 규정이 있었다. 정은 홀수, 궤는 짝수로 사용했다. '삼례(三禮)'에는 제사용 제물을 익히는 데 사용하는 최고의 규격은 구정팔궤(九鼎八簋, 아홉 개의 정에 여덟 개의 궤)라고 기록되어 있다. 이는 열정(列鼎)제도의 중요한 구성 부분이다. 춘추(春秋)시대 궤의 형태는 기본적으로 서주 말기의 것을 계승하였다.

Gui was an ancient food container. Bronze Gui was used together with the tripod by nobilities. The tripod was applied to hold meat, while Gui was to hold millet. Most Gui are loop-footed(also tri-footed, quadri-footed or square-based), round-bellied, evase, handleless, or quadri-handled. Pottery Gui came into being in the Neolithic age, while bronze Gui appeared in the early Shang Dynasty, most of which were handleless with round foot. Until the late Shang Dynasty, there had been an increased number of double-handled Gui, but without ears. The food vessel Gui prevailed during West Zhou Dynasty, which can be judged from the large number of excavated vessels, as well as their complicated shapes and structures. Besides the double-handled Gui with loop foot, there had also been quadri-handled Gui, quadri-footed Gui, Square-based Gui, and tri-footed Gui. Most of the double-handled Gui in early West Zhou Dynasty had ears. Until the mid West Zhou Dynasty, lids had been added to Gui. In the West Zhou Dynasty, three tiptoes were added right below the loop feet of the double-handled Gui with ear and lid, During West Zhou Dynasty, there were strict rules of applying different numbers of Gui to indicate the owner's status, which had become an important part of the ripod Ranking System? According to the tripod ranking system, Gui is applied in even numbers while Ding(the tripod cauldron) in odd numbers. According to San Li(the Three Rites), nine-tripod and eight-Gui standard was of the highest quality on sacrificial ceremonies. The Spring and Autumn style Gui basically followed the late West Zhou style.

탁본 크기 3.5×7cm

036

백궤(伯簋)

서주(西周) 초기
높이 15.9cm 입지름 11.2cm 밑지름 14.3cm 무게 1.94kg
1989년 서안시 장안현(구) 풍서 대원촌(西安市 長安縣(區) 灃西 大原村) 서주(西周) 풍호(豊鎬) 유적지 출토

Bo Gui

Western Zhou Dynasty(1066BC~771BC)
Total H 15.9cm Mouth D 11.2cm Bottom D 14.3cm Weight 1.94kg
Excavated from Fenggao Relic of Western Zhou Dynasty in Dayuan Village Chang'an County(District), Xi'an in 1989

뚜껑의 중간 부분에 권족형(圈足形)의 손잡이가 있고 뚜껑 가장자리는 아래로 꺾인 형태이다. 입은 자모구(子母扣)를 이루고 복부는 불룩하게 드리운 형태이다. 짐승 머리 모양의 두 귀에 갈고리 모양의 귀고리가 달려 있고 권족(圈足)은 가장자리가 넓다. 뚜껑과 복부의 안쪽 바닥에는 각각 "白(伯)乍(作)彝(백작이)"란 명문(銘文) 3자가 새겨져 있다. 뚜껑과 기물의 가장자리 아래에 각각 문양대(紋樣帶)가 있는데 모두 두 개의 짐승 머리를 중심으로 둘씩 대칭되는 네 개의 기문(夔紋)을 장식하였다.

기물 몸체는 폭이 일정한 세 개의 열로 나눌 수 있다. 몸체는 운문(雲紋)으로 구성되었고 꼬리는 위로 말렸고 몸체 아래 역시 운문으로 채워졌으며 발과 발톱도 운문 모양으로 되어 있다. 등 쪽은 칼 모양으로 장식되었다. 이런 기문은 주로 상대(商代) 말기에서 서주(西周) 초기의 것으로 비릉(扉棱)을 중심으로 둘씩 대칭되는 도철문(饕餮紋)을 구성하였다. 고고학 발굴 중 보계(寶鷄) 죽원구(竹園溝) M7과 M13에서 각각 출토된 궤(簋)가 이 기물의 형태와 같다. 연구에 따르면 두 고분의 연대는 서주 강왕(康王) 시기에 속한다. 같은 유형의 것으로 부정궤(父丁簋)가 있는데 연대는 강왕 시기에서 소왕(昭王) 시기에 속한다. 종합적으로 따져 보면 이 궤는 강왕 시기의 기물이고 소왕 시기 이전으로 추정된다.

탁본 크기 6.5×13cm

037

첩궤(諆簋)

서주(西周) 초기
높이 27.1cm 입지름 21.6cm 받침높이 10.3cm
받침너비 22cm 무게 6.6kg
1981년 서안시 장안현(구) 화원촌(西安市 長安縣(區) 花園村)
서주(西周) 풍호(豊鎬) 유적지 출토

Qie Gui

Western Zhou Dynasty(1066BC~771BC)
Total H 27.1cm Mouth D 21.6cm H of Base 10.3cm
L of Base 22cm Weight 6.6kg
Excavated from Fenggao Relic of Western Zhou Dynasty in Huayuan Village Chang'an County(District), Xi'an in 1981

궤(簋)의 몸체는 위가 둥글고 아래는 방형(方形)이다. 입은 넓고 목은 잘록하며 배는 둥글고 권족(圈足) 아래는 방형 받침과 연결되었다. 구연(口沿) 아래에 봉황 네 마리를 장식하였고 사이마다 비릉(扉稜)이 있다. 봉황새는 눈이 둥글고 부리가 뾰족하며 높은 볏에 머리는 돌리고 있으며 꼬리는 위로 말렸다. 복부의 양쪽에는 봉황새 모양의 귀가 달려 있다. 권족은 변형된 절곡문(竊曲紋)을 장식했다. 받침의 사면은 각각 여섯 마리의 봉황새로 장식하였고 중앙의 직사각형 안에는 아무 무늬도 없다. 전체적으로 운뢰문(雲雷紋)을 새겼다.

복부 안쪽 바닥에 3행 18자인 다음과 같은 명문(銘文)을 주조하였다. "唯九月, 琟叔從王員征楚荊, 才(在)成周, 諆乍(作)寶簋[모년 9월 성주에서 준숙이 주왕을 따라 형초를 정벌하였는데 이 중대한 사건을 기념하기 위해 준숙(즉, 첩을 말함)이 이 동궤를 주조하였다." 이 궤는 서주(西周)의 한 고분에서 출토되었는데 함께 출토된 다른 기물 준숙이 주조한 궤의 특징으로 미루어 보면, 명문(銘文) 중의 왕(王)은 서주의 강왕(康王)으로 추정된다.

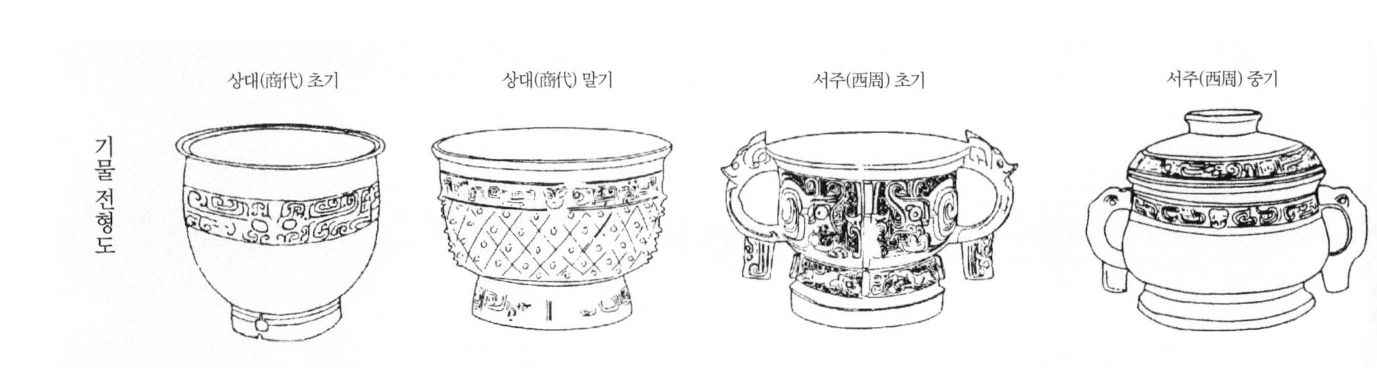

탁본 크기 5.5×12cm

038

시요궤(是要簋)

서주(西周) 중기
높이 22cm 입지름 21.85cm 복부지름 23cm 밑지름 20.5cm 무게 5.97kg
1989년 서안시 장안현(구) 풍서 마왕촌(西安市 長安縣(區) 灃西 馬王村)
서주(西周) 풍호(豊鎬) 유적지 출토

Shiyao Gui

Western Zhou Dynasty(1066BC~771BC)
Total H 22cm Mouth D 21.85cm Belly D 23cm Bottom D 20.5cm Weight 5.97kg
Excavated from Fenggao Relic of Western Zhou Dynasty in Mawang Village Chang'an County(District), Xi'an in 1989

기물의 몸체는 두껍고 묵직하며 복부는 불룩하다. 속이 비어 있고 납작하고 네모난 부이(附耳)는 입 위로 높이 솟았다. 한쪽 귀는 떨어져 나갔고 뚜껑이 있으며 권족(圈足)은 나팔 모양이다. 뚜껑의 중간에는 속이 찬, 정수리가 평평한 원형의 손잡이가 있고 그 위에는 기룡(夔龍)을 장식했다. 뚜껑, 목과 복부는 모두 세밀한 직릉문(直稜紋)을 새겼다. 목 부위는 쌍관이(雙貫耳, 한 쌍의 중심이 빈 귀)와 쌍부이(雙附耳, 한 쌍의 고리 모양의 귀)가 90도로 대칭되어 있다.

뚜껑과 복부의 안쪽 바닥에는 같은 내용의 3행 16자로 된 명문(銘文)이 있다. "惟十月, 是要作文考寶簋, 其子孫永寶用(10월에 시요가 문고보궤를 주조하여 그 자손이 영원히 소중하게 쓰도록 한다)."

이 기물의 형태와 문양은 모두 서주(西周) 중기의 특징에 속한다. 명문의 글씨체는 함께 출토된 위궤(衛簋)와 위정(衛鼎), 즉궤(卽簋) 등의 기물과 비슷하기 때문에 본 궤는 공의(共懿) 시기의 기물로 추정된다.

서주(西周) 말기

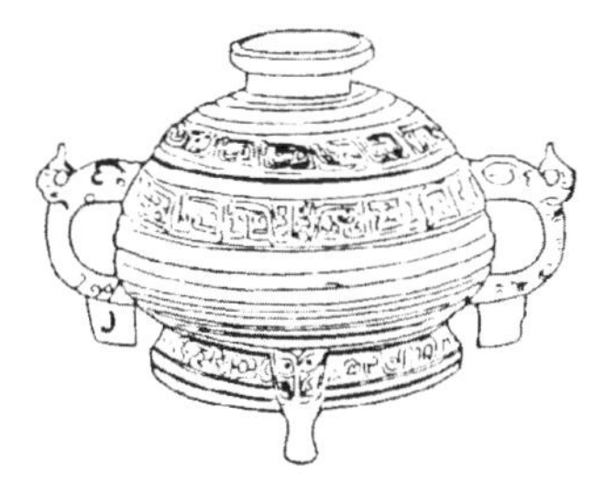

춘추(春秋) 초기

춘추(春秋) 말기

전국(戰國) 말기

039

백고부궤(伯考父簋)

서주(西周) 말기
높이 15cm 입지름 18.5cm 복부지름 25.6cm 밑지름 22cm 무게 3.5kg
1973년 6월 서안시 대백양(西安市 大白楊) 폐품처리창고 수집

Bokaofu Gui

Western Zhou Dynasty(1066BC~771BC)
Total H 15cm Mouth D 18.5cm Belly D 25.6cm Bottom D 22cm Weight 3.5kg
Collected in Dabaiyang warehouse, Xi'an in Jun 1973

탁본 크기 5.5×12cm

입이 작고 배는 불룩하며 복부 중간의 지름이 가장 크다. 짐승이 고리를 물고 있는 모양의 두 귀가 달렸는데 고리는 각각 둥근 타래 모양으로 만들어졌다. 권족(圈足) 아래에 짐승 얼굴 모양의 납작한 다리 세 개가 받쳐 주고 있다. 뚜껑은 유실되었다. 복부는 횡구문(橫溝紋)을 새겼고 구연(口沿) 아래와 권족 위에는 각각 절곡문(竊曲紋)을 빙 둘러 장식했다. 기물(器物)의 밑에는 십자형의 계격(界格) 두 줄이 있는데 사방으로 가운데를 향한 90도의 평행 곱자[曲尺] 모양의 가는 줄이 있다. 기물 안의 밑부분에는 다음과 같은 3행 14자의 명문(銘文)이 주조되어 있다. "白(伯)考父乍(作)寶簋, 其萬年子孫永寶用(백고부가 보궤를 만들어 그 자손이 영구히 보물처럼 사용하도록 한다)."

이 궤의 구연 아래와 권족 위의 절곡문(竊曲紋) 형태는 같지 않다. 구연 아래의 것은 한 쌍의 방형(方形)이 연속적으로 배열된 절곡문이다. 우측 방형의 중간에 일목문(一目紋)이 있다. 권족 부분에는 대칭되는 모양으로 L형 절곡문이 있다. 한 쌍의 L형은 하나는 정면, 하나는 측면이 되며 중간에는 목문(目紋)을 두어 하나의 세트를 구성하였다. 이 두 가지 절곡문은 모두 서주(西周) 말기에만 보인다. 조형으로 보면 이력(夷歷) 시기의 중은부궤(仲殷父簋), 왕신궤(王臣簋), 공신궤(公臣簋), 백빈부궤(伯賓父簋)와 대체로 같다. 이로부터 이 궤의 연대는 이왕(夷王) 시기에서 역왕(歷王) 시기 사이로 짐작할 수 있다.

040

태사소자궤(太師小子簋)

서주(西周) 말기
높이 25cm 입지름 21.2cm 복부지름 27.4cm 밑지름 24.4cm 무게 7.7kg
1972년 서안시 장안현(구) 풍서공사(향) 흥왕촌(西安市 長安縣(區) 灃西公社(鄉) 興旺村) 서주(西周) 풍호(豐鎬) 유적지 출토

Gui with the Inscription Taishixiaozi

Western Zhou Dynasty(1066BC~771BC)
Total H 25cm Mouth D 21.2cm Belly D 27.4cm Bottom D 24.4cm Weight 7.7kg
Excavated from Fenggao Relic of Western Zhou Dynasty in Xingwang Village Fengxi Community Chang'an County(District), Xi'an in 1972

입은 작고 배는 불룩하며 한 쌍의 짐승 머리 모양의 귀에 귀고리가 달려 있고 권족(圈足) 아래에 짐승 얼굴 모양의 납작한 다리 세 개가 받쳐 주고 있다. 뚜껑 윗면이 융기되어 있고 손잡이는 둥글다. 뚜껑과 복부에는 모두 횡구문(橫溝紋)을 새겼고 뚜껑과 입 가장자리에는 크기가 다른 중환문(重環紋, 이중 고리 문양)을 번갈아 새겼다. 권족에도 방형(方形) 두 개가 연속된 중환문이 있다. 복부의 밑은 그물 모양의 능형문(菱形紋)을 장식했다.

뚜껑과 기물(器物)의 안쪽 밑바닥에는 내용이 같은 4행 33자의 다음과 같은 명문(銘文)이 있다. "太師小子𤔲乍(作)聯皇考寶尊簋. 𤔲用匄瞖(眉)壽, 康□純右(佑), 𤔲其萬年子子孫孫永寶用享(태사소자는 세상 뜬 증조부를 추모하여 보존궤를 만들어 장수를 기원한다. 강□순우, 그 후손들은 대대손손 이를 보물로 사용할지어다)."

조형과 문양의 분포특징으로 보면 이 궤는 사송궤(史頌簋), 송궤(頌簋), 이궤(伊簋), 산거부궤(散車父簋), 부궤(父簋)와 대체로 같고 명문 글씨체도 비슷하다. 고증에 따르면 위의 궤는 모두 서주(西周) 선왕(宣王) 시기의 기물로 파악된다.

탁본 크기 8×15cm

041

위궤(衛簋)

서주(西周) 중기
높이 31.5cm 입지름 21.5cm 받침높이 9.4cm
받침너비 19.2cm 무게 9.45kg
1973년 서안시 장안현(구) 마왕촌(西安市 長安縣(區) 馬王村) 서주(西周) 풍호(豊鎬) 유적지 출토

Wei Gui

Western Zhou Dynasty(1066BC~771BC)
Total H 31.5cm Mouth D 21.5cm H of Base 9.4cm
L of Base 19.2cm Weight 9.45kg
Excavated from Fenggao Relic of Western Zhou Dynasty in Mawang Village Chang'an County(District), Xi'an in 1973

4점의 크기, 형태, 문양이 모두 같다. 궤(簋)의 몸체는 납작하고 넓으며 뚜껑이 있고 권족(圈足) 아래는 네모난 받침과 연결되어 있다. 뚜껑의 윗면은 아치처럼 융기되어 있고 중간에는 나팔 모양의 손잡이가 있으며 뚜껑을 뒤집어 놓으면 그릇과 비슷하다. 기물의 구연부(口沿部)는 아래는 네모나고 위는 뾰족하다. 복부의 속은 비교적 얕고 목은 잘록하며 한 쌍의 짐승 모양의 귀는 굵고 단단하며 귀 아래에 갈고리형 귀고리가 달려 있다. 뚜껑, 복부와 받침은 조형이 같은 네 개의 도철문(饕餮紋)을 각각 장식했다. 복부 도철의 양 미간의 중심 위쪽은 짐승 얼굴[獸面]을 장식했고 권족에는 둘씩 서로 마주한 4개의 고룡문(顧龍紋, 돌아보는 용의 문양)을 새겼다. 기물 전체는 도철문을 주요 문양으로 하고 바탕문양과 주요 문양 위에 음각선(陰刻線) 운문(雲紋)을 장식하였다.

궤의 뚜껑과 복부 안쪽에는 각각 6행 57자의 다음과 같은 명문(銘文)이 있다. "惟八月初吉丁亥, 王客於康宮, 榮白(伯)右衛內(入)即立(位). 王曾令(命)衛, 錫赤市, 攸勒. 衛敢對揚天子不(丕)顯休, 用乍(作)朕文且(祖)考寶隮簋. 衛其萬年子子孫孫永寶用(정해년 8월 초 첫 길일에 왕은 강궁에 머물러 영백우위의 보좌로 즉위하였다. 그리하여 왕은 우위에게 적시, 유륵을 하사하였으며 우위는 천자의 덕을 기리고, 돌아가신 조부를 위하여 보궤를 만들어 그의 후손이 대대손손 보물로 사용하도록 하였다)."

명문에서 언급한 영백은 공의(共懿) 때의 위화(衛盉), 동궤(同簋), 강정(康鼎), 묘궤(卯簋)에도 있었다. 그 글씨체는 공의 때의 영우(永盂)와 시요궤(是要簋) 등과 일치한다. 종합적으로 따져 보면 이 기물의 연대는 서주(西周) 중기로 추정할 수 있다.

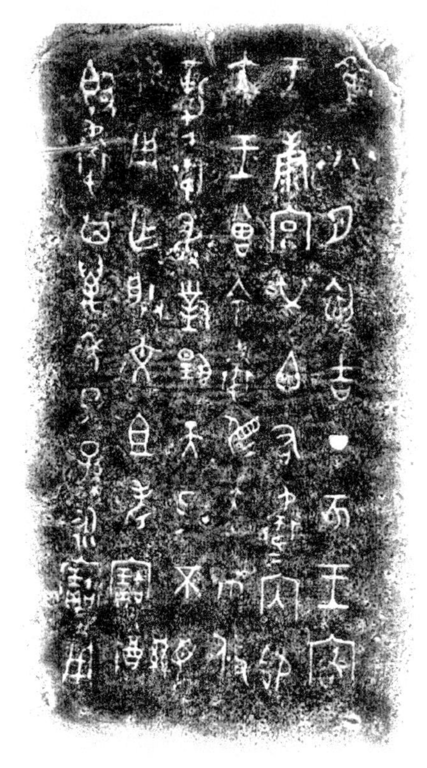
탁본 크기 10×18cm

돈(敦)은 고대(古代) 음식을 담는 청동식기이다. 기장[黍], 조[稷] 등 곡식을 담는 데 사용하였다. 형태는 다양한데 일반적으로 아래 위와 안팎이 모두 둥글다. 뚜껑과 몸체는 결합했을 때 구의 형태 또는 둥근 계란 모양이 된다. 모두 짧은 다리, 고리 모양의 귀[環耳]가 있고 속칭 '수박정[西瓜鼎]'이라고 부른다. 아래위가 완전히 대칭되지 않는 것도 있다. 청동돈(青銅敦)은 춘추 중기에 나타났고 춘추(春秋) 말기에서 전국(戰國) 말기까지 성행하였다.

Dui was an ancient grain container, which was used to hold millet and cereals. Dui were made in various shapes, which were often round both inside and outside. The lid and body form a sphere or an oval shape, with short feet, and loop handle. Thus the vessel was also named 'watermelon tripod'. Some of the vessels do not have symmetrical body and lid. Bronze Dui came into being in the mid Spring and Autumn period, and prevailed from the late Spring and autumn period to late Warring States period.

042

도문돈(綯紋敦)

전국(戰國) 초기
높이 18cm 입지름 16.7cm 복부지름 20cm 발높이 2.5cm
무게 2.2kg
1979년 6월 서안시(西安市) 문물상점에서 넘겨받음.

Dui with Tao Patterns

Warring States Period(475BC~221BC)
Total H 18cm Mouth D 16.7cm Belly D 20cm Feet H 2.5cm
Weight 2.2kg
Transferred by Xi'an Culture Relic Shop in June 1979

기물은 약간 둥근 구형이다. 뚜껑 윗면은 융기했고 그 중간에는 끈을 달 수 있는 고리가 있다. 가장자리 근처에 호랑이 세 마리가 엎드려 있는 모양의 꼭지가 있고 뒤집어 놓으면 대야로 쓸 수 있다. 뚜껑과 기물의 몸체는 자모구(子母扣)를 이루고 복부 양측에는 포수(鋪首, 고리 모양의 손잡이)가 있으며 아래는 짐승 발굽형 짧은 다리가 받쳐 주고 있다. 다리와 복부 사이는 연결된 가랑이 형태이고 복부 밑과 다리 안쪽은 평평하다. 뚜껑과 구연부(口緣部) 아래 및 복부에는 도문(綯紋, 새끼무늬) 네 줄을 장식했는데 이런 문양을 줄무늬[繩紋]라고도 한다. 물결 모양의 줄[波線]을 연결해 새끼 모양을 만들었다. 이런 기물은 춘추전국(春秋戰國)시대에 성행하였다. 같은 형태의 솥은 장자(長子) 우가파(牛家坡) M7[『고고학보(考古學報)』 1984년 참조]에서 출토된 적이 있는데 이는 전국 초기의 기물이다.

춘추(春秋) 말기 / 전국(戰國) 초기 / 전국(戰國) 중기 / 전국(戰國) 말기

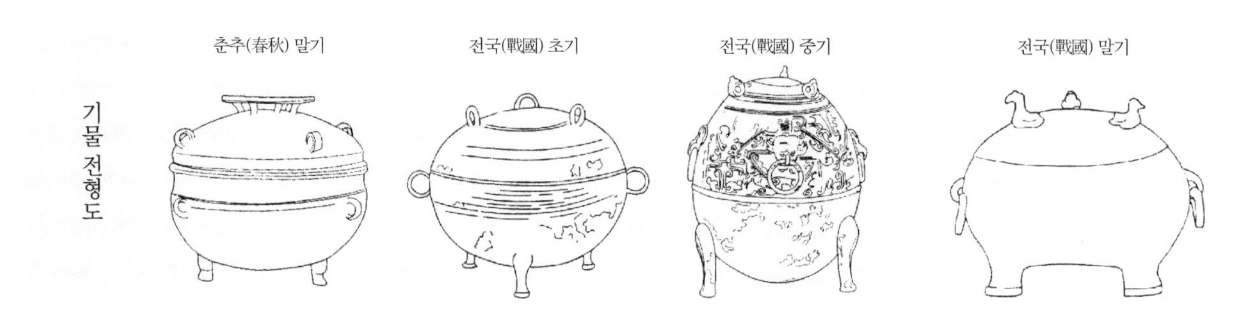

두(豆)는 절인 채소, 다진 고기 등을 담을 때 사용하는 식기이다. 기물의 형태를 보면, 위는 소반과 같고 가운데는 손잡이 형태이며 밑에는 권족(圈足)이 있고 대부분은 뚜껑이 있다. 도두(陶豆)는 신석기시대에 출현하였다. 청동두(靑銅豆)는 상대(商代) 말기에 나타났는데 윗부분은 둥근 바리때 모양의 소반이고 아래는 통형(筒形)의 고족(高足)이며 뚜껑이 없다. 서주(西周) 시기의 두는 속이 얕고 허리가 잘록하며 귀와 뚜껑이 없다. 춘추(春秋) 이후 두는 증가했고 양 측면에 고리가 달린 귀가 있으며 아래에는 고족(高足)을 갖추었다. 전국(戰國)시대에는 기물의 복부가 깊어졌고 일부는 손잡이가 특히 가늘고 길었다. 뚜껑이 있는 두는 뚜껑 위에 손잡이가 있어 뒤집어 놓을 수 있다. 의례 시 두(豆)는 짝수로 정(鼎)과 함께 사용한다.

Dou or standing cup was an ancient container for picked vegetables, meat sauce, and seasonings. Dou shapes as a plate, with a stem, and round foot at the bottom. Most Dou was designed with lids. Pottery Dou originated from the neolithic age. Bronze Dou originated from late of Shang Dynasty with a bowl-shaped plate on the top and tube-shaped legs at the bottom, but without lid. In West Zhou Dynasty Dou has shallow belly with no handle and lid. Since the Spring and Autumn period, there had been an increase in the number of Dou, which had two loop ears on either side and high foot at the bottom. In the Warring States period, some Dou started to have extra long and slender stem with deeper belly. There was a nipple like object on the lid of Dou, which enables the lid to stand upside down. On ritual ceremonies, Dou was usually applied in even numbers to match with the odd-numbered tripods.

043

부계두(父癸豆)

상대(商代) 말기
높이 12.1cm 입지름 13.1cm 밑지름 8.3cm 무게 0.88kg
1971년 서안시 파교구 노우파(西安市 灞橋區 老牛坡) 상대(商代) 유적지 출토

Fugui Dou

Shang Dynasty(1600BC~1066BC)
Total H 12.1cm Mouth D 13.1cm Bottom D 8.3cm Weight 0.88kg
Excavated from Laoniupo Relic of Shang Dynasty in Baqiao District, Xi'an in 1971

탁본 크기
4×8cm

두반(豆盤)은 바리때 모양이고 곧은 입, 네모난 입술에 가장자리가 약간 젖혀진 형태이다. 얕은 복부는 약간 불룩하고 바닥이 둥글며 중간에 손잡이가 붙었다. 손잡이는 비교적 굵고 손잡이 허리 하단은 잘록하며 권족(圈足)은 굵고 벌어졌다. 배의 벽은 와문(渦紋) 여덟 세트를 새겼는데 와문은 원형 곡면 위에 장식하였다. 가장자리를 따라 같은 방향으로 회전하는 곡선 네 줄을 장식했는데 중심에는 작은 동그라미가 있다. 권족은 거꾸로 된 삼각문(三角紋) 네 개를 새겼고 삼각문 안은 변형된 도철문(饕餮紋)을 채워 넣었다. 두반 안의 밑바닥은 "業, 父癸(업, 부계)"라는 명문(銘文) 석 자가 새겨져 있다.

청동기 중 와문이 최초로 발견된 것은 이리두(二里頭)문화 동가(銅斝)의 복부에서인데 상대(商代) 초기에 이르러 이미 보편적으로 사용되었다. 주로 정(鼎), 궤(簋)의 복부에 장식했다. 서주(西周) 중기부터 용무늬, 뇌문(雷紋), 목문(目紋) 등과 함께 사용되었다. 춘추전국(春秋戰國)시대 와문의 호선(弧線)은 쌍으로 된 갈고리 형태로 새겨 그 장식이 더욱 화려하였다. 이 기물의 와문은 주요 문양으로 두반의 복부에 장식하였는데 이는 상대의 전형적 특징이다. 거꾸로 된 삼각형 도철무늬는 상대 중기에 나타나 서주 초기에 성행하였다.

이 두는 서안 노우파(老牛坡) 상대 유적지에서 출토되었다. 이곳에서 일부 도기(陶器)와 옥기(玉器) 및 청동기, 병장기가 출토되었는데 모두 상대 후기의 유물이다. 이 기물은 뚜껑이 없고 속은 얕으며 손잡이는 굵고 높으면서 투각[鏤空]이 없는 것으로 이는 상대 말기의 특징이라고 하겠다.

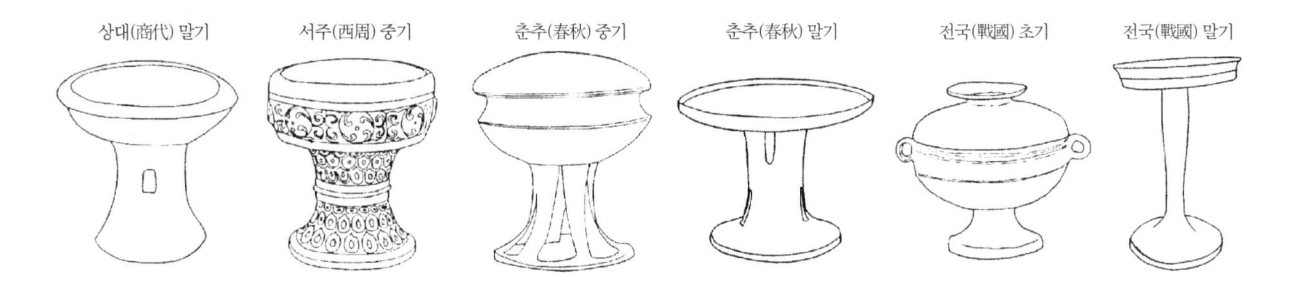

괴(魁)는 고대(古代) 음식을 담는 식기이다. 괴는 보통 밑이 평평하거나 권족(圈足)으로 되어 있는데 탁상에 바르게 놓을 수 있다. 손잡이는 짧아 손으로 잡는 데 편리하고 푸거나 붓기에는 불편하다. 괴는 한대(漢代)에 유행했고 국을 담는 데 사용했다.

Kui was an ancient ladle, which are normally flat-bottomed or round-footed, and can be placed evenly on the table. The handle of Kui is quite short, which is just long enough to be held. Kui was popular during Han Dynasty as soup ladle.

괴(魁)를 든 모습

한(漢) 무씨(武氏) 사당 화상석(畵像石)

044

용병괴(龍柄魁)

한(漢)
높이 13cm 입지름 22.3cm 무게 1.16kg
1972년 서안시 대백양(西安市 大白楊) 폐품처리창고 수집

Kui with Dragon Handle

Han Dynasty(206BC~220AD)
Total H 13cm Mouth D 22.3cm Weight 1.16kg
Collected in Dabaiyang warehouse, Xi'an in 1972

기물의 몸체는 둥글며 손잡이 달린 쪽이 조금 평평하다. 입이 약간 벌어졌고 복벽은 비스듬히 기울면서 조금 불룩하다. 하복부는 호형(弧形)으로 오므라들었고 바닥의 안은 오목하게 들어갔으며 밖은 불룩 나와 얇은 떡 모양을 이루었다. 바닥의 가장자리는 동심원 현문(弦紋) 세 줄을 음각으로 둘렀다. 기물 입의 바깥 가장자리 아래에 철현문(凸弦紋)을 한 줄 둘렀고 복부의 가운데 부분은 철현문 다섯 줄을 조밀하게 배치했다. 손잡이는 호형인데 위는 구부러지고 아래는 갈고리 모양을 하고 있다. 끝은 용머리형이고 용머리는 비교적 좁다. 주둥이는 조금 길고 콧등이 융기되었으며 두 눈은 뒤집힌 사다리꼴이다. 외뿔은 뒷목에 붙어 있다. 이 기물의 형태와 손잡이 끝의 용머리 형태는 모두 동한대(東漢代)의 특징에 속한다. 동한대 무씨(武氏) 사당의 화상석(畵像石) 가운데 사람이 괴를 들고 음식을 올리는 그림이 있다.

주기

酒器

Wine Vessels

작(爵)은 고대(古代)의 주기(酒器)이다. 기본 특징으로는 비교적 깊은 통 모양의 배가 있고 앞에는 술을 따르는 유(流)가 있으며 뒤에는 뾰족한 모양의 꼬리가 있다. 옆에는 반(鋬, 손잡이)이 달렸고 입에는 두 개의 기둥이 세워져 있으며 아래에는 세 개의 뾰족한 고족(高足)이 받쳐 주고 있다. 일부는 기둥이 하나이거나 기둥이 없는 것도 있다. 이 밖에 방복작(方腹爵, 네모난 배를 가진 작)도 소수 발견되었다. 청동작(青銅爵)은 이리두(二里頭) 문화 시기에 처음 나타나 상대와 서주 초기에 성행했다. 상(商)에 가장 많았고 춘추전국시대(春秋戰國時代)에는 이미 보기 드물었다. 상대(商代) 전기의 작은 바닥이 평평하고, 두 기둥은 매우 짧으면서 동시에 유절(流折)에 가까이 붙어 있었다. 상대 후기와 서주(西周)의 작은 대개 밑이 볼록하고 기둥이 유절과 보다 멀리 떨어져 손잡이에 가까이 있었다. 청동작은 상주대(商周代)의 주기와 청동기 문화에서 중요한 의미가 있는데 예기(禮器)로 쓰이기도 했다.

Jue was ancient wine vessel, with the following basic features. Deep bamboo-shaped belly with a beak in the front, a pointed tail at the back, a handle installed to the side of the belly, and three pointed high feet at the bottom. There are also two pillars on the edge of the vessel's mouth. Only a few Jue are single-pillared or pillarless. There are also rare square-bellied Jue. Bronze Jue originated from Erlitou culture period, and was in vogue during Shang and early West Zhou Dynasties, especially in Shang Dynasty. Bronze Jue gradually disappeared in Spring and Autumn period and Warring States period. The early Shang style Jue were flat-based with two ver short pillars quite close to the beak. The late Shang and West Zhou style Jue were mostly protruding-bottomed with their pillars fro form the beak but close to the handle, Bronze Jue enjoyed very important historical reputation in Shang Dynasty and Zhou Dynasty wine vessels, and even among the whole bronze ware culture. It was taken as the primary wine vessel chosen to worship god on wine-offering ceremonies.

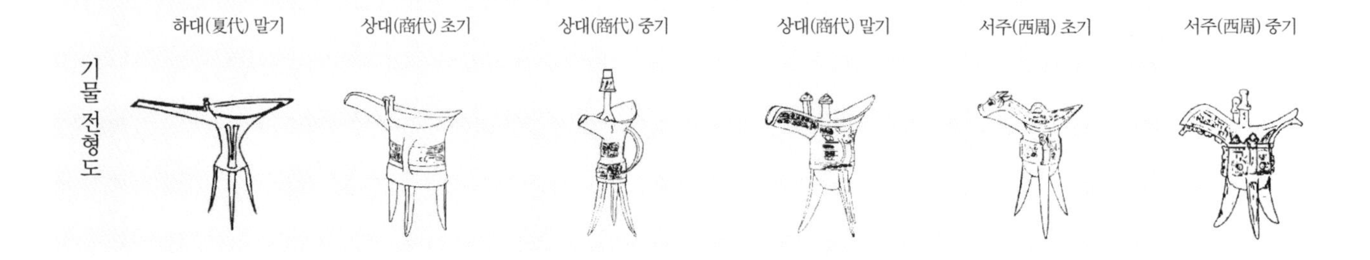

045

단주작(單柱爵)

상대(商代) 중기
높이 17.5cm 유미간격(流尾間隔) 14.6cm 복부지름 6.6cm
발높이 7.2cm 무게 0.4kg
1971년 서안시 파교구 노우파(西安市 灞橋區 老牛坡) 상대(商代) 유적지 출토

Jue with Single Pillar

Shang Dynasty(1600BC~1066BC)
Total H 17.5cm Distance from Beak to Edge 14.6cm Belly D 6.6cm
Feet H 7.2cm Weight 0.4kg
Excavated from Laoniupo Relic of Shang Dynasty in Baqiao District, Xi'an in 1971

입은 넓고 꼬리는 뾰족하며 유(流)는 비교적 짧고 넓다. 유의 입과 잔의 가장자리가 연결되는 곳에 기둥 하나가 있고 버섯 모양의 기둥 모자에는 와문(渦紋)을 새겼다. 잔 모양의 복부에는 볼록한 문양의 띠가 있고 안에는 상하로 운뢰문(雲雷紋)을 장식했다. 복부와 다리가 연결되는 부위에 납작한 손잡이가 달려 있고 하복부는 비스듬히 안으로 오므라들었다. 밑은 대체로 평평하지만 조금 불룩하고 모가 난 뾰족한 모양의 다리 3개가 아래로 내려가면서 밖으로 벌어져 있다.

기물의 복부에 장식한 운뢰문은 네모난 나선형으로 되어 있다. 줄은 중앙의 한 점을 둘러싸고 몇 줄 돌았고 밖에서 가로 방향으로 다른 나선형 문양과 연결되었다가 다시 밖에서 안으로 몇 줄 회전한 뒤 가운데의 한 점에서 끝난다. 운뢰문을 주요 문양으로 기물의 복부에 장식한 잔은 상대(商代)에만 볼 수 있다. 서주(西周) 이후는 주로 바탕 문양 혹은 가장자리 장식으로 기타 문양과 함께 사용하였다.

이 기물과 조형이 같은 작(爵)은 하남성(河南省) 안양(安陽) 소둔(小屯) M238에서 출토되었는데 연대는 상대 중기에 속한다.

046

도철문작(饕餮紋爵)

서주(西周) 초기
높이 22.2cm 유미간격(流尾間隔) 18.4cm
복부지름 6.9cm 발높이 9.75cm 무게 1.18kg
1983년 서안시(西安市) 수집

Jue with Taotie Pattern

Western Zhou Dynasty(1066BC~771BC)
Total H 22.2cm Distance from Beak to Edge 18.4cm
Belly D 6.9cm Feet H 9.75cm Weight 1.18kg
Collected in Xi'an in 1983

입은 넓고 꼬리는 뾰족하며 유(流)는 보다 짧고 넓다. 한 쌍의 반원기둥은 버섯 모양의 꼭지가 달렸고 유구(流口)에서 조금 멀리 위치하며 꼭지의 꼭대기는 와문(渦紋)을 장식했다. 잔 모양의 복부에는 문양대(紋樣帶)가 있고 상하로 각각 원권문(圓圈紋)을 장식했다. 그 위는 손잡이와 비릉(扉稜)을 중심으로 두 개의 도철문(饕餮紋)이 있다. 도철문 사이에 비릉을 두었고 도철문의 눈썹, 눈, 입, 코, 귀와 몸체는 모두 서로 분리되어 있다. 주요 문양의 사이에는 운뢰문(雲雷紋)을 바탕에 새겼다. 복부의 한쪽은 쇠머리 모양의 납작한 손잡이가 있는데 다리 하나와 일직선상에 있다. 밑은 둥글고, 뾰족한 삼각형 모양의 다리는 아래로 내려가면서 밖으로 벌어졌다. 손잡이가 있는 하복부에 음각한 명문(銘文) '父已(부이)' 2자가 있다.

이 같은 작의 조형은 상대(商代)의 것을 계승하였다. 이 조형과 같은 것으로는 우작(盂爵), 어정양작(御正良爵) 등이 있으며 연대는 대략 서주(西周) 강왕(康王) 시기의 것으로 볼 수 있다. 발굴 중 출토된 이 같은 형태의 작(爵)은 대부분 주대(周代) 초기 강왕 이전의 기물에 속한다.

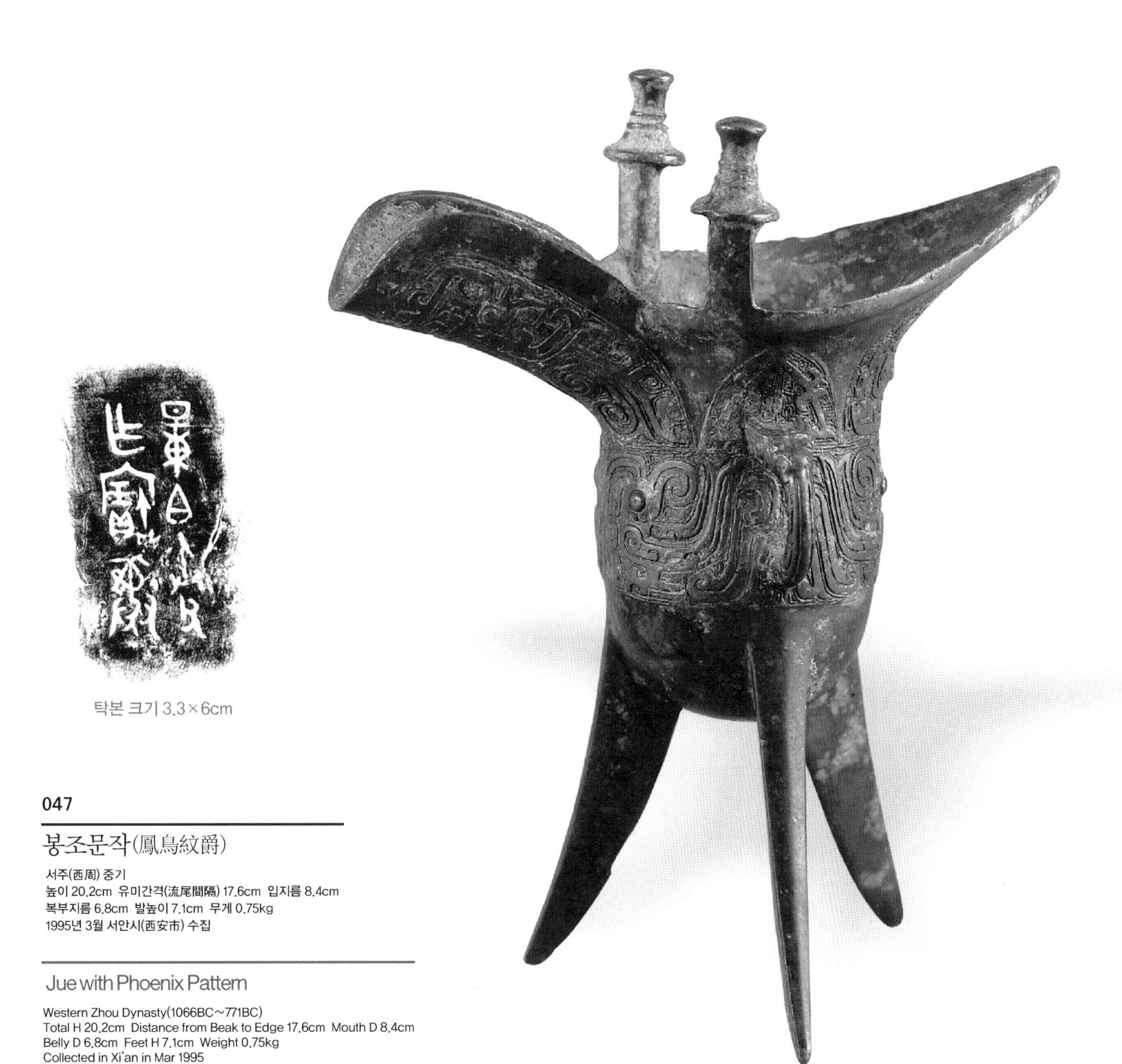

탁본 크기 3.3×6cm

047

봉조문작(鳳鳥紋爵)

서주(西周) 중기
높이 20.2cm 유미간격(流尾間隔) 17.6cm 입지름 8.4cm
복부지름 6.8cm 발높이 7.1cm 무게 0.75kg
1995년 3월 서안시(西安市) 수집

Jue with Phoenix Pattern

Western Zhou Dynasty(1066BC~771BC)
Total H 20.2cm Distance from Beak to Edge 17.6cm Mouth D 8.4cm
Belly D 6.8cm Feet H 7.1cm Weight 0.75kg
Collected in Xi'an in Mar 1995

입은 넓고 유(流)는 넓으면서 짧다. 꼬리 부분은 뾰족하다. 한 쌍의 반원기둥에 우산 모양의 꼭지가 달려 있는데 유구(流口)에서 떨어진 곳에 위치해 있다. 꼭지 모자 가운데 부분에 현문(弦紋) 두 줄을 둘렀다. 복부는 보다 곧고 바닥은 둥글며 소머리 모양의 손잡이는 다리 하나와 일직선상에 위치한다. 칼 모양의 다리 세 개가 아래로 내려가면서 밖으로 벌어져 있다. 잔의 복부 안쪽 뾰족한 꼬리의 한쪽에 2행 7자의 "量白(伯)丞父乍(作)寶彝[양백(백)승부사(작)보이]"라는 명문(銘文)이 있다.

복부 벽의 문양은 상하 두 층으로 되어 있다. 위층의 주요 문양은 네 개의 초엽문(蕉葉紋)이고 그중 파초 잎 두 개는 유(流)와 꼬리 끝까지 뻗어 있다. 그 안은 각각 한 쌍의 고수대조문(顧首大鳥紋, 머리를 돌린 대조문)을 장식하였다. 하복부의 주요 문양은 둘씩 서로 마주 보는 네 마리의 고수대조문이다. 주요 문양 아래는 운뢰문(雲雷紋)을 바탕에 새겼다. 대조문(大鳥紋)은 상대(商代) 말기에 나타나 서주(西周) 초기 후반과 중기 초반에 성행하다가 서주 중기 이후 사라졌다. 이 작(爵)에 장식한 대조문은 우관(羽冠)이 두 가닥 있다. 하나는 앞으로 늘어져 땅까지 드리웠고 다른 하나는 뒤로 말려 부리와 하나로 이어졌다. 양 날개는 위로 뻗었고 형체는 거칠면서도 반듯하다. 이런 형태의 큰 새 문양은 주로 서주 중기에 볼 수 있다.

이 기물과 같은 유형의 작(爵)을 보면, 일부는 서주 초기의 기물이고, 서주 중기 소왕(昭王)과 목왕(穆王) 시기의 기물이 가장 많으며 서주 말기 기물까지 발견된다. 문양의 특징으로 보면 이 잔의 연대는 서주 중기로 추정된다.

탁본 크기 4×5.5cm

048

도철문고(饕餮紋觚)

상대(商代) 말기
높이 29.7cm 입지름 17cm 복부지름 3.5cm
밑지름 9.5cm 무게 1.31kg
1972년 서안시 장안현(구) 풍서공사(향)(西安市長安縣(區) 灃西公社(鄉)) 풍호(豊鎬) 유적지 출토

Gu with Taotie Pattern, *Wine Cup*

Shang Dynasty(1600BC~1066BC)
Total H 29.7cm Mouth D 17cm Belly D 3.5cm
Bottom D 9.5cm Weight 1.31kg
Excavated from Fenggao Relic in Fengxi Community Chang'an County(District), Xi'an in 1972

기물의 몸체는 가늘고 길며 입은 나팔 모양이다. 복벽은 수직에 가깝고 가운데 허리가 불룩하지 않다. 권족(圈足)과 경부(頸部)에는 초엽문(蕉葉紋)을 장식했다. 가운데 허리와 권족 위에 각기 하나의 문양대(紋樣帶)가 있다. 가운데 허리 문양대 안에는 대응되는 비릉(扉稜) 두 개가 있고 비릉을 중심으로 두 점의 도철면(饕餮面)을 장식했는데 권족의 도철면과 대응된다. 권족의 안쪽에 [illegible]라는 글자가 있다. 가운데 허리의 윗부분에 철현문(凸弦紋)을 한 줄 둘렀고 그 아래와 권족 사이에는 철현문 두 줄과 세로는 길고 가로는 짧은 십자 투각 구멍 두 개가 있다. 가운데 허리와 권족의 문양대 안에 장식한 도철문의 형태와 구조는 대체로 같다. 짧은 몸통은 운문(雲紋)으로 채웠고 위로 치켜든 꼬리 부분은 나선형 권운문(卷雲紋)을 장식했다. 몸통 아래는 운문으로 채웠고 다리, 발도 운문을 새겼다. 등 쪽은 칼무늬(刀紋)를 장식했다. 이런 도철문은 상대(商代) 말기에서 서주(西周) 초기까지 유행했다. 이 기물과 조형이 유사한 고(觚)는 정주(鄭州) 백가장(白家庄) M3에서 보인다. 문양의 특징으로 미루어 볼 때 이 기물의 연대는 상대 말기로 추정된다.

고(觚)는 고대(古代)에의 술을 담는 기물로서 감주(甜酒)를 담아 신에게 바칠 때 사용했다. 술잔의 주둥이는 밖으로 벌어졌고 기물의 몸체는 위로 향해 뻗어 있는데 이는 신에게 술을 바치는 데 적합한 형태이다. 창주(鬯酒)와 달리 감주는 '알코올 농도가 낮은 쌀로 만든 술[米酒]'[즉, 『설문(說文)』에서의 이른바 '일중주(一重酒)']로서 식품류에 속하기 때문에 제사를 지낸 후 버릴 필요 없이 사람들이 나누어 마실 수 있다. 고의 기본 특징은 입이 넓고 목이 가늘며 나팔 모양과 같다. 도고(陶觚)는 신석기시대에 나타났고 밑은 평평하고 권족은 없다. 청동고(青銅觚)는 이리두(二里頭) 문화 시기에 출현했고 밑이 평평하고 권족이 있다. 상대(商代) 전기의 고는 굵고 짧으며 권족(圈足)에 십자로 구멍이 나 있다. 상대 후기와 서주(西周)의 고는 보다 가늘고 길며 권족에 십자로 된 구멍이 없다. 고(觚)와 작(爵)은 흔히 함께 출토되는데 상대와 서주 초기에 성행하였다.

Gu was an ancient beaker for holding sacrificial sweet wine for god. The beaker has wide mouth with an upwardly stretching body symbolizing 'frankness and honesty', which is a very proper wine vessel to be applied to worship god. Unlike 'Li Jiu'(black rice wine), sweet wine(also known as 'li') is a kind of weak rice wine, which was the so-called originally distilled wine recorded in the ancient book Shou Wen(Origin of Chinese Characters). Thus sweet wine is a type of food, which would be consumed by people attending the sacrificial ceremony rather than discarded. The primary feature of Gu is its trumpet shape. Pottery Gu originated from the Neolithic age, which was flat-based without loop foot. The use of bronze Gu can be traced back to Erlito Culture period, which had a loop foot under its flat bottom. The early Shang style Gu was short and thick with cross-shaped aperture on their loop feet; while the long and slender late Shang and West Zhou style Gu without this type of apertures. Gu was often used with Jue, and it prevailed during Shang and early West Zhou Dynasties.

기물 전형도

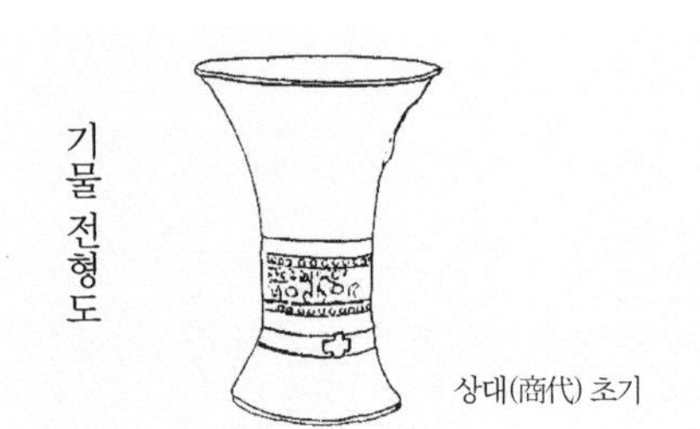

상대(商代) 초기

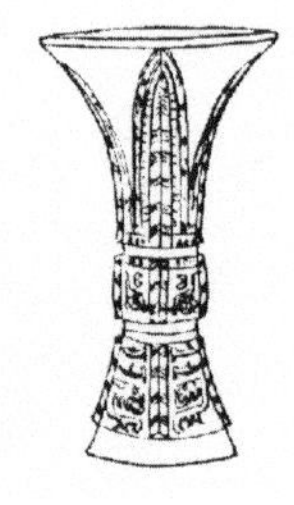

상대(商代) 말기

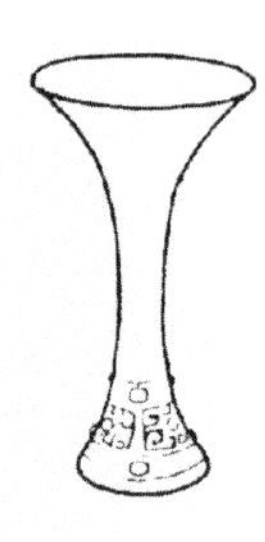

서주(西周) 초기

049

책고(𠀤觚)

상대(商代) 말기
높이 31.5cm 입지름 17.5cm 복부지름 4.5cm 밑지름 10cm 무게 1.6kg
1997년 서안시 장안현(구)(西安市 長安縣(區)) 서주(西周) 풍호(豊鎬) 유적지 출토

Ce Gu, *Wine Cup*

Shang Dynasty(1600BC~1066BC)
Total H 31.5cm Mouth D 17.5cm Belly D 4.5cm Bottom D 10cm Weight 1.6kg
Excavated from Fenggao Relic of Western Zhou Dynasty in Chang'an County(District), Xi'an in 1997

기물의 몸체는 보다 굵고 크게 벌어진 입에 복벽은 비교적 곧다. 가운데 허리[中腰]는 약간 불룩하고 허리와 다리에는 네 개의 비릉이 있다. 비릉(扉稜)의 양측에는 평행으로 짧은 음각선(陰刻線)이 있고 권족(圈足)은 아래로 내려가면서 밖으로 벌어진 형태이고 족근(足根)은 높은 계단 모양을 하고 있다. 경부(頸部)는 초엽문(蕉葉紋)을 장식했고 그 아래에 뱀무늬[蛇紋] 네 줄이 있다. 복부와 권족 위에는 두 비릉을 중심으로 두 쌍의 도철면(饕餮面)을 장식했고 상하 사이에는 현문(弦紋) 두 줄이 있다. 권족 윗부분에는 대칭되는 십자형 투각 구멍[鏤孔]이 있다. 권족 안에는 "𠀤, 冊" 2 자의 명문(銘文)을 새겼다.

초엽문은 짐승의 몸이 변형된 모양의 일종이다. 기물의 경부는 초엽문을 장식했고 그 안에 몸체가 세로로 대칭되는 짐승 두 마리를 배치했는데 한 끝은 비교적 넓고 한 끝은 보다 좁아 마치 파초 잎과 같다. 이런 문양은 고(觚)의 경부 혹은 정(鼎)의 복부에 많이 사용했고 상대(商代) 말기 주대(周代) 초기에 성행하였다. 초엽문 아래에 있는 네 개의 뱀무늬는 머리 부분이 보다 넓고 크며, 두 눈은 돌출되었다. 몸을 구부리고 꼬리는 말려 있으며 몸에는 비늘이 장식되어 있다. 뱀무늬는 일반적으로 기물의 구연부(口沿部) 아래 또는 족부(足部)에 대칭되게 배열하였고 주로 상대 중 · 후기에서 서주 초기까지 보인다. 초엽문 아래에 뱀무늬를 장식하는 방법은 상대 중 · 후기와 서주 초기 고(觚)의 경부에 다수 보인다.

탁본 크기 5×5cm

치(觶)는 고대(古代) 술을 담는 기물이다. 기본 특징은 입이 넓고 목이 잘록하며 배가 깊고 권족(圈足)이다. 일부는 뚜껑이 있다. 형태는 둘로 나눌 수 있는데 하나는 납작하고 다른 하나는 둥글다. 상대(商代) 말기와 서주(西周) 전기에 성행했고 춘추(春秋) 말기에 한때 남방에서 나타나기도 했다.

Zhi was an ancient wine vessel Bell-mouthed restrained necks, deep belly, round foot and some with lid are its main features. The body of Zhi falls into two types, one type flat and the other round, both of which prevailed in the late Shang and early West Zhou Dynasties. During the late Spring and Autumn period, it became popular again in the south of China.

050

을치(乙觶)

상(商) 말기
높이 18.3cm 입지름 11.6×8.7cm 복부지름 12×9.1cm
밑지름 10.7×8cm 무게 1.14kg
1980년 서안시 장안현(구) 풍서공사(향)(西安市 長安縣(區) 灃西公社(鄕))
서주(西周) 풍호(豊鎬) 유적지 출토

Yi Zhi, *Wine Vessel*

Shang Dynasty(1600BC~1066BC)
Total H 18.3cm | Mouth D 11.6×8.7cm Belly D 12×9.1cm
Bottom D 10.7×8cm Weight 1.14kg
Excavated from Fenggao Relic of Western Zhou Dynasty in Fengxi Community
Chang'an County(District), Xi'an in 1980

몸체는 둥글납작하고 입은 넓고 목이 잘록하며 깃이 높다. 경부(頸部)가 가장 가는 부분에 비스듬히 곧은 벽이 있는데 불룩하게 나온 복부와 경계를 이룬다. 납작하면서 타원 모양을 한 복부에 고권족(高圈足)이 달려 있다. 뚜껑과 기물은 자모구(子母扣) 식이고, 뚜껑은 융기하여 반타원형을 이루며 가운데에 버섯 모양의 꼭지가 있고 꼭지 모자 위에는 음각선(陰刻線)으로 된 와문(渦紋)이 있다. 꼭지 받침에는 크기가 같은 네 개의 꽃잎무늬를 장식했다. 뚜껑과 기물 복부의 주요 문양은 네 개의 대응되는 사판목문(四瓣目紋, 네 나무 잎 눈으로 된 무늬)이다. 무늬 중간에는 짐승의 눈이 하나씩 있고 모서리마다 크기가 같은 네 개의 꽃잎 문양을 장식하였다. 꽃잎의 중간은 오목하게 들어가 두 가닥으로 갈라지고 화판(花瓣)의 좌우에는 각기 T형 문양이 있으며 권운문(卷雲紋)과 S형 운문을 바탕에 장식했다. 기물의 구연(口沿) 아래에 삼각무늬를 한 줄 둘렀는데 삼각형의 윗부분에 작은 삼각무늬가 있고 아랫부분은 좌우로 각각 하나의 나선형 권운문이 있다. 경부의 앞뒤에 각각 하나의 도철문(饕餮紋)을 장식했고 몸통, 뿔[角], 다리[足]는 모두 뇌문(雷紋)을 새겼으며 꼬리 부분은 갈래가 나누어져 위로 달려 있다. 권족에는 네 개의 기문(夔紋)을 장식했고 몸통을 둘로 나누고 주요 문양과 뇌문을 번갈아 바탕에 새겼다. 복부 안 밑바닥에는 명문(銘文) "↑, 乙" 2자가 있다. 이 기물의 형태는 은허(殷墟) 소둔(小屯) M5에서 출토된 편체치(扁體觶)와 같고 문양의 특징도 거의 일치해 상대(商代) 말기의 기물에 속한다.

051

현문치(弦紋觶)

서주(西周) 초기
높이 19cm 입지름 8.1cm 복부지름 8.9cm
밑지름 7.9cm 무게 0.68kg
1980년 서안시 장안현(구) 풍서공사(향)(西安市 長安縣(區) 灃西公社(鄕)) 서주(西周) 풍호(豊鎬) 유적지 출토

Zhi with String Pattern

Western Zhou Dynasty(1066BC~771BC)
Total H 19cm Mouth D 8.1cm Belly D 8.9cm
Bottom D 7.9cm Weight 0.68kg
Excavated from Fenggao Relic of Western Zhou Dynasty in Fengxi Community Chang'an County(District), Xi'an in 1980

몸체는 둥글고 뚜껑이 달려 있다. 뚜껑과 기물은 자모구(子母扣) 식이다. 입은 넓고 경부(頸部)는 길고 협소하다. 복부는 불룩하게 처져 있고 고권족(高圈足)은 아래로 내려가면서 밖으로 벌어졌다.

아치 모양의 뚜껑 가운데 버섯형의 꼭지가 있고 꼭지 모자 위에는 음각선(陰刻線)으로 된 와문(渦紋)을 장식했다. 뚜껑, 목 부위에는 각각 철현문(凸弦紋) 세 줄이 있고 권족에는 현문(弦紋) 두 줄을 둘렀다. 이런 유형의 기물은 섬서(陝西), 하남(河南)의 서주(西周) 유적지 및 고분에서 다수 출토되고 있는데 연대는 주로 서주 초기 성왕(成王)과 강왕(康王) 시기에 속하며 늦게는 소왕(昭王)과 목왕(穆王) 시기까지 추정할 수 있다.

기물 전형도

상대(商代) 말기

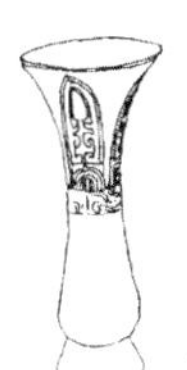

서주(西周) 중기

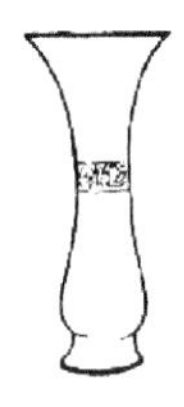

춘추(春秋) 말기

052

부을치(父乙觶)

서주(西周) 초기
높이 19cm 입지름 8.3cm 복부지름 5.3cm
밑지름 4cm 무게 0.3kg
1972년 서안시 대백양(西安市 大白楊) 폐품처리창고 수집

Zhi with the Inscription Fuyi

Western Zhou Dynasty(1066BC~771BC)
Total H 19cm Mouth D 8.3cm Belly D 5.3cm
Bottom D 4cm Weight 0.3kg
Collected in Dabaiyang warehouse, Xi'an in 1972

몸체는 좁고 길다. 입은 벌어지고 목은 잘록하며 하복부가 불룩하게 내리 드리웠다. 복부의 벽은 비스듬히 곧으면서 밖으로 나왔다. 복부 밑바닥과 가까운 부분의 지름이 가장 크며 여기서 안으로 좁아지면서 바닥을 이룬다. 고권족(高圈足)은 약간 아래로 내려가면서 밖으로 벌어진 모양이고 밑과 가까운 부분은 경사진 모양이다. 경부(頸部)의 현문(弦紋) 두 줄 사이에 문양대(紋樣帶)를 형성하였다. 주요 문양은 두 쌍의 뱀무늬[蛇紋]이고 대응되는 비릉(扉稜)의 양측에는 각각 머리 한 쌍이 마주 보고 있다. 바탕에는 세밀한 운뢰문(雲雷紋)을 새겼다. 둥글고 긴 다리 위에 철현문(凸弦紋)을 두 줄이나 둘렀다. 복부의 안쪽 벽에 "業, 父乙(업, 부을)"이라는 명문(銘文) 3자가 주조되어 있다. 이 기물의 형태와 문양은 모두 서주(西周) 초기의 특징에 속한다.

탁본 크기 3.5×5.5cm

이배(耳杯)는 '우상(羽觴)'이라고도 하며 주기(酒器)에 속한다. 이런 주기는 전국(戰國)시대에 나타나 진한대(秦漢代)에 성행하였다. 삼국(三國), 양진(兩晉), 남북조(南北朝)시대에도 여전히 각 지방에서 유행하였으나 형태의 변화는 그리 크지 않았다. 이 시기의 이배는 칠제(漆製)가 많았고 동제(銅製)는 보다 적었다. 동이배(銅耳杯) 일부는 술을 데우는 주로(酒爐)가 딸려 있다. 당대(唐代) 이후 주기의 재료와 형태는 커다란 변화가 나타났다. 금, 은, 옥, 동, 자기 등 재료로 된 각종 주기가 다양하게 생산되었다. 이 중 은(銀), 옥배(玉杯)[상(觴), 잔(盞)]는 이배를 변형한 것이다. 이배 형태는 일부 송대(宋代) 은제(銀製) 주기에 반영되어 있다.

Ear cup, also known as 'Yu Shang' was an ancient drinking vessel. Originated from Warring States period, and prevailed in Qin and Han Dynasties, ear cup remained popular in many parts of the country during the Three Kingdoms period, Southern and Northern Dynasties, with its shape and structure stayed almost the same. Most ear cups of this period were lacquer wares, with only a few bronze ones. Some bronze cups were equipped with a wine heater. Since Tang Dynasty, tremendous changes had taken place in the material, shape and structure of drinking vessels. Despite the variety of materials by which the wine cups were made, such as gold, silver, jade, copper, and porcelain, obviously the silver and jade ones(also known as Shang and Zhan) were just variants of ear cup. Even until Song Dynasty, the design of ear cup could still be reflected from that of some silver wine cups.

053

사령온주배로(四靈溫酒杯爐)

서한(西漢)
이배(耳杯): 높이 3.5cm 길이 13.4cm 너비 10.5cm 무게 0.21kg
집로(執爐): 높이 9.3cm 길이 24.1cm 너비 8.5cm 무게 0.84kg
1975년 5월 서안시 대백양(西安市 大白楊) 폐품처리창고 수집

Cup and Stove for Heating Wine, Decorated with Four Gods

Western Han Dynasty(206BC~23AD)
Cup: H 3.5cm L 13.4cm W 10.5cm Weight 0.21kg
Stove: H 9.3cm L 24.1cm W 8.5cm Weight 0.84kg
Collected in Dabaiyang warehouse, Xi'an in May 1975

기물(器物)은 이배(耳杯)와 집로(執爐)로 구성되었다.

배(杯, 잔)의 입은 타원형이고 입 양측의 가장자리는 보다 길며 그 위에 초승달 모양의 귀가 있는데 두 귀는 조금 치켜 올라갔고 바닥은 평평하다.

집로의 윗부분은 타원형이고 구연(口沿) 위에 네 개의 지정(支釘)이 있다. 네 벽에 4신(四神)을 새기었는데 좌우 양측의 벽에는 청룡(青龍), 백호(白虎)가, 앞뒤 양 끝에는 주작(朱雀), 현무(玄武)가 있다. 청룡은 날개가 있고 거대한 눈과 긴 주둥이를 가졌으며 외뿔은 뒤로 말렸다. 앞다리를 굽힌 채 뒷다리는 도약하려는 자세를 취한 모습이 위풍당당하고 웅건하다. 걷는 모습의 백호는 부릅뜬 눈에 귀는 쫑긋 세웠으며 벌려진 입으로 이빨이 드러났고 긴 꼬리는 말려 있다. 굵은 다리, 예리한 발톱, 얼룩무늬를 한 몸체는 그야말로 사납고도 힘 있다. 주작은 다리를 구부리며 일어나는 모습이며 머리를 돌려 옆을 보면서 두 날개를 퍼덕인다. 날개, 꼬리, 깃털은 섬세하게 부각되었다. 현무는 귀사문(龜蛇紋, 거북 뱀무늬)으로서 뱀이 거북이의 몸을 감싼 채 눈을 부릅뜨고 입을 벌려 거북의 머리를 향해 덮쳐든다. 몸을 곧추세운 거북이는 머리를 치켜들고 옆을 바라보며 결투 준비를 한다. 거북과 뱀이 서로 사납게 싸우는 모습은 그야말로 맹렬해 생동감이 있다. 집로의 하부는 직사각형이고 밑은 열 개의 직사각형 구멍이 있는데 이것을 이용해 숯을 태우고 재를 버린다. 집로 아래 양측에 있는 네 다리는 네 사람이 어깨로 짊어진 모양을 하고 있다. 복부의 중간에는 하나의 둥근 모양의 기둥다리가 있다.

이 기구는 술을 데우는 데 사용한다. 잔에는 술을 담고 집로에 숯불을 피워 술을 데울 수 있다. 4신 모양의 투각 구멍[鏤孔]은 연기를 내보내고 불이 일게 하는 역할을 한다. 아래에는 바람을 통하게 해 불이 붙을 수 있게 하는 장치가 있다. 아울러 재를 처리할 수 있다.

같은 유형의 기물이 북방의 섬서(陝西), 산서(山西), 하북(河北)과 남방의 안휘(安徽), 호남(湖南)에서도 출토되었는데 이는 모두 서한(西漢)의 유물에 속한다.

가(斝)는 술을 담을 수 있고 술을 데울 수도 있다. 다리가 셋이고 기둥이 둘이며 하나의 손잡이가 있다. 입은 둥글고 바닥은 평평하거나 조금 볼록하다. 일부 네모난 몸체에 모서리가 둥글고 아래에 네 다리가 있고 뚜껑이 있는 것도 있다. 어떤 것은 모양이 역(鬲)처럼 생긴 복부에 가랑이가 생긴 잔도 있다. 청동가(青銅斝)는 이리두(二里頭) 문화 시기에 나타나 상대(商代)와 서주(西周) 초기에 성행하였다.

Jia were used as wine container of wine-heating vessel with three feet, two pillars, one handle, round mouth, flat or slightly protruding bottom. There were also some Jia with square body but round in the corners, which had four feet and a lid. Some Jia were li-shaped with an open crotch beneath the belly. Bronze Jia originated from Erlitou Culture period and prevailed during Shang and early West Zhou Dynasties.

054

도철문가(饕餮紋斝)

상(商) 중기
높이 22cm 입지름 18cm 복부지름 11.8cm 기둥높이 3.8cm
발높이 9cm 무게 1.49kg
1971년 서안시 파교구 노우파(西安市 灞橋區 老牛坡) 상대(商代) 유적지 출토

Jia with Taotie Pattern

Shang Dynasty(1600BC~1066BC)
Total H 22cm Mouth D 18cm Belly D 11.8cm Pole H 3.8cm
Feet H 9cm Weight 1.49kg
Excavated from Laoniupo Relic of Shang Dynasty In Baqiao District, Xi'an in 1971

몸체는 둥글고 입은 벌어졌다. 입에는 대칭되는 네모난 기둥 버섯 모양의 꼭지가 있는데 꼭지에는 와문(渦紋)을 새겼다. 높고 곧은 경부(頸部)가 약간 기울고 하복부의 벽은 조금 볼록하며 경부 아래와 복부 중간의 한쪽에 납작한 반원형 손잡이가 있는데 다리 하나와 일직선상에 위치한다. 평평한 바닥은 조금 볼록하고 다리는 아래로 내려가면서 밖으로 벌어진 상태이며 횡단면은 T형이다. 경부와 복부에 각각 하나의 문양대(紋樣帶)를 장식하였다. 안으로 삼조(三組)의 도철문(饕餮紋)을 새겼는데 문양대의 상하는 작은 동그라미들로 테두리를 만들었다. 상중하의 3층으로 나뉜 도철문 중 상층 도철문의 몸체는 직선을 이루고 꼬리 부분은 약간 위로 치켜 올라갔다. 하층 도철문의 몸체는 운문(雲紋)으로 메웠고 꼬리는 위로 말렸다. 안양(安陽) 소둔(小屯) 은허(殷墟) M331[『소둔(小屯)』, 1980년]에서 출토된 한 점의 가(斝)의 형태와 문양이 이 기물과 거의 같아 상대(商代) 중기에 속함을 알 수 있다.

기물 전형도

상대(商代) 초기

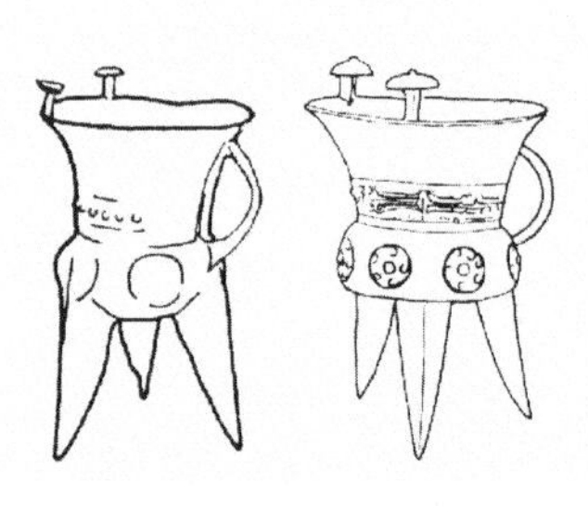

상대(商代) 중기

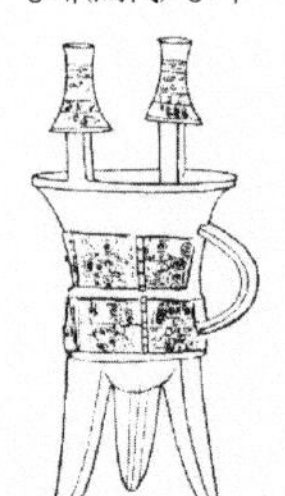

상대(商代) 말기

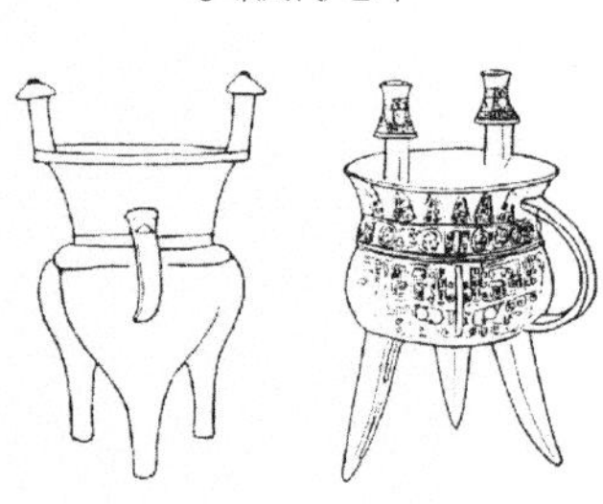

055

역형가(鬲形斝)

상대(商代) 말기
높이 23.5cm 입지름 20.5cm 복부지름 22.7cm
기둥높이 6cm 발높이 9cm 무게 5.6kg
1978년 서안시 대백양(西安市 大白楊) 폐품처리창고 수집

Jia in Li-shape

Shang Dynasty(1600BC~1066BC)
Total H 23.5cm Mouth D 20.5cm Belly D 22.7cm
Pole H 6cm Feet H 9cm Weight 5.6kg
Collected in Dabaiyang warehouse, Xi'an in 1978

기물(器物)의 복부와 다리는 나누어지지 않았다. 입은 벌어지고 깃이 높다. 구연(口沿) 지름의 폭이 가장 큰 곳에 대칭되는 반원주 버섯 모양의 꼭지가 세워져 있고 꼭지 위에 와문(渦紋)이 새겨져 있다. 경부(頸部) 아래에 철현문(凸弦紋) 한 줄을 둘렀고 얕은 주머니 다리 모양을 하고 있다. 목과 복부가 만나는 곳에 둥근 깃[圓領]을 한 줄 둘렀다. 목과 복부 사이의 쇠머리 손잡이는 다리 하나와 일직선상에 있다. 세 다리는 둥근 기둥형이고 바깥에 모두 범선(範線)이 나 있으며 다리의 안쪽은 좁고 평평하다. 아울러 복부 밑바닥의 삼각면(三角面)과 연결되어 있어 복부 밑바닥과 다리 안쪽에 사용한 것과 같은 범선임을 보여 준다. 이 가(斝)와 같은 기물은 은허(殷墟) 서구(西區) M875[『은허청동기(殷墟青銅器)』, 도판(圖版)191]에서 출토된 적이 있는데 이는 상대(商代) 말기의 기물에 속한다.

존(尊)은 술을 담는 잔에 속하고 일반명칭과 고유명칭의 구별이 있다. 금문(金文)에서 볼 수 있는 '존이(尊彝)'는 청동예기(青銅禮器)의 통칭이다. 송대(宋代)에는 입이 크고 어깨가 젖혀졌거나 둥근 어깨에 배가 불룩하고 고권족(高圈足)으로 된 술 그릇을 '존'이라고 불렀다. 이 밖에 또 형체가 고(觚)와 비슷하고 몸체가 보다 굵은 대구통형존(大口筒形尊, 입이 큰 통 모양의 존)[혹은 고형존(觚形尊)이라고 지칭]과 형체가 새나 짐승과 비슷한 조수존(鳥獸尊)이 있는데 모두 술을 담는 주기이다. 청동존은 상대(商代) 초기에 나타나 상대 말기와 서주(西周) 중기에 성행했으며 춘추(春秋) 말기에도 잠깐 나타났다.

Zun was an ancient bronze wine container. Zun not only has its general name but also has specific names. According to the inscriptions on ancient bronze objects, 'Zun Yi' was the general name of bronze sacrificial vessels. In Song Dynasty, the big-mouthed, folded or round shouldered and drum-bellied wine vessel with high-stemmed round foot was named Zun. Besides Zun, there were also other wine vessels, such as the big-mouther, thick bodied and tube-shaped wine vessels known as Gu-shaped Zun, and bird-beast Zun in the shaps of birds or beasts. Bronze Zun originated from early Shang Dynasty, prevailed in late Shang Dynasty as well as early and mid West Zhou Dynasty. It remained popular for a while in the late Spring and Autumn period.

056

시존(始尊) [을미존(乙未尊)]

상대(商代) 말기
높이 25.1cm 입지름 19.5cm 복부지름 12cm 복부깊이 21.5cm
밑지름 13.5cm 무게 2.7kg
1965년 서안시 장안현(구) 풍서공사(향) 대원촌(西安市 長安縣(區) 灃西公社(鄉) 大原村) 서주(西周) 풍호(豊鎬) 유적지 출토

Shi Zun(Yi Wei Zun), *Wine Vessel*

Shang Dynasty(1600BC～1066BC)
Total H 25.1cm Mouth D 19.5cm Belly D 12cm Belly Depth 21.5cm
Bottom D 13.5cm Weight 2.7kg
Excavated from Fenggao Relic of Western Zhou Dynasty in Dayuan Village Fengxi Community Chang'an County(District), Xi'an in 1965

탁본 크기 10.5×5cm

큰 나팔형 입에 허리의 가운데 부위가 조금 불룩하고 나온 부분이 약간 아래에 위치하며 권족(圈足)은 비교적 짧다. 복부는 두 개의 도철면(饕餮面)과 두 쌍의 고룡문(顧龍紋)을 주요 문양으로 하고 운뢰문(雲雷紋)을 바탕에 새겼다. 도철면의 눈, 코, 입, 귀는 서로 분리되었고 눈썹과 뿔이 연결되었다. 넓은 입가는 위로 향했으며 굵은 눈썹 위의 긴 뿔은 옆으로 굽어 있다. 용의 머리가 크고 몸이 작다. 'T'형 뿔에 입술은 모두 위로 말렸다. 몸체는 짧고 곧으며 꼬리는 아래로 향하여 안으로 말렸다. 권족의 안 벽에 다음과 같은 8행 41자의 명문(銘文)이 새겨져 있다. "乙未, 子見(獻), 才(在)大(太)室 白□一, 耳琅九, 㞢(侑)百牢. 王商(賞)子; 黃瓚(瓚)一, 貝百朋. 子(光)商(賞)始丁貝, 用乍(作)已□盄. 㗊[을미의 날에 자(祀享天王)는 천자 선조의 사당에서 (아래의) 제품(祭品) 흰색의 □ 한 건, 청색의 주옥으로 만든 귀걸이 아홉 개(와) 별도로 기른 향우(享牛) 백 마리를 진헌(進獻)하였다. (이로 하여) 왕은 자에게 옥병(玉柄)을 상감한 동작(銅勺) 한 건, 조가비 백 꿰미를 상으로 하사하였다. 자는 또 상으로 정에게 조가비를 나누어 주었고, (정은) 이것으로 자기가 쓰는 소반[用器盤]을 만들어 씨족의 이름으로 낙관(落款)하였다]"

명문(銘文)은 연월일 없이 직접 간지(干支)로 날짜를 기록하였다. 이는 상대 말기 주대 초기 이명(彝銘)의 통례이다.

057

부계존(父癸尊)

서주(西周) 초기
높이 26cm 입지름 22.5cm 복부지름 13cm 복부깊이 21cm
밑지름 12.87cm 무게 2.6kg
1965년 서안시 장안현(구) 풍서공사(향) 대원촌(西安市 長安縣(區) 灃西公社(鄕) 大原村) 서주(西周) 풍호(豊鎬) 유적지 출토

Fu Gui Zun

Western Zhou Dynasty(1066BC~771BC)
Total H 26cm Mouth D 22.5cm Belly D 13cm Belly Depth 21cm
Bottom D 12.87cm Weight 2.6kg
Excavated from Fenggao Relic of Western Zhou Dynasty in Dayuan Village Fengxi Community Chang'an County(District), Xi'an in 1965

탁본 크기 4.5×4cm

존(尊)의 형태는 고(觚)와 비슷하면서 몸체가 굵고 짧다. 둥근 입이 밖으로 벌어졌고 허리가 조금 볼록하고 권족(圈足)은 비교적 짧다. 기물의 벽에는 거리가 같은 비릉(扉稜) 4조가 있다. 경부(頸部)는 초엽문(蕉葉紋) 한 줄을 둘렀고 초엽 안에는 좌우로 머리를 숙이고 꼬리를 치켜든 고수룡(顧首龍) 한 쌍이 있다. 초엽 아래에는 서로 마주 보고 있는 가로 방향의 기문(夔紋) 두 쌍을 새겼다. 가운데 허리와 권족은 각각 두 개의 도철면(饕餮面)을 장식하였다. 권족 안에는 '父癸(부계)'라는 명문(銘文) 2자가 새겨져 있다.

이 기물에 장식된 파초 잎 문양 안에는 도고수룡문(倒顧首龍紋, 거꾸로 머리를 돌린 용의 문양)을 채워 넣었는데 이런 양식은 비교적 보기 드물다. 그 아래의 기문은 곧고 짧은 몸체에 머리를 앞으로 향하고 몸은 둘로 갈라졌다. 허리 부분의 도철문은 몸체 아래로 뚜렷한 다리, 발, 발톱이 이어져 있고 등에는 날개가 달려 있다. 권족의 도철문은 머리 부분과 몸체, 다리와 발톱이 서로 분리되었다. 기물의 조형은 섬서(陝西) 경양(涇陽) 고가보(高家堡) 서주(西周) 고분에서 출토된 존의 형태와 같다[『문물(文物)』, 1972년 7월]. 이 기물의 문양형태, 초엽문과 기문, 그리고 상하 도철문의 배치방식 및 기물의 형태 등을 보면 모두 서주(西周) 초기의 특징에 속한다고 하겠다.

기물 전형도

상대(商代) 초기

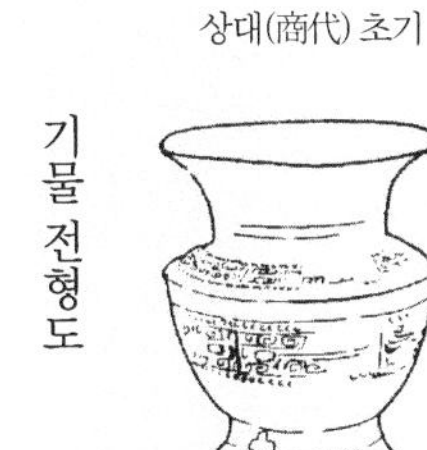

상대(商代) 말기

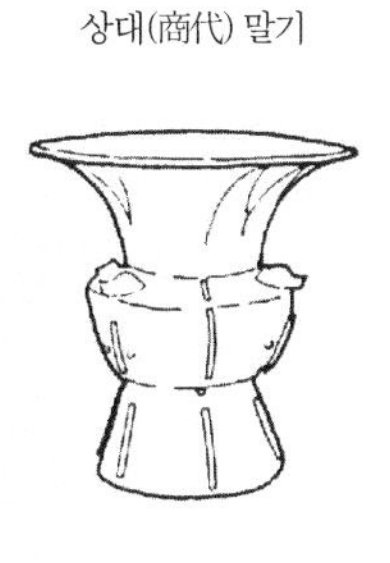

서주(西周) 초기

서주(西周) 중기

서주(西周) 말기
춘추(春秋) 초기

춘추(春秋) 말기

준(樽)은 한대(漢代)의 술을 담는 기물 중 가장 일반적인 주기(酒器)이다. 동이 모양[盆形]과 대통 모양[筩形]이 있는데 분형준(盆形樽, 동이 모양의 준)은 다리가 셋이고 통형준(筩形樽, 대통 모양의 준)은 삼족(三足)과 권족(圈足) 2종이 있고 그중 다리가 셋인 것이 많은 편이다.

Zun was the most popular wine container in Han Dynasty, which exist in form of basin-shaped and Yong-shaped. Both of them have three legs, and few Yong-shaped Zun has circle legs.

준(樽)은 원통형이다. 뚜껑은 융기했고 중간에 고리로 된 꼭지 하나가 있는데 꼭지 아래에 감꼭지 모양의 받침이 있다. 뚜껑의 윗면에는 머리를 돌려 날개를 물고 있는 봉새 모양의 꼭지가 있다. 뚜껑과 기물은 자모구(子母扣)를 이루고 복부의 양측에는 포수함환(鋪首銜環)을 달았으며, 밑은 평평하고 아래는 곰 모양의 다리 셋이 받쳐 주고 있다. 뚜껑 중간, 뚜껑 가장자리와 복부의 상하에는 각각 볼록하게 나온 횡구문(橫溝紋) 한 줄을 새겼고 기물 가운데 허리 부분에는 두 개의 병렬인 횡구문을 장식하였다. 뚜껑과 기벽에는 운기문(雲氣紋)을 바탕에 새겼고 그 사이에는 소와 양과 상서(祥瑞)로운 짐승을 끌로 파서 새겼다. 모든 문양 사이에는 도금을 하였다. 뚜껑의 안쪽과 기물 복부 안의 밑바닥은 채색 도안을 장식하였다. 뚜껑 안의 도안의 바탕은 황색을 띤 붉은색이고 문양은 묵선(墨線)으로 그렸는데 중간에 봉황이 한 마리 있다. 봉황새는 날개를 펼치고 날아오르는 모습이고 꼬리 깃은 아래로 이어져 곡선으로 된 유운문(流雲紋) 모양으로 다섯 갈래로 갈라졌다. 펼쳐지는 면은 매우 넓으며 주변은 온통 운기문(雲氣紋)으로 가득하다. 뚜껑에는 봉황 세 마리를 장식하였고 몸과 깃털은 녹색을, 날개는 남색으로 칠하였다. 복부 밑바닥은 커다란 S형 봉황을 먹으로 그리고 몸 전체는 녹색으로 메웠다. 기물의 밑바닥도 먹으로 그린 봉황과 운기문을 장식하였다. 운기문은 봉황새의 꼬리 부분에 속하면서 하나로 이어졌다. 봉황새의 몸뚱이와 꽁지깃은 녹색을 칠함으로써 구상과 추상을 모두 표현하였다.

이 준의 형태는 대통 모양에 속한다. 한대(漢代)의 고유한 준형(樽形)으로 술을 담거나 데우는 용기로 사용하였다. 본래 주기(酒器)로서 그 안은 채색 문양을 장식하지 말아야 한다. 상술한 준(樽)의 안과 밑 부분의 채색 도안으로 보아 부장용으로 그린 것으로 짐작된다.

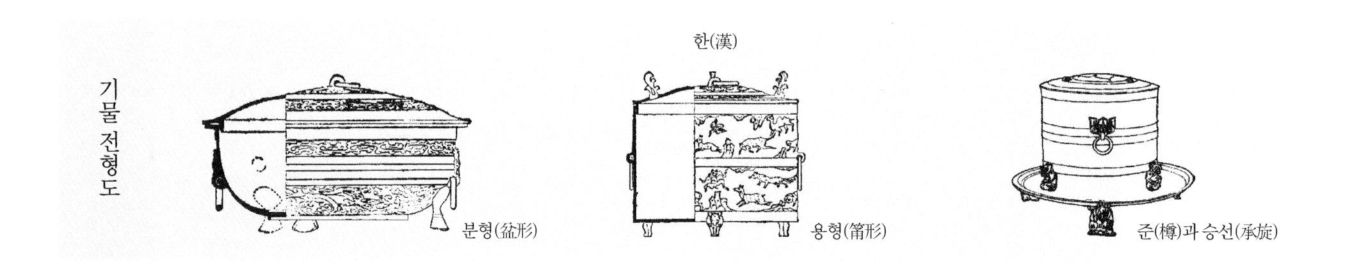

058

유금채회봉조준(鎏金銅彩繪鳳鳥樽)

왕망(王莽)~동한(東漢) 초기
높이 13.34cm | 발높이 1.45cm 복부지름 13.83cm 무게 1.02kg
2003년 서안시 안탑구(西安市 雁塔區) 부용원(芙蓉園) 공사장 출토

Gilded and Painted Zun in Phoenix Pattern

Eastern Han Dynasty(25AD~220AD)
Total H 13.34cm Feet H 1.45cm Belly D 13.83cm Weight 1.02kg
Excavated from the Building Site of Tang Paradise in Yanta District, Xi'an in 2003

059

통형준(筩形樽)

한(漢)
높이 28cm 뚜껑높이 10.7cm 복부깊이 14.7cm
입지름 22.6cm 무게 3.83kg
2002년 서안시 미양구 곽가탄(西安市 未央區 郭家灘) 출토

Bamboo-shaped Zun

Han Dynasty(206BC~220AD)
Total H 28cm Lid H 10.7cm Belly Depth 14.7cm
Mouth D 22.6cm Weight 3.83kg
Excavated from Guojiatan Village Weiyang District, Xi'an in 2002

기물은 벽이 곧은 원통형이고 뚜껑은 박산(博山) 모양이다. 뚜껑 가장자리가 기물의 입을 가렸다. 기물 복부의 양측에는 포수함환(鋪首銜環) 귀를 달았고 아래는 세 개의 꿇어앉은 나신(裸身) 모양의 다리가 있다. 뚜껑의 가운데에 둥근 구멍이 있는데 여기에 달려 있던 장식물은 이미 떨어지고 없다. 가장자리는 쌍음각선현문(雙陰刻線弦紋)을 새겼고 뚜껑에는 4중의 부조식(浮彫式) 군산(群山)을 장식하였다. 산봉우리의 윤곽은 모두 쌍으로 된 음각선을 새겼고 안에는 세밀하게 세로 방향과 비스듬한 방향으로 음각선을 새겼다. 산꼭대기 근처에는 나선형 권운문(卷雲紋)이 있고 구름의 꼬리 부분은 모두 산의 가장자리와 접해 있다. 두 번째 군산 둘레에는 7명의 인물 사이에 달리는 짐승 혹은 서 있는 기이한 금수(禽獸)를 새겼다. 제3, 4층에는 달리고 있는 다양한 상서로운 짐승들로 가득하다. 간간이 선인(仙人)이 짐승을 타거나 사람 얼굴에 짐승 몸뚱이를 한 동물 및 거북, 봉황새 등 문양을 장식하였다. 뚜껑의 가장자리는 각이 접힌 능대(稜臺) 모양이고 위에는 비스듬한 격자로 된 그물 문양 한 줄을 새겼으며 측면은 병렬로 삼각무늬를 장식하였다. 복벽의 상, 중, 하에 각각 볼록하게 나온 넓은 띠 세 줄이 있다. 맨 위에는 비스듬한 격자로 된 그물문양을 새겼고, 맨 아래에는 상층에 삼각무늬를, 하층에 삼중 능형문(菱形紋)을 새겼다. 가운데는 현문 한 줄을 둘렀고 아래위로 세밀하게 짧은 사선을 새겼다. 복벽은 아래위 두 개의 문양대(紋樣帶)로 나뉜다. 두 부분의 문양내용과 구조는 거의 같은데 모두 삼각형 산봉우리를 한 바퀴 둘렀다. 산허리는 모두 구불구불한 형태이고 산봉우리 안과 산봉우리 사이는 각각 모양이 다른 금수 혹은 짐승 머리에 사람의 몸을 한 동물을 새겨 넣었다. 산봉우리 안팎은 나선형 권운문을 장식했고 빈 곳에는 세밀하게 사선으로 된 음각선을 새겨 넣었다.

이 준(樽)의 몸체에 장식한 박산문(博山紋)은 한대(漢代)에 유행한 신선사상과 밀접한 관계가 있다. 박산문은 해상의 선산(仙山)을 상징하는데 이는 장수와 영생에 대한 소망을 나타낸다.

호(壺)는 고대의 술과 물을 담는 기물이다. 기본 형태는 목이 길고 배가 불룩하며 권족(圈足)에 뚜껑이 있으며 일부는 제량(提梁, 손잡이)이나 한 쌍의 귀가 있다. 호의 형태는 다양한데 표주박형, 원형, 납작한 모양, 타원에 가까운 방형(方形), 방형 등이 있다. 상대(商代) 초기에 나타나 전국(戰國)시대까지 성행하였다. 명문(銘文)에 따르면 어떤 것은 물을 긷는 데 사용하므로 급호(汲壺)라 지칭했고, 어떤 것은 반호(盤壺)라 부르거나 명문에 관호(盥壺)라 새겼다. 옥관례(沃盥禮)를 거행할 때 물을 따르는 용기로 사용하였으므로 주호(注壺)라고도 지칭한다. 전국 말기와 진한대(秦漢代) 원호(圓壺)를 종(鍾)이라 지칭하고 방호(方壺)는 방(鈁)이라 하였다.

Hu, or pot was used to hold wine or water in ancient times, which takes on the following basic features. Long-spouted, drum-bellied, and round-footed with a lid, some of which had a top handle or two ear-shaped handles on either side of the belly. The pots vary in shape from round, flat. square oval, to square Gu-shaped. Hu originated in early Shang Dynasty, and prevailed from late Shang and Zhou Dynasties till the Warring States period. According to inscription on the pots, some Hu were designed to draw water, which also took the name water-drawing pots. Some pots were engraved with 'Guan Hu', meaning washing pots, which were used to sprinkle water on hand-washing ceremonies. Thus this type of Hu was also called water-sprinkle pot. From later Warring States Period to Qing and Han dynasty, some round kettles was called Zhong and square kettles called Fang.

060

도철문호(饕餮紋壺)

서주(西周) 초기
높이 17.9cm 입지름 7cm 복부지름 12.9cm
밑지름 9.5cm 무게 0.69kg
1973년 10월 서안시 파교구 모서공사(향)(西安市 灞橋區 毛西公社(鄉)) 출토

Pot with Taotie Pattern

Western Zhou Dynasty(1066BC~771BC)
Total H 17.9cm Mouth D 7cm Belly D 12.9cm
Bottom D 9.5cm Weight 0.69kg
Excavated from Maoxi Community in Baqiao District, Xi'an in Oct 1973

기물은 둥근 모양이고 입이 조금 벌어졌으며 긴 목은 중간 부분에 가서 약간 들어갔다. 배는 둥글납작하고 권족(圈足)은 비스듬히 곧게 뻗었으며 어깨 부위에는 한 쌍의 다리 모양의 꼭지[橋形鈕]가 붙어 있다. 구연(口沿) 아래에 철현문(凸弦紋) 두 줄을 장식하였다. 목 부분에 문양대(紋樣帶)가 있고 안으로 대칭되는 비릉(扉稜) 두 개를 중심으로 도철문(饕餮紋) 두 개를 새겼다. 권족에는 사각목운문(斜角目雲紋, 비스듬한 각으로 이루어진 눈구름문양)을 둘렀고 기물의 밑은 네모난 격자 그물문양을 채웠는데 힘을 받는 역할을 한다.

기물 경부(頸部)의 도철문은 눈 부위가 둥그렇게 돌출되고 나머지 코, 뿔, 몸통, 다리, 발과 꼬리 등은 모두 운문(雲紋)을 새겨 넣었다. 권족 위의 눈 문양 사이의 운문은 비스듬하게 배열했다. 이런 두 가지 도형의 양식은 모두 서주(西周) 초기의 특징에 속한다.

061

도철문방호(饕餮紋方壺)

서주(西周) 말기
높이 58.5cm 기물높이 48cm 입지름 19.5×14.6cm 복부지름 32cm
밑지름 28×23.4cm 무게 18.8kg
1967년 서안시 장안현(구)(西安市 長安縣(區)) 서주(西周) 풍호(豊鎬) 유적지 출토

Cubic-shaped Pot with Taotie Pattern

Western Zhou Dynasty(1066BC~771BC)
Total H 58.5cm body H 48cm Mouth D 19.5×14.6cm Belly D 32cm
Bottom D 28×23.4cm Weight 18.8kg
Excavated from Fenggao Relic of Western Zhou Dynasty in Chang'an County(District), Xi'an in 1967

동시에 2점의 기물이 출토되었는데 형태, 크기, 문양이 모두 같다. 기물은 타원 사변형이고 주둥이, 경부(頸部), 복부(腹部), 족부(足部) 등은 모두 납작하고 네모나며 모서리가 둥글다. 뚜껑은 매우 높고 목이 길며 어깨는 비스듬하다. 처진 복부는 불룩하고 짐승 모양의 귀가 고리를 물고 있고 권족(圈足)이 달려 있다. 뚜껑은 직사각형에 윗부분은 권족을 뒤집어 놓은 모양이다. 구연(口沿) 아래로 중환문(重環紋, 겹친 고리 문양) 한 바퀴를 새기었고 윗면에는 중앙에 눈이 있고 고개를 돌리고 있는 한 쌍의 용을 S형 절곡문(竊曲紋)으로 간략하게 표현하였다. 측면에는 한 쌍의 방형(方形)이 연속적으로 배열된 'S'형 절곡문을 새기었고 뚜껑과 기물 주둥이의 내측에는 모두 족휘(族徽, 부족을 상징하는 문양)가 있다. 기물의 경부와 복부 사이에는 무늬 없는 철선(凸線) 두 줄이 있다. 경부는 환대문(環帶紋)을 장식했는데 봉우리의 꼭대기와 밑은 짧고 평평하며 봉우리 허리는 꺾여 있다. 봉우리 안에 수형문(獸形紋)을 새겼다. 경부 양측의 짐승 모양의 귀는 굵고 굽은 코, 둥근 눈, 기둥 모양의 뿔에 코 양측은 권운문(卷雲紋)을 새겼다. 눈썹은 뇌문(雷紋)으로 장식하고 뿔의 끝 부분은 와문(渦紋)을 장식하였다. 콧등, 뿔, 혀와 고리 면은 모두 중환문(重環紋)을 새기고 고리 면과 인접한 중환문은 중첩되어 있다. 복부는 귀를 경계로 앞뒤로 두 개의 도철문(饕餮紋)을 새겼는데 도철의 두 눈이 매우 크다. 눈썹꼬리가 위로 말리고 다리, 발, 몸체는 각기 서로 분리되었다. 주요 문양 밑에 운뢰문(雲雷紋)을 바탕에 새겼다. 권족의 앞뒤와 좌우의 중간에 각기 하나의 목문(目紋)이 있고 4개의 목문 사이 각각 한 조씩 비스듬한 운문을 장식했다.

이 두 기물의 형태는 서주(西周) 말기에 흔히 보이지만 경부의 환대문과 복부의 도철문 양식은 보기 드문 것으로 장중하면서도 정밀하고 아름답다. 이 같은 도안의 방호(方壺)는 지극히 드물다.

기물 전형도

상대(商代) 초기

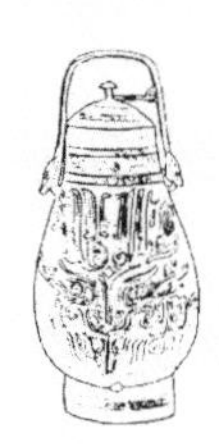

상대(商代) 말기

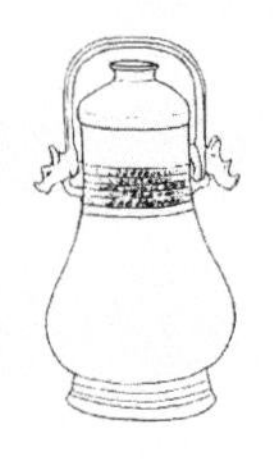

서주(西周) 초기

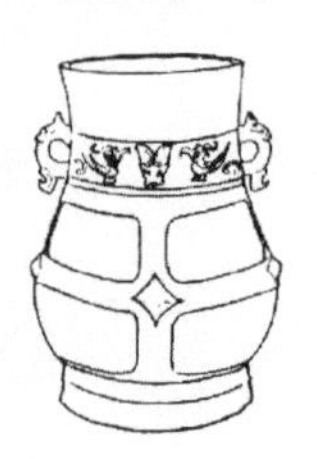

서주(西周) 중기

062

교룡문방호(交龍紋方壺)

서주(西周) 말기
높이 49cm 입지름 18×12cm 복부지름 28.2×19.5cm
밑지름 22.5×17.2cm 무게 13.1kg
1976년 서안시 장안현(구)(西安市 長安縣(區)) 서주(西周) 풍호(豊鎬) 유적지 출토

Cube-shaped Pot with Dragon Patterns

Western Zhou Dynasty(1066BC~771BC)
Total H 49cm Mouth D 18×12cm Belly D 28.2×19.5cm
Bottom D 22.5×17.2cm Weight 13.1kg
Excavated from Fenggao Relic of Western Zhou Dynasty in Chang'an County(District), Xi'an in 1976

이 기물의 형태는 앞의 도철문방호(饕餮紋方壺)와 대체로 같고 문양만 다르다. 뚜껑의 윗부분에는 중앙에 눈이 있고 고개를 돌리고 있는 한 쌍의 용을 'S'형 절곡문(竊曲紋)으로 간략하게 표현하였고 측면은 한 쌍의 방형(方形)이 연속적으로 배열된 'S'형 절곡문을 새겼다. 뚜껑과 기물 주둥이의 내측에는 모두 족휘(族徽) '䖒'가 있다. 기물의 경부와 복부 사이는 넓은 철현문(凸弦紋)을 여러 줄 둘렀다. 그 중간 부분에는 또 철현문 한 줄이 있다. 경부는 환대문(環帶紋)을 장식했는데 봉우리의 꼭대기와 밑이 짧고 평평하며 봉우리 사이에는 눈썹과 입 모양의 문양을 끼워 넣었다. 복부는 교룡문(交龍紋)을 장식했고 바로 뒷면은 세 마리의 용이 서로 뒤엉켜 있다. 양쪽에는 각각 다섯 마리의 용이 서로 뒤엉켜 있다. 네 세트의 도안은 대칭 형태로 정면, 뒷면과 양측에 장식하였다. 족부에는 한 쌍의 방형이 연속적으로 배열된 'S'형 절곡문 한 바퀴를 새겼다.

귀의 조형은 서주(西周) 여왕(厲王)과 선왕(宣王) 시기의 양기호(梁其壺)와 같다. 조형 및 경부의 환대문과 복부의 교룡문은 선왕(宣王) 시기의 송호(頌壺)와 거의 차이가 없다. 이를 통해 이 호의 연대는 여왕과 선왕 시기에 속함을 알 수 있다.

탁본 크기 3.7×5cm

춘추(春秋) 초기

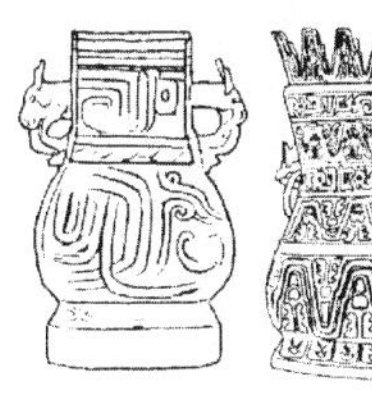

춘추(春秋) 말기

전국(戰國) 중기

전국(戰國) 말기

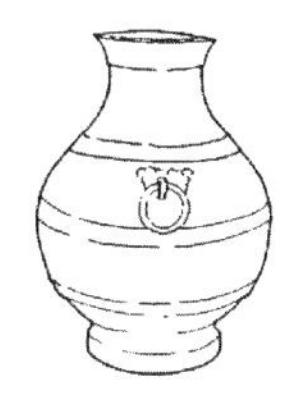

063

반리문방호(蟠螭紋方壺)

전국(戰國) 중 · 후기
높이 45cm 입너비 13.5cm 최대복부너비 23cm
굽너비 14cm 무게 6.7kg
1972년 서안시 안탑구 삼효촌(西安市 雁塔區 三爻村) 출토

Cubic-shaped Pot with Pan and Chi Pattern

Warring States Period(475BC~221BC)
Total H 45cm Top L 13.5cm Max Belly L 23cm Bottom L 14cm
Weight 6.7kg
Excavated from Sanyao Village Yanta District, Xi'an in 1972

호(弧)의 몸체는 방형(方形)이고 곧고 네모난 입[直方口]은 조금 벌어졌다. 경부는 약간 잘록하고 어깨 부위는 보다 불룩하다. 하복부의 네 벽은 비스듬히 좁아지고 네모난 권족(圈足)은 아래로 내려가면서 넓어진다. 뚜껑은 사방녹정형(四方盝頂形)이고 납작한 모양의 변형된 용(龍) 꼭지가 네 개 달려 있어 뒤집어 놓으면 고족반(高足盤)으로 사용할 수 있다. 기물은 전체적으로 모서리 양측의 민무늬 띠와 사면의 가로로 난 띠를 기준으로 입에서 네모난 다리까지 5층의 문양으로 나뉜다. 그중 경부는 뒤집힌 삼각형으로 장식했고 안은 반리문(蟠螭紋)을 새겼다. 어깨 부위는 사다리꼴이며 그 아래는 뒤집힌 사다리꼴을 새겼다. 안에는 사방연속반리문(四方連續蟠螭紋)을 장식했다. 어깨에는 사면에 각각 하나씩 포수함환(鋪首銜環)을 달았다. 고리 위는 첨운문(尖雲紋) 세 개씩을 장식했는데 고리의 한 면은 운문(雲紋)을, 다른 한 면은 뇌문(雷紋)을 배치했다. 기물의 밑에는 한 쌍의 넓은 볼록 모서리가 있는데 보강 역할을 한다. 이 기물은 『상주이기통고(商周彝器通考)』 그림 776과 같은 형태로서 조형이 정교하고 문양이 섬세하고 정밀하며 화려하고 생동한바 상주(商周)시대 신비롭고 당당한 풍격과는 다르며 태체(胎體)도 보다 얇다. 따라서 『상주이기통고』 중 반룡문호(蟠龍紋壺)의 형태와 같고 그 문양 특징도 거의 일치해 전국(戰國) 중기 기물에 속한다.

064

착금은구련운문동방
(錯金銀勾連雲紋銅鈁)

서한(西漢) 초기
높이 61.5cm 입너비 16cm
최대복부너비 33.5cm 굽너비 19.5cm
무게 34kg
1964년 12월 서안시 연호구 남소항(西安市 蓮湖區 南小巷) 출토

Silver Gilded Bronze Fang with Clouds Pattern

Western Han Dynasty(206BC～23AD)
Total H 61.5cm Top L 16cm
Max Belly L 33.5cm Bottom L 19.5cm
Weight 34kg
Excavated from NanxiaoXiang in Lianhu District, Xi'an in Dec 1964

기체는 크고 묵직하며 모양은 방형(方形)에 가깝다. 곧은 입에 목은 짧고 속이 깊으며 네모난 권족(圈足)이 있다. 어깨와 복부는 명확한 경계가 없고 상복부에는 대칭되는 손잡이 고리[鋪首銜環]를 장식했다. 네모난 다리 윗부분 복부와 연결되는 호형(弧形) 부분에 다음과 같은 19자의 명문(銘文)이 새겨져 있다. "三月廿日□斤", "私官□□六□□□", "(용량) 十八斗半斗(18.5말)". 그러나 실제 용량은 35.4 *l* 이다. 기물의 표면은 금은을 입사한 구련운문(勾連雲紋)으로 새겼는데 부위에 따라 문양이 다르다. 구연부(口沿部)는 구련운문을 한 바퀴 상감했고 네 모서리의 양측에 구련운문을 장식했다. 경부, 복부는 모두 격자 모양의 구련운문을 장식했다. 문양의 중간에 중심축을 이루는 선이 있고 좌우 양쪽에 대칭되는 문양이 있다. 네모난 다리의 사면도 역시 대칭되는 기하형구련운문(幾何形勾連雲紋)을 새겼는데 구상이 정교하고 설계가 세밀하며 문양은 복잡하면서도 질서가 있다. 이 기물과 동시에 출토된 것으로 동등(銅燈, 구리 등잔), 동훈로(銅熏爐, 구리 훈제로)와 동쟁(銅鐺, 구리 솥) 등이 있다. 출토지는 한대 상림원(上林苑) 유적지 안이다. 출토지와 유적으로 볼 때 왕실 기물일 가능성이 많다. 당시 전쟁으로 인해 피난하기 전 급히 묻은 후, 1964년 상수도관 공사 때에 다시 발견된 것으로 추측된다. 따라서 이 기물은 서한(西漢) 황실 기물로 추정할 수 있다.

065

봉조류금종(鳳鳥鎏金鍾)

서한(西漢) 초기
높이 78.7cm 입지름 14.5cm
복부지름 19.24cm 귀높이 5.7cm
발높이 4.3cm 무게 20.13kg
2003년 서안시 미앙구 문경로 조원
(西安市 未央區 文景路 棗園) 한묘(漢墓) 출토

Gilded Phoenix-shaped Zhong

Western Han Dynasty(206BC～23AD)
Total H 78.7cm Mouth D 14.5cm
Belly D 19.24cm Handle H 5.7cm
Base H 4.3cm Weight 20.13kg
Excavated from the tomb of Han Dynasty in
Wenjing Road Weiyang District, Xi'an in 2003

두 점이 함께 출토되었는데 형태와 크기가 같다. 그중 한 점은 출토 시 안에 26kg의 술이 담겨 있었고 다른 한 점은 균열로 인해 술은 새어 나가고 없었다. 뚜껑 윗면은 융기되었고 뚜껑의 가장자리 밑에는 내측으로 링이 있어 종의 몸체와 들어맞는다. 뚜껑 윗면 중앙에는 봉황 모양의 꼭지가 달려 있는데 봉황은 서 있는 자세를 취한 채 머리를 쳐들고 꼬리를 추켜올리고 입에는 구슬을 물고 있다. 두 날개는 등 쪽으로 모아졌고 선이 유창하고 분명하여 생동감이 있다. 종의 입은 조금 벌어지고 목은 약간 들어갔으며 둥그런 배는 불룩하다. 어깨 양측에는 포수함환(鋪首銜環) 귀가 달려 있다. 권족(圈足)에 발과 복부의 연결 부분은 안쪽으로 꺾이어 받침을 이루고 입, 어깨, 복부에는 4줄의 넓은 현문(弦紋)이 약간 볼록하게 올라와 있다.

종(鍾)의 뚜껑과 몸체는 도금되어 상당히 화려하고 호화롭다. 도금은 중국의 전통 금 가공기법으로 현재는 '화도금(火鍍金)'이라 불린다. 도금이란 금을 수은에 녹인 후 구리나 은으로 된 기물 표면에 발라 가열함으로써 수은을 증발시켜 금이 기물 표면에 부착되도록 하는 것을 말한다.

이 금동종(金銅鍾)은 한대(漢代) 대형 장사파묘도단실묘(長斜坡墓道單室墓)의 단실(單室)에서 출토되었고 무덤 속의 부장품에는 위의 금동종 외에 동정(銅鼎), 동방(銅鈁) 등 청동기 17점, 견형도호(繭型陶壺) 5점 및 옥 조각[玉片] 101점이 있었다. 고분의 형태와 출토된 기물로 보아 이 무덤은 서한(西漢) 전기 문제(文帝)에서 무제(武帝) 시기 열후급(列侯級) 귀족의 무덤으로 추정된다. 이 동종은 황실용 기물일 가능성이 크다.

동종(銅鍾)은 3점으로 형태는 같고 크기도 비슷하다. 입이 조금 벌어지고 경부(頸部)가 약간 들어갔으며 둥글고 불룩한 복부에 어깨의 양측은 대칭되는 포수함환(鋪首銜環) 귀를 달았다. 권족(圈足) 모양을 하고 있는데 복부와 가까운 곳은 안으로 들어가면서 분명한 받침이 형성되었다. 기물의 어깨와 복부에는 가로 또는 세로 방향으로 예서(隷書)로 된 명문(銘文)이 새겨져 있다.

Three pieces, all have similar shape and size. The mouth is open outside, the neck of it is narrow, and the belly is round, with two circle like handle two different sides set, circle like feet, and obvious edges could be seen till the belly. Vertically and horizontally made Li pattern character inscriptions are seen on the shoulder and belly. Some inscriptions of three bronze Zhongs are as following:

066

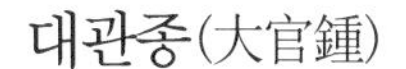

대관종(大官鍾)

서한(西漢)
높이 45.5cm 입지름 17.2cm 복부지름 36.2cm 밑지름 20.7cm
무게 10.2kg
1975년 서안시 대백양(西安市 大白楊) 폐품처리창고 수집

Daguan Zhong

Western Han Dynasty(206BC~23AD)
H 45.5cm Mouth D 17.2cm Belly D 36.2cm Bottom D 20.7cm
Weight 10.2kg
Collected in Dabaiyang warehouse, Xi'an in 1975

어깨 부위의 넓은 문양대(紋樣帶)에 가로로 8자의 명문(銘文)이 있다. "大官, 容十斗, 重卅斤(대관종은 용량이 열 말이고 무게는 서른 근이다)." 단, 실제 용량은 18.6 *l* , 무게는 10.2kg이다.

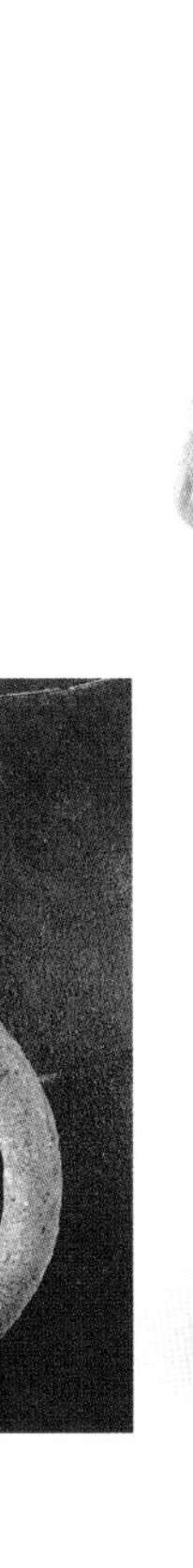

067

남궁종(南宮鍾)

서한(西漢)
높이 44.3cm 입지름 17.5cm 복부지름 35cm
밑지름 20cm 무게 10.17kg
1961년 서안시 미앙구 삼교진 고요촌(西安市 未央區 三橋鎭 高窯村) 출토

Nangong Zhong

Western Han Dynasty(206BC~23AD)
H 44.3cm Mouth D 17.5cm Belly D 35cm
Bottom D 20cm Weight 10.17kg
Excavated from Gaoyao Village Sanqiao Town Weiyang District, Xi'an in 1961

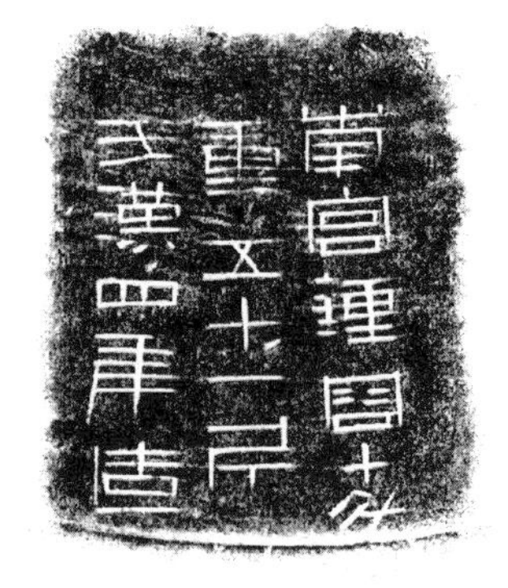
탁본 크기 6.5×8cm

어깨 부분에 세로로 3행 16자로 된 예서체의 명문(銘文)이 있다. "南宮鍾, 容十斗, 重五十一斤, 天漢四年造(남궁종은 용량이 열 말이고 무게는 쉰한 근으로 천한 4년에 만들어졌다)." 단, 실제 용량은 18.85 *l* 이고 무게는 10.17kg이다.

068

하간식관종(河間食官鍾)

서한(西漢)
높이 45cm 입지름 16.7cm 복부지름 34.5cm
밑지름 20.5cm 무게 8.3kg
1961년 서안시 미앙구 삼교진 고요촌(西安市 未央區 三橋鎭 高窯村) 출토

Hejian Shiguan Zhong

Western Han Dynasty(206BC~23AD)
H 45cm Mouth D 16.7cm Belly D 34.5cm
Bottom D 20.5cm Weight 8.3kg
Excavated from Gaoyao Village Sanqiao Town Weiyang District, Xi'an in 1961

탁본 크기 4×14cm

복부 한 귀의 아래에 세로로 다음과 같은 2행 16자의 명문(銘文)이 있다. "酒, 河間食官鍾, 容十斗, 重一鈞四斤四兩[하간식관 주기 용량은 열 말, 무게는 서른네 근 넉 냥]." 하복부에는 작은 네모난 구멍 한 바퀴가 있다. 이 기물의 실제 용량은 19.2 *l* 이고, 무게는 8.3kg이다.

069

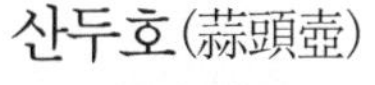

산두호(蒜頭壺)

서한(西漢) 초기
높이 41.24cm 입지름 3.7cm 복부지름 22.6cm
밑지름 13.95cm 무게 2.38kg
1985년 서안시 장안현(구) 두곡진(西安市 長安縣(區) 杜曲鎭)
폐품처리창고 수집

Garlic-shaped Pot

Western Han Dynasty(206BC~23AD)
Total H 41.24cm Mouth D 3.7cm Belly D 22.6cm
Bottom D 13.95cm Weight 2.38kg
Collected in Duqu warehouse in Chang'an
County(District), Xi'an in 1985

기체는 훌쭉하고 길며 짧고 곧은 입[短直口]에 가장자리 아래는 거꾸로 뒤집힌 마늘 모양을 하고 있다. 경부(頸部)는 가늘고 길며 경부의 가운데에서 조금 아랫부분에 둥근 테 하나가 있다. 둥근 복부는 조금 납작하고 아래는 권족(圈足)이 받쳐 주고 있는데 아래로 내려가면서 밖으로 벌어진다. 기물 밑 부분의 중간은 작은 다리 모양의 꼭지[橋鈕]가 있다.

산두호는 술을 담아 두는 기물인데 전국(戰國) 말기에 나타났다. 처음에는 진(秦)에서만 보이다 진대(秦代)와 한대(漢代) 초기에는 섬서(陝西) 및 주변의 호북(湖北), 사천(四川), 하남(河南) 등 인근 지방에서 쓰였고 모두 진인(秦人)의 고분에서 출토했다. 그 후 산동(山東), 광동(廣東), 광서(廣西) 등지에서도 발견되었다. 서한 중기(西漢) 이후 산두호는 점차 사라졌고 곧은 입에 목이 긴 편복권족호(扁腹圈足壺)가 그것을 대신하였다. 이 산두호는 복부가 보다 납작하고 권족은 조금 길다. 같은 조형의 산두호가 호북 운몽(雲夢) 대분두(大墳頭) M1에서도 출토되었다. 서한 초기의 기물에 속한다.

탁본 크기 5.5×13cm

070

하간식관편호(河間食官扁壺)

서한(西漢)
높이 30.4cm 입지름 7.86cm 복부지름 31.1×10.5cm
밑지름 16×8.2cm 무게 2.7kg
1961년 서안시 미앙구 삼교진 고요촌(西安市 未央區 三橋鎭 高窯村) 출토

Flat Pot with the Inscription 'Hejian Shiguan'

Western Han Dynasty(206BC~23AD)
Total H 30.4cm Mouth D 7.86cm Belly D 31.1×10.5cm
Bottom D 16×8.2cm Weight 2.7kg
Excavated from Gaoyao Village Sanqiao Town Weiyang District, Xi'an in 1961

호의 몸체[壺體]는 납작한 타원형[扁橢圓形]이고 뚜껑이 달려 있다. 뚜껑의 윗면은 아치 모양이고 가운데의 작은 꼭지에 고리가 달려 있다. 뚜껑 면 아래 기물 입 안으로 뻗은 자구(子口, 뚜껑과 맞닿은 부분)는 비교적 길다. 기물의 입은 둥글고 가장자리가 조금 두껍다. 짧은 목은 약간 들어갔고 어깨에는 한 쌍의 손잡이 역할을 하는 고리가 있으며 복부는 납작하다. 앞뒷면 모두 가장자리에 넓고 오목한 경계가 있고 복부는 약간 불룩하다. 윤곽은 하트 모양을 하고 있다. 아래로 직사각형 다리가 받쳐 주고 있다. 기물 뚜껑의 주변에 9자의 예서(隸書)로 된 다음과 같은 명문(銘文)이 있다. "酒河間食官榼容二斗(하간식관 주기의 용량은 두 말)." 복부의 한쪽에는 세로로 예서로 된 2행 15자의 다음과 같은 명문이 새겨져 있다. "酒河間食官榼容二升, 重十一斤二兩(하간식관 주기 용량은 두 되, 무게는 열한 근 두 냥)." 실제의 용량은 4.8 *l* 이고 무게는 2.7kg이다. '하간(河間)'은 지금의 하북성(河北省)에 위치했던 곳으로 황하(黃河)와 영정하(永定河) 사이에 있어 이 같은 이름을 얻게 되었다. '식관(食官)'은 음식을 관장하는 관리를 가리킨다. 이 호의 형태와 문양은 서한(西漢) 시기에 흔히 볼 수 있다.

071

상림구강공호(上林九江共壺)

서한(西漢) 말기
높이 45.5cm 입지름 18.3cm 복부지름 34cm 밑지름 20.5cm
무게 10.09kg
1961년 서안시 삼교진 고요촌(西安市 三橋鎭 高窯村) 출토

Pot Tributed by Jiujiang County For Shanglin Center

Western Han Dynasty(206BC~23AD)
H 45.5cm Mouth D 18.3cm Belly D 34cm Bottom D 20.5cm
Weight 10.09kg
Excavated from Gaoyao Village Sanqiao Town Weiyang District, Xi'an in 1961

기물(器物)의 입은 조금 벌어지고 경부는 약간 오므라들었다. 배는 둥글고 불룩하며 어깨의 양측에는 대칭되는 손잡이 역할을 하는 고리 귀를 달았고 다리와 복부의 사이 부분이 안으로 들어가면서 분명한 받침이 형성되었다. 기물의 상복부에 세로로 예서체(隸書體)로 된 "上林(상림)" 2자를 새겼다. 복부에는 가로로 "九江共(구강공)" 3자를 양각(陽刻)으로 새겼다. 명문(銘文)에서 알 수 있다시피 이 기물은 구강군(九江郡)에서 황궁에 공물로 바친 것이고 상림원에서 사용하도록 만든 것이다. 구강은 곧 한대(漢代)의 구강군이고 지금의 강서성(江西省) 구강시(九江市)에 위치해 있다.

탁본 크기 20×6cm

072

상림팔릉호(上林八稜壺)

서한(西漢) 말기
높이 45.2cm 입지름 17.7cm 복부지름 34cm 밑지름 22cm 무게 9.89kg
1961년 서안시 미앙구 삼교진 고요촌(西安市 未央區 三橋鎭 高窯村) 출토

Shanglin Octahedral Pot

Western Han Dynasty(206BC~23AD)
H 45.2cm Mouth D 17.7cm Belly D 34cm Bottom D 22cm Weight 9.89kg
Excavated from Gaoyao Village Sanqiao Town Weiyang District, Xi'an in 1961

형체는 8릉형(八稜形)이고 입이 조금 벌어지고 목이 약간 들어갔다. 배는 둥글고 불룩하며 어깨 양측에는 대칭되는 손잡이 역할을 하는 고리 모양의 귀를 달았다. 고리는 쇠로 만들었고 다리는 조금 아래로 내려가면서 밖으로 벌어진 상태이다. 견부에 세로로 예서체(隸書體)로 된 "上林(상림)"이란 2자의 명문(銘文)이 있다.

탁본 크기 3×5cm

탁본 크기 1.3×24cm

073

상림공부동방(上林共府銅鈁)

서한(西漢) 말기
높이 36cm 입너비 11.5cm 복부너비 21.5cm
굽너비 14.5cm 무게 5.22kg
1961년 서안시 미앙구 삼교진 고요촌(西安市 未央區 三橋鎭 高窯村) 출토

Bronze Fang of Shanglin Gong Fu

Western Han Dynasty(206BC~23AD)
H 36cm Top L 11.5cm Belly L 21.5cm
Bottom L 14.5cm Weight 5.22kg
Excavated from Gaoyao Village Sanqiao Town Weiyang District, Xi'an in 1961

네모난 입은 조금 벌어졌고 목은 길며 어깨는 비스듬하다. 복부는 네모나고 벽은 활 모양으로 굽어 있다. 견부에는 포수함환(鋪首銜環) 귀가 달려 있다. 구연부(口緣部) 외측에 가로로 35자의 예서(隸書)를 음각(陰刻)한 다음과 같은 명문(銘文)이 있다. "上林共府, 初元三年受東郡東阿宮鈁, 容四斗, 重廿一斤. 神爵三年卒史舍人, 工光造. 第一(상림공부, 초원3년 동군 동아궁방 용량 네 말, 무게 스물한 근. 신작 3년 졸사사인 장인 광이 만듦. 제1)." 실제로 측량해 본 결과 용량은 7.55l이고 무게는 5.22kg이다. 동군(東郡)은 군명(郡名)이고 관청은 복양(濮陽)에 있는데 지금의 하남성(河南省) 복양 남쪽이다. 한대(漢代)에는 지금의 하남, 산동(山東)의 일부 지방을 관할하였다. 동아궁(東阿宮)은 동군 내에 위치한 이궁(離宮)을 가리킨다. 명문에서 알 수 있듯이 이 방(鈁)은 신작 3년(神爵三年, 기원전 59) 졸사사인(卒史舍人)의 책임하에 동아궁에서 사용하기 위해 만든 것이다. 장인의 이름은 '광(光)'이다. 초원 3년(기원전 46) 동군의 동아궁에서 상림공부로 옮겨 사용하였다.

074

후루(鍭鏤)

서한(西漢)
높이 19cm 뚜껑지름 9cm 최대복부지름 15cm
발높이 4.2cm 무게 1.26kg
1974년 서안시 대백양(西安市 大白楊) 폐품처리창고 수집

Houlou, *pot*

Western Han Dynasty(206BC~23AD)
Total H 19cm Lid D 9cm Max Belly D 15cm
Feet H 4.2cm Weight 1.26kg
Collected in Dabaiyang warehouse, Xi'an in 1974

기물(器物)의 형체는 표주박 모양이고 경부(頸部)는 나팔을 뒤집어 놓은 모양이다. 복부는 납작한 공 모양을 하고 있다. 뚜껑과 몸체는 자모구(子母扣)를 이룬다. 위는 좁고 아래가 넓다. 뚜껑은 조금 융기되었고 중간 부분 실 단추 모양의 현문(弦紋) 안에 뒤얽힌 모습의 이룡(螭龍)을 양각하였다. 주변에 세 개의 돌출된 반리형(蟠螭形) 꼭지가 있고 꼭지 사이는 반훼문(蟠虺紋)을 채웠다. 뚜껑을 뒤집어 놓으면 세 개의 꼭지는 발이 되고 잔으로 사용할 수 있다. 상복부의 양측에 손잡이 고리가 있는데 본래 여기에 고리를 달고 그 고리에 손으로 잡을 수 있도록 쇠사슬을 달았을 것으로 추정된다. 세 발은 곰의 형태인데 두 발로 서 있는 모양으로 머리는 크고 다리는 길다. 앞발이 뒷다리의 무릎 위에 놓여 있고 있는 힘껏 머리로 떠받치는 모습이다. 형상이 생동감이 있고 자연스러우며 일상의 정취가 짙게 풍긴다.

이런 주기(酒器)는 보통 제량호(提梁壺, 손잡이가 달린 호)라고도 지칭한다. 하북(河北) 융화(隆化) 만두산(饅頭山) 서한(西漢) 고분에서 같은 동기가 출토된 적이 있는데 "鍭鏤(후루)"라고 쓰여 있었다. 손기(孫機) 선생은 『한대물질문화자료도설(漢代物質文化資料圖說)』에서 이런 기물은 마땅히 후루라 명명해야 한다고 주장하였다.

075

유금편호(鎏金扁壺)

동한(東漢)
높이 17.5cm 입지름 5.6cm 복부지름 15.3×8.8cm
밑지름 10.6×5.5cm 무게 1.09kg
1977년 서안시 대백양(西安市 大白楊) 폐품처리창고 수집

Gilded Flat Pot

Eastern Han Dynasty(25AD~220AD)
H 17.5cm Mouth D 5.6cm Belly D 15.3×8.8cm
Bottom D 10.6×5.5cm Weight 1.09kg
Collected in Dabaiyang warehouse, Xi'an in 1977

기물(器物)의 형체는 납작하고 입은 곧다. 목은 짧고 복부는 납작하며 불룩하게 나와 있다. 횡단면은 복숭아 모양이고 다리는 내려가면서 밖으로 벌어진 직사각형이다. 복부의 벽은 끝이 연결된 안으로 굽은 한 쌍의 곡선을 장식했고 양측의 견부에는 작은 고리 모양의 귀가 달려 있다. 원래 기물 전체에 도금을 했는데 연대가 오랜 탓에 부분적으로 벗겨졌다. 이 기물의 조형은 동한대(東漢代)에 흔히 보이던 편체자호(扁體瓷壺)와 거의 같고 복부의 문양 특징도 대체로 일치하므로 동한대의 기물로 추정된다.

076

타호(唾壺)

수(隨)
높이 9.2cm 입지름 7.8cm 복부지름 9cm 밑지름 5.5cm 무게 0.4kg
1971년 4월 서안시 신성구(西安市 新城區) 시계부품공장 출토

Spitting Pot

Sui Dynasty(581AD~618AD)
Total H 9.2cm Mouth D 7.8cm Belly D 9cm Bottom D 5.5cm Weight 0.4kg
Excavated from Clock Fittings Factory in Xincheng District, Xi'an in Apr 1971

기물(器物)의 형체는 보다 작고 입이 크며 곧게 선 가장자리[直立沿]에 목은 잘록하다. 납작한 복부는 조금 처지고 낮은 권족(圈足)이 있다. 기물의 뚜껑은 깔때기 모양인데 가운데의 안쪽이 움푹하게 들어갔고 그것이 호(壺)의 입안까지 이어지고 가장자리는 약간 접혀져 몸체에 끼울 수 있게 만들었다. 이 기물의 형태는 수대(隋代)에 유행했으며 주로 도자기로 만들고 타호(唾壺)로 사용되었다.

077

정병(淨甁)

당(唐)
높이 23.5cm 입지름 5cm 복부지름 12.5cm 무게 0.95kg

Washing Pot

Tang Dynasty(618AD~907AD)
H 23.5cm Mouth D 5cm Belly D 12.5cm Weight 0.95kg

기물(器物)은 나팔 모양의 입, 길고 가는 목, 둥근 어깨와 약간 불룩한 복부에 선명하지 않은 권족(圈足)이 있다. 어깨에는 하나의 유(流)가 세로로 달려 있는데 유의 배는 둥그렇게 불룩하고 유의 주둥이는 잔[杯] 모양을 하고 유의 뚜껑은 유실되었다. 이 병(甁)의 형태는 당(唐)의 자정병(瓷淨甁)과 대체로 같으며 그 용도 또한 같은 것으로 보인다. 정병은 불전에 놓는 기물로 불교에서 정수(淨水)를 담는 데 사용했다. 당대(唐代)에는 자정병이 매우 유행했으며 구리로 된 것은 보기 드물었다.

078

용수곡류호(龍首曲流壺)

오(五)
높이 17.4cm 입지름 5cm 복부지름 11.4cm 밑지름 8.2cm
무게 1.15kg
1967년 4월 서안시 대백양(西安市 大白楊) 폐품처리창고 수집

Pot with Crooked Dragon–head–shaped Beak

Five Dynasties Period(907AD~960AD)
Total H 17.4cm Mouth D 5cm Belly D 11.4cm Bottom D 8.2cm
Weight 1.15kg
Collected in Dabaiyang warehouse, Xi'an in Apr 1967

기물(器物)의 입은 깔때기 모양인데 평평하게 젖혀진 가장자리에 목은 곧고 길다. 복부는 납작한 공 모양이고 낮은 권족(圈足)은 아래로 내려가면서 밖으로 벌어졌다. 구연(口沿)과 복부 사이에 구불구불한 용 모양의 손잡이에 달려 있고 반대편에 긴 호형(弧形)의 용머리 유(流)가 머리를 쳐들고 있다. 기물의 뚜껑 가운데는 불룩하고 가장자리는 평평하다. 뚜껑과 손잡이 상단의 용의 코가 있는 곳이 축으로 서로 연결되어 있어 여닫을 수 있다. 이 기물의 형태는 오대(五代) 자기(瓷器) 기물에서 흔히 볼 수 있다. 같은 유형의 동호(銅壺)는 매우 드물다.

유(卣)는 거창(秬鬯, 검은 기장과 향초를 섞어 빚은 술)을 담는 제기(祭器)이다. 일반적으로 횡단면은 타원형이고 뚜껑이 있고 배가 크다. 목은 가늘고 권족(圈足)의 측면에는 제량(提梁, 손잡이)이 있다. 이 밖에 통형(筒形), 방형(方形), 조수형(鳥獸形) 등 형태도 있다. 이런 기물은 상대(商代) 초기에 나타나 상대 말기와 서주(西周) 초기에 성행하였다.

'You' was a type of sacrificial vessel primarily applied to hold fragrant black rice wine. Basically, 'You' took on oval shape, big belly, with slender neck, lid and round foot, as well as a hoop handle on the top or ear-shaped handles on either side of the belly. Besides, there were also 'You' in the shape of bamboo, squre or birds and beasts. 'You' originated from early Shang Dynasty, and prevailed from late Shang Dynasty till early West Zhou Dynasty.

079

복마유(僕麻卣)

상대(商代) 말기
높이 33cm 입지름 15×13cm 복부지름 26.3×19cm
밑지름 17×14cm 무게 5.38kg
1985년 서안시 장안현(구) 풍서공사(향) 흥왕촌(西安市 長安縣(區) 灃西公社(鄉) 興旺村) 서주(西周) 풍호(豊鎬) 유적지 출토

Pu Ma's You, *Wine Vessel*

Shang Dynasty(1600BC~1066BC)
Total H 33cm Mouth D 15×13cm Belly D 26.3×19cm
Bottom D 17×14cm Weight 5.38kg
Excavated from Fenggao Relic of Western Zhou Dynasty in Xingwang Village Fengxi Community Chang'an County(District), Xi'an in 1985

탁본 크기 8×12.5cm

유(卣)의 양옆에 연결된 손잡이에 기문(夔紋)을 장식했고 손잡이 양 끝에는 뿔 달린 양머리를 주조했다. 뚜껑은 덮개식이고 중앙에는 과릉형(瓜棱形)의 꼭지가 달렸으며 뚜껑 가장자리는 높다. 복부의 절단면은 타원형이고 최대복부지름은 아래로 치우쳤으며 다리는 보다 짧다. 기물 구연(口沿) 아래는 문양대(紋樣帶)를 한 바퀴 장식했고 문양대는 앞뒤 중간에 짐승의 머리를 주조했다. 문양대 중앙의 양쪽과 권족(圈足)에 기문을 장식했다.

유의 뚜껑 안에는 "宁川, 父丙(영천, 부병)"이란 4자의 명문(銘文)이 새겨져 있다. '영천'은 종족의 성씨[族氏]이고 작(爵)의 명문(銘文)에서 나온 바 있다. '宁(영)' 자는 잠정적으로 통행되는 독법과 해석에 따르기로 한다.

기물 복부 안의 명문은 상하 두 부분으로 나눈다.

상부의 명문도 종족의 성씨인데 모두 다음과 같은 5자가 새겨져 있다. "戈, 北單, 冊冊(과, 북단, 책책)." '북단', '과, 북단', '북단, 과'는 상대(商代) 말기에 흔히 나타난 종족 성씨 명문이다. 이 종족 성씨는 1950년에 발굴된 은허(殷墟) 무관촌(武官村) 고분의 출토기물에서 나타난 적이 있었는데 이는 은허2기(殷墟二期)에 이미 존재했음을 말해 준다.

하부의 것은 다음과 같은 4행 23자의 명문으로 되어 있다. "壬寅, 州子曰 '僕麻, 余易(錫)帛囊貝, 蔑女(汝)' 王休二朋. 用乍(作)父辛障."

'주자(州子)'는 인명(人名)이다. 은허복사(殷墟卜辭)에는 자(子)가 흔히 보이는데 이를테면 자(子), 당자(唐子), 연자(妍子), 읍자(邑子) 등이 그러하다. 이들은 모두 왕조의 대신이고 문헌에 나오는 미자(微子), 기자(箕子)의 경우와 같다. 주대(周代)의 왕조대신들, 예컨대 『춘추(春秋)』에 보면 생존 시에도 '자(子)'를 많이 사용했다. 유자(劉子), 단자(單子), 성자(成子), 윤자(尹子) 등이 그러하다. 주자(州子)의 신분도 이와 같다.

나진옥(羅振玉)은 '僕(복)' 자는 그 쓰는 방법이 복사(卜辭) 『은허서계후편(殷墟書契後編)』하(下) 20.10의 것과 같다고 정확하게 해석했고, 곽말약(郭沫若) 선생은『복사통찬(卜辭通纂)』에서 이에 찬성하였다. '복마(僕麻)'는 여기서 관직명인데 말하자면 '수레를 모는 자'로서 이후의 대복(大僕)에 해당한다. '마(麻)'는 복의 사명(私名)이고 그 글자 아래의 우부(右部)는 두 점을 생략했으나 알아보는 데는 별 문제가 없었다.

주자는 '복마'를 부른 후, "余易(錫)帛, 囊貝, 蔑女(汝)"를 한 구로 풀이할 수 있다. 여기서 '여(余)'는 주자 스스로를 가리키며 그가 복마에게 '백(帛)'과 '낭패(囊貝)' 두 물건을 상으로 하사한다고 하였다.

이 부분 명문의 의미는 다음과 같다. 주자는 대신으로서 상왕(商王)을 모신 적이 있었는데 그의 부하 복마가 어가(御駕)를 잘 몰아 왕의 환심을 사게 되었으며 이로 하여 주자도 총애를 받게 되었다. 그러므로 복마에게 상을 내리되 왕이 하사한 것을 그에게 준다는 것이다.

기물 구연과 다리의 기문이 매우 특이하다. 세트마다 머리를 반대로 향한 모양이 다른 기룡(夔龍)으로 구성되었다. 머리를 안으로 향한 것은 입이 아래로 향했고 '병(瓶) 모양'의 뿔이 있다. 밖으로 향한 것은 입이 앞으로 향했고 뾰족한 뿔이 있으며 날카로운 발톱을 드러내고 있다. 두 마리의 기룡은 꼬리 부분이 서로 엉켜 하나로 이어졌는데 이는 기문에서 매우 드문 것이다. 리수에친(李學勤) 선생은 이 유(卣)의 연대를 상대 말기로 추정하고 있다.

기물 전형도

상대(商代) 말기

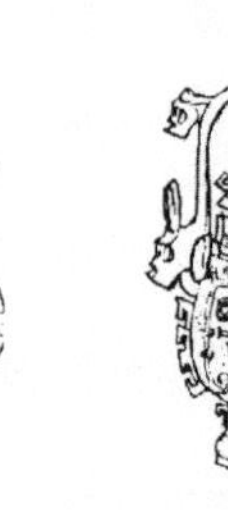

서주(西周) 초기

서주(西周) 중기

탁본 크기 5×9.6cm

080

봉문제량유(鳳紋提梁卣)

서주(西周) 초기
높이 19.2cm 입지름 12.1×9.54cm 복부지름 16.6×12.2cm
무게 2.42kg
1985년 서안시 장안현(구)(西安市 長安縣(區)) 서주(西周) 풍호(豊鎬) 유적지 출토

Loop-handled You with Phoenix Patterns

Western Zhou Dynasty(1066BC~771BC)
Total H 19.2cm Mouth D 12.1×9.54cm Belly D 16.6×12.2cm
Weight 2.42kg
Excavated from Fenggao Relic of Western Zhou Dynasty in Chang'an County(District), Xi'an in 1985

기물의 형체는 둥글고 길쭉한 사변형[橢方]이다. 뚜껑은 부착식이고 둥글고 길쭉한 방형(方形) 손잡이를 설치했으며 가장자리의 양 끝은 뿔처럼 나와 있다. 복부는 넓고 납작하고 아래로 처졌으며 권족(圈足)은 아래로 내려가면서 밖으로 벌어졌다. 제량(提梁, 손잡이) 양 끝의 짐승 머리 모양의 고리는 경부(頸部)의 반 고리 꼭지에 걸려 있다. 손잡이의 안쪽은 평평하고 바깥은 융기되었고 양측에는 각각 한 줄씩 뇌문(雷紋)을 장식했다. 뚜껑의 가장자리와 구연(口沿) 아래는 각각 문양대(紋樣帶) 한 바퀴가 있고 앞뒤 중심의 짐승 얼굴 양측은 각각 꼬리를 길게 만 조문(鳥紋)을 장식했다. 꽁지는 두 부분으로 갈라졌는데 위쪽은 평평하고 곧으며 끄트머리는 뾰족하다. 아래쪽은 세 갈래로 갈라졌는데 양 끝이 안으로 말려 있다. 이런 조문(鳥紋)은 서주(西周) 중기 후반 또는 말기 문양이다. 기물의 뚜껑과 기물 밑바닥 내부에는 각각 내용이 같은 2행 8자의 다음과 같은 명문(銘文)이 새겨져 있다. "辟作父癸寶障彝. 𠁻" 이 기물의 연대는 서주 초기 후반에 속한다.

탁본 크기 3×5.5cm

081

고룡문제량유(顧龍紋提梁卣)

상주(商周) 교체 시기
높이 23.3cm 입지름 9.9×7.5cm 복부지름 15.8×11.6cm
밑지름 12.4×9.5cm 무게 2.445kg
1975년 서안시 장안현(구) 풍서공사(향)(西安市 長安縣(區) 澧西公社(鄉))
서주(西周) 풍호(豐鎬) 유적지 출토

Loop-handled You with the Design of Dragon Looking Around

At end of Shang and the beginning of Zhou Dynasty(about 1066BC)
Total H 23.3cm Mouth D 9.9×7.5cm Belly D 15.8×11.6cm
Bottom D 12.4×9.5cm Weight 2.445kg
Excavated from Fenggao Relic of Western Zhou Dynasty Fengxi Community in Chang'an County(District), Xi'an in 1975

기물의 형체는 둥글납작하고 뚜껑, 다리의 절단면은 타원형이며 복부의 단면은 대추씨 모양이다. 뚜껑은 덮개식이고 목은 잘록하고 위가 융기되었으며 꼭지는 꽃봉오리 모양이다. 견부 양 끝의 반환뉴(半環鈕)에 제량(提梁) 양 끝의 꼭지가 걸려 있고 환뉴(環鈕) 정면에는 짐승 머리를 장식하였다. 두 뿔은 팔과 비슷하고 위가 크고 아래가 작다. 정수리에는 이빨 다섯 개가 있다. 손잡이 표면의 주요 문양은 네 개 조로 된 쌍수고룡문(雙首顧龍紋)이고 양 어깨에는 각각 소머리를 장식하였다. 뚜껑 면과 구연(口沿) 아래는 각각 하나의 문양대(紋樣帶)가 있고 문양대의 위아래는 선 안에 원권문(圓圈紋)을 넣어 테두리를 이루었다. 두 문양대는 비릉(扉稜)과 수면(獸面)을 중심으로 좌우로 나뉜다. 주요 문양은 비릉을 향한 두 개의 고룡문이다. 고룡문은 머리를 돌려 입을 벌렸고 긴 관(冠)은 아래로 드리웠으며 몸체는 짧고 곧으며 갈라진 꼬리 부분은 위로 쳐들었다. 주요 문양 사이에는 운문(雲紋)을 새겼다. 뚜껑 안쪽의 중심과 기물(器物) 밑바닥에는 같은 내용의 다음과 같은 3자의 명문(銘文)이 새겨져 있다. "申, 父庚(신, 부경)." 이 기물의 문양은 매우 드문 것으로 조형은 서주(西周) 초기에 유행하였다.

082

제량유(提梁卣)

서주(西周) 초기
높이 34cm 입지름 15×12cm 복부지름 28.5×18.4cm
밑지름 19.1×15.3cm 무게 7.45kg
1976년 서안시 장안현(구)(西安市 長安縣(區)) 서주(西周) 풍호(豐鎬) 유적지 출토

You with Loop handle

Western Zhou Dynasty(1066BC~771BC)
Total H 34cm Mouth D 15×12cm Belly D 28.5×18.4cm
Bottom D 19.1×15.3cm Weight 7.45kg
Excavated from Fenggao Relic of Western Zhou Dynasty in Chang'an County(District), Xi'an in 1976

유(卣)의 좌우로 손잡이[梁]가 연결되었고 손잡이에는 기문(夔紋), 손잡이의 끝에는 뿔이 달린 양머리를 장식했다. 덮개식 뚜껑의 정수리는 융기되었고 꽃봉오리 모양의 손잡이가 달렸다. 복부는 둥글납작하고 위에는 손잡이가 있으며 아래는 긴 다리가 받쳐 주고 있다. 뚜껑 윗면, 복부와 다리의 양측에는 각각 비릉(扉稜)이 있다. 뚜껑 윗면과 복부 비릉의 위쪽에 이빨이 붙어 있다. 뚜껑 윗면과 복부 앞뒤에는 각각 분해식 도철문(饕餮紋)을 장식했다. 머리와 몸뚱이는 서로 분리되어 있다. 뚜껑 측면의 가장자리, 기물 구연부(口沿部)의 앞뒤 중간에는 각각 짐승의 머리가 있고, 양옆에 머리가 가운데를 향한 기문(夔紋)을 장식했다. 몸뚱이는 둘로 나뉘고 꼬리는 위로 말렸다. 손잡이와 다리에도 기문을 장식했는데 그 형태와 배열방식은 다른 기문과 같은데 다만 기문 사이에 비릉이 있는 점이 다르다. 기물 복부의 밑바닥에는 '父辛(부신)'이란 2자의 명문(銘文)이 새겨져 있다. 이 기물의 형태 및 기문, 도철문의 모양은 모두 서주(西周) 초기의 특징에 해당한다.

상대(商代) 도용(陶俑)

1971년 서안시 파교구(西安市 灞橋區) 노우파(老牛坡) 상(商) 유적지 출토

Pottery of Shang Dynasty

Excavated from Laoniupo Relic of Shang Dynasty in Baoqiao District, Xi'an in 1971

083

기좌라녀형제량유(跽坐裸女形提梁卣)

상(商)-서주(西周)
높이 20.5cm 어깨너비 9.5cm 무게 1.35kg
1975년 서안시 대백양(西安市 大白楊) 폐품처리창고 수집

Loop-handled You with the Shape of a Sitting Naked Girl

Shang and Zhou Dynasty(1600BC~771BC)
Total H 20.5cm Shoulder W 9.5cm Weight 1.35kg
Collected in Dabaiyang warehouse, Xi'an in 1975

이 유(卣)는 나체 여인의 모습이다. 여인은 두 손을 다리 위에 얹고 꿇어앉아 있다. 머리는 원형이고 입과 눈은 타원형이면서 안으로 오목하게 들어갔다. 돌출된 코는 삼각형이고 귀는 가운데가 비어 있는 반환형(半環形)이다. 한쪽 귀는 떨어져 나가고 두 유방은 볼록하다. 손가락이 섬세하고 둔부 아래에 깔린 두 발은 극히 작다. 사실적 수법으로 질박하게 주조된 기물이다. 등에는 도철면(饕餮面)을 주조했고 눈은 '臣(신)' 자 모양이다. 긴 뿔이 아래로는 코와 연결되고 위로는 눈썹과 이어졌다. 몸뚱이와 다리, 발은 간략하게 표현되었고 운뢰문(雲雷紋)을 바탕에 새겼는데 이는 상주대(商周代)의 특징에 해당한다. 리수에친(李學勤) 선생은 여인상의 두 귀에 원래 손잡이가 달려 있었던 것으로 독특한 조형을 이루는 제량유라고 보았다.

부(瓿)는 고대(古代)의 술을 담는 기물이다. 그 형태는 일반적으로 입이 크고 견부가 넓고 배가 둥글고 권족(圈足) 모양에 일부는 뚜껑이 있다. 상대(商代) 초기에 나타나 상대 말기에 성행하였다. 뇌(罍)가 보편적으로 사용되면서 부는 신속히 줄어들어 전국(戰國)시대 이후 사라졌다.

Bu was an bronze wine vessel, which took the shape of a mini jar, with big mouth, round belly, loop base and some with lids. It originated from early Shang Dynasty and prevailed in late Shang Dynasty. Since the pot-shaped wine vessel Lei became popular, Bu had become less popular and finally diminished in the Warring States period.

084

기문부(夔紋瓿)

상대(商代) 말기
높이 26.4cm 입지름 23.8cm 복부지름 33.8cm
밑지름 26.1cm 무게 5.25kg
1985년 서안시 장안현(구)(西安市 長安縣(區)) 두릉(杜陵) 출토

Bu with Kui Patterns

Shang Dynasty(1600BC~1066BC)
Total H 26.4cm Mouth D 23.8cm Belly D 33.8cm Bottom D 26.1cm
Weight 5.25kg
Excavated from the tomb of King Du in Chang'an County(District), Xi'an in 1985

비스듬히 젖혀진 가장자리에 경부는 조금 길고 배는 깊다. 복부의 넓은 부분은 납작하면서 둥글다. 다리와 가까운 부분은 비스듬히 안으로 오므라들었고 긴 다리는 아래로 내려가면서 조금 밖으로 벌어져 있다. 경부는 철현문(凸弦紋) 두 줄을 둘렀다. 견부는 돌출된 세 개의 짐승 머리 모양의 관이[獸首形貫耳]로 장식했고 말린 뿔 뒤의 구멍 두 개가 입의 구멍을 관통하는데 이는 끈을 꿰어 들고 다니는 용도이다. 복부 가운데에서 조금 위쪽에 관현문(寬弦紋) 한 줄이 있는데 이를 기준으로 복부의 문양이 상하 두 부분으로 나뉜다. 상복부는 세 개의 짐승 머리 좌우에 한 쌍의 기문(夔紋)을 장식했고 하복부와 다리는 대응되는 짐승 머리 귀를 중심으로 각각 두 개의 대칭되는 기문으로 구성된 세 개의 도철문(饕餮紋)을 장식했다. 입, 코, 다리와 몸체는 뇌문(雷紋)을 장식했고 주요 문양의 바탕에는 운뢰문(雲雷紋)을 장식했다. 이 기물은 1973년 하남(河南) 안양(安陽) 소둔(小屯)에서 출토된 M232 R2057번의 부(瓿)와 형태가 같고 연대는 상대(商代) 말기에 속한다.

085

조문화(鳥紋盉)

서주(西周) 중기
높이 24.2cm 입지름 15.2cm 복부지름 18.5cm 발높이 5.9cm 무게 2.77kg
1973년 섬서성 삼원현(陝西省 三原縣) 출토

He with Bird Pattern

Western Zhou Dynasty(1066BC~771BC)
Total H 24.2cm Mouth D 15.2cm Belly D 18.5cm Feet H 5.9cm Weight 2.77kg
Excavated from Sanyuan County Shannxi Province in 1961

기물의 몸체는 역(鬲)과 비슷하다. 앞에는 관상유(管狀流)가 붙어 있고 뒤에는 짐승 머리 모양의 반(鋬, 손잡이)이 달렸다. 입은 넓고 목은 곧으며 배는 불룩하다. 아래는 가랑이가 있고 세 기둥 모양의 다리가 받쳐주고 있다. 뚜껑의 중간에는 반환형 꼭지가 있고 뚜껑의 한쪽과 반(鋬, 손잡이)의 상단에는 각각 작은 반환형 꼭지가 있는데 원래 사슬로 이어져 있었다. 뚜껑의 가장자리와 기물의 목에 문양대(紋樣帶)가 있는데 모두 비릉(扉稜)을 중심으로 대칭되는 조문(鳥紋)을 장식했으며 운문(雲紋)을 바탕에 새겼다.

뚜껑 가장자리의 문양대에서 앞뒤 새의 머리와 몸은 같은 모양이다. 앞의 새는 길게 말린 꼬리가 있고 뒤의 새는 없다. 새의 발은 걷는 모양이다. 둥근 머리에 부리는 굽었고 정수리의 관(冠)은 둘로 갈라져 앞의 것이 짧고 뒤의 것이 길다. 뒤로 향한 관은 새의 등에서 위로 말려 나선형을 이룬다. 새 몸의 가운데 부분은 음각선(陰刻線)을 장식했는데 앞부분에서 별도로 뻗어 나온 것은 날개이다. 새의 꼬리는 둘로 나뉘었고 위는 보다 가늘어 선 모양을 이루고 아래는 보다 굵고 끝이 위로 말렸다. 상하 두 부분은 모두 갈라진 가지가 있다. 기물 목 부위 문양대에 장식한 조문(鳥紋)은 모두 긴 꼬리가 있는데 형태는 뚜껑의 것과 거의 같다. 이는 모두 서주(西周) 중기의 특징을 반영한다.

화(盉)는 술의 농도를 조절하거나 술을 데우는 데 사용한다. 형태는 다양한데 일반적으로 복부가 크다. 복부의 한쪽은 사선으로 긴 관상유(管狀流)가 있고 다른 한쪽은 손잡이인 반(鋬)이 있다. 삼족(三足) 혹은 사족(四足)이다. 뚜껑은 대부분 사슬로 반과 연결되었다. 이런 기물은 이리두(二里頭) 문화 시기에 출현하였다. 상대(商代)의 화(盉)는 대부분 관족(款足, 속이 빈 다리)이고 유(流)는 위에 위치해 있는 것이 많다. 주대(周代)의 화는 관족이 보다 적고 다리가 넷인 것이 많았다. 춘추전국(春秋戰國)시대에 둥근 복부(圓腹)에 제량(提梁, 손잡이)이 있는 화가 나타났다. 한대(漢代)의 화[초(鐎)라고도 한다]는 둥글납작한 배에 뚜껑이 있고 곰 모양의 삼족이 있으며 유의 끝은 새머리 모양에 긴 병(柄)이 달려 있는 것이 많았다.

He was an ancient bronze wine vessel used to blend the consistency of wine of to heat up wine. It bears various shapes Normally, they were big-bellied with a slender tilting spout and a handle installed to each side of the belly. There were three-legged or qurdrilegged. He with lids connected with the handle by a chain. The vessel originated from Erlitou culture period. Most Shang style He had styling legs, and the vessels made in the early stage of this period had their spout on the top. A few Zhou style He had the styling-leg design, while most of which most of which were quadrifooted. The round-bellied He with hoop-handle originated from Spring and Autumn period as well as the Warring States period. Most Han style He were flat oval-bellied with lid, bear-shaped legs, long handle and bird-shaped spout tip.

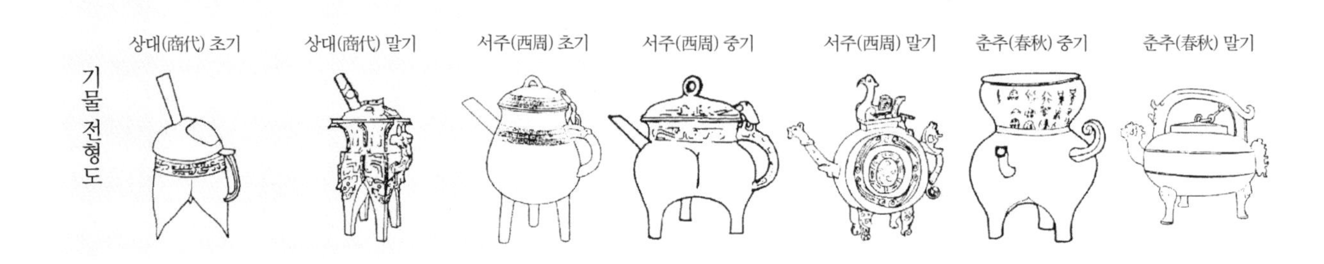

086

봉류화(鳳流盉)

전국(戰國) 초기
높이 25.5cm 입지름 10.4cm 복부지름 21.1cm 발높이 4.99cm
무게 2.92kg
2002년 서안시 장안현(구) 모파촌(西安市 長安縣(區) 茅坡村) 서안 우전학원(西安郵電學院) 신교구(新校區) 출토

He with Phoenix Beak

Warring States Period(475BC~221BC)
Total H 25.5cm Mouth D 10.4cm Belly D 21.1cm Feet H 4.99cm
Weight 2.92kg
Excavated from the New Campus of Xi'an Institute of Posts and Telecoms in Maoxi Village Chang'an County(District), Xi'an in 2002

기물의 형체는 둥글납작하고 앞에는 유(流), 뒤에는 반(鋬)이 있고 위로는 제량(提梁, 손잡이)이 양쪽으로 연결되어 있다. 뚜껑이 달려 있고 네모난 입술에 경부는 곧다. 배는 둥글고 불룩한데 아랫배는 완만히 오므라들고 밑은 둥글고 평평하며 아래는 삼족(三足)이 받쳐 주고 있다. 뚜껑은 기물과 자모구(子母口) 형태로 닫혀 있고 뚜껑의 윗면은 약간 아치 모양이다. 중심에는 앉아서 고리를 그러안은 원숭이 형태로 꼭지를 만들었다. 뚜껑 윗면의 반리문(蟠螭紋)은 장방 격자 그물 모양이다. 유는 봉황머리 모양이고 반은 봉황꼬리 형태이다. 제량의 한 끝은 호랑이머리 모양이고 다른 끝은 호랑이꼬리 모양이다. 궁형(弓形)으로 된 손잡이는 몸체이고 다리는 양어깨에 세워져 있다. 호랑이의 몸에는 운문(雲紋)을 장식했고 바탕에는 어자문(魚籽紋, 물고기 알 문양)을 새겼다. 배의 뒷부분 환뉴(環鈕)에는 두 개의 고리가 있는데 원래 고리가 하나 더 있어 뚜껑 꼭지와 연결되었다. 기물 복부 상하의 관현문(寬弦紋)은 복부를 세 개의 문양대로 나누었는데 모두 변형되어 간략하게 장식한 대조문(大鳥紋)을 장식했고 중간의 새머리와 몸뚱이 부분은 S형으로 되어 있다. 앞의 드리운 관(冠, 갓)과 뒤의 말린 꼬리는 C형을 이룬다. 이런 형식의 조문(鳥紋)은 매우 보기 드물다. 삼족의 근부(根部)는 밖으로 벌어지고 다리의 어깨는 기어오르는 호랑이 모양이다. 이 기물이 출토된 고분에서 동경(銅鏡) 1점, 도관(陶罐) 2점, 도부칠기동반수(陶釜漆器銅扳手) 1점과 석기병(石器柄) 2점 등이 함께 출토되었다. 기물과 부장 특징을 보면 모두 전국(戰國) 말기에 속함을 알 수 있다.

087

초화(鐎盉)

서한(西漢)
높이 14.7cm 최대복부지름 14.5cm 병(柄)길이 6.3cm 유(流)길이 4.4cm
복부깊이 9.3cm 발높이 4cm 무게 1.29kg
1974년 섬서성 위남현(시) 양곽공사(향) 서류촌(陝西省 渭南縣(市) 陽郭公社(鄉) 西劉村) 출토

Jiao He

Western Han Dynasty(206BC~23AD)
Total H 14.7cm Max Belly D 14.5cm Handle L 6.3cm Beak L 4.4cm
Belly Depth 9.3cm Feet H 4cm Weight 1.29kg
Excavated from Xiliu Village Yangguo Community in Weinan City, Shaanxi in 1974

기물의 형체는 둥글납작하고 곧은 입에 배는 불룩하다. 유(流)가 있고 손잡이가 달려 있다. 아래는 삼족(三足)이 받쳐 준다. 뚜껑이 있고 뚜껑과 기물은 축으로 연결되었으며 자유롭게 여닫을 수 있다. 뚜껑 윗면은 조금 융기되고 가운데의 작은 꼭지는 입술 부분이 서로 연결된 두 개의 고개를 치켜든 이수(螭首)로 되어 있다. 두 이룡(螭龍)이 기어가는 모습의 원형 뉴좌(鈕座)가 있고 뉴좌 가장자리에 뉴사(鈕絲) 모양의 현문(弦紋)을 장식했다. 뉴좌 바깥쪽에 두 층으로 된 문양대(紋樣帶)가 있는데 그 사이에는 철현문(凸弦紋)을 두었다. 안쪽은 기하 모양의 구련운문(勾連雲紋)을 장식했고 바깥층의 중간에는 세현문(細弦紋)을 새겼다. 양측에는 각각 네 개의 'C'형 문양과 길고 가는 선으로 구성된 간략한 동물문양이 세 개 있다. 기물의 몸체는 아무 문양도 없다. 배의 아랫부분에 범선(範線)의 흔적 한 바퀴가 보인다. 유는 조신형(鳥身形)으로 깃털, 날개와 다리는 부조로 표현했다. 손잡이 부분은 앞이 낮고 뒤가 높으며 속은 비고 뒤 끝의 윗부분은 짐승 머리를 장식했다. 다리는 짐승 모양이다. 이 같은 기물은 대부분 서한(西漢) 고분에서 출토되었다.

부(缶)는 술이나 물을 담는 데 사용한다. 형태는 보통 배가 둥글고 뚜껑이 있으며 견부는 환이(環耳, 고리로 된 귀)가 있고 네모난 것도 있다. 부는 존부(尊缶)와 관부(盥缶)로 나뉜다. 존부는 술을 담는 데 사용하며 춘추(春秋) 중기에 나타났고 전국(戰國)시대에 그대로 사용하였다. 관부는 욕부(浴缶)라고도 하며 물을 담는 데 사용하고 춘추 말기에서 전국시대까지 유행하였다. 존부나 관부의 명칭은 모두 명문(銘文)에 기인한다.

Fou was an ancient bronze vessel used to hold wine or water, which are usually round-bellied and some are square-bellied with hoop-handle installed to the shoulder, and designed with lid. Zun-Fou and Guan Gou are the two variants of Fou, both of which were named after the inscriptions of their bodies. Zun-Fou was used to hold wine, which originated from mid Spring and Autumn period and was still in use during the Warring States period. Guan-Fou, also known as Yu-Fou(Shower Vessel) was used as water container, which prevailed from late Spring and Autumn period to the Warring States period.

088

대조문부(大鳥紋缶)

전국(戰國)
높이 9cm 입지름 4.5cm 복부지름 8cm
밑지름 4.67cm 무게 0.31kg

Fou with Big-bird Pattern

Warring States Period(475BC~221BC)
Total H 9cm Mouth D 4.5cm Belly D 8cm
Bottom D 4.67cm Weight 0.31kg

기물(器物)의 형태는 관(罐)과 비슷한데 곧은 입은 지름이 짧다. 어깨는 넓고 배는 불룩하며 아랫배는 비스듬히 오므라들었다. 낮은 권족(圈足)을 한 기물의 다리지름은 입지름보다 크다. 뚜껑은 발(鉢)을 뒤엎어 놓은 듯하고 가운데는 교형뉴(橋形鈕)가 있고 뚜껑의 윗면에는 음각선(陰刻線) 와문(渦紋)을 장식했다. 견부에는 포수함환(鋪首銜環)이 있는데 그중 하나는 떨어져 나가고 없다. 상복부에는 환대문(環帶紋)이 있고 그 안에는 한 쌍의 방형(方形)이 연속적으로 배열된 문양으로 6마리의 대조문(大鳥紋)을 장식하였다. 머리를 돌리고 있는 큰 새는 부리를 초승달 모양으로 벌렸으며 입에는 구슬을 물었고 긴 볏은 앞으로 드리웠다. 꼬리 부분은 쳐들었다가 아래로 늘어지며 안으로 말렸다. 모든 조문의 볏은 앞 새의 꽁지와 합쳐졌고 눈, 날개, 깃, 꼬리와 다리, 발은 모두 권운문(卷雲紋)으로 표시했다. 선이 완곡하고 유창하며 전체적으로 조화를 이루었는데 형태는 전국(戰國)시대 특징에 해당한다.

뇌(罍)는 고대(古代) 술을 빚는 기물이다. 방형(方形)과 원형(圓形) 두 가지가 있다. 방형뇌는 어깨가 넓고 귀는 두 개이고 뚜껑이 있다. 원형뇌는 배가 크고 권족(圈足)에 귀 역시 두 개이다. 뇌는 보통 한쪽의 하부에 끈을 연결하기 위한 비뉴(鼻鈕)가 있다. 뇌는 상대(商代)에 처음 나타나 서주(西周)시대에 유행했으며 전국(戰國)시대까지 사용되었다.

Lei was an ancient wine-brewing vessel, with the two variants of square-bodied and round-bodied. Square-bodied Lei had wide shoulder, two handles and a lid, while the round-bodied ones were big-bellied and double-handled with a round foot. Both of the two variants had a nostril-shaped cord button installed to the bottom of one side of the vessels. Lei became popular in Shang Dynasty, prevailed in West Zhou Dynasty, and remained in use till the Warring States period.

089

조문뢰(鳥紋罍)

상대(商代) 말기
높이 40cm 입너비 17.86cm 복부너비 22.4cm 굽너비 16.3cm 무게 9.5kg
1989년 서안시(西安市) 수집

Xiang Lei with Bird Pattern

Shang Dynasty(1600BC~1066BC)
Total H 40cm Top L 17.86cm Belly L 22.4cm Bottom L 16.3cm Weight 9.5kg
Collected in Xi'an in 1989

기물(器物)의 입, 배, 발의 횡단면은 모두 방형(方形)이다. 입은 밖으로 벌어졌고 어깨는 활 모양처럼 둥그렇다. 비스듬한 복부는 조금 불룩하고 네모난 고권족(高圈足)이 있다. 입, 복부, 족부의 모서리와 변의 가운데는 모두 비릉(扉稜)이 있다. 견부 중간에는 두 개의 대칭되는 수면(獸面)을 부조로 장식했고 귀, 입, 어깨, 상복부 및 족부에 변마다 한 쌍의 봉황새를 주조하였다. 봉황새는 높은 관(冠)에 부리는 뾰족하고 날개깃은 위로 처들었고 꼬리 끝 부분은 곧바로 내리 꺾이어 아래로 드리웠다. 큰 발톱을 세우고 하복부는 초엽문(蕉葉紋)을 장식했다. 봉황은 비릉을 축으로 쌍쌍이 서로 마주하는 도철문(饕餮紋)을 구성하였다. 이 기물의 조형과 문양은 모두 상대(商代) 말기의 특징에 속한다. 구연(口沿) 아래의 명문(銘文)은 후에 새긴 것이다.

탁본 크기 8×12.5cm

기물 전형도

상대(商代) 말기

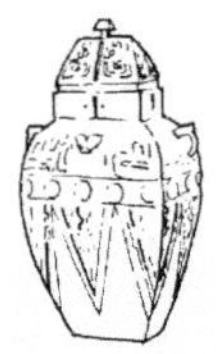

서주(西周) 초기

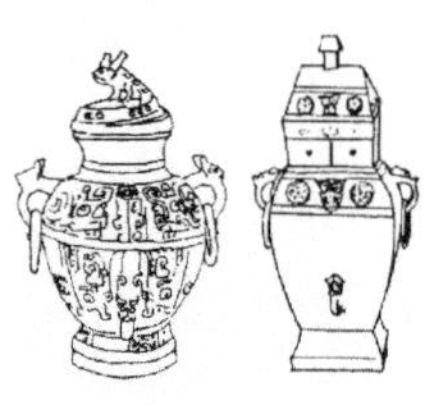

서주(西周) 말기

춘추(春秋) 초기

水器

Vessels for Holding Water

우(盂)는 고대의 물을 담는 기물이다. 기본 형태는 입이 넓고 배는 깊으며 부이(附耳), 권족(圈足)이 있다. 청동우(青銅盂)는 상대(商代) 말기에 나타나 서주(西周)시대에 유행했다. 춘추(春秋)시대에도 여전히 볼 수 있었는데 식기로도 사용했을 것으로 짐작된다.

Yu was an ancient water vessel, which is characterized by its bell-shaped mouth, deep belly, handle and round foot. Bronze Yu originated from late Shang Dynasty, prevailed in West Zhou Dynasty, and remained in use in spring and Autumn period. The vessel might also have been used as food container.

090

영우(永盂)

서주(西周) 중기
높이 47cm 입지름 58cm 밑지름 45cm
발높이 10.2cm 무게 36kg
1969년 서안시 남전현 설호진(西安市 藍田縣 泄湖鎭) 출토

Yong Jar

Western Zhou Dynasty(1066BC~771BC)
Total H 47cm Mouth D 58cm Bottom D 45cm
Base H 10.2cm Weight 36kg
Excavated from Xiehu Town Lantian County, Xi'an in 1969

서주(西周)시대의 대형우(大型盂)이다. 입은 크고 복부는 비스듬하면서 곧으며 복부 밑바닥에 가까운 부분은 안으로 오므라들었다. 곧은 권족(圈足)은 약간 밖으로 벌어졌다. 부이(附耳)는 수직으로 상복부에 붙었고 위로 굽어 거의 직각을 이룬다. 상복부 두 귀 사이에는 두 개의 대칭되는 코가 말린 코끼리 머리가 있고 귀와 코 아래에는 비릉(扉稜)이 있다. 복부의 주문양은 잎 모양의 수체문(獸體紋)이고 경부와 다리는 각각 용무늬와 절곡문(竊曲紋)을 장식했다. 기물 전체 주요 문양의 바탕에는 섬세한 뇌문(雷紋)을 채웠다.

복부 안의 밑바닥에는 다음과 같은 122자의 명문(銘文)이 새겨져 있다. "惟十又二年初吉丁卯, 益公內(入), 既命於天子. 公廼出氒(厥)命, 錫畀師永氒(厥)田, 湗(陰)陽洛, 疆眔師俗父田. 氒(厥)眔公出氒(厥)命 井伯, 榮伯, 尹氏, 師俗父, 趙仲, 公廼命鄭司徒圅父, 周人司空屠, 𢻫史, 師氏, 邑人奎父, 畢人師同, 付永厥田. 氒(厥)率履氒(厥)疆宋句. 永拜頴(稽)首, 對揚天子休命. 永用作朕文考乙伯障盂, 永其萬年孫孫子子永其率寶用."

명문의 대략적 내용은 다음과 같다. 익공(益公)은 천자의 위탁을 받고 사영(師永)에게 밭을 하사하였다. 출명(出命)과 수전의식(授田儀式, 전답을 주는 의식)에 참석한 이들로는 형백(邢伯), 영백(榮伯), 윤씨(尹氏), 사속부(師俗父), 견중(仲) 등 대신들 그리고 사토(司土), 사공(司工) 등 관원이 있다.

고증에 따르면 명문 중 익공은 서주(西周) 이왕(夷王), 여왕(厲王) 시기의 인물이고 윤씨도 서주 말기의 명문에서 가끔 보인다. 기물의 절곡 문양은 서주 말기의 양식이고 명문의 글씨체는 이왕(夷王) 시기 괴백궤(乖伯簋)에 가까우며 명(命)에 구(口)를 더한 것도 보다 늦은 시기의 서법이다. 일부 학자는 이왕 시기의 기물로 보지만 대다수 학자들은 공왕(恭王) 시기의 기물로 본다.

탁본 크기 20.8×24.5cm

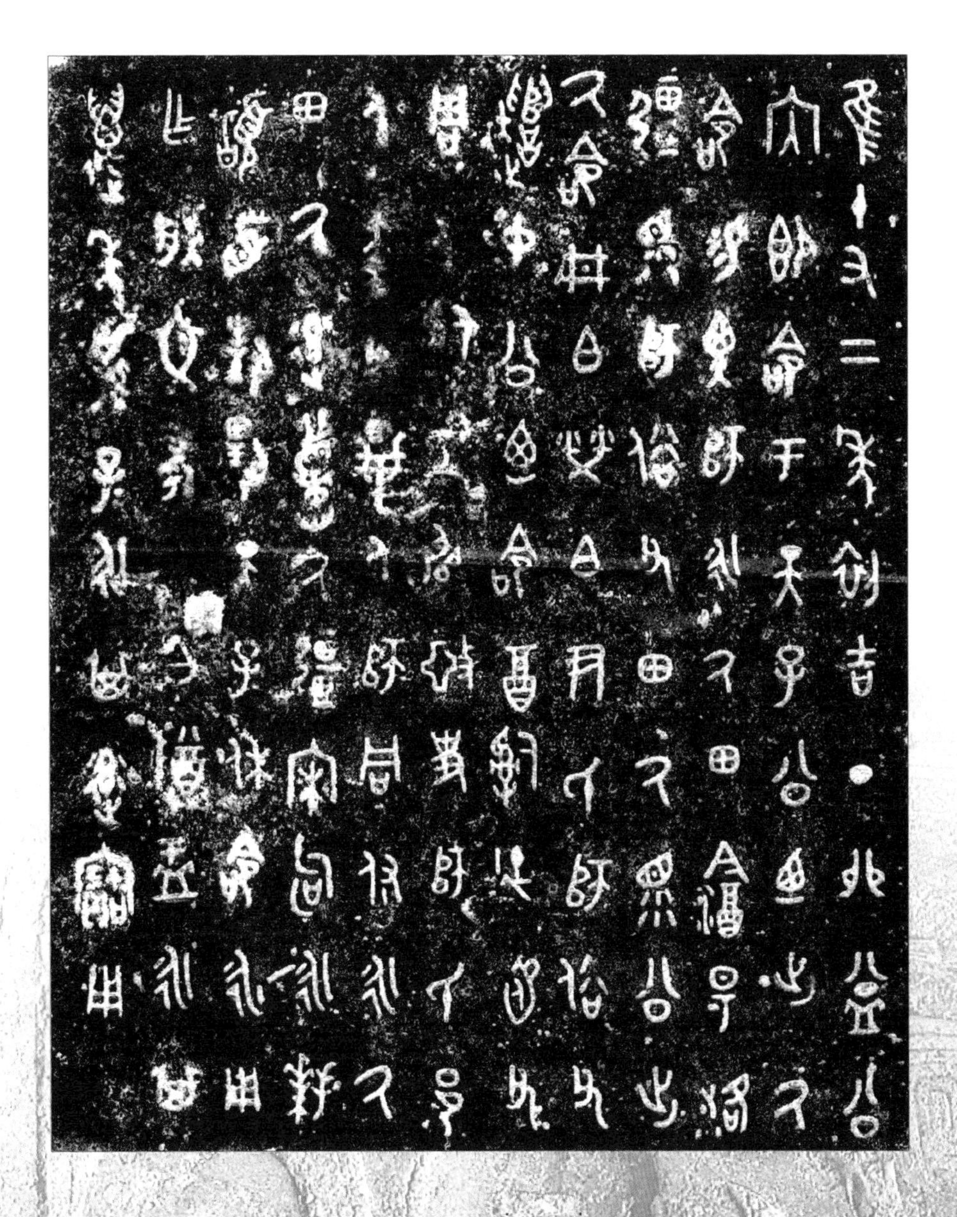

기물 전형도

상대(商代) 말기

서주(西周) 초기

서주(西周) 중기

춘추(春秋) 말기

탁본 크기 13×21cm

091

보우(𨔶盂)

서주(西周) 중기
높이 42cm 입지름 55.5cm 밑지름 44.6cm
발높이 7.5cm 무게 32.5kg
1967년 서안시 장안현(구) 신왕촌(西安市 長安縣(區) 新旺村)
서주(西周) 풍호(豊鎬) 유적지 출토

Bu Jar

Western Zhou Dynasty(1066BC~771BC)
Total H 42cm Mouth D 55.5cm Bottom D 44.6cm
Base H 7.5cm Weight 32.5kg
Excavated from Fenggao Relic of Western Zhou Dynasty
in Xinwang Village Chang'an County(District), Xi'an in 1967

우(盂)의 형체는 두껍고 묵직하며 입은 크고 복부는 비스듬하면서 거의 곧다. 하복부는 곡선을 그리며 오므라들었고 다리는 보다 길다. 족근(足根)은 높은 계단 모양을 하고 있다. 부이(附耳)는 수직으로 상복부와 이어졌고 위로 굽어 올라간 것이 기물의 입보다 높다. 상복부 두 귀 사이에는 두 개의 대칭되는 코가 있는데 돌출된 짐승 머리 모양을 하고 있다. 복부의 주문양은 환대문(環帶紋)이고 파도 모양의 봉우리 사이는 간략하게 변형된 수면문(獸面紋)으로 채웠다. 경부(頸部) 및 권족(圈足)은 모두 'S'형 절곡문(竊曲紋)을 장식했다. 이 두 가지 문양의 형태는 모두 서주(西周) 중기의 특징에 해당한다.

복부 밑바닥에는 다음과 같은 48자의 명문(銘文)이 새겨져 있다. "隹(唯)正月初吉, 君才(在)𩣭, 既(卽)宮, 命𨔶吏(使)於逑(逐)土隮, 諆, 各㚤(姒)司寮女寮奚, 㞷華. 天君吏(使)𨔶吏(使)𩔈(沫). 𨔶敢對揚, 用乍(作)文且(祖)已公障盂, 其永寶用."

명문은 보(𨔶)가 천군의 명을 받들고 요녀(寮女) 요해(寮奚)의 일을 관장하는 것을 기술하였다. 이로써 주대의 '해노(奚奴)'에 관한 사서 내용을 실증하여 명문의 사료적(史料的) 가치가 매우 크다.

092

여복여반(呂腹餘盤)

서주(西周) 말기
높이 15.7cm 복부깊이 8cm 입지름 37.8cm
밑지름 27.8cm 무게 5.25kg
1979년 섬서성 삼원현(陝西省 三原縣) 출토

Plate of Lǚ Fu Yu

Western Zhou Dynasty(1066BC~771BC)
Total H 15.7cm Belly Depth 8cm Mouse D 37.8cm
Bottom D 27.8cm Weight 5.25kg
Excavated from Sanyuan County in Shaanxi Province in 1979

기물(器物)의 형체는 두껍고 묵직하며 평평한 가장자리에 네모난 입술에 속은 얕고 좌우의 부이(附耳)는 기물의 입보다 높다. 고권족(高圈足)은 밖으로 벌어졌다. 복부 앞뒤 가운데는 짐승의 머리를 장식하였고 좌우로 각각 두 개의 고수용문(顧首龍紋)을 주조하였다. 고룡(顧龍)은 몸이 길고 머리를 돌려 입을 벌렸으며 척추는 융기했다. 긴 관은 아래로 드리웠고 끝은 위로 말렸다. 꼬리 부분은 위로 말리고 끝은 갈라졌다. 다리에는 철현문(凸弦紋) 두 바퀴를 둘렀다.

탁본 크기
12×20.5cm

복부 밑바닥에는 다음과 같은 6행 67자의 명문(銘文)이 새겨져 있다. "惟正二月初吉甲寅, 備中內右呂服餘. 王曰'服餘! 令女(汝)更乃祖考事, 足備中司六𠂤服, 錫女赤敀, 幽黃, 攸勒, 旂.' 呂服餘敢對揚天(子)丕顯休令, 用作寶盤盉, 其子子孫孫永寶用(갑인년 2월 초의 첫 길일날 비중내우 여복여는 적는다. 왕은 '복여! 너에게 명하노니 돌아간 조부를 위해 족비중사육추복, 적시, 유황, 유륵, 기를 하사하도록 한다.' 여복여는 천자의 덕을 찬양하여 보반화를 만들어 그 대대손손 영원히 보물로 사용하도록 한다)."

이 기물의 조형은 여왕(厲王) 전후의 순후반(荀侯盤)과 가장 비슷하다. 하지만 두 귀를 몸체에 바짝 붙이는 방법은 선왕(宣王)과 유왕(幽王) 시기에 많이 볼 수 있었고 명문의 글씨체도 보다 늦은 시기의 것이었다. 이로써 짐작해 보면 그 연대는 마땅히 서주(西周) 말기의 초반에 속하고 상한선은 이왕(夷王) 말기로 잡을 수 있다.

반(盤)은 고대에 물을 담고 버리는 대야이다. 상대(商代)와 서주 초기에 대부분 단독으로 쓰였고 간혹 화(盉)와 함께 쓰이기도 했다. 서주 말기에서 전국(戰國)시대까지는 반(盤), 이(匜)가 짝이 되는 것이 많았다. 상대의 반은 일반적으로 입이 크고 권족(圈足)에 귀는 없었다. 기물 안은 수생동물문양으로 장식하는 것이 많았다. 일부는 구연(口沿)에 서 있는 새를 주조하였다. 서주시대 반의 형체는 보다 컸고 속은 깊고 두 귀를 단 것이 적지 않았다. 넓은 유(流)와 반(鋬, 손잡이)이 달렸거나 권족 아래에 별도로 다리를 달아 반의 높이를 높인 것도 있었다. 춘추전국(春秋戰國)시대 반의 형체는 원형(圓形) 이외에 직사각형도 있었다. 반은 물을 담는 기물로서 이(匜)와 함께 세수를 할 때 사용했다. 구체적인 사용방법은 이(匜)로 물을 떠다가 붓고 손을 씻되 그 아래에 반을 놓아 물을 받는다. 고대의 귀족들은 연회를 베풀어 손님을 대접할 때 서로 음식을 건네기도 하는데 예의의 하나로 먼저 손을 씻어야 했다.

Pan was an ancient vessel for holding used water. During Shang and early west zhou Dynasties, Pan was used alone, seldom with He. Until late West Zhou Dynasty, Pan and Yi were used in combination. The shang style Pan usually took on broad-mouthed, round-footed, and handle-free structure. The inside of the vessel is usually engraved with aquatic animal designs, while the edge of the some vessels' bellies are cast with standing birds. The West Zhou style Pan took on big shape, deep belly, with two handles added to either side of the belly. Some Pan even had broad beak and handle, or an additional foot beneath the round base to raise the vessel. During Spring and Autumn period and Warring States period, Pan not only took on round shape, but also cuboid shape. As waste water container, Pan usually combined with Yi constitute a set of hand-washing ware, with Yi for holding clean water, and Pan for used water from Yi. In ancient times, there was a custom for aristocratic hosts and guests to present food to each other on feasts. Thus, it has become etiquette to wash hands ahead of the feast.

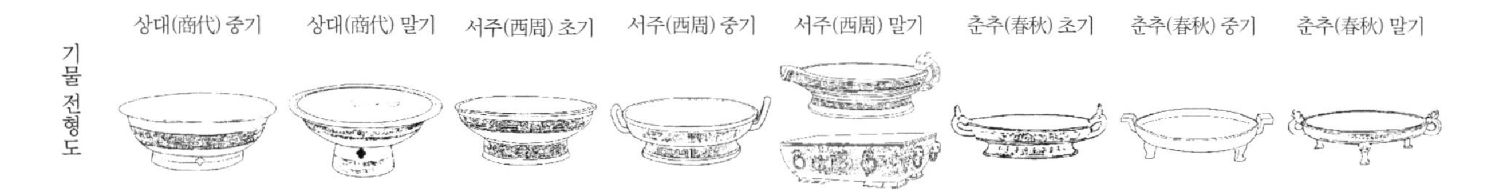

이(匜)는 고대의 세수 대야[盥器] 또는 주기(酒器)로 사용했다. 그 형태는 표주박[瓢]과 비슷한데 앞에는 넓은 유(流)가 있어 물을 끼얹을 수 있고 뒤에는 반(鋬, 손잡이)이 있어 손으로 잡을 수 있다. 밑은 사족(四足) 또는 삼족(三足)이며 다리가 없는 것도 있다. 청동이(青銅匜)는 서주(西周) 중기에 나타났고 서주 말기에서 한대(漢代)까지 유행하였다. 그 기물 형태는 상대(商代)의 주기 굉(觥)에서 변형된 것으로서 주로 대야로 반(盤)과 함께 쓰였고 술을 붓는 기물로 쓰기도 하였다.

Yi was an ancient washing vessel. Yi shapes like a gourd, with a wide beak in the front and a handle on its back. As for the bottom, some are quadrifooted, and trifooted, while some have no foot at all. Bronze Yi originated from mid West Zhou Dynasty, and prevailed from late West Zhou Dynasty till Spring and Autumn period and Warring States period. The structure of Yi originated from the Shang Dynasty Gong(a horn-made wine cup) and was used with Pan as a set of hand-washing ware.

093

중환문이(重環紋匜)

서주(西周) 말기
길이 27.3cm 너비 13cm 높이 15cm 무게 1.04kg
1973년 서안시 장안현(구) 마왕촌(西安市 長安縣(區) 馬王村)
서주(西周) 풍호(豊鎬) 유적지 출토

Yi with Circil Pattern

Western Zhou Dynasty(1066BC~771BC)
Total L 27.3cm W 13cm H 15cm Weight 1.04kg
Excavated from Fenggao Relic of Western Zhou Dynasty
in Mawang Village Chang'an County(District), Xi'an in 1973

이(匜)는 표주박 모양이고 유(流)는 호형(弧形)인데 위로 쳐들렸다. 속은 깊고 밑은 둥글고 뒤에는 반환형(半環形)의 반(鋬, 손잡이)이 있고 아래에는 네 개의 납작한 발굽형 다리가 받쳐 주고 있다. 손잡이는 권룡형(卷龍形)이고 용의 머리에는 굵은 눈썹과 둥근 눈이 있고 두 뿔은 밖으로 뻗었다. 두 귀는 뒤로 접혀 가장자리를 물고 물을 찾는 모양이며 꼬리는 이의 밑과 연결되었다. 구연(口沿)과 유(流)에는 중환문(重環紋) 한 바퀴를 둘렀고 복부는 횡구문(橫溝紋) 세 줄로 표현했다. 복부 안의 바닥에는 세로로 다음과 같은 2행 6자로 "姞□母作旅匜(길□모작려이)"의 명문(銘文)이 새겨져 있다. 이 기물과 서안(西安) 남전(藍田) 지갑만(指甲灣)에서 출토된 종중이(宗仲匜)[『고고(考古)』 1979년 2기]와 형태, 문양이 같다. 연대는 서주(西周) 말기에 해당한다.

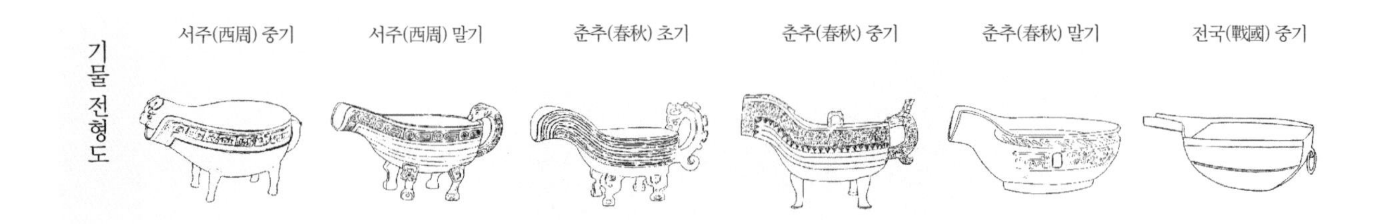

094

반리문이(蟠螭紋匜)

춘추(春秋) 말기
길이 30.7cm 너비 12.3cm 높이 15cm
무게 1.67kg
1992년 서안시(西安市) 수집

Yi with Pan and Chi Pattern

Spring and Autumn Period(770BC~476BC)
Total L 30.7cm W 12.3cm H 15cm
Weight 1.67kg
Collected in Xi'an in 1992

이(匜)는 표주박 모양이고 유(流)의 바닥은 곡선을 이루되 위로 향했고 유의 끝은 앞으로 약간 굽었다. 속은 깊고 바닥은 거의 평평하다. 뒤쪽에는 반환형(半環形)의 반(鋬, 손잡이)이 붙어 있고 아래에는 네 개의 납작한 다리가 받쳐 주고 있다. 손잡이는 짐승의 머리가 가장자리를 물고 물을 찾는 모습이고 눈이 매우 크다. 두 귀는 가로로 뻗어 삼각형을 이루었고 몸체에는 목문(目紋)과 운문(雲紋)을 장식했다. 구연(口沿)과 유의 주위 및 다리의 측면은 쌍구(雙勾) 반리문(蟠螭紋)으로 표현했는데 그 선은 모두 쌍구(한 쌍의 갈고리)이고 중간에는 비어 있다. 몸체는 네모난 운뢰문(雲雷紋)과 'S'형 문양으로 표현되었고 머리, 뿔 및 꼬리가 분명하지 않다. 이 같은 반리문은 대략 춘추(春秋) 말기에 유행하였다.

095

소면이(素面匜)

서한(西漢) 초기
높이 9.8cm 입지름 30.8×24.5cm 유(流) 길이 8.9cm
유(流) 너비 6.8cm 무게 0.84kg
2003년 서안시 미앙구 문경로 조원(西安市 未央區 文景路 棗園) 한묘(漢墓) 출토

Plain-faced Yi

Western Han Dynasty(206BC~23AD)
H 9.8cm Mouth D 30.8×24.5cm Beak L 8.9cm
Beak W 6.8cm Weight 0.84kg
Excavated from the tomb of Han Dynasty in Wenjing Road Weiyang District, Xi'an in 2003

기물의 형체는 약간 직사각형으로 되었고 유(流)는 좁고 길며 넓은 가장자리는 약간 안으로 오므라들었다. 비스듬한 복부의 벽은 조금 부풀었고 바닥은 평평하다. 전체적으로 조형이 깜찍하며 제작이 정교하고 소박하면서도 우아하다.

한(漢)의 이(匜)의 용도는 선진(先秦) 시기와 다르다. 『설문(說文)』에 "이(匜)는 국자[羹魁]와 같아 손잡이 중에 길이 있어 물과 술을 부을 수 있다"라고 한 것으로 보아 이는 주기(酒器)이면서 물을 담는 기물임을 알 수 있다. 이 기물과 동시에 출토된 것으로는 술이 가득 담긴 금동종(金銅鍾)이 있는데 반이 함께 나오지 않은 것으로 보아 이도 술을 붓는 기물에 속함을 알 수 있다.

감(鑑)은 물이나 얼음을 담는 용도로 쓰이는데 물을 담아 얼굴을 비추어 보거나 목욕을 하는 데도 쓰인다. 일반적으로 형체가 비교적 크다. 입은 크고 속은 깊숙하다. 바닥은 평평하거나 혹은 권족(圈足) 형태이다. 귀는 두 개 또는 네 개이고 크기가 분(盆)과 비슷하다. 춘추(春秋) 중기에 나타나 춘추 말기부터 한대(漢代)까지 유행하였다.

Jian was an ancient container for holding water or ice, which also served as bathing vessel and mirror when filled with water. It is normally quite large and takes on the shape of a huge basin with big mouth, deep belly, flat base or round foot as well as two or four handles. It originated from mid Spring and Autumn period and prevailed from late Spring and Autumn period till the Warring States period.

096

상림감(上林鑒)

서한(西漢)
높이 44cm 입지름 63cm 밑지름 35.5cm 무게 29.4kg
1961년 서안시 미앙구 삼교진 고요촌(西安市 未央區 三橋鎭 高窯村) 출토

Shanglin Jian

Western Han Dynasty(206BC~23AD)
H 44cm Mouth D 63cm Bottom D 35.5cm Weight 29.4kg
Excavated from Gaoyao Village Sanqiao Town Weiyang District, Xi'an in 1961

밑 탁본 크기 27×22.5cm

상림감(上林鑒)

서한(西漢)
높이 44cm 입지름 63cm 밑지름 33.8cm
무게 33.1kg
1961년 서안시 미앙구 삼교진 고요촌(西安市 未央區 三橋鎭 高窯村) 출토

Shanglin Jian

Western Han Dynasty(206BC~23AD)
H 44cm Mouth D 63cm Bottom D 33.8cm
Weight 33.1kg
Excavated from Gaoyao Village Sanqiao Town Weiyang District, Xi'an in 1961

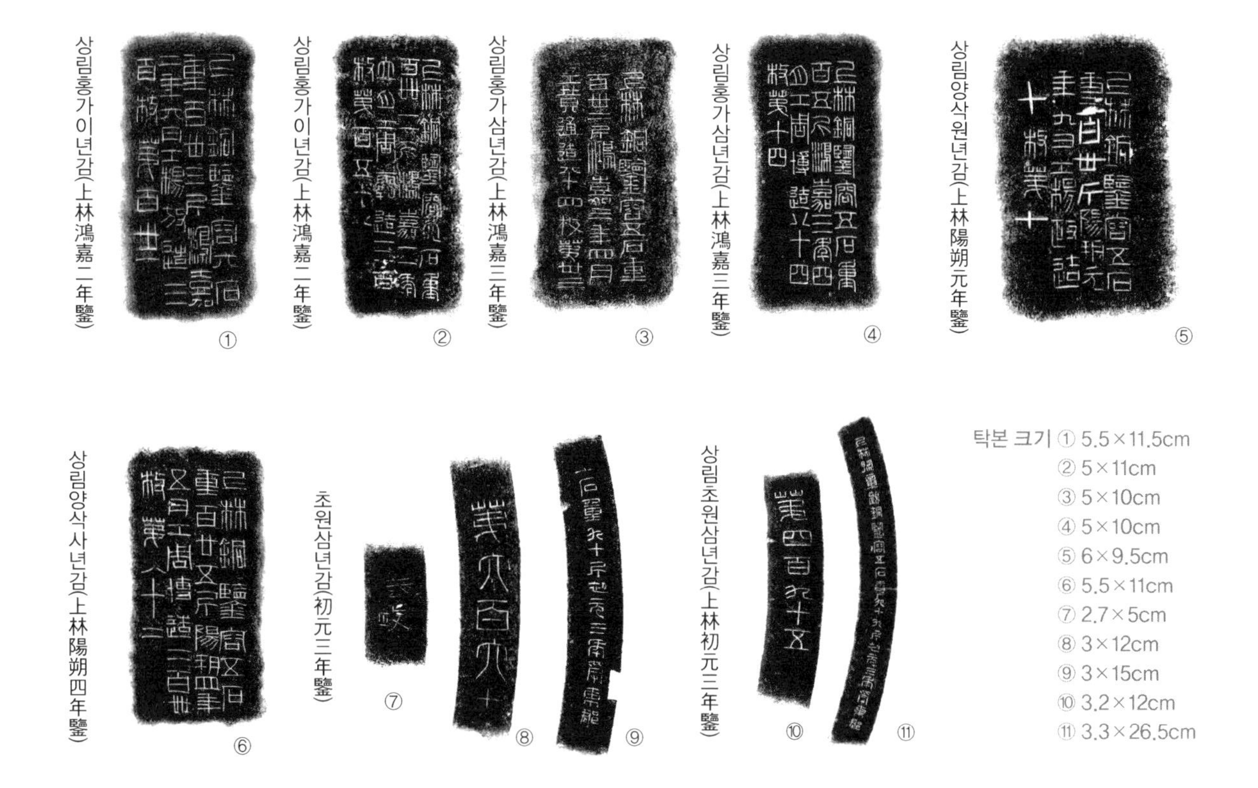

형태 및 크기가 같은 것이 모두 9점 있다. 기물은 두껍고 묵직하다. 구연(口沿)은 네모난 입술에 곧은 입인 것과 평절연(平折沿) 두 가지 종류가 있다. 복부는 곧고 조금 불룩하며 복부의 중간에는 현문(弦紋)을 장식했다. 하복부는 호형(弧形)으로 오므라들었고 바닥은 평평하다. 홍가삼년감(鴻嘉三年鑒) 한 점의 밑바닥에 새무늬가 주조되어 있는 것 외에 다른 기물에는 조각이나 무늬가 없다. 9점의 기물 중 8점의 구연 아래 바깥벽에는 예서(隸書)로 된 명문(銘文)이 새겨져 있는데 각각 다음과 같다.

① 상림홍가이년감(上林鴻嘉二年鑒) "上林銅鑒, 容六石, 重百卌三斤, 鴻嘉二年六月, 工楊放造. 三百枚, 第百卌一(상림동감, 용량 여섯 섬, 무게 133근, 홍가 2년 6월, 장인 양방 제조. 300매, 제131)"

② 상림홍가이년감(上林鴻嘉二年鑒) "上林銅鑒, 容六石, 重百卌二斤, 鴻嘉二年六月, 工周霸造. 三百枚, 第百五十(상림동감, 용량 여섯 섬, 무게 132근, 홍가 2년 6월, 장인 주패 제조. 300매, 제150)"

③ 상림홍가삼년감(上林鴻嘉三年鑒) "上林銅鑒, 容五石, 重百卌二斤, 鴻嘉三年四月工黃通造. 八十四枚, 第卅三(상림동감, 용량 다섯 섬, 무게 132근, 홍가 3년 4월에 장인 황통 제조. 84매, 제33)"

④ 상림홍가삼년감(上林鴻嘉三年鑒) "上林銅鑒, 容五石, 重百五斤, 鴻嘉三年四月工周博造. 八十四枚, 第十四(상림동감, 용량 다섯 섬, 무게 105근. 홍가 3년 4월에 장인 주박 제조. 84매, 제14)"

⑤ 상림양삭원년감(上林陽朔元年鑒) "上林銅鑒, 容五石, 重百卅斤, 陽朔元年九月工楊政造. 十枚, 第十(상림동감, 용량 다섯 섬, 무게 130근, 양삭 원년 9월에 장인 양정 제조. 10매, 제10)"

⑥ 상림양삭사년감(上林陽朔四年鑒) "上林銅鑒, 容五石, 重百廿五斤, 陽朔四年五月工周博造. 二百四十枚, 第八十二(상림동감, 용량 다섯 섬, 무게 125근. 양삭 4년 5월에 장인 주박 제조. 240매, 제82)"

⑦⑧⑨ 상림초원삼년감(上林初元三年鑒) "上林豫章觀銅鑒, 容五石, 重九十九斤, 初元三年受東郡(상림예장관동감, 용량 다섯 섬, 무게 99근, 초원 3년 동군 입수).", "第四百九十五(제495)"

⑩⑪ 초원삼년감(初元三年鑒) "武□(무□)", "一石重九十斤, 初元三年受東郡. 第六百六十(한 섬에 90근, 초원 3년 동군 입수, 제660)"

명문의 내용은 사용처, 용량, 무게, 제조일시, 장인의 이름 및 차수와 번호가 포함되어 있다. 상림(上林)은 본래 진(秦)나라의 구원(舊苑)인데 한무제(漢武帝)가 증축하였고 내부에는 이궁(離宮) 70소가 있으며 그중에는 곤명지(昆明池)의 예장관(豫章觀)도 포함된다. 명문으로부터 미루어 보아 2점의 '초원삼년감'을 동군(東郡)에서 들여온 것 외에 기타 기물은 모두 상림원에서 제조한 것임을 알 수 있다. 1961년 한(漢)의 장안성(長安城) 상림원 유적에서 함께 출토되었다.

세(洗)는 고대 세면도구로 지금의 세숫대야와 흡사하다. 기본 형체는 원형에 구연부(口沿部)는 넓고 바닥은 평평하거나 둥글며 복부 양측에 포수함환(鋪首銜環)의 귀가 달린 경우가 많다. 기물의 안쪽 바닥에는 보통 쌍어문(雙魚紋)이 장식되어 있거나 '大吉羊(대길양)', '富貴昌(부귀창)', '宜侯王(의후왕)' 등 길상어(吉祥語)가 새겨져 있다. 한대(漢代)에 성행하였고 당대(唐代)까지 사용되었다.

Xi is an ancient washing vessel in the shape of modern basin. It takes on round shape, wide-edged mouth, and flat base or round base, with an animal-head-shaped ornament with rings installed to both side of the belly. The bottom of Xi is usually engraved with double-fish patterns of auspicious words like 'Propitious Goat'. 'Wealthy and Prosperous', 'Proper Marquis'. Xi prevailed during Han Dynasty and remained popular in Tang Dynasty.

097

인형족세(人形足洗)

서한(西漢) 말기
높이 14.2cm 입지름 27.5cm 발높이 6.5cm 무게 1.94kg
1964년 12월 서안시 연호구 서관 남소항(西安市 蓮湖區 西關南小巷) 출토

Man shaped feet Xi

Western Han Dynasty(206BC~23AD)
Total H 14.2cm Mouth D 27.5cm Feet H 6.5cm Weight 1.94kg
Excavated from Nanxiaoxiang in Lianhu District, Xi'an in Dec 1964

기물의 형체는 분(盆)과 비슷하다. 입은 곧고 평절연(平折沿)이다. 아랫배는 비스듬히 오므라들면서 약간 부풀었다. 둥근 바닥에는 권족(圈足)이 붙어 있고 세 다리가 몸체를 받쳐 주고 있다. 다리는 사람의 형태를 하고 있는데 교령(交領)에 착수단포(窄袖短袍)를 입고 있으며 두 손으로 허리를 짚고 선 채 머리와 어깨로 세(洗)를 받치고 있다. 또한 눈은 부릅떴고 눈썹은 길며 코는 넓적하고 입은 벌어졌으며 온몸에 힘을 주고 있다. 거대한 동세(銅洗)가 세 사람의 몸을 누르고 있어 사람의 눈, 코와 입의 형태는 모두 지탱하기 무척 힘든 상황을 잘 표현하고 있으며 그 형상이 매우 생동감 있고 사실적이다. 이런 모양의 세는 서한(西漢) 말기에 유행하였다.

098

초원사년세(初元四年洗)

서한(西漢)
높이 20.3cm 입지름 43.6cm 복부지름 41.6cm 밑지름 20.1cm
무게 7.85kg
1976년 서안시 안탑구 곡강공사(향)(西安市 雁塔區 曲江公社(鄉)) 출토

Xi of Fourth year of Chuyuan

Western Han Dynasty(206BC~23AD)
H 20.3cm Mouth D 43.6cm Belly D 41.6cm Bottom D 20.1cm
Weight 7.85kg
Excavated from Qujiang Community in Yanta District, Xi'an in 1976

기물의 입은 약간 안으로 들어가고 평절연(平折沿)이며 속이 비교적 깊다. 상복부는 조금 불룩하고 하복부는 비스듬히 오므라들고 밑바닥은 평평하다. 상복부에는 관현문(寬弦紋)이 한 바퀴 장식되어 있는데 현문 가운데 철릉(凸稜)이 한 바퀴 겹쳐져 있다. 절연(折沿)의 윗면에는 예서(隸書)로 "內春(내춘)" 2자, 절연의 뒷면에는 다음과 같은 한 줄의 예서 26자가 새겨져 있다. "初元四年供工殷造, 護誼成佐忠主守右丞音守令宣者. 重廿五斤(초원 4년 공공은 제작, 호의성좌충주수우승음수령선자, 무게는 스물다섯 근)." 형태는 서한(西漢)시대에 속한다.

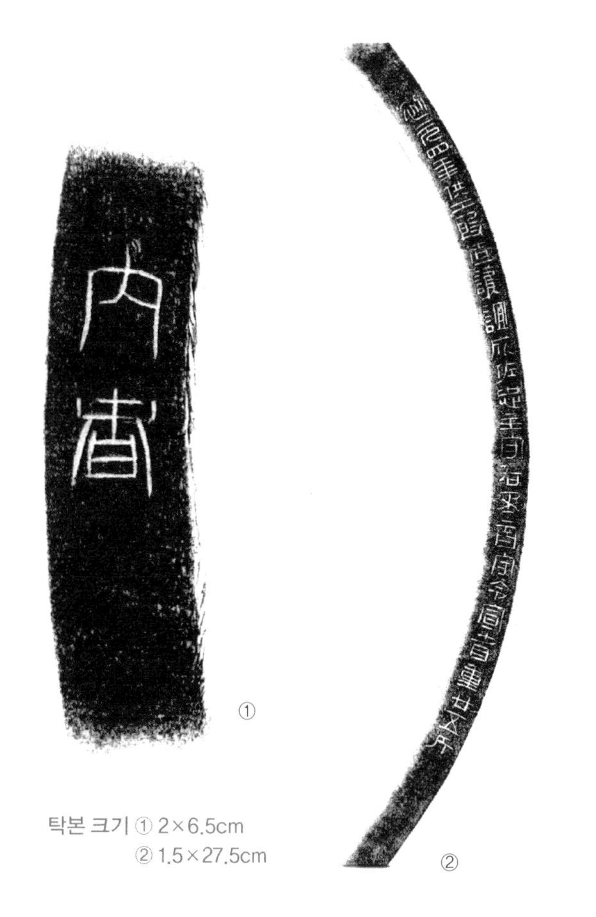

탁본 크기 ① 2×6.5cm
② 1.5×27.5cm

099

양문세(羊紋洗)

한(漢)
높이 8cm 입지름 33.4cm 복부지름 30.2cm
밑지름 19.4cm 무게 2.5kg
1978년 서안시(西安市) 문물상점에서 넘겨받음

Goat Pattern Xi

Han Dynasty(206BC~220AD)
H 8cm Mouth D 33.4cm Belly D 30.2cm
Bottom D 19.4cm Weight 2.5kg
Transferred by Xi'an Culture Relic shop in 1978

호형연(弧形沿)이 비스듬히 벌어지고 입은 약간 안으로 들어가고 볼록한 배는 아래에서 오므라들었다. 배 밑바닥의 중간 부위는 밑으로 옴폭하게 들어갔으며 테두리는 젖혀진 모서리가 있다. 이와 대응되는 기물의 밑바닥은 낮은 떡 모양 바닥으로 돌출되어 있고 밑바닥의 테두리에는 철현문(凸弦紋) 세 줄이 장식되어 있다. 복부의 측면에는 한 쌍의 포수(鋪首, 짐승 얼굴의 고리)가 달려 있다. 안쪽 바닥에는 양각선(陽刻線)으로 양무늬를 그렸는데 양의 몸집은 비대하고 입에 풀을 물고 바위 속에서 거닐고 있다. 주변에는 초목이 있고 위쪽과 뒤쪽에는 'S'형 운문(雲紋)이 장식되어 있다. 양은 '상(祥)'과 음이 비슷해 상서로운 뜻을 지니고 있다.

탁본 지름 20cm

탁본 크기 4.5×25cm

100

부귀창세(富貴昌洗)

한(漢)
높이 22.77cm 입지름 44.12cm 복부지름 40.75cm 밑지름 20.2cm
무게 9.27kg
1975년 4월 서안시 미앙구 고묘향 장북촌(西安市 未央區 高廟鄉 牆北村) 한대(漢代) 장안성(長安城) 유적지 출토

Fuguichang Xi

Han Dynasty(206BC~220AD)
H 22.77cm Mouth D 44.12cm Belly D 40.75cm Bottom D 20.2cm
Weight 9.27kg
Excavated from Chang'an Relic of Han Dynasty in Qiangbei Village Gaomiao Community Weiyang District, Xi'an in Apr 1975

입의 넓은 가장자리가 밖으로 젖혀졌고 입은 조금 안으로 들어갔다. 배는 깊숙하고 허리는 불룩하게 나왔으며 바닥은 평평하다. 복부 양측에는 포수(鋪首)가 달려 있다. 복부에는 두 층으로 겹쳐진 관현문(寬弦紋)이 장식되어 있는데 현문 중간 부분이 볼록하게 올라왔다. 배 안쪽 바닥의 양각 직사각형 테두리 안에는 "富貴昌宜侯王(부귀창의후왕)"이라는 6자의 예서(隸書)가 양각(陽刻)되어 있는데 이런 길상명문(吉祥銘文)은 한대(漢代) 동기(銅器) 중에서 매우 유행하였다.

현(鋗)은 소반(小盤)을 가리킨다. 주로 용기로 쓰이며 술을 데우는 용도도 있다. 보통 둥근 배에 복부 위쪽의 벽은 비교적 곧아서 어깨와 목이 분명하지 않다. 한대(漢代)에 유행하였다.

Juan is small basin, which is mainly used as water container, and also as a vessel to heat wine. It usually has round belly. The part above the belly is quite erect, with the shoulder, and neck not so obvious. It was popular in Han Dynasty.

101

현(鋗)

서한(西漢)
높이 19.2cm 입지름 50cm
밑지름 24.76cm 무게 5kg
1961년 서안시 미앙구 삼교진 고요촌(西安市 未央區 三橋鎭 高窯村) 출토

Juan

Western Han Dynasty(206BC～23AD)
H 19.2cm Mouth D 50cm
Bottom D 24.76cm Weight 5kg
Excavated from Gaoyao Village Sanqiao Town Weiyang District, Xi'an in 1961

형태는 분(盆)과 비슷하다. 평절연(平折沿)에 속은 깊고 비스듬한 복벽은 약간 밖으로 기울었다. 평저(平底)의 중간은 오목하게 파여 넓은 권족(圈足)이 형성되었다. 족근(足跟) 외측과 복벽이 서로 이어졌다. 전체적으로 소박하면서 무늬가 없다. 바깥 복벽에 세로로 예서(隸書)로 된 다음과 같은 14자의 명문(銘文)이 새겨져 있다. "上林昭臺廚銅鋗, 容一石, 重廿斤. 宮(상림소대주동현, 용량 한 섬, 무게 20근. 궁)" 구연(口沿)에는 "第十百廿六(제1026)" 5자가 새겨져 있다. 명문으로 미루어 보아 이 기물은 서한(西漢) 상림원(上林苑) 내 소대궁(昭台宮)의 주방용 동현(銅鋗)임을 알 수 있다. 소대궁은 경우에 따라 황후의 폐위 후 거처로도 사용되었다.

이 기물(器物)은 명문에 현(鋗)이라 쓰여 있으나 흔히 보는 현의 형태와 같지 않아 드문 형식이라 할 수 있다.

① ②

탁본 크기 ① 3.5×13.5cm
② 2×10cm

악기

樂器

Musical Instruments

종(鍾)은 고대에 제사나 연회에서 사용되는 타악기이다. 뇨(鐃)가 변형된 것으로 서주(西周) 시기에 출현해 현재까지 사용된다. 당대(唐代) 이후에는 주로 시간을 알리는 데 쓰였다. 종은 세 가지로 나뉜다. ① 용종(甬鍾)은 무(舞)의 위쪽에 긴 자루가 달려 있고 옆으로 걸어 연주한다. ② 뉴종(鈕鍾)은 무의 위쪽에 용(甬) 대신 방형(方形) 혹은 짐승 모양의 꼭지가 있으며 바로 걸어 놓고 연주한다. ③ 박종(鎛鍾)은 무의 위쪽에 용 대신 고리 모양이나 짐승 모양의 꼭지가 있고 이것도 바로 걸어 놓고 연주한다. 종의 기본 형태는 모두 납작한 몸집에 윗부분이 평평하며 호형(弧形) 입을 가지고 있으며 맨 위쪽에는 걸 수 있도록 용이나 꼭지가 달려 있다.

Bell is a type of percussion instrument used on sacrificial ceremonies and feasts. Evolved from Rao, and originated from West Zhou Dynasty, bell remained in use even today. The function of bell has changed into offering time service since Tang Dynasty. The variants of bell fall into the following three. Yong Bell, with a long stick fastened on top of the bellto tilt the bell; Niu Bell, with a cubic-shaped of beast shaped arc button on the top of the bell, which helps the bell to be straightly hung; Bo Bell, also straightly hung, has a ring of beast-shaped arc on its top instead of Yong. The three variants all take on oblate shape with arc mouth and flat top, above which there's a hanger either Yong or Niu.

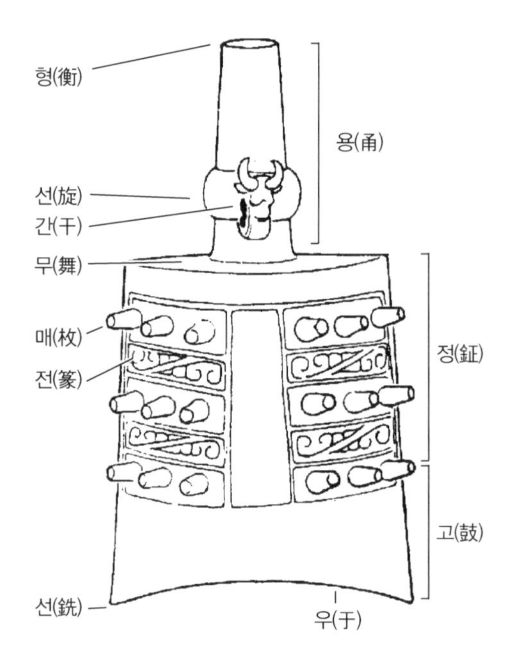

청동종 각 부위 명칭 설명

기물 전형도

서주(西周) 중기

서주(西周) 말기

춘추(春秋) 중기

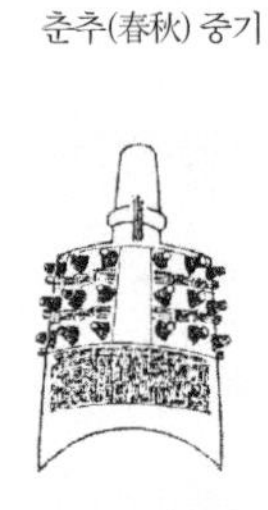

춘추(春秋) 말기

춘추(春秋) 말기
~전국(戰國) 초기

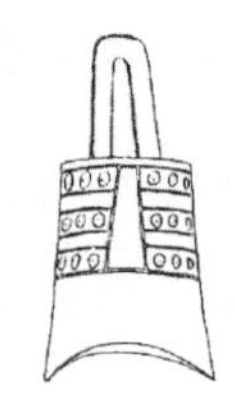

전국(戰國) 초기

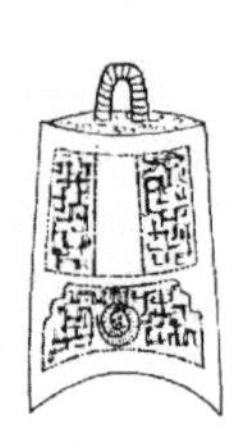

전국(戰國) 말기

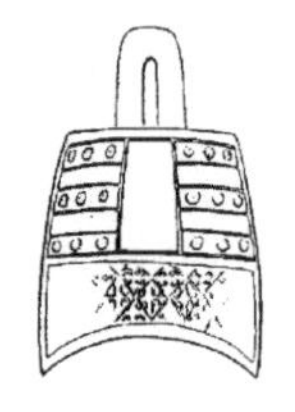

102

용종(甬鍾)

서주(西周) 말기
높이 48cm 선(銑)지름 28cm 무게 16.6kg
1973년 서안시 장안현(구) 풍서공사(향) 마왕촌(西安市 長安縣(區) 灃西公社(鄕) 馬王村) 서주(西周) 풍호(豊鎬) 유적지 출토

Yong Bell

Western Zhou Dynasty(1066BC~771AD)
Total H 48cm Mouth D 28cm Weight 16.6kg
Excavated from Fenggao Relic of Western Zhou Dynasty in Mawang Village Fengxi Community Chang'an County(District), Xi'an in 1973

용종(甬鍾) 2점이 함께 출토되었는데 그 모양과 크기가 같다. 종의 몸체는 소리 내는 부분인 강(腔)이 길고, 형(衡)은 막혀 있다. 용(甬)은 위가 작고 아래가 큰 원주형이고, 선(旋)과 간(干)이 있다. 정(鉦), 전(篆), 매(枚) 사이는 음각선(陰刻線)이 있고 매는 끝이 평평하다. 전에는 비스듬한 운문(雲紋)을 장식했는데 세트마다 두 개의 운문이 빗각으로 상하 대칭을 이뤘다. 고(鼓)는 앞뒤에 각각 두 세트의 교차시켜 겹친 뇌문을 장식하였는데 세트마다 좌우 대칭인 두 개의 'T' 자 문(紋)으로 구성되었다. 고(鼓)의 문양은 서주(西周) 말기 동종(銅鍾)의 주요 특징이다.

103

편종(編鍾)

전국(戰國)
입지름 7.1×5.2cm 높이 14.9cm 무게 0.43kg
입지름 7.6×5.6cm 높이 15.8cm 무게 0.54kg
입지름 7.5×5.6cm 높이 15.2cm 무게 0.51kg
입지름 6.8×5cm 높이 14.1cm 무게 0.42kg
입지름 6.8×5cm 높이 14cm 무게 0.38kg
1971년 서안시 안탑구 사파(西安市 雁塔區 沙坡) 한묘(漢墓)에서 출토

A Chime of Bells

Warring States Period(475BC~221BC)
Mouth D 7.1×5.2cm H 14.9cm Weight 0.43kg
Mouth D 7.6×5.6cm H 15.8cm Weight 0.54kg
Mouth D 7.5×5.6cm H 15.2cm Weight 0.51kg
Mouth D 6.8×5cm H 14.1cm Weight 0.42kg
Mouth D 6.8×5cm H 14cm Weight 0.38kg
Excavated from the tomb of Han Dynasty in Shapo Village Yanta District, Xi'an in 1971

이 편종(編鍾)은 5점이 한 세트이며 형태는 같고 크기는 차례로 작아진다. 용(甬)은 굵고 길며 간(干)은 갈고리 모양이다. 강(腔)의 아랫부분은 매우 넓고 중간 위쪽은 점차 오므라들고 두 선(銑)은 비스듬히 굽은 호형(弧形)이다. 정(鉦), 전(篆) 및 매(枚) 사이는 약간 볼록하게 나온 현문(弦紋)으로 나뉘고 매는 조금 볼록한 유정(乳釘) 모양이다.

편종은 크기에 따라 배열된 여러 개의 동종(銅鍾)으로 구성되었다. 지금까지 발견된 연대가 가장 이른 한 세트의 편종으로는 장안(長安) 보도촌(普渡村)에 있는 서주(西周) 중기의 장불묘(長甶墓) 및 보계(寶雞) 여가장(茹家莊) 백묘(伯墓)에서 발견되었는데 3점이 한 세트를 이룬다. 서주 말기에는 8점을 한 조로 하고, 동주(東周) 시기에는 한 조에 14점인 편종이 출현했고 전국(戰國) 초기의 수주시(隨州市) 증후을묘(曾侯乙墓)에서 출토된 편종은 도합 64점에 달했는데 이는 지금까지 나타난 편종 가운데서 가장 완전한 편종 조합이다. 종은 서주 중기에 출현하여 춘추전국(春秋戰國)시대에 이르기까지 제사와 연회에서 중요한 악기로 사용되었다. 또한 편종은 일반적으로 일정한 순서에 따라 나무틀에 걸어 놓고 나무망치로 두드려 연주한다.

이 편종은 5점으로 구성되었고 몸집이 작고 깜찍한데 이런 형태의 편종은 전국시대에만 나타나고 있다.

104

용뉴응종(龍鈕應鍾)

전국(戰國) 중 · 말기
높이 22.5cm 선(銑)지름 15cm 무게 3.17kg
1967년 서안시 대백양(西安市 大白楊) 폐품처리창고 수집

Dragon Pattern Button Bell

Warring States Period(475BC~221BC)
Total H 22.5cm Mouth D 15cm Weight 3.17kg
Collected in Dabaiyang warehouse, Xi'an in 1967

B면

A면

꼭지는 투각한 쌍룡뉴(雙龍鈕)로 용은 머리를 서로 마주 향하고 입을 벌리고 뿔은 뒤로 굽어져 몸과 이어졌다. 두 용은 몸체를 구부리고 앞발을 마주 잡아 방형(方形)을 이루고 뒷다리는 약간 구부린 채 서 있다. 꼬리는 자연스레 아래로 드리우고 꼬리 끝을 위로 말아 올리고 있다. 용의 머리와 사지에는 곡문(穀紋)을, 등과 꼬리에는 인문(鱗紋)을, 그리고 몸체의 뒷부분에는 기하문(幾何紋)을 장식하였다. 정(鉦), 매(枚), 전(篆) 사이는 승문(繩紋)으로 된 테두리로 나뉜다. 한 면에는 '應鍾(응종)'이 새겨져 있고[형태로 보면 박(鎛)에 속함] 한 면에는 '大和(대화)'가 새겨져 있는데 모두 전서체(篆書體)이다. 정의 좌우에 있는 두 줄의 전은 매를 세 줄로 나누고 있고 줄마다 와선문(渦旋紋)이 새겨진 세 개의 매가 볼록하게 나와 있다. 무(舞), 전(篆), 고(鼓) 및 승문 테두리 주위에는 모두 반리문(蟠螭紋)이 장식되어 있고 정과 고의 아랫부분은 문양이 없다.

병기

兵器

Weapons

과(戈)는 '구병(勾兵)'이라고도 하는데 횡으로 찍고 갈고리로 당겨 공격하는 살상용 무기이다. 구리로 된 과두(戈頭), 나무 혹은 대나무로 된 비(柲) 및 비(柲) 상단의 비모(柲冒)와 하단의 동대(銅鐓)로 구성되었다. 비모는 일반적으로 나무로 된 것이 많은데 구리로 주조한 것도 있다. 과두의 부분별 명칭을 살펴보면 앞부분의 날은 '원(援)'이라 하고 원의 끝에서 아래로 꺾인 부분은 '호(胡)'라 하며 호 위의 작은 구멍을 '천(穿)'이라 하는데 가죽 끈을 꿰어 비에 고정시키는 데 쓰인다. 목비(木柲)에 끼워 넣은 원 뒤쪽의 연장 부분은 '내(內)'라 부른다. 과는 주로 상주대(商周代)에 성행하였다. 상(商)에 직내과(直內戈), 곡내과(曲內戈) 및 비를 꽂을 수 있는 유공과(有銎戈) 세 가지가 있었다. 서주(西周) 시기의 과는 단호(短胡)가 많았다. 춘추전국(春秋戰國)시대의 과는 대부분 장호(長胡)이고 3개 내지 4개의 구멍이 나 있다. 과에도 석과(石戈), 옥과(玉戈), 골과(骨戈) 등이 있는데 의장용으로 쓰였다.

서한 공심전(空心磚)에 압인된 과(戈)를 들고 있는 인물

Dagger axe, also 'Goubing', is used for catching and killing. The head of it is made of bronze, and the other part is made of wood or bamboo. The shell of Mi is made of wood, or of bronze. Each part of Dagger-axe has certain name the front edge is called 'yuan'; the end of Yuan is called 'Hu'; the hole on Hu is called 'Chuan', and it could be fastened to Mi with the leather rope, the prolonged part, which is set into Mi, is called 'Nei'. Dagger-axe is prevalent in the period of Shang and Zhou. There are three kinds of dagger-axe which are straight dagger-axe, curving dagger-axe and one that could be inserted into Mi. In the period of West Zhou, short Hu is commonly used, which has one Chuan or two Chuan. In the period of Spring and Autumn, the dagger-axe always have long Hu, with mostly three Chuan and four Chuan. Dagger-axe is also stone made, jade made, bone made, for the purpose of rituals.

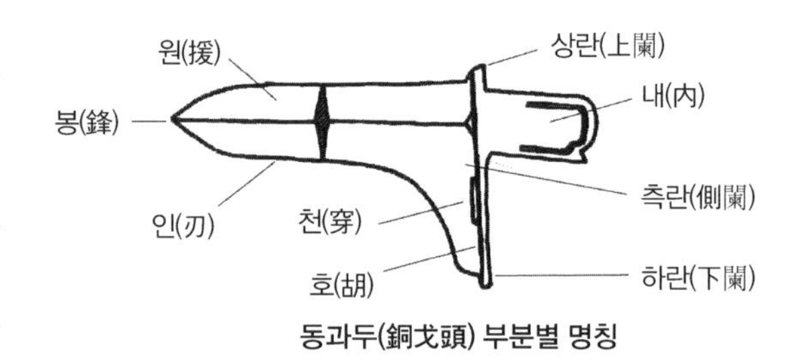

동과두(銅戈頭) 부분별 명칭

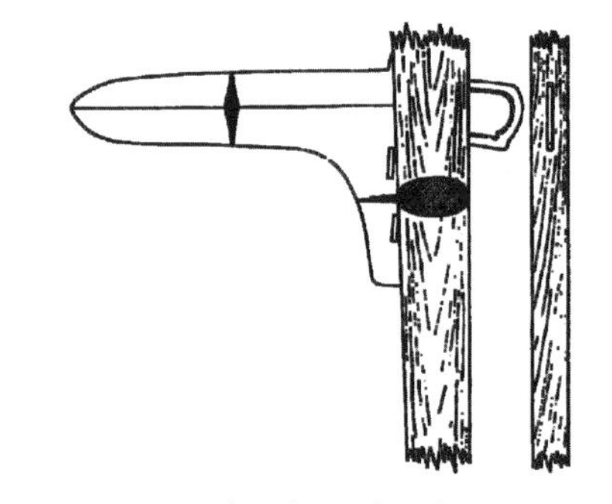

소둔(小屯) 서지(西地) M234에서 출토된 과(戈)의 비(柲) 설치 방법

105

곡내과(曲內戈)

상(商) 초 · 중기
길이 33.3cm 원(援)길이 22cm 난(闌)길이 7.6cm 무게 0.54kg
1978년 서안시 대백양(西安市 大白楊) 폐품처리창고 수집

Curving Dagger-Axe

Shang Dynasty(1600BC~1066BC)
Total L 33.3cm L of Yuan 22cm L of Lan 7.6cm Weight 0.54kg
Collected in Dabaiyang warehouse, Xi'an in 1978

원(援)은 좁고 긴 우설(牛舌) 모양이고 중간의 척(脊)이 일어나 있으며 상하에 난(闌)이 있다. 내(內)의 앞부분에는 작고 동그란 천(穿)이 하나 나 있고 뒷부분은 아래로 굽어 있다. 내의 양면에는 양각 기룡문(夔龍紋)을 장식하였다.

106

공내과(銎內戈)

상대(商代) 말기
길이 18.4cm 원(援)길이 11.7cm 난(闌)길이 6.4cm 무게 0.34kg
1991년 1월 16일 서안시(西安市) 공안국 안탑분국(雁塔分局)에서 보내옴.

Qiong Dagger-axe

Shang Dynasty(1600BC~1066BC)
Total L 18.4cm L of Yuan 11.7cm L of Lan 6.4cm Weight 0.34kg
Transferred by the Public Security Bureau of Yanta District in Jan 16 1991

원(援)은 우설형(牛舌形)이고 가운데 볼록한 척(脊)이 있다. 내(內) 앞부분에 나 있는 공(銎)의 횡단면은 타원형이고 내의 뒷부분은 납작하다.

107

산자과(山字戈)

상대(商代) 말기
길이 20.8cm 원(援)길이 15cm 난(闌)길이 8.3cm 무게 0.377kg
1974년 서안시 대백양(西安市 大白楊) 폐품처리창고 수집

Shan Character Pattern Dagger-axe

Shang Dynasty(1600BC~1066BC)
Total L 20.8cm L of Yuan 15cm L of Lan 8.3cm Weight 0.377kg
Collected in Dabaiyang warehouse, Xi'an in 1974

원(援)은 우설형(牛舌形)이고 척(脊)이 일어나 있으며 측란(側闌)에 천(穿)이 2개 있다. 호(胡)는 짧고 호 아래에는 앞으로 뻗어 나온 짧은 자(刺)가 있다. 내(內) 뒷부분의 직사각형 오목면 안에는 '山(산)' 자가 양각으로 새겨져 있다.

기물 전형도

상대(商代) 초기 상대(商代) 말기 서주(西周) 초기 춘추(春秋) 초기 춘추(春秋) 말기 전국(戰國) 초기 전국(戰國) 말기

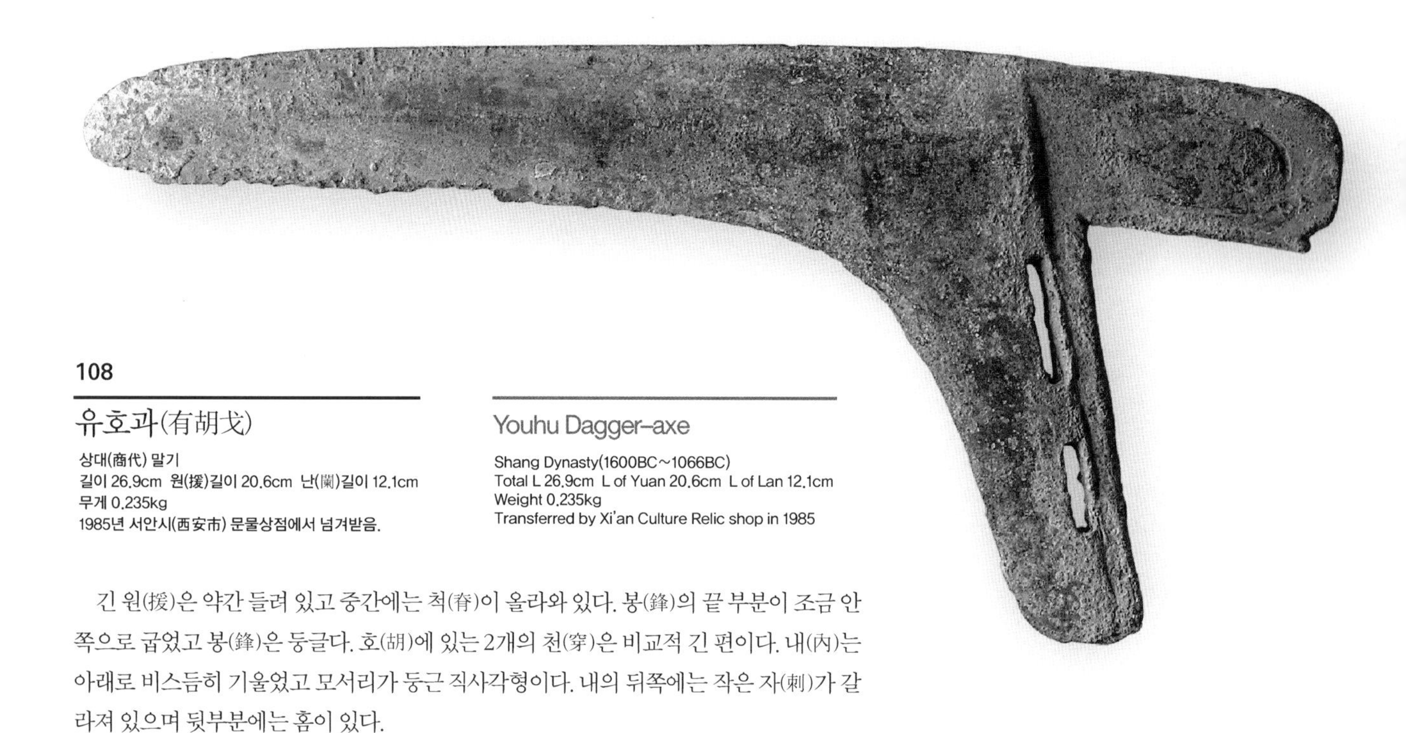

108

유호과(有胡戈)

상대(商代) 말기
길이 26.9cm 원(援)길이 20.6cm 난(闌)길이 12.1cm
무게 0.235kg
1985년 서안시(西安市) 문물상점에서 넘겨받음.

Youhu Dagger-axe

Shang Dynasty(1600BC~1066BC)
Total L 26.9cm L of Yuan 20.6cm L of Lan 12.1cm
Weight 0.235kg
Transferred by Xi'an Culture Relic shop in 1985

긴 원(援)은 약간 들려 있고 중간에는 척(脊)이 올라와 있다. 봉(鋒)의 끝 부분이 조금 안쪽으로 굽었고 봉(鋒)은 둥글다. 호(胡)에 있는 2개의 천(穿)은 비교적 긴 편이다. 내(內)는 아래로 비스듬히 기울었고 모서리가 둥근 직사각형이다. 내의 뒤쪽에는 작은 자(刺)가 갈라져 있으며 뒷부분에는 홈이 있다.

109

직내과(直內戈)

상대(商代) 말기
길이 24.2cm 원(援)길이 17.8cm 난(闌)길이 7.6cm
무게 0.4kg
1977년 서안시 대백양(西安市 大白楊) 폐품처리창고 수집

Straight Dagger-axe

Shang Dynasty(1600BC~1066BC)
Total L 24.2cm L of Yuan 17.8cm L of Lan 7.6cm
Weight 0.4kg
Collected in Dabaiyang warehouse, Xi'an in 1977

원(援)은 약간 호형(弧形)으로 굽었고 창끝은 무딘 형태이다. 척(脊)이 약간 올라와 있다. 상하 난(闌)은 돌출되었고 내(內)는 직사각형이고 가운데 천(穿)이 있다. 원에는 선문(蟬紋)과 와문(渦紋)으로 구성된 삼각 도안을 장식하였다. 그 상중부(上中部)에는 음각한 능형문(菱形紋)이 있고 양면에는 곱자[曲尺]형 짐승 모양의 각이 비스듬히 나 있어 측란(側闌)을 이루고 있다. 내는 양면 모두 뒷부분에 직사각형의 홈이 있고 홈 안에 양각 수면문(獸面紋)이 대칭으로 장식해 양면을 합하면 하나의 완전한 수면문을 이룬다.

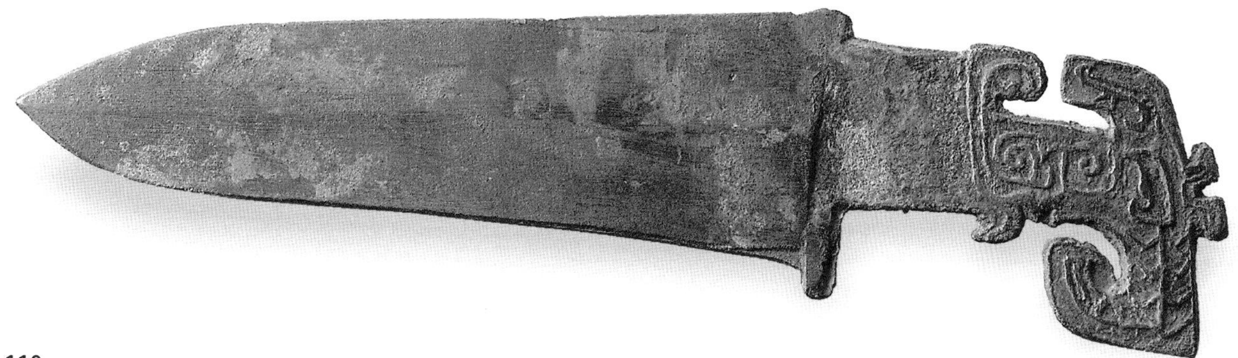

110

조문과(鳥紋戈)

상대(商代) 후기
길이 28.2cm 원(援)길이 18.7cm 난(闌)길이 6.7cm
무게 0.18kg
1979년 6월 서안시(西安市) 문물상점에서 넘겨받음.

Dagger–axe with Bird Pattern

Shang Dynasty(1600BC~1066BC)
Total L 28.2cm L of Yuan 18.7cm L of Lan 6.7cm
Weight 0.18kg
Transferred by Xi'an Culture Relic shop in June 1979

과(戈)의 몸집은 가볍고 얇으며 곧은 원(援)은 안으로 굽었다. 원은 비교적 넓고 앞 끝은 예리하며 척(脊)은 뚜렷하지 않다. 상란(上闌)은 파손되었고 하란(下闌)은 돌출되었다. 내(內)의 뒷부분은 아래로 굽었고 새 모양의 누공(鏤空)이 있다. 양면의 조문(鳥紋)은 선의 세부가 대체로 같다.

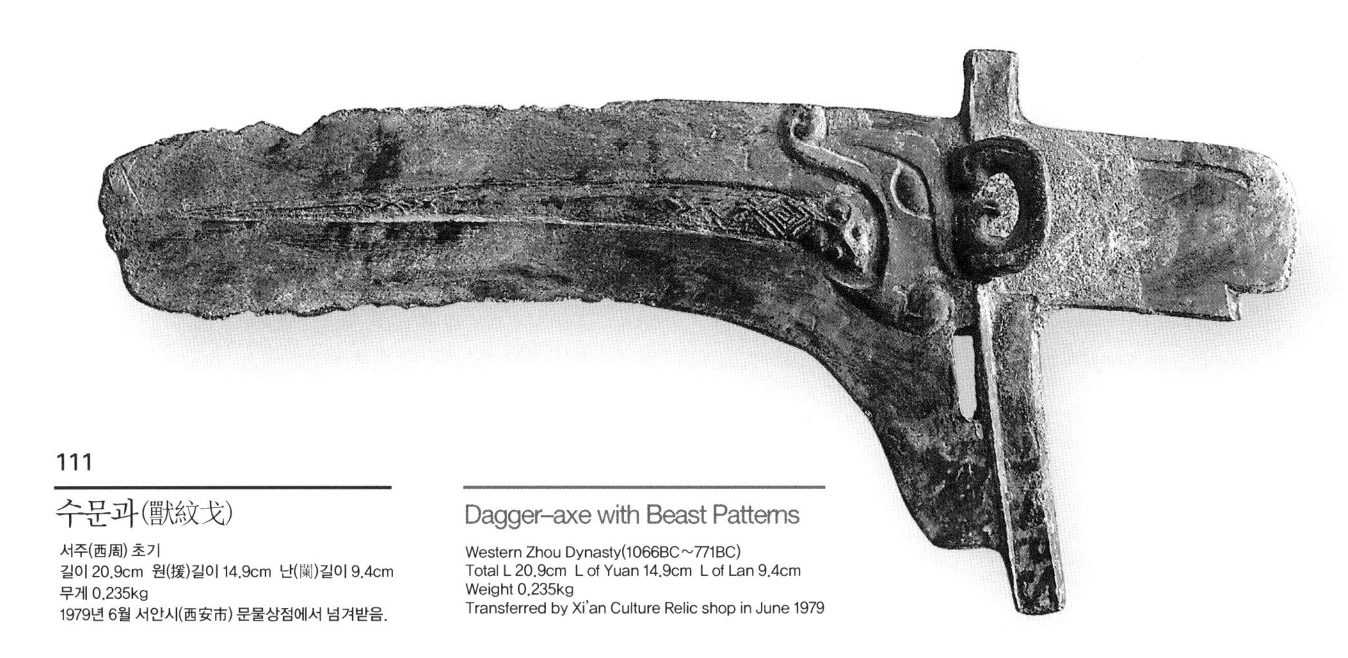

111

수문과(獸紋戈)

서주(西周) 초기
길이 20.9cm 원(援)길이 14.9cm 난(闌)길이 9.4cm
무게 0.235kg
1979년 6월 서안시(西安市) 문물상점에서 넘겨받음.

Dagger–axe with Beast Patterns

Western Zhou Dynasty(1066BC~771BC)
Total L 20.9cm L of Yuan 14.9cm L of Lan 9.4cm
Weight 0.235kg
Transferred by Xi'an Culture Relic shop in June 1979

원(援)의 등은 약간 곡선을 이루고 앞 끝은 무디고 둥글다. 아랫날의 뒷부분과 호(胡)의 날이 이어져 호형(弧形)을 이루고 단호(短胡)에는 한 개의 천(穿)이 있다. 상하로는 난(闌)이 돌출되어 있다. 내(內)는 납작하고 끝이 둥근 직사각형 모양이며 뒷부분의 아래 모서리는 안쪽으로 오므라들었다. 내의 한 면은 위쪽 가장자리에 오목한 홈이 한 줄 패여 있고 다른 한 면은 세 테두리에 모두 오목한 홈이 패여 있다. 원의 끝에는 부조로 짐승 머리가 장식되어 있는데 짐승 머리는 입을 벌리고 이용(螭龍) 모양의 긴 혀를 내밀고 있으며 짐승의 뿔은 말려 측란(側闌)을 이룬다.

112

어골문단호과(魚骨紋短胡戈)

서주(西周) 초기
길이 18.6cm 원(援)길이 11.2cm 난(闌)길이 9.8cm 무게 0.325kg
1972년 서안시 대백양(西安市 大白楊) 폐품처리창고 수집

Fish Bone Pattern Short Hu Dagger-axe

Western Zhou Dynasty(1066BC~771BC)
Total L 18.6cm L of Yuan 11.2cm L of Lan 9.8cm Weight 0.325kg
Collected in Dabaiyang warehouse, Xi'an in 1972

원(援)은 넓고 짧으며 짧은 호(胡)는 약간 네모나다. 측란(側闌)은 원의 윗날 끝에서 호의 밑까지 이어져 있다. 난의 양쪽에 천(穿)이 두 개 있고 원의 뒷부분 가운데에 둥근 천(穿)이 한 개 있다. 원 뒷부분은 수면문(獸面紋)을 장식했고 그 앞에는 소머리가 있다. 소머리 앞의 척(脊)은 창끝까지 곧게 연결되었다. 척(脊) 양측에는 뿔 모양의 넓은 곡선으로 구성된 5쌍의 어골문(魚骨紋)이 있고 그 주변에는 두 줄의 연주문(聯珠紋)을 장식하였다. 호에는 머리를 돌린 기문(夔紋)이 새겨져 있다. 내(內)는 평평한 직사각형이고 중간과 뒷부분의 직사각형 오목면 안에 어골문을 새겼다. 상술한 모든 주요 문양 아래에는 모두 모서리가 각이 진 S형 운문(雲紋)을 바탕에 새겼다.

113

우수문삼각원과(牛首紋三角援戈)

서주(西周) 초기
길이 20cm 원(援)길이 12.5cm 난(闌)길이 9.3cm
무게 0.389kg
1961년 서안시 대백양(西安市 大白楊) 폐품처리창고 수집

Bull Head Pattern Triangle Dagger-axe

Western Zhou Dynasty(1066BC~771BC)
Total L 20cm L of Yuan 12.5cm L of Lan 9.3cm
Weight 0.389kg
Collected in Dabaiyang warehouse, Xi'an in 1961

원(援)은 삼각형이고 앞 끝은 무디고 둥글며 끝이 약간 부러졌다. 좁은 척(脊)은 올라와 있고 뒷부분에는 둥근 천(穿)이 있다. 측란(側闌) 옆에는 두 개의 직사각형 천(穿)이 있다. 원의 뒷부분에 한 개의 소머리가 장식되어 있는데 두 쇠뿔은 위로 향하여 'U'형을 이룬다. 소의 얼굴은 직사각형이고 두 귀는 비스듬히 서 있고 두 눈은 능형(菱形)이며 두 개의 작은 구멍은 콧구멍을 나타낸다. 소머리 양측에 한 쌍의 새가 장식되어 있고 소머리 앞에는 어골문(魚骨紋)이 새겨져 있다. 주요 문양 아래는 뇌문(雷紋)을 바탕에 새겼다. 원의 면은 세 줄의 연주문양대(聯珠紋樣帶)를 한 바퀴 둘렀다. 내(內)의 뒷부분에는 4개의 모서리가 각진 'S'형 운문(雲紋)으로 장식되어 있고 그 양측, 중간 및 뒤쪽에는 두 줄의 연주문(聯珠紋)을 새겼다.

114

극과(棘戈)

전국(戰國) 초기
길이 23.2cm 원(援)길이 15.7cm
난(闌)길이 11.4cm 무게 0.322kg
1974년 서안시 미앙구 한성공사(향) 강무전촌
(西安市 未央區 漢城公社(鄕) 講武殿村) 출토

Dagger-axe with Ji Character

Warring States Period(475BC~221BC)
Total L 23.2cm L of Yuan 15.7cm
L of Lan 11.4cm Weight 0.322kg
Excavated from Jiangwudian Village in Hancheng Community, Xi'an in 1974

원(援)은 내(內)보다 좁고 가운데는 척(脊)이 올라와 있으며 호(胡)는 비교적 길다. 측란(側闌)은 좁고 가늘며 조금 볼록하다. 난의 측면에는 천(穿)이 세 개 있고 내의 앞부분은 한 끝이 삼각형인 직사각형 천(穿)이 있다. 내는 양면의 문양이 같다. 난의 옆에 짧은 가로선 세 줄이 있고 세 면의 가장자리를 따라 평행의 음각선으로 'C'형을 이루었다. 그 아래 모서리가 안쪽은 안으로 오므라들면서 밖으로는 이빨처럼 튀어나와 간략히 변형된 새 모양과 비슷하다. 호에는 파촉(巴蜀) 문자로 된 명문(銘文) "棘(극)" 자가 새겨져 있다.

115

극과(棘戈)

전국(戰國) 초기
길이 20.5cm 원(援)길이 10.4cm 난(闌)길이 11.9cm 무게 0.205kg
1973년 서안시 대백양(西安市 大白楊) 폐품처리창고 수집

Dagger-axe with Ji Character

Warring States Period(475BC~221BC)
Total L 20.5cm L of Yuan 10.4cm L of Lan 11.9cm Weight 0.205kg
Collected in Dabaiyang warehouse, Xi'an in 1973

원(援)은 길고 좁으며 가운데는 척(脊)이 올라와 있다. 허리는 조금 오므라들고 앞날은 무디고 둥그렇다. 호(胡)는 길고 난(闌) 안쪽에는 천(穿)이 세 개 있다. 내(內)의 앞부분에는 '⊥'형 천이 있고 천 뒤의 직사각형 틀 안의 중간에 십자형으로 천을 내었고 그 앞뒤는 울타리 모양이다. 누공(鏤空) 장식 주변의 3면에는 3줄의 음각선으로 'C'형문을 장식했고, 그 아래 모서리에는 안팎으로 각각 하나씩 가지를 새겼다. 원의 끝과 호의 한쪽 면에는 파촉(巴蜀) 문자로 된 명문(銘文) "棘(극)"이 새겨져 있다.

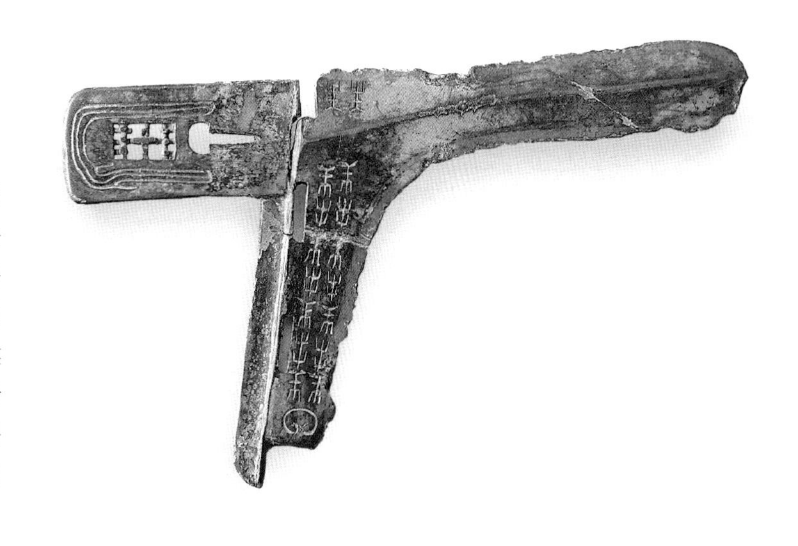

116

양문과(羊紋戈)

전국(戰國) 초기
길이 23.7cm 원(援)길이 14.9cm 난(闌)길이 13.1cm
무게 0.32kg
1983년 서안시(西安市) 문물상점에서 넘겨받음.

Goat Pattern Dagger-axe

Warring States Period(475BC~221BC)
Total L 23.7cm L of Yuan 14.9cm L of Lan 13.1cm
Weight 0.32kg
Transferred by Xi'an Culture Relic shop in June 1983

원(援)은 조금 위로 들려 있고 가운데 부분은 척(脊)이 올라와 있다. 호(胡)의 중간은 구멍이 세 개 있고 호의 아래는 난(闌)이 나왔고 직사각형 내(內)의 가운데 부분에 구멍 하나가 뚫어져 있다. 호의 한 면은 윤곽만 남긴 양문(羊紋)을 새겼고 내에는 변형된 조문(鳥紋)을 장식했다.

117

역양과(櫟陽戈)

전국(戰國)
길이 21.4cm 원(援)길이 13.2cm 난(闌)길이 11.8cm 무게 0.36kg
1977년 서안시 대백양(西安市 大白楊) 폐품처리창고 수집

Yueyang Dagger-axe

Warring States Period(475BC~221BC)
Total L 21.4cm L of Yuan 13.2cm L of Lan 11.8cm Weight 0.36kg
Collected in Dabaiyang warehouse, Xi'an in 1977

원(援)과 호(胡)는 모두 좁고 길다. 원의 가운데는 척(脊)이 없다. 난(闌)의 내측에는 천(穿)이 세 개 있다. 내(內)는 모서리가 비스듬한 직사각형이며 내의 삼면에 날이 있다. 내의 중간 부분에는 천(穿)이 하나 있고 양면에는 명문(銘文)을 새겼다. 한 면은 세로로 "高武(고무)"를 새겼고 다른 한 면은 가로로 "櫟陽(역양)"을 새겼다.

118

착은구형비모(錯銀鳩形柲冒)

전국(戰國)~한대(漢代) 초기
높이 8.5cm 길이 7.1cm 기둥지름 3.1×2.4cm 무게 0.142kg
1980년 서안시 연호구 홍묘파(西安市 蓮湖區 紅廟坡) 출토

Silver Gilded Dagger-axe Cap in Turtledove Shape

Warring States Period to Han Dynasty(475BC~206BC)
Total H 8.5cm Total L 7.1cm Pole D 3.1×2.4cm Weight 0.142kg
Excavated from Hongmiaopo in Lianhu District, Xi'an in 1980

기물(器物)은 비둘기 모양이다. 비둘기 몸체는 은입사(銀入絲) 기법으로 깃털을 표시하고 꼬리는 긴데 그 모습이 지극히 생동감이 있어 살아 움직이는 듯한 느낌을 준다. 비둘기는 다리를 굽히고 받침에 앉아 있고 받침은 도관 형태의 직사각형으로 되어 있어 아래에 자루를 꽂거나 고정시키는 역할을 한다. 받침의 내측에는 음각(陰刻)으로 다음과 같은 11자의 명문(銘文)이 새겨져 있다. "廿三年服工□治古, 三十八."

전국(戰國)시대와 한대(漢代)의 고분에서 발견된 기물을 보면 보통 과(戈), 준(鐏)과 함께 출토되며 일반적으로 과의 상단에 위치해 과비(戈柲) 상단의 장식에 해당한다. 비(柲)의 다른 끝에는 준과 대(鐓)가 있어 모(冒)와 서로 대응된다. 지금까지 발견된 금입사 또는 은입사의 머리를 돌린 비둘기 모양의 과모(戈冒)는 전국시대의 고분에서 다수 출토되었다. 한대는 머리를 돌린 것뿐만 아니라 머리를 내민 형태도 있었고 대부분 민무늬나 음각으로 장식하였다.

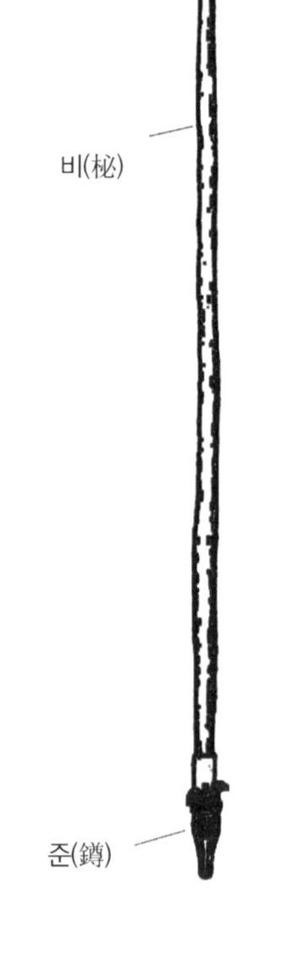

장사(長沙) 출토
초(楚)나라 과(戈) 복원도

119

조형비모(鳥形柲冒)

한(漢)
길이 6.6cm 너비 7cm 기둥지름 2.4cm
무게 0.17kg
1972년 서안시(西安市) 제2기 벽돌공장 출토

Bird Pattern Dagger-axe Cap

Han Dynasty(206BC~220AD)
Total L 6.6cm W 7cm Pole D 2.4cm
Weight 0.17kg
Excavated from the Second Brick Factory in Weiyang District, Xi'an in 1972

새의 형체는 둥글납작하고 조용히 엎드린 채 목을 움츠리고 있는 모습이다. 부리는 짧고 뾰족하고 두 눈은 음각선(陰刻線)으로 새겨 만들었으며 머리 위는 세로 방향으로 납작한 볏이 있고 볏 위는 둥그런 구멍이 있다. 두 날개는 복부에 모아져 있고 꼬리를 활짝 펴고 있다. 속은 비어 있고 아래에 짧은 원통(圓筒)이 있어 비(柲)를 꽂을 수 있다. 이런 형태의 과모(戈冒)는 한대(漢代)에 많이 보인다.

120

조문과대(鳥紋戈鐓)

한(漢)
높이 12.6cm 기둥지름 3.4×2cm 무게 0.175kg
1972년 서안시(西安市) 제2기 벽돌공장 출토

Dagger-axe Dun with Bird Pattern

Han Dynasty(206BC~220AD)
Total H 12.6cm Pole D 3.4×2cm Weight 0.175kg
Excavated from the Second Brick Factory in Weiyang District, Xi'an in 1972

대(鐓)의 형체는 통형(筒形)이고 상부의 표면에는 금은입사(金銀入絲) 기법으로 유운문(流雲紋)을 장식했다. 가운데 부분은 변형된 조문(鳥紋)이 있고 깃털은 금은입사 운문이 있다. 하단은 약간 송곳 모양으로 되어 있는데 둘레는 금은입사(金銀入絲) 기법으로 삼각문(三角紋)을 장식했다. 밑은 조금 불룩하다. 공(銎)의 횡단면은 살구씨 모양에 가깝다. 공의 구멍을 보면 비(柲)의 단면도 이와 같을 것으로 짐작된다. 이는 자루를 쥐었을 때 감각으로 원(援)의 방향을 알 수 있게 한 것이다.

대는 장병기(長兵器)의 부속품인데 비병(柲柄)의 끝에 끼운다. 중국 고대의 병사들이 집합할 때 대를 땅에 꽂는 관습이 있다. 그러므로 대의 하단은 뾰족하거나 평평하게 만든다.

극(戟)은 과(戈)와 모(矛)[刺(자)라고도 한다]의 위력을 모두 가져 찌르기와 갈고리질이 가능하다. 나무나 대나무로 만든 비(柲)가 있고 비의 끝에 동대(銅鐓)가 있다. 상대(商代)를 시작으로 과와 모를 하나로 조합한 극이 나타나기 시작했다. 서주(西周)의 극은 과와 모를 합해 주조하는 경우가 많았고 과와 도(刀)를 합한 형태도 있었다. 춘추전국(春秋戰國)시대에 극의 수가 늘어났는데 대부분 과와 모를 따로 주조하였다. 춘추 말기에서 전국시대에는 다과형(多戈形) 극이 나타났다. 살상효과를 살리기 위해 극 아래에 내과(內戈) 한두 개를 더 설치했다.

Ji is a mix of dagger-axe and spear, which can be used to catch and stab. It could be fit into wood sticks and bamboo ones, bronze Dun could be seen at the end of Mi. In the period of Shang, dagger-axe and spear are made into one to form Ji. In the period of West Zhou, Ji is made of molding dagger-axe and spear, some also have dagger-axe and knife molded together. In th period of Spring and Autumn, the number of Ji is rising, and most dagger-axe and spear are molded separately. From the period of Spring and Autumn till the end of Warring States, a kind of many dagger-axe made Ji appear, for the better effect of killing, besides Ji, below which a dagger-axe and two ones are fixed.

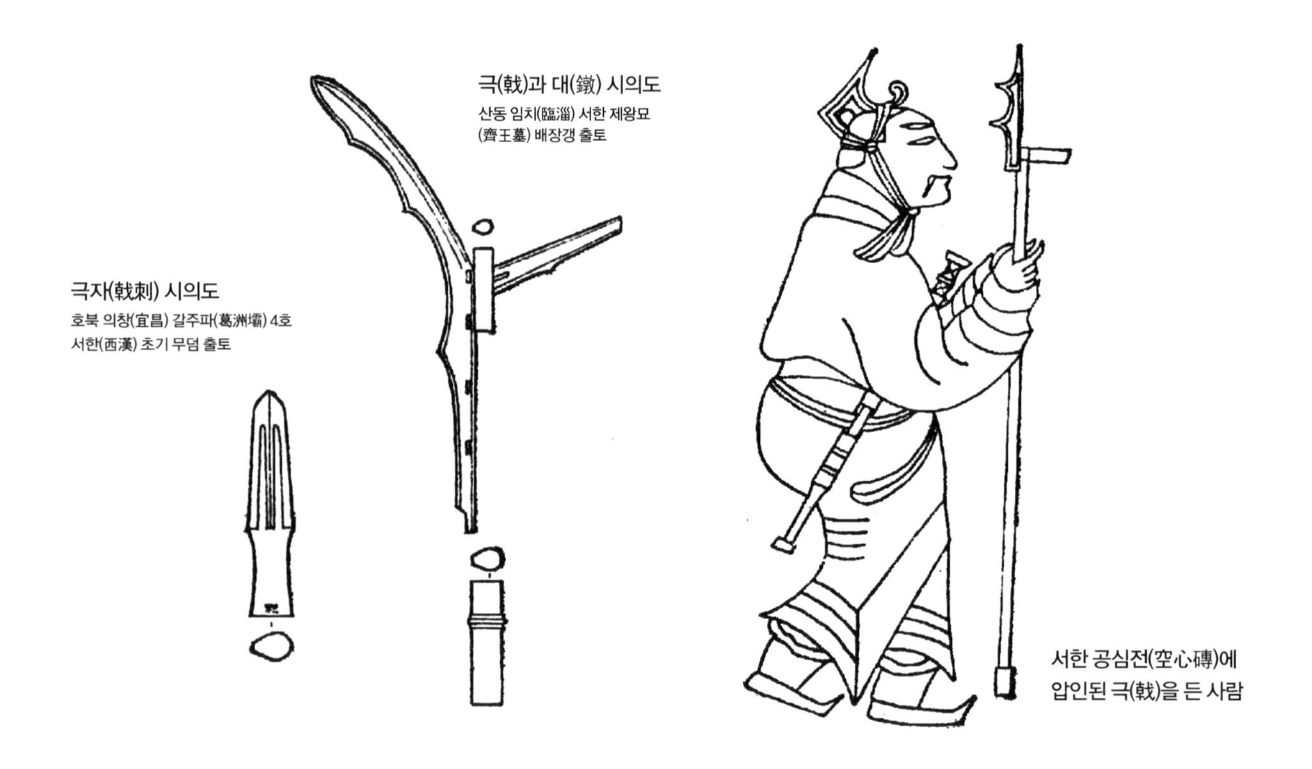
극(戟)과 대(鐓) 시의도
산동 임치(臨淄) 서한 제왕묘(齊王墓) 배장갱 출토

극자(戟刺) 시의도
호북 의창(宜昌) 갈주파(葛洲壩) 4호 서한(西漢) 초기 무덤 출토

서한 공심전(空心磚)에 압인된 극(戟)을 든 사람

기물 전형도

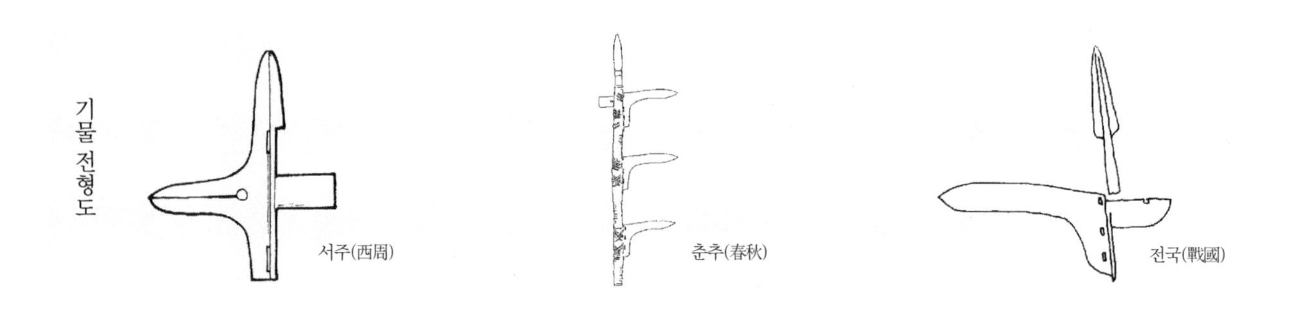

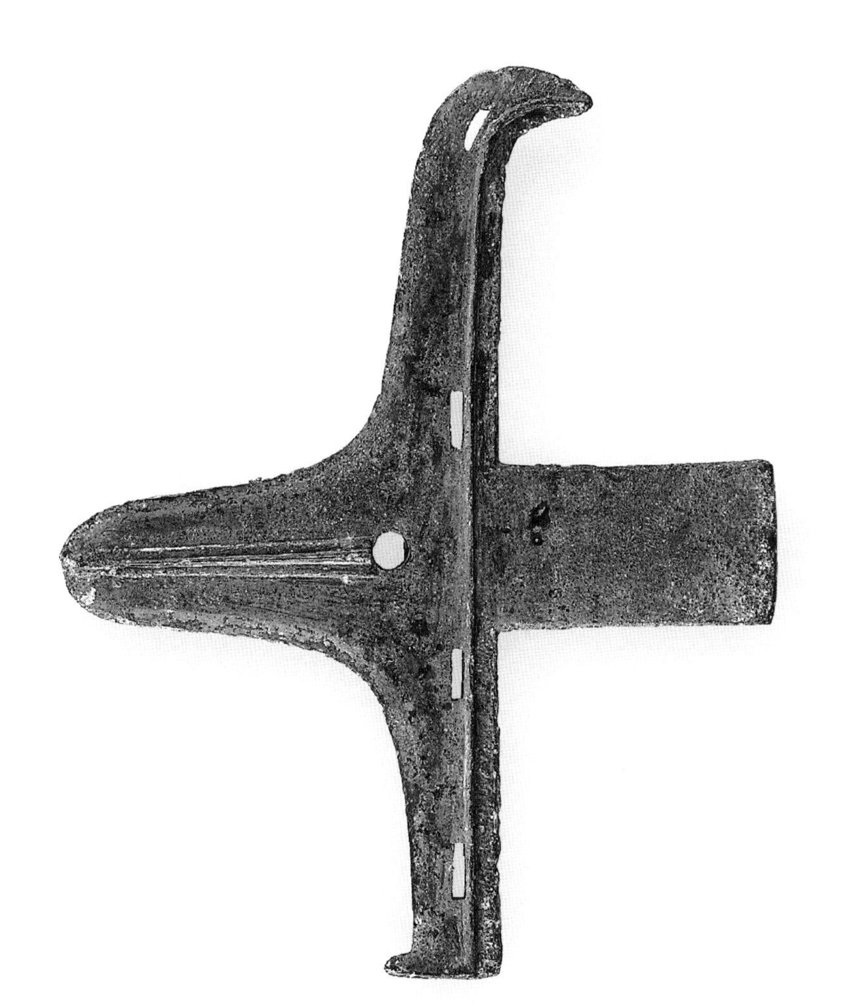

121

도과합체극(刀戈合體戟)

서주(西周) 초-중기
세로길이 21.8cm 원내(援内)길이 17.59cm 무게 0.376kg
1979년 1월 서안시(西安市) 문물상점에서 넘겨받음.

Knife and Dagger-Axe Mixed Ji

Western Zhou Dynasty(1066BC~771BC)
L 21.8cm L of Yuan 17.59cm Weight 0.376kg
Transferred by Xi'an Culture Relic shop in June 1979

극(戟)은 앞 끝이 위로 들린 긴 칼 모양의 무기이다. 가운데는 과원(戈援)이 갈라져 나왔고 납작하고 곧은 내(内)는 원과 대응된다. 원의 가운데는 척(脊)이 올라와 있고 그 뒤에는 둥근 구멍 하나가 뚫려 있다. 자(刺)의 끝과 호(胡)의 밑 사이에는 측란(側闌)이 있고 옆에는 천(穿)이 네 개 있다. 호의 끝에는 앞으로 나온 극(棘)이 있다. 이 극은 칼과 과가 합해진 것이다. 목비(木柲)로 이어서 찌를 수 있을 뿐만 아니라 갈고리질이나 찍기가 가능하다.

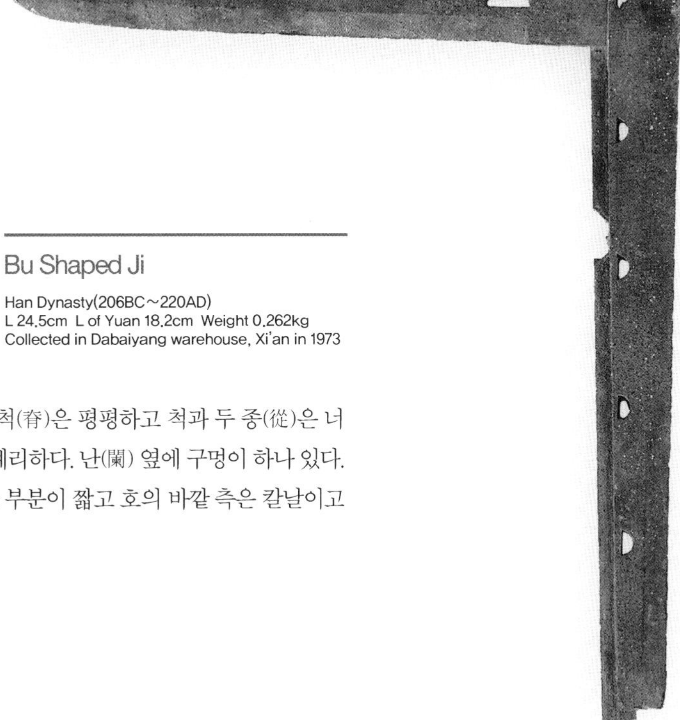

122

복형극(卜形戟)

한(漢)
세로길이 24.5cm 원(援)길이 18.2cm 무게 0.262kg
1973년 서안시 대백양(西安市 大白楊) 폐품처리창고 수집

Bu Shaped Ji

Han Dynasty(206BC~220AD)
L 24.5cm L of Yuan 18.2cm Weight 0.262kg
Collected in Dabaiyang warehouse, Xi'an in 1973

극자(戟刺)의 일부분이다. 원(援)은 좁고 길며 척(脊)은 평평하고 척과 두 종(從)은 너비가 같다. 앞의 칼날은 천천히 좁아지면서 끝이 예리하다. 난(闌) 옆에 구멍이 하나 있다. 호(胡)는 좁고 길며 아래는 평평한 머리에 볼록한 부분이 짧고 호의 바깥 측은 칼날이고 안쪽은 난이며 난의 옆에는 구멍이 다섯 개 있다.

모(矛)는 곧게 찌르거나 찔러 파는 데 쓰는 장병기(長兵器)로 고대(古代) 중국에서 가장 오래 사용되었다. 최초의 모는 대나무를 뾰족하게 깎아 만들었고 이어서 나타난 것은 뾰족한 돌조각 혹은 짐승의 뼈를 대나무 끝에 동여맨 석모(石矛) 또는 골모(骨矛)이다. 동모(銅矛)는 상대(商代) 초기에 나타났는데 날은 좁은 나뭇잎 모양이며 양쪽 날개는 아직 나타나지 않았다. 상대 말기에서 춘추(春秋) 초기에 창의 형체는 넓으면서 두껍게 변해 더욱 살상력을 갖추었다. 상주대(商周代)의 창은 구리로 제작했고 전국(戰國)시대에는 철모(鐵矛)가 나타났으며 동한(東漢) 이후에는 동모가 사라지고 모두 철모로 바뀌었다. 19세기 말에 이르러 철모 및 기타 냉병기(冷兵器, 화약을 사용하지 않고 직접 가격하는 모든 병기)가 근대 무기로 대체되었다.

Spear is used to stab or pick, and is one of the most commonly used weapon in the ancient China. The earliest spear is some whittled bamboo or wood stick, and later some sharp stone flake or sharp beast bones are fixed to the end of bamboo stick. Bronze spear first appear in the period of Shang, the edge is narrow leave like, and two sides is not formed. From the end of Shang Dynasty to the early days of Spring and Autumn period, the Spear is broad and thick, and is more deadly. Spear in the period of Shang and Zhou is made of bronze, steel spear appearces in the period of Warring States, after the period of East Han the bronze one is completely displaced by steel ones. Till the end of 18th century, steel spear and other cold weapons are displaced by some nowadays weapons.

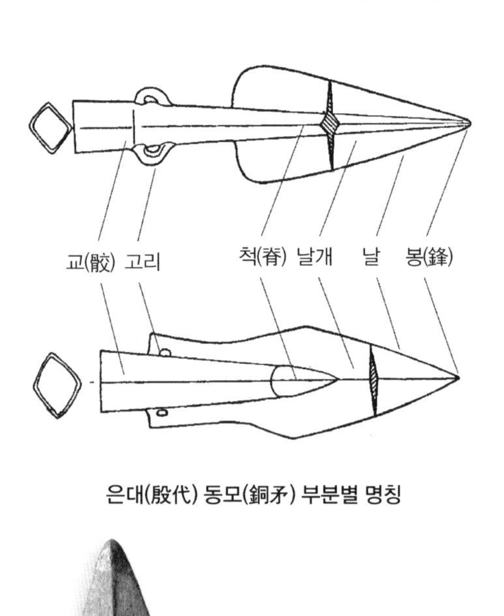

은대(殷代) 동모(銅矛) 부분별 명칭

123

유엽형모(柳葉形矛)

상대(商代) 말기
길이 17.9cm 공(銎)지름 2.1×2.6cm 잎너비 5.1cm 무게 0.175kg
1972년 서안시 대백양(西安市 大白楊) 폐품처리창고 수집

Willow Leaves like Spear

Shang Dynasty(1600BC~1066BC)
Total L 17.9cm D of Qiong 2.1×2.6cm W 5.1cm Weight 0.175kg
Collected in Dabaiyang warehouse, Xi'an in 1972

창은 버들잎 모양이고 날은 활엽 형태와 같다. 두 날개는 곡선형으로 아래로 연결되었고 가운데는 척(脊)이 올라와 있으며 교(骹)는 납작하고 둥글며 속은 비었다.

124

도자모(倒刺矛)

서주(西周)
길이 12.3cm 공(銎)지름 4×2.6cm 잎너비 5.9cm 무게 0.179kg
1967년 4월 서안시 대백양(西安市 大白楊) 폐품처리창고 수집

Inverted Thorn Spear

Western Zhou Dynasty(1066BC~771BC)
Total L 12.3cm D of Qiong 4×2.6cm W 5.9cm Weight 0.179kg
Collected in Dabaiyang warehouse, Xi'an in Apr 1967

모(矛)는 납작한 삼각형이고 비스듬히 곧은 두 날이 끝까지 향했다. 횡단면은 능형(菱形)이고 가운데 척(脊)은 조금 올라와 있다. 두 날개의 뒤 끝에는 거꾸로 된 자(刺)가 있고 아울러 단주(短柱)와 교(骹)가 서로 연결되었다. 교와 척은 연결되어 경계가 없고 속은 비어 자루를 꽂을 수 있다. 교에는 구멍이 있는데 자루를 고정시키는 데 쓴다.

기물 전형도

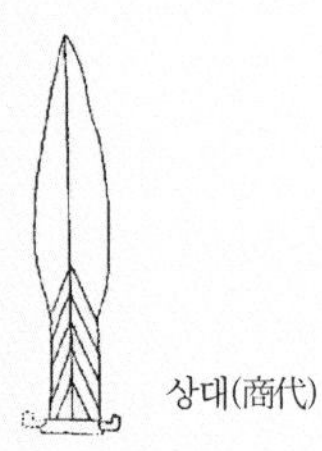

상대(商代)

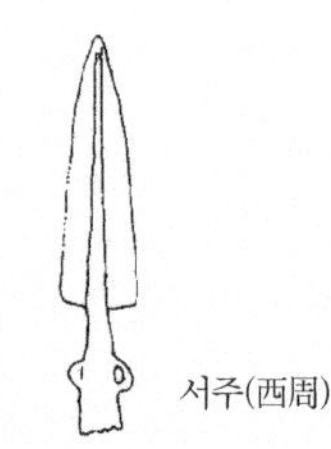

서주(西周)

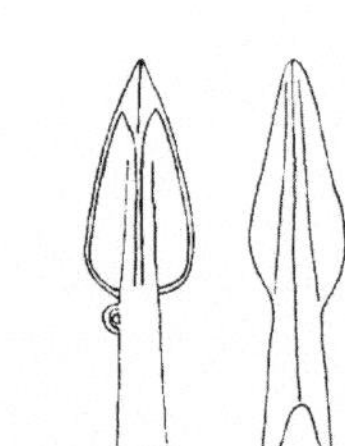

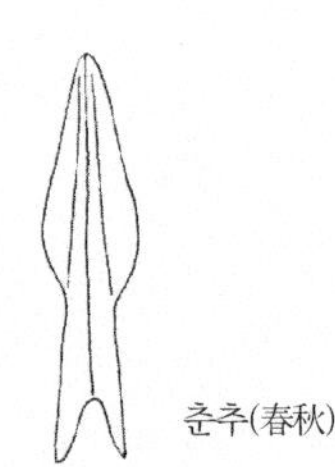

춘추(春秋)

전국(戰國)

125

장교쌍계모(長骹雙系矛)

서주(西周)
길이 24.1cm 공(銎)지름 2.6cm 잎너비 3.7cm
무게 0.308kg
1974년 서안시 대백양(西安市 大白楊) 폐품처리창고 수집

Long Jiao Spear

Western Zhou Dynasty(1066BC~771BC)
Total L 24.1cm D of Qiong 2.6cm W 3.7cm
Weight 0.308kg
Collected in Dabaiyang warehouse, Xi'an in 1974

창은 버들잎 모양이고 잎은 보다 길다. 양 날개는 곡선형으로 아래로 되었고 긴 교(骹)는 날 끝까지 통했다. 교의 끝에 가까운 부분의 양쪽에 끈을 연결하는 고리가 있다.

126

장교모(長骹矛)

춘추(春秋) 초기
길이 20.2cm 공(銎)지름 2.4cm 잎너비 3.3cm
무게 0.124kg
1977년 서안시 대백양(西安市 大白楊) 폐품처리창고 수집

Long Jiao Spear

Spring and Autumn Period(770BC~476BC)
Total L 20.2cm D of Qiong 2.4cm W 3.3cm
Weight 0.124kg
Collected in Dabaiyang warehouse, Xi'an in 1977

칼날은 넓고 짧으며 긴 교(骹)는 날 끝까지 이어진다. 교의 날 끝과 가까운 부분은 좁고 볼록하며 교의 윗부분에는 세로 구멍이 나 있는데 못을 박아 고정시키는 데 쓴다.

127

장인모(長刃矛)

춘추(春秋) 말기
길이 27.3cm 공(銎)지름 2.6cm 잎너비 3.8cm
무게 0.305kg
1971년 서안시 대백양(西安市 大白楊) 폐품처리창고 수집

Long Edge Spear

Spring and Autumn Period(770BC~476BC)
Total L 27.3cm D of Qiong 2.6cm W 3.8cm
Weight 0.305kg
Collected in Dabaiyang warehouse, Xi'an in 1971

교(骹)는 중척(中脊)과 연결되어 날 끝까지 이어지고 척의 양측은 곡선 모양으로 오목하게 들어갔고, 두 날개는 좁고 길며 날 끝은 뾰족하고 날카롭다. 날과 본(本) 사이의 교에는 구멍이 있는데 못을 박아 고정시키는 데 쓴다.

128

요교모(凹骹矛)

전국(戰國)
길이 18.2cm 공(銎)지름 2.2×1.8cm 잎너비 2.7cm
무게 0.113kg
1977년 서안시 대백양(西安市 大白楊) 폐품처리창고 수집

Depression Jiao Spear

Warring States Period(475BC~221BC)
Total L 18.2cm D of Qiong 2.2×1.8cm W 2.7cm
Weight 0.113kg
Collected in Dabaiyang warehouse, Xi'an in 1977

교(骹)는 중척(中脊)과 연결되어 날 끝까지 이어지고 척의 양측은 약간 오목하게 들어갔으며 날은 좁고 날 끝은 뾰족하고 날카롭다. 교에는 꼭지 하나가 있고 끝 부분은 안쪽으로 오목하게 들어갔다.

129

관교공심모(寬骹空心矛)

전국(戰國)
길이 29.3cm 공(銎)지름 3.3×2.1cm 잎너비 4.2cm
무게 0.4kg
1973년 서안시 대백양(西安市 大白楊) 폐품처리창고 수집

Broad Jiao Hollow Spear

Warring States Period(475BC~221BC)
Total L 29.3cm D of Qiong 3.3×2.1cm W 4.2cm
Weight 0.4kg
Collected in Dabaiyang warehouse, Xi'an in 1973

창의 몸체는 넓고 두터우며 날 끝은 뾰족하고 날카롭다. 가운데 척(脊)은 곧고 종(從)은 짧고 날은 넓으며 교(骹)는 넓고 짧다. 한 면은 둥근 구멍이 있고 올리브 모양 공(銎)이 날 끝까지 이어진다.

130

관교모(寬骹矛)

전국(戰國) 말기
길이 43.7cm 공(銎)지름 3×2cm 잎너비 3.4cm 무게 0.122kg
1980년 서안시(西安市) 수집

Broad Jiao Spear

Warring States Period(475BC~221BC)
Total L 43.7cm D of Qiong 3×2cm W 3.4cm Weight 0.122kg
Collected in Xi'an in 1980

창의 몸체는 넓고 두터우며 날 끝은 뾰족하고 날카롭다. 가운데 척(脊)은 곧고 종(從)은 짧고 날은 넓으며 교(骹)는 넓고 짧다. 한 면은 둥근 구멍이 있고 올리브 모양 공(銎)이 날 끝까지 이어진다.

피(鈹)는 돌격하며 찌르는 병기이다. 모양이 검과 비슷한데 척(脊)은 평평하고 종(從)은 비스듬하며 양측에 날이 있다. 앞 끝은 뾰족하고 날카로우며 뒤에는 병(柄)이 있는데 비(柲)에 고정시키는 데 쓴다. 피는 주로 전국(戰國)시대에서 서한(西漢) 초기까지 유행하였다.

Pi is used for rushing and stabbing. The weapon is like a sword, the ridge is flat and Cong is slanting, the front point is drawing into a sharp point, at the back there is a handle to be fixed on the long Mi. Pi is prevalent in the period of Warring States and early days of West Han.

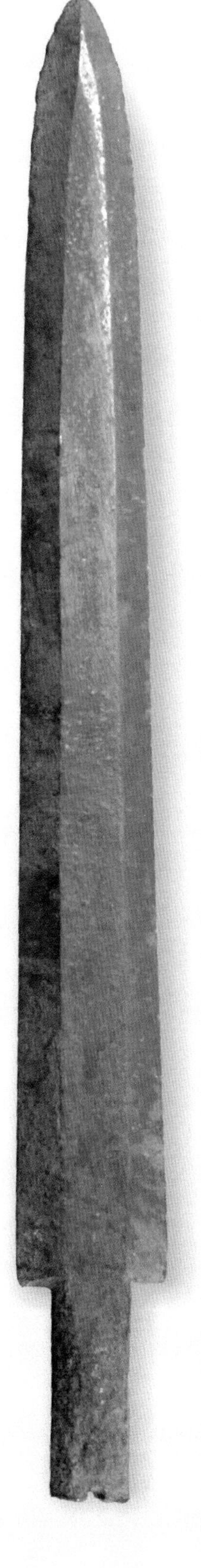

131

편경피(扁莖鈹)

전국(戰國)
길이 27.54cm 날너비 2.84cm 무게 0.281kg
1967년 4월 서안시 대백양(西安市 大白楊) 폐품처리창고 수집

Flat Stick Pi

Warring States Period(475BC~221BC)
Total L 27.54cm W 2.84cm Weight 0.281kg
Collected in Dabaiyang warehouse, Xi'an in Apr 1967

검의 모양과 비슷하며 종(從)은 날과 연결되었으며 척(脊)은 평평하고 경(莖)은 납작하다. 긴 나무자루에 묶어 사용한다. 끝에는 원래 구멍이 있었는데 지금은 반만 남았다.

월(鉞), 척(鏚)은 상주대(商周代)의 병기 또는 형구(刑具)인데 벽병(劈兵)에 속한다. 형체는 직사각형 또는 정사각형이다. 앞 끝은 날로서 호형(弧形)으로 된 것이 많다. 뒷부분은 직각으로 견부를 이루고 각각 구멍이 하나씩 나 있다. 두 어깨 사이에 뒤로 돌출된 부분을 '내(內)'라 칭하고 두 어깨의 구멍에 가죽 끈을 연결해 자루를 내에 고정시킨다. 발굴된 월을 살펴보면 크기에 차이가 있는데 큰 것은 월(鉞)이라 하고 작은 것은 척(鏚)이라 부른다. 월은 고대 권위와 정벌권력의 상징이다. 동시에 의장용으로 사용하기도 한다. 척은 형기(刑器) 외에 악무용(樂舞用)으로도 쓰인다.

Yue, Qi, the weapon or torturing apparatus, belong to the weapon of Pi. The body takes a shape of rectangle or square. The front point is edge, and is always arc like; the later part is a right angle which is formed into two shoulders, with a hole of Chuan on each one; between two shoulders a bulging part is called Nei, two shoulders Is connected with leather rope to fix the long handle on Nei. In archeology discoveries, Yue like weapons are different in size, big ones could be called Yue, and little ones could be called Qi. Yue is one of the symbols of power in the past, a weapon to take against another powerful force, and can be take for ritual at the same time. Qi could be used both as torturing apparatus, and dancing equipments.

감숙(甘肅) 뇌대(雷臺) 한묘(漢墓)에서
출토된 월(鉞)을 든 동기용(銅騎俑)

132

구문월(溝紋鉞)

상대(商代) 중기
길이 20.76cm 날너비 8.59cm 무게 0.354kg
1983년 서안시(西安市) 문물상점에서 넘겨받음.

Yue with Fillister

Shang Dynasty(1600BC~1066BC)
Total L 20.76cm W 8.59cm Weight 0.354kg
Transferred by XI'an Culture Relic shop in 1983

형체는 직사각형이고 허리의 양측이 조금 들어갔으며 곡선을 이룬 날은 밖으로 펼쳐졌다. 본(本) 아래에 두 개의 긴 천(穿)이 있고 천 사이에는 측란(側闌)이 있다. 난 아래의 직사각형 틀 안에 두 줄의 유정(乳釘)을 장식했다. 직사각형의 곧은 내(內)의 양면 뒷부분은 구련운문(勾連雲紋)을 장식했다. 월(鉞)의 양면은 세로 방향으로 세 줄의 넓은 구문(溝紋)을 새겼으며 구문 옆에는 병렬로 구멍이 두 개 있고 구멍의 가장자리는 조금 도드라졌다.

133

원공월(圓孔鉞)

상대(商) 말기
길이 48.38cm 날너비 11.02cm 무게 0.412kg
1978년 서안시 대백양(西安市 大白楊) 폐품처리창고 수집

Round Hole Yue

Shang Dynasty(1600BC~1066BC)
Total L 48.38cm W 11.02cm Weight 0.412kg
Collected in Dabaiyang warehouse, Xi'an in 1978

몸체는 정사각형이다. 허리의 양측은 조금 들어갔고 날 부위는 곡선 형태로 밖으로 펼쳐졌다. 본(本) 아래에 긴 구멍이 두 개 있고 구멍 사이에는 측란(側闌)이 있다. 내(內)는 곧은 직사각형이다. 중앙에 둥그런 구멍이 하나 있다.

134

수면문월(獸面紋鉞)

서주(西周) 초기
길이 13.2cm 공(銎)지름 2.4×1.6cm
날너비 4.9cm 무게 0.339kg
1978년 서안시 대백양(西安市 大白楊) 폐품처리창고 수집

Beast Face Pattern Yue

Western Zhou Dynasty(1066BC~771BC)
Total L 13.2cm D of Qiong 2.4×1.6cm
W 4.9cm Weight 0.339kg
Collected in Dabaiyang warehouse, Xi'an in 1978

형체는 직사각형이다. 양면에 날이 있고 상단의 타원형 관상(管狀) 공(銎) 양 끝에 각각 새끼 모양의 테무늬를 장식했다. 공의 윗부분에 납작하고 네모난 모양을 장식했다. 월(鉞)의 양면은 각각 대응되는 양각 수면문을 절반씩 장식했다. 짐승의 눈, 눈썹, 귀는 서로 분리되었으며 몸뚱이와 코는 연결되고 꼬리는 분리된 형태이다. 눈썹 끝이 매우 길고 눈썹은 굽은 활 모양이다. 귀는 반환형(半環形)이고 코와 꼬리는 권운문(卷雲紋)을 장식하였다. 머리의 윗부분에 있는 인자형뉴사(人字形鈕絲) 모양의 사선(斜線)은 머리의 윤곽을 표시한다.

135

유정문월(乳釘紋鉞)

서주(西周) 중기
길이 19.36cm 날너비 6.4cm 무게 0.392kg
1983년 서안시(西安市) 문물상점에서 넘겨줌.

Button Nails Pattern Yue

Western Zhou Dynasty(1066BC~771BC)
Total L 19.36cm W 6.4cm Weight 0.392kg
Transferred by Xi'an Culture Relic shop in 1983

월(鉞)의 몸체는 직사각형이고 양측의 가장자리는 평행이며 날 부분은 곡선 모양이다. 본(本)의 아래에 긴 구멍이 두 개 있다. 천(穿) 사이는 측란(側闌)이 있고 난의 아래 길고 네모난 테두리 안은 유정(乳釘) 두 줄을 장식했다. 내(內)는 곧은 장방형이다. 몸체 중간에 하나의 큰 구멍이 있고 구멍 가장자리에는 삼각형 철릉(凸稜)이 있다.

전부(戰斧)는 고대의 벽병(劈兵, 내리 찍는 병기)이다. 그 형태는 도끼와 비슷하다. 동전부(銅戰斧)는 상대(商代) 말기에 나타나 서주(西周)시대에 유행하였다.

The war axe is used as Pi Weapon; the shape is like an axe. Bronze war axe appear in the late Shang period, and is prevalent in the West Zhou period.

136

부(斧)

상대(商) 말기
길이 23.4cm 공(銎)지름 2.8×1.4cm 최대너비 5.3cm 무게 0.536kg
1967년 4월 서안시 대백양(西安市 大白楊) 폐품처리창고 수집

Axe

Shang Dynasty(1600BC~1066BC)
Total L 23.4cm D of Qiong 2.8×1.4cm Max W 5.3cm Weight 0.536kg
Collected in Dabaiyang warehouse, Xi'an in Apr 1967

부의 형체는 납작하고 길며 위는 넓고 아래가 좁다. 양면에 날이 있고 가로로 타원형의 공구(銎口)가 나 있다. 상단의 중간은 둥근 기둥(圓柱)이 있고 두 어깨 위에 뾰족한 이빨이 있다.

137

곡척형부(曲尺形斧)

서주(西周)
길이 17.3cm 공(銎)지름 2.3×1.5cm 최대너비 6.5cm
무게 0.38kg
1977년 서안시(西安市) 폐품처리창고 수집

Curve Shape Axe

Western Zhou Dynasty(1066BC~771AD)
Total L 17.3cm D of Qiong 2.3×1.5cm Max W 6.5cm
Weight 0.38kg
Collected in Dabaiyang warehouse, Xi'an in 1977

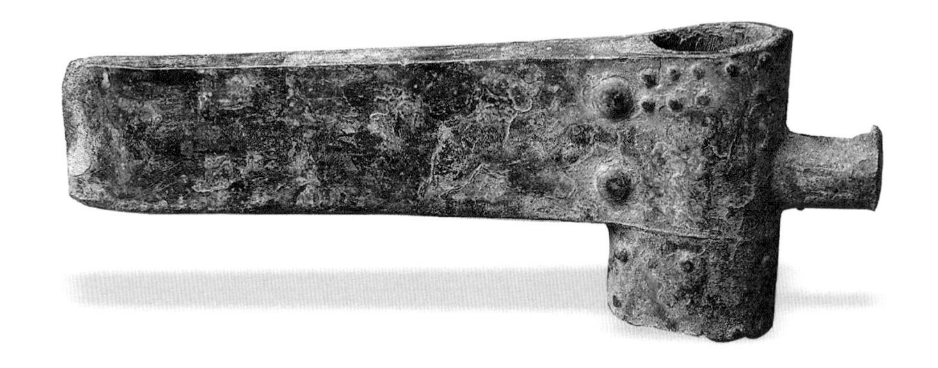

몸체는 납작하고 길며 양측의 가장자리는 거의 곧다. 양면에 날이 있고 가로로 타원형 관상 공(銎)이 있다. 공관(銎管)은 몸통 안쪽으로 뻗었고 앞뒤 양 끝에 유정(乳釘) 두 줄을 장식했으며 공관 상단의 중간에는 납작한 원주(圓柱)가 있다. 그 아래 양면에 유정이 두 개씩 있다.

138

부(斧)

전국(戰國)
길이 12.4cm 세로길이 9.4cm 공(銎)지름 2.7×1.6cm 무게 0.398kg
1972년 서안시 대백양(西安市 大白楊) 폐품처리창고 수집

Axe

Warring States Period(475BC~221BC)
Total L 12.4cm H 9.4cm D of Qiong 2.7×1.6cm Weight 0.398kg
Collected in Dabaiyang warehouse, Xi'an in 1972

부의 형체는 납작한 타원형이고 양면에 곡선형 날이 있다. 위는 가로로 타원형 관상 공(銎)이 있다. 공의 위쪽 앞에 짧은 방주(方柱) 하나가 있다. 뒤쪽 끝에 교뉴(橋鈕, 다리 모양의 꼭지)가 있다. 부의 위쪽 공의 양측에 병렬로 삼각형의 '山(산)' 자 모양을 주조하였고 공관(銎管) 위아래에 범흔(範痕, 주형의 흔적)이 분명히 드러나 있다.

도(刀)는 한 면에 날이 있어 쪼개고 자르는 병기이다. 상주대(商周代)는 동제(銅製)가 있었으며 일부는 칼등이 곧고 칼날이 볼록하며 칼끝이 갈고리 모양으로 된 것과 삭(削)과 유사한 모양이 있다. 자루(柄)는 환수(環首) 또는 짐승 머리 모양이다. 홈 모양의 날에 칼등에는 어깨가 있는 것도 있다. 한대(漢代)부터 자루가 짧은 철도(鐵刀)가 나타나 검을 대신하게 되었다. 북송대(北宋代)에는 긴 자루의 박도(朴刀)가 나타나 중요한 무기로 쓰였다.

Knife, is one side edge chopping weapon. It is bronze made in the period of Shang and Zhou, some are made with straight back, bulging edge and the edge point is turning backward; some are like Xiao of daily apparatus and it has the shape of circle of beast head; some have depressed edge, with shoulders on the back of it. From the Dynasty of Han there are short handle steel knife, and sword are slowly displaced. In the period of North Song, there are all kinds of long handle knife, and they are the most important weapons in wars.

139

권수도(卷首刀)

상대(商代) 말기
길이 40.09cm | 최대너비 9.1cm | 두께 0.6cm
무게 0.327kg
1971년 서안시 대백양(西安市 大白楊) 폐품처리창고 수집

Curling Knife

Shang Dynasty(1600BC~1066BC)
Total L 40.09cm Max W 9.1cm T 0.6cm
Weight 0.327kg
Collected in Dabaiyang warehouse, Xi'an in 1971

칼의 몸체는 좁고 길며 앞 끝이 위로 들리면서 뒤로 말려 비(柲)를 걸 수 있다. 도척(刀脊)에는 가로로 된 구멍이 두 개 있다.

140

교수도(翹首刀)

상대(商代) 말기
길이 31.58cm 최대너비 7.1cm 두께 0.80cm
무게 0.339kg
1974년 3월 서안시 대백양(西安市 大白楊) 폐품처리창고 수집

Tip Tilting Knife

Shang Dynasty(1600BC~1066BC)
Total L 31.58cm Max W 7.1cm T 0.8cm
Weight 0.339kg
Collected in Dabaiyang warehouse, XI'an in Mar 1974

칼의 형체는 좁고 길며 앞의 날은 위로 굽어 마침 뻗어 나간 자루(柲)의 앞 끝과 맞닿는다. 칼등[背脊]과 난(闌)은 손잡이로부터 예리한 끝 날까지 직통했다. 난의 아래에 가로로 납작하고 긴 구멍이 있다.

141

삼공장인도(三銎長刃刀)

상대(商) 말기-주대(周代) 초기
길이 27.53cm 최대너비 5.4cm 공(銎)지름 3.9×2.4cm 무게 0.388kg
1980년 2월 서안시 대백양(西安市 大白楊) 폐품처리창고 수집

Knife with Long Blade and Three Holes

At the end of Shang and the beginning Western Zhou Dynasty(about 1066BC)
Total L 27.53cm Max W 5.4cm D of Qiong 3.9×2.4cm Weight 0.388kg
Collected in Dabaiyang warehouse, Xi'an in Feb 1980

칼의 형체는 곧고 척(脊)에는 세 개의 비공(柲孔, 손잡이를 묶는 자루 구멍)이 있다. 척 근처 양면에 각각 유정문(乳釘紋)을 장식했다. 칼등의 넓적한 공(銎)을 가로로 나누어 홈에 세 개의 아치다리 모양의 공을 만들었다.

142

공공도(銎孔刀)

서주(西周) 초기
길이 24.07cm 최대너비 7.6cm 공(銎)지름 4.1×2.5cm
무게 0.288kg
1978년 서안시 대백양(西安市 大白楊) 폐품처리창고 수집

Knife with a Hole

Western Zhou Dynasty(1066BC~771BC)
Total L 24.07cm Max W 7.6cm D of Qiong 4.1×2.5cm
Weight 0.288kg
Collected in Dabaiyang warehouse, Xi'an in 1978

칼의 뒷부분은 파손되었다. 도수(刀首)는 위로 굽었고 그 뒤에는 둥글넓적한 공(銎)이 있다. 공의 표면에 수면(獸面)을 장식했고 측면에는 둥근 구멍이 두 개 있다. 도척(刀脊)에는 천(穿)이 세 개 있다. 칼 손잡이는 목비(木柲)를 꼭대기의 공에 끼워 비(柲)에 박고 다시 구멍을 통해 끈으로 묶는다.

검(劍)은 휴대용 병기로서 참살하거나 찔러 죽이는 데 사용한다. 검은 검신(劍身)과 검파(劍把, 칼자루)로 구성되었다. 검신의 앞 끝 뾰족한 곳을 '봉(鋒)'이라 하고 중앙 불룩한 능(稜)을 '척(脊)'이라 지칭한다. 척의 양측 사살(斜殺)을 '종(從)'이라 하고 종 양면의 인(刃)을 '악(鍔)'이라 한다. '척'과 두 '종'을 합해서 '납(臘)'이라 하고 검신과 자루 사이의 호수(護手)를 '격(格)' 또는 '심(鐔)'이라 한다. 손으로 잡는 원형 혹은 편평한 모양의 칼자루를 '경(莖)'이라 하고 경 끝의 원형 부분을 '수(首)'라고 한다. 청동검은 고대 귀족과 병사들의 호신용 병기이자 신분 및 계급을 나타내는 표시이기도 하다. 신분에 따라 검의 길이와 무게가 달라진다. 일부는 옥으로 장식하였다. 검은 서주(西周) 초기에 나타나 춘추(春秋) 말기에서 전국(戰國)시대에 가장 성행하였다. 한대(漢代) 이후에는 철검이 점차 청동검을 대신하게 되었다.

Sword is a kind of protective arms by bodyguard, for chopping and stabbing. And it is made of two parts; they are the edge and the handle. The pointed tip of edge is called 'feng', while the bulging ridge in the middle is called 'Ji'; the two deriving lines are called 'Cong'; the edge besides Cong is called 'E', Ji and two Cong together is called 'La'; the hand protective plate bulging between the edge and the handle is called 'Ge', or 'Tan'; the handle which is round shaped or flat shaped is called 'stick', at the end of stick a round figure is called 'Shou'. Bronze sword is a kind of protective weapons used by ancient nobles or warriors, and is also an indication for different classes, different class of people belong to different kind of swords in length and weight, some are decorated with fine jade. Sword appear in early West Zhou, and is prevalent in the late Spring and Autumn Period and Warring States, after Han Dynasty the bronze swords are displaced by steel made ones.

143

반훼문검(蟠虺紋劍)

춘추(春秋)
길이 30.2cm 병(柄)길이 10.63cm 종(從)너비 2.9cm
무게 0.28kg
1980년 서안시 대백양(西安市 大白楊) 폐품처리창고 수집

Pan and Qiu Dragon Pattern Sword

Spring and Autumn Period(770BC~476BC)
Total L 30.2cm handle L 10.63cm W 2.9cm
Weight 0.28kg
Collected in Dabaiyang warehouse, Xi'an in 1980

검의 형체는 비교적 짧고 몸통이 보다 넓다. 가운데 척(脊)이 있고 날은 예리하다. 칼자루의 격(格), 경(莖), 수(首)는 서로 연결되고 전체적으로 반훼문(蟠虺紋)을 채웠다. 반훼의 눈은 본래 녹송석(綠松石)을 상감했으나 지금은 떨어지고 없다.

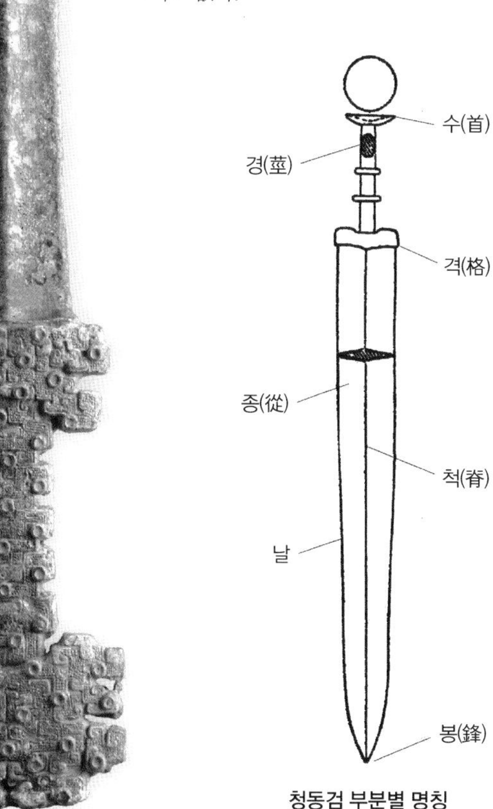

청동검 부분별 명칭

기물 전형도

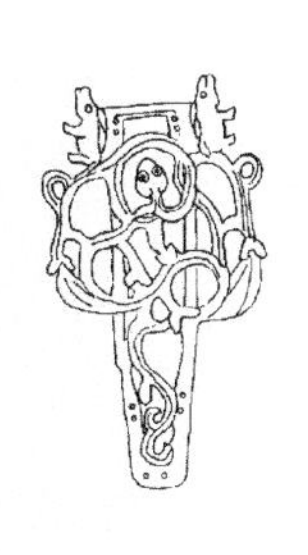

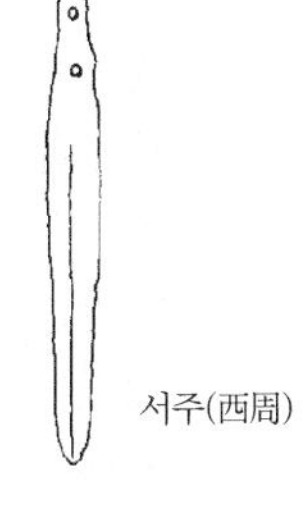

서주(西周)

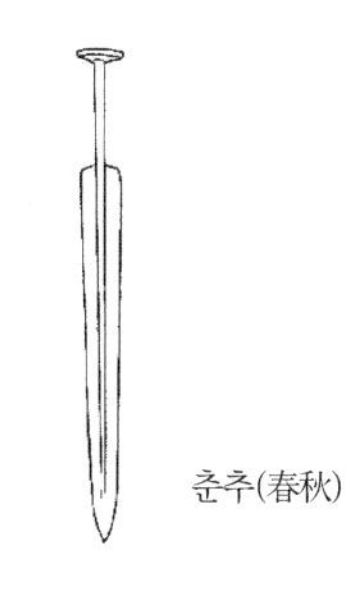

춘추(春秋)

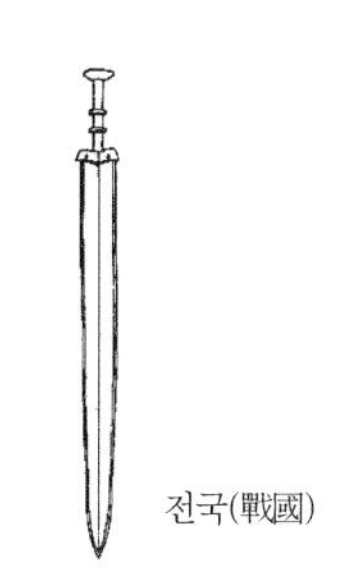

전국(戰國)

144

수면문검(獸面紋劍)

춘추(春秋)
길이 52.3cm 병(柄)길이 8.8cm 종(從)너비 4.2cm
무게 0.8kg
1995년 서안시(西安市) 수집

Beast Face Pattern Sword

Spring and Autumn Period(770BC~476BC)
Total L 52.3cm Handle L 8.8cm W 4.2cm
Weight 0.8kg
Collected in Xi'an in 1995

검의 형체는 좁고 길다. 척(脊)은 직선이고 종(從)은 비스듬하면서 넓다. 앞의 악(鍔)은 좁으면서 길다. 뒤집힌 요자형(凹字形) 격(格)은 비교적 두껍다. 격에는 수면문(獸面紋)을 장식했고 원경(圓莖)에는 두 줄의 테가 있고 자루의 끝과 검수(劍首)는 나팔 모양이다.

145

착격검(窄格劍)

전국(戰國) 초기
길이 42.55cm 병(柄)길이 8.75cm 종(從)너비 3.4cm
무게 0.345kg
1978년 서안시 장안현(구)(西安市 長安縣(區)) 두곡(杜曲) 폐품처리소 수집

Narrow Ge Sword

Warring States Period(475BC~221BC)
Total L 42.55cm Handle L 8.75cm W 3.4cm
Weight 0.345kg
Collected from Duqu Storehouse in Chang'an County(District), Xi'an in 1978

검체는 좁고 길다. 척(脊)이 가운데 있고 종(從)은 비스듬하면서 넓다. 앞의 악(鍔)은 조금 좁아지고 격(格)은 얇고 원경(圓莖)은 테가 없다. 속은 비고 자루 끝은 젖혀져 둥근 검수(劍首)를 이루었다.

146

조수문검병(鳥獸紋劍柄)

동한(東漢)
높이 27cm 최대너비 8.7cm 무게 1.08kg
1972년 8월 서안시(西安市) 제2기 벽돌공장 출토

Birds and Beast Pattern Handle of Sword

Eastern Han Dynasty(25AD~220AD)
Total H 27cm Max W 8.7cm Weight 1.08kg
Excavated from the Second Brick Factory of Xi'an in Apr 1972

동시에 출토된 2점의 형태, 치수와 무게는 모두 같다. 전체적으로 직사각형이고 위는 매 머리 모양, 아래는 짐승이 꿇어앉은 모양이며 전신에 발이 여섯 개 있다. 매의 눈과 볏은 유리(琉璃)와 녹송석(綠松石)을 상감했고 몸체의 표면은 도금하였다. 하단은 둥글넓적한 공(銎)이 있고 측면의 작은 구멍은 못을 관통시켜 자루를 고정시킬 수 있게 한다. 안휘(安徽) 박현(亳縣) 동원촌(董園村) 동한대(東漢代) 조씨(曹氏) 고분의 화상석(畵像石)에 그려진 무사가 찬 칼자루 양식과 같다.

비수(匕首)는 찔러 죽일 수 있는 호신용 병기이고 모양은 단검과 비슷하다. 구리비수[銅匕首]는 주로 상대(商代)와 춘추전국(春秋戰國)시대의 북방초원 일대에서 유행하였다.

Dagger is used for self-protection in stabbing, and it is more like a short sword. Dagger is prevalent in the Chinese northern grassland of Shang Dynasty and West Zhou Dynasty.

147

계령비수(系鈴匕首)

서주(西周)
길이 28cm 병(柄)길이 11.9cm 종(從)너비 2.7cm 무게 0.149kg
1980년 2월 서안시 대백양(西安市 大白楊) 폐품처리창고 수집

Bell Fastened Dagger

Western Zhou Dynasty(1066BC~771BC)
Total L 28cm Handle L 11.9cm W 2.7cm Weight 0.149kg
Collected in Dabaiyang warehouse, Xi'an in Feb 1980

비수의 몸체는 버들잎 모양이고 가운데는 척(脊)이 올라와 있다. 양의 뿔 모양의 격(格)에 손잡이는 넓적하다. 손잡이의 끝은 뱀머리 모양이고 뱀은 입을 약간 벌린 상태이며 두 눈은 누공(鏤孔)으로 만들어졌고, 두 눈 사이와 턱 아래는 홈이 있다. 자루의 뒷면에는 두 개의 다리 모양의 꼭지가 있고 꼭지에 방울을 달았다.

148

환수비수(環首匕首)

서주(西周)
길이 18.5cm 병(柄)길이 7.2cm 종(從)너비 1.3cm
무게 0.065kg
1972년 12월 전신삼구국(電信三九局) 공사장 출토

Circle Headed Dagger

Western Zhou Dynasty(1066BC~771BC)
Total L 18.5cm Handle L 7.2cm W 1.3cm
Weight 0.065kg
Excavated from Building Site of Telecoms Company in Dec 1972

비수는 짧고 작으며 호형의 날은 앞이 예리하다. 가운데는 척이 올라와 있고 격은 능형(菱形)이다. 넓적한 경(莖)의 양측으로 비스듬히 경사지면서 날을 이룬다. 손잡이의 끝은 이중 반환수(半環首, 고리의 절반이 이중으로 된 상태)인데 끈을 다는 데 쓰인다.

149

호문비수(虎紋匕首)

서주(西周) 초기
길이 22.5cm 병(柄)길이 9.15cm 종(從)너비 3cm 무게 0.142kg
1983년 서안시(西安市) 문물상점에서 넘겨받음.

Tiger Pattern Dagger

Western Zhou Dynasty(1066BC~771BC)
Total L 22.5cm handle L 9.15cm W 3cm Weight 0.142kg
Transferred by Xi'an Culture Relic shop in 1983

납(臘)은 버들잎 모양이고 척은 약간 융기했으며 종(從)은 짧다. 두 악(鍔)은 앞으로 나가다가 예리한 끝을 이루고 격은 팔자형(八字形)이다. 자루는 속이 빈 넓적하고 네모난 모양이고 양면에는 각각 누공(鏤孔)으로 장식한 앞뒤 둘씩 대응되는 호문(虎紋)이 있다. 호랑이 몸통은 가는 줄로 된 얼룩무늬로 채웠다.

150

유정문비수(乳釘紋匕首)

춘추(春秋) 초 · 중기
길이 23.65cm 병(柄)길이 8.4cm 종(從)너비 3.6cm
무게 0.16kg
1974년 서안시 대백양(西安市 大白楊) 폐품처리창고 수집

Button Nails Pattern Dagger

Spring and Autumn Period(770BC~476BC)
Total L 23.65cm Handle L 8.4cm W 3.6cm
Weight 0.16kg
Collected in Dabaiyang warehouse, Xi'an in 1974

납(臘)은 삼각형이고 가운데는 척(脊)이 올라와 손잡이까지 이어졌다. 납과 손잡이가 만나는 곳의 양측에 팔자형(八字形)의 격(格)이 나와 있다. 경(莖)은 둥글납작하고 앞뒤에 각각 유정문양대(乳釘紋樣帶)를 장식하였다. 문양대 안의 유정은 6개씩 삼각형을 이루며 교차로 배열되었다. 손잡이의 머리는 타원의 나팔 모양으로 벌어졌다.

151

현문비수(弦紋匕首)

춘추(春秋) 초 · 중기
길이 22.5cm 병(柄)길이 8.4cm 종(從)너비 3cm
무게 0.133kg
1985년 서안시 대백양(西安市 大白楊) 폐품처리창고 수집

Xuan Pattern Dagger

Spring and Autumn Period(770BC~476BC)
Total L 22.5cm handle L 8.4cm W 3cm
Weight 0.133kg
Collected in Dabaiyang warehouse, Xi'an in 1985

양쪽 경사진 날은 끝에 가면서 좁아지고 칼끝은 무디고 둥글다. 가운데 척(脊)은 약간 불룩하고 격(格)은 팔자형(八字形)이다. 손잡이 부분은 둥글납작하고 평행의 철현문(凸弦紋)을 장식하였다. 앞뒤로 각각 구멍을 뚫어 끈을 묶어 휴대하는 데 편리하도록 하였다.

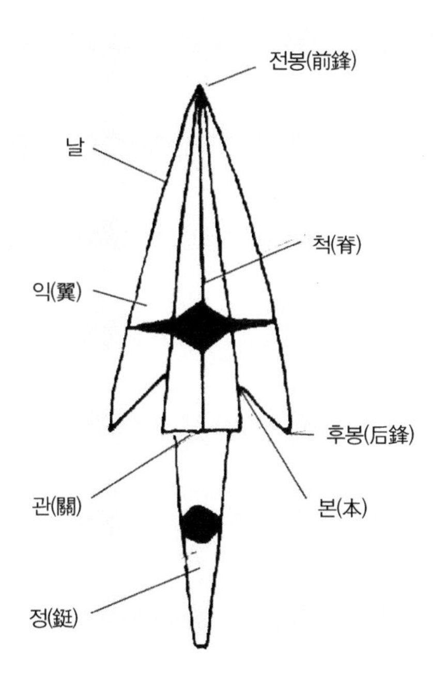

동촉(銅鏃) 부분별 명칭

촉(鏃)은 곧 화살촉으로 활시위와 쇠뇌[弩]로 발사하는 일종의 원거리 사격 병기이다. 촉은 촉두(鏃頭)와 전간(箭杆)을 연결하는 정(鋌)으로 구성되었다(초기에는 정이 없었다). 돌, 뼈, 동, 철 등으로 만들었다. 최초의 석촉은 지금으로부터 28,000년 전의 치욕(峙峪)유적에서 발견되었다. 신석기시대의 촉은 돌이나 뼈로 된 것이 많았다. 상대(商代)에 구리 촉이 나타났는데 두 날개가 달린 촉이고 두 날개는 밖으로 벌어졌다. 서주(西周)시대의 촉 역시 쌍익식(雙翼式)이었고 쌍익은 뒤로 길게 뻗어 있었다. 춘추(春秋) 초기와 중기에 삼익촉(三翼鏃, 날개가 셋인 촉)이 출현해 춘추 말기에서 전국(戰國)시대까지 사용되었다. 전국시대에는 삼릉촉[三棱鏃, 모가 셋으로 난 촉, 혹은 삼도촉(三刀鏃, 세 날을 가진 촉)이라고 칭한다]이 한대(漢代)까지 사용되었다. 동한(東漢) 이후에는 철촉(鐵鏃)이 출현했다.

Zu, also arrow end, is a kind of long distance weapon used with bow or crossbow. It is made of head of Zu and Ting which is served to connect arrow stick(no Ting at first). The material used for Zu are stone, bone, bronze and steel, etc. The earliest stone Zu is found in Zhigu culture 28000 years ago, Zu in the Neolithic ages is always made of stone or bone; in the Shang Dynasty there are bronze Zu, shaped with two wings open outside; those of West Zhou is also using two side wing kind, the two wings is forming long tails backward; in the early days of Spring and Autumn Dynasty, three wing Zu is found, and it is used till the end of Spring and Autumn Dynasty and Warring States Period; in the Warring States Period, three edge Zu(also three blade Zu) take into use, till the Han Dynasty. After the Eastern Han Dynasty steel Zu appears.

152

쌍익촉(雙翼鏃)

상대(商代) 후기
길이 5.2cm 잎너비 1.6cm 무게 0.0075kg
1971년 서안시 파교구 노우파(西安市 灞橋區 老牛坡) 출토

Two Wing Zu

Shang Dynasty(1600BC~1066BC)
Total L 5.2cm W 1.6cm Weight 0.0075kg
Excavated from Laoniupo in Baqiao District, Xi'an in 1971

촉(鏃)의 몸체 가운데 척(脊)에서 좌우로 대칭되는 두 잎이 갈라져 나와 앞으로 모이면서 전봉(前鋒)을 이루었고 뒤로는 거꾸로 찌르는 역할을 하는 후봉(後鋒)을 형성하였다. 이 촉의 가운데 척은 능형(菱形)에 가깝고 날개는 얇고 평평하며 밖으로 뻗어 있다. 측면의 날은 약간 벌어졌고 정(鋌)은 송곳 모양으로 뾰족하다. 이는 상대(商代) 동촉(銅鏃)의 전형적인 특징이다.

153

단이촉(單耳鏃)

상대(商代) 말기
길이 7.8cm 잎너비 1.55cm 무게 0.017kg
1979년 서안시(西安市) 문물상점에서 넘겨받음.

Single Ear Zu

Shang Dynasty(1600BC~1066BC)
Total L 7.8cm W 1.55cm Weight 0.017kg
Transferred by Xi'an Culture Relic shop in 1979

몸체는 짧고 작으며 횡단면은 능형(菱形)을 이루고 쌍익(雙翼)은 뒤로 각도가 져 있다. 정(鋌)은 둥글고 길며 앞이 굵고 뒤가 가늘다. 앞부분의 한쪽에 반환형 귀가 달려 있다.

154

누공촉(鏤孔鏃)

춘추(春秋) 초기
길이 6.02cm 잎너비 3cm 무게 0.014kg
1971년 서안시 대백양(西安市 大白楊) 폐품처리창고 수집

Hollowed Zu

Spring and Autumn Period(770BC~476BC)
Total L 6.02cm W 3cm Weight 0.014kg
Collected in Dabaiyang warehouse, Xi'an in 1971

몸체는 넓고 납작하고 쌍익(雙翼)은 밖으로 뻗으면서 뒤로 각도가 져 있다. 중간의 척(脊)이 올라와 있고 능(稜)은 본(本)에서 나왔다. 둥근 정(鋌)은 앞이 굵고 뒤가 가늘다. 촉의 쌍익 뒷부분은 누공(鏤空)이 있다.

155

삼익촉(三翼鏃)

춘추(春秋) 중기
길이 7.37cm 잎너비 0.9cm 무게 0.0072kg
1977년 서안시 대백양(西安市 大白楊) 폐품처리창고 수집

Three Wing Zu

Spring and Autumn Period(770BC~476BC)
Total L 7.37cm W 0.9cm Weight 0.0072kg
Collected in Dabaiyang warehouse, Xi'an in 1977

척(脊)은 둥글고 위에는 날개 셋이 달려 있는데, 곡선으로 끝까지 이어져 예봉을 이루었다. 간격은 120° 각이고 그 사이는 혈조(血槽)를 형성하였다. 후봉(後鋒)은 극히 짧고 정(鋌)은 세모 모양이다.

156

삼익촉(三翼鏃)

춘추(春秋) 말기
길이 9.45cm 잎너비 0.706cm 무게 0.0095kg
1979년 6월 서안시(西安市) 문물상점에서 넘겨받음.

Three Wing Zu

Spring and Autumn Period(770BC~476BC)
Total L 9.45cm W 0.706cm Weight 0.0095kg
Transferred by Xi'an Culture Relic shop in Jun 1979

몸체는 가늘고 길며 삼익(三翼)은 극히 좁다. 후봉(後鋒)은 없고 척은 본(本)에서 나왔는데 비교적 짧다. 뒷부분의 정(鋌)은 세모난 송곳 모양이다.

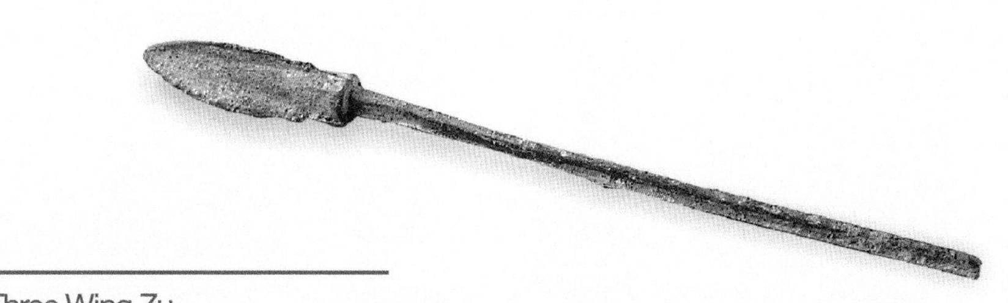

157

삼익촉(三翼鏃)

한(漢)
길이 15.8cm 잎너비 0.88cm 무게 0.013kg
1977년 서안시 대백양(西安市 大白楊) 폐품처리창고 수집

Three Wing Zu

Han Dynasty(206BC~220AD)
Total L 15.8cm W 0.88cm Weight 0.013kg
Collected in Dabaiyang warehouse, Xi'an in 1977

몸체는 짧고 작으며 둥근 척에는 좁은 날개 세 개가 붙어 있다. 척(脊)은 본(本)에서 나오고 긴 정(鋌)은 세모 모양이다.

158

삼익촉(三翼鏃)

한(漢)
길이 8.67cm 공(銎)지름 0.81cm 잎너비 1.3cm
무게 0.011kg
1979년 6월 서안시(西安市) 문물상점에서 넘겨받음.

Three Wing Zu

Han Dynasty(206BC~220AD)
Total L 8.67cm D of Qiong 0.81cm W 1.3cm
Weight 0.011kg
Transferred by Xi'an Culture Relic shop in Jun 1979

척(脊)에 좁은 날개가 세 개 붙어 있고 후봉(後鋒)은 짧다. 척은 본(本)에서 이어지고 본래 척에 꽂았던 철정(鐵鋌)은 이미 없어졌다.

159

삼익촉(三翼鏃)

한(漢)
길이 3.31cm 공(銎)지름 0.75cm 잎너비 1.04cm
무게 0.005kg
1983년 서안시(西安市) 문물상점에서 넘겨받음.

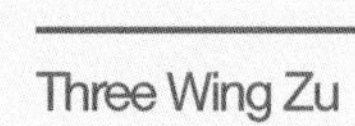

Three Wing Zu

Han Dynasty(206BC~220AD)
Total L 3.31cm D of Qiong 0.75cm W 1.04cm
Weight 0.005kg
Transferred by Xi'an Culture Relic shop in 1983

척(脊)에 날개가 붙어 있고, 날개는 호형(弧形)으로 끝까지 이어져 예봉을 이루었다. 척은 본(本)과 이어지는데 비교적 짧다. 속은 비었고 안에는 나무(대나무)로 된 정(鋌)의 잔해가 보인다.

160

삼익촉(三翼鏃)

한(漢)
길이 5.16cm 공(銎)지름 0.85cm
잎너비 1.73cm 무게 0.008kg
1974년 서안시 한성공사(향) 강무전촌(西安市 漢城公社(鄕) 講武殿村) 출토

Three Wing Zu

Han Dynasty(206BC~220AD)
Total L 5.16cm D of Qiong 0.85cm
W 1.73cm Weight 0.008kg
Excavated from Jiangwudian Village Hancheng Community, Xi'an in 1974

척(脊)은 비었고 삼각형 누공(鏤孔)이 세 개 있다. 세 날개는 삼각형을 이루고 날개의 가장자리는 비스듬히 전봉(前鋒)을 향하였다. 날개에는 긴 곡선으로 된 누공이 있다. 세 날개의 뒷부분은 작은 원의 고리로 이어지고 고리 중심은 척심(脊心)과 마주하고 있다.

161

삼각형촉(三角形鏃)

한(漢)
길이 3.86cm 공(銎)지름 0.76cm
잎너비 1.31cm 무게 0.007kg
1983년 서안시(西安市) 문물상점에서 넘겨받음.

Triangle shape Zu

Han Dynasty(206BC~220AD)
Total L 3.86cm D of Qiong 0.76cm
W 1.31cm Weight 0.007kg
Transferred by Xi'an Culture Relic shop in 1983

촉신(鏃身)은 삼각형이다. 양 날에 횡단면은 능형(菱形)이고 중간이 빈 척 속에는 철정(鐵鋌)의 잔해가 보인다.

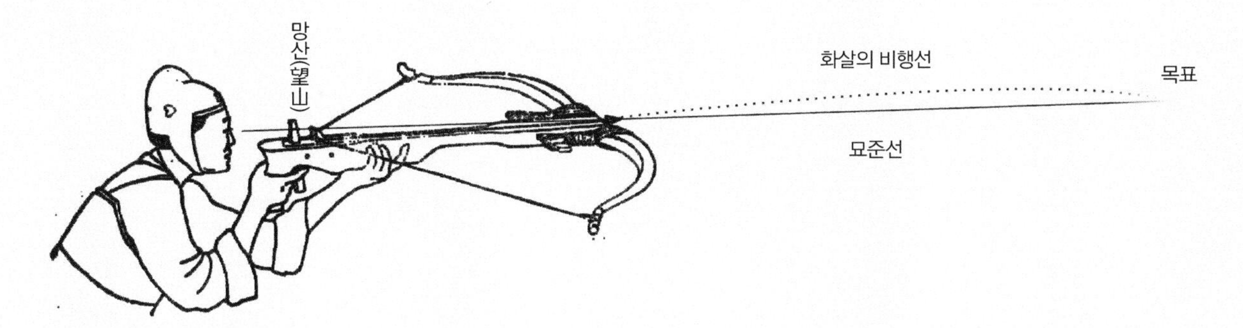

노(弩, 쇠뇌)는 기계를 이용하여 화살을 쏘는 활이다. 노기(弩機)는 노의 부품이고 노의 자루의 끝에 위치해 있다. 부품으로는 시위를 걸어 당기는 '아(牙)'가 있고, 아 뒤에는 조준기인 '망산(望山)', 아 아래는 방아쇠인 '현도(懸刀)'가 있다. 이 세 부분을 합쳐 천축(穿軸)으로 기물의 몸체인 '곽(郭)' 안에 고정시킨다. 발사할 때 현도를 걸어 당기면 아가 아래로 내려가면서 걸어 놓은 시위가 튕겨 나가고 화살이 발사된다. 노기(弩機)는 춘추(春秋) 말기에 나타나 전국(戰國), 진한대(秦漢代)에 성행하였다.

Crossbow is a kind of bow using the natural force. The machinery is part from crossbow, set at the back of crossbow arms. The implements are 'Ya' for plucking the bowstring, the aiming implement at the back is 'Wangshan', below Ya the pulling implement is 'xuandao', the three implements are made into one, and are placed in the body of 'Guo', namely the body of crossbow.

While the arrow is ready to go, pull the Xuandao, Ya then go downward, and the bowstring bounce back, the arrow is erected out. Crossbow is first seen in the late of Spring and Autumn period, and prevalent in the days of Warring States, Qin and Han Dynasty.

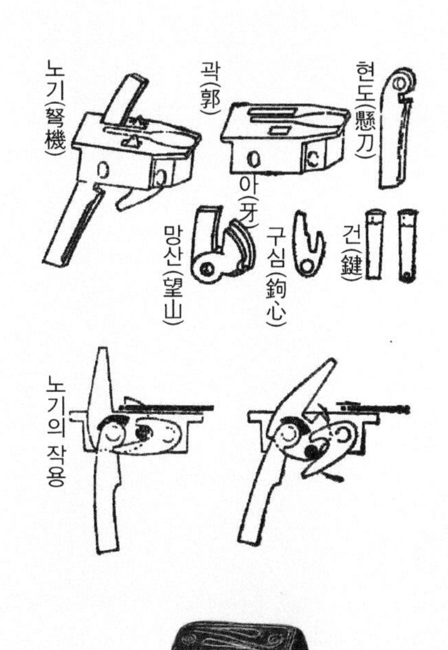

162

착금은노기(錯金銀弩機)

서한(西漢)
망산(望山)–현도(懸刀)거리 7.1cm 곽(郭)길이 11.8cm
곽(郭)너비 2.8cm 무게 0.516kg
1976년 서안시 미앙구 범가채(西安市 未央區 範家寨) 출토

Silver Gilded Crossbow

Western han Dynasty(206BC～23AD)
Distance from Wangshang(aiming) to Xuandao(Pulling implement) 7.1cm
L 11.8cm W 2.8cm Weight 0.516kg
Excavated from Fanjiazhai Village Weiyang District, Xi'an in 1976

노(弩)의 부품이 완전히 남아 있는데 추(樞)를 이용해 조준하는 망산(望山), 시위를 걸어 당기는 아(牙), 방아쇠인 현도(懸刀)를 곽(郭) 안에 조합하였다. 기신(機身), 아, 망산은 금은입사(金銀入絲) 기법으로 장식하였다. 기물의 몸체에는 화살의 홈이 있고 홈 윗부분의 가운데는 화살 한 대를 새기었으며 그 아래에는 좌우로 대칭되는 기러기, 운기(雲氣)와 산형문(山形紋)을 장식하였다. 또한 기신의 상부에는 박산(博山)과 운기문을 새기었고 그 사이에는 맹수와 금조(禽鳥)가 있다. 망산의 양면에도 박산과 운기문(雲氣紋)을 장식했고 측릉(側稜)은 'S'형 운문(雲紋)과 삼각 기하문(幾何紋)을, 아의 정면에는 'S'형 운문을, 바깥 측면은 머리를 돌린 수문(獸紋)을 새겼다. 문양은 모두 금은입사 기법으로 표현했는데 선이 섬세하고 유창하고 화려하다. 2,000여 년 전의 기물이나 문양이 여전히 선명하다.

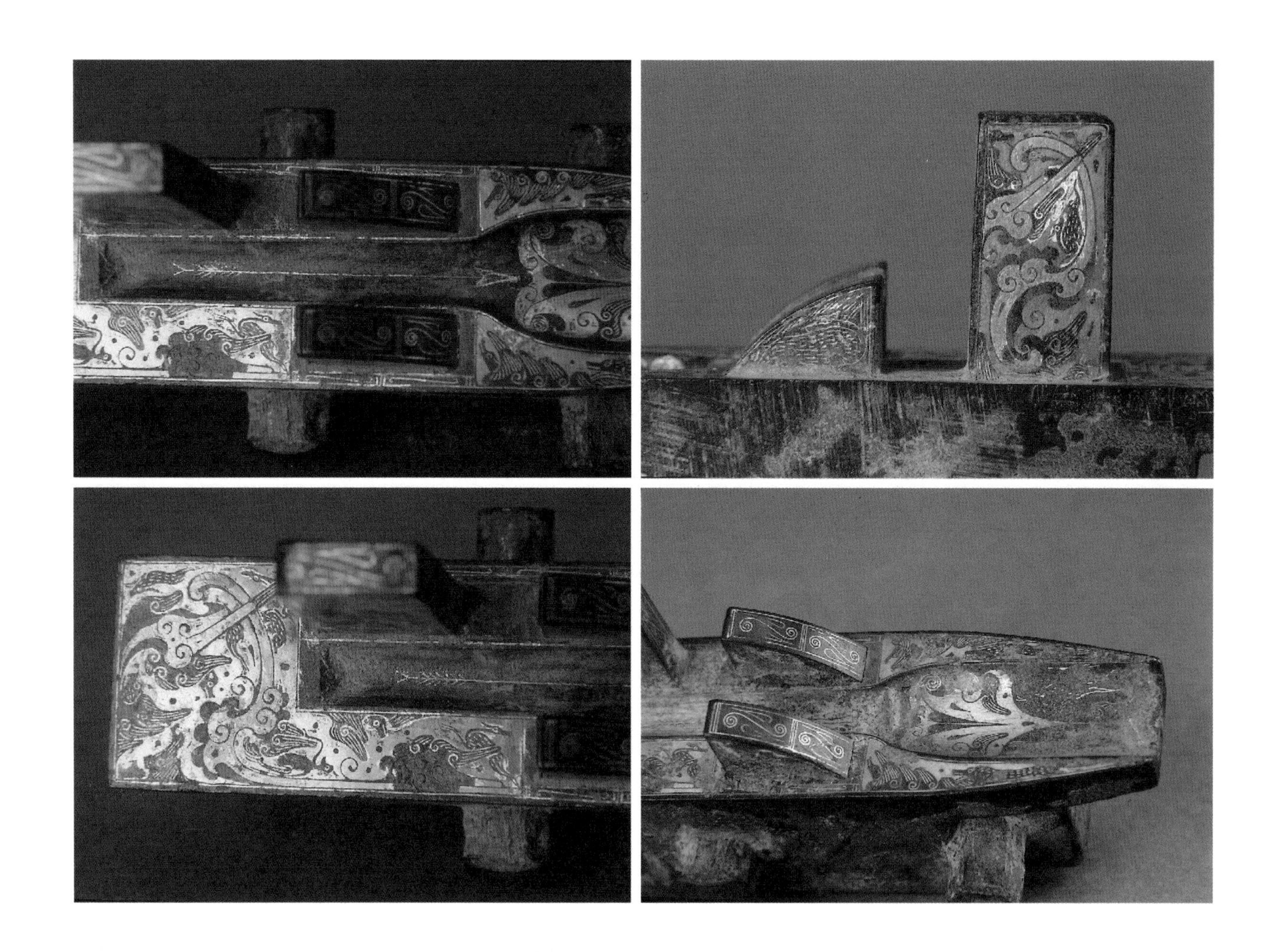

163

연희십칠년노기(延熙十七年弩機)

삼국촉한(三國蜀漢)
망산(望山)–현도(懸刀)거리 18.9cm 곽(郭)길이 16.2cm
곽(郭)너비 3.9cm 무게 1.66kg
1976년 서안시 대백양(西安市 大白楊) 폐품처리창고 수집

17th Year of Yanxi Crossbow

Three Kingdom Period(221AD~263AD)
Distance from Wangshang(aiming) to
Xuandao(pulling implement) 18.9cm
L 16.2cm W 3.9cm Weight 1.66kg
Collected in Dabaiyang warehouse, Xi'an in 1976

이 노(弩)의 구조는 앞의 것과 같지만 형체와 기물의 부품은 모두 비교적 크다. 곽(郭)의 우측에 예서(隸書)로 된 4행 34자의 명문(銘文)이 있다. "延熙十七年五月卅日□□督奸李炅業, 吏任忠, 都像張□, 工郝生□石重二斤十二兩(연희 17년 5월 30일 독간 이경업, 관리 임충, 도상장□, 공학생□석 무게 두 근 열두 냥)." 명문을 통해 이 노는 254년 촉한(蜀漢)의 이경업이 제조했음을 알 수 있다.

궁형기(弓形器)는 활의 보조기구로서 활등의 중앙에 묶어 활시위를 당겨 발사할 때 손상을 방지하는 데 쓴다. 지금까지 발견된 궁형기는 전부 구리로 만들어졌고 상대(商代) 중 · 후기와 서주(西周)시대의 것이 많으며 춘추전국(春秋戰國)시대까지 사용되었다. 주로 하남(河南), 섬서(陝西) 및 북방소수민족지역에서 발견되었다.

Bow like Apparatus is a kind of machinery on bow, fastened to the center of the bow, in avoidance of sudden hurt while erecting the arrow. The already found arrow like apparatus is made of bronze, most of which is in late Shang Dynasty and West Zhou Dynasty, and is still used in the Spring and Autumn Period, mainly seen in the province of Henan, Shaanxi and some other ethic minority places.

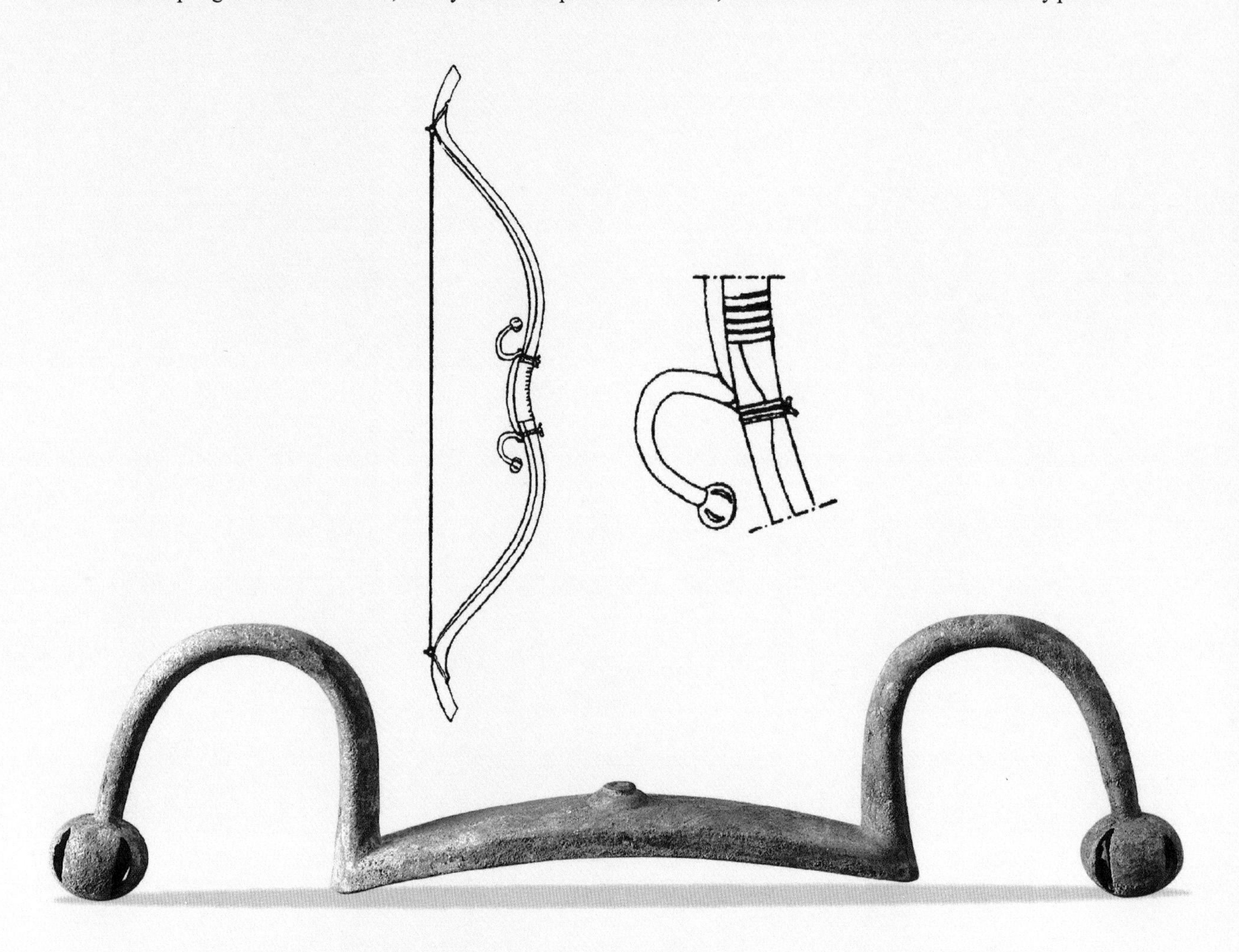

164

궁형기(弓形器)

상대(商代) 말기
길이 35.5cm 최대너비 4.2cm 무게 0.54kg
1995년 5월 16일 서안시 장안현(구) 풍서공사(향) 대원촌(西安市 長安縣(區) 灃西公社(鄕) 大原村) 서주(西周) 토호(土壕) 출토

Bow like Apparatus

Shang Dynasty(1600BC~1066BC)
Total L 35.5cm Max W 4.2cm Weight 0.54kg
Excavated from Relic of Western Zhou Dynasty in Dayuan Village Fengxi Community Chang'an County(District), Xi'an in May 16 1995

기물(器物)의 형체는 넓적한 타원형이고 중간이 넓고 끝이 좁다. 아치형이고 윗부분의 중심에는 둥근 꼭지가 돌출되어 있으며 꼭지 끝에는 고리 모양이 튀어나와 있다. 활 몸체의 양 끝에는 별도로 아치 모양으로 되어 있는데 그 양쪽의 상단을 활자루에 단단히 묶는다. 끝에는 방울을 단다.

거마기

車馬器

Wheels, Horses, Appliances

예(軎), 할(轄) 은 고대(古代) 거여구(車輿具)이다. 예는 보통 장통형(長筒形)이고 수레의 축(軸) 양 끝에 씌워 축두(軸頭)를 견고하게 한다. 예와 축의 끝에는 가로로 뚫린 구멍이 있는데 여기에 할을 삽입하여 예를 축두에 고정시킨다. 할은 축의 쐐기로 위가 굵고 아래가 가는 긴 줄 모양이며 상단에는 짐승 머리 모양 장식을 달았다. 예와 할은 함께 사용하기도 하고 따로 사용하기도 한다. 예(軎)는 상대(商代) 말기에 나타났고 할(轄)은 서주(西周) 초기에 나타났다. 구리로 된 예와 할은 서한(西漢) 전기까지 유행하였고 그 뒤에는 철로 대체되었다.

Wei, Xia, the ancient apparatus on wheels. Che has the shape of a long pipe, and it is used to fortify the end of axis whiled fixed on them. A hole is across both the Wei and axis, and it is fixed into the Xia. to make Wei on the end of the axis. Xia is a kind of end on axis, with the shape of triangular, thick upside thin downside, with a beast head like pattern on the top. Wei and Xia generally work together, while sometimes solely used also. Wei appear first in the later period of the Dynasty of Shang, and Xia in the early part of West Zhou Period, bronze Wei and Xia paly a very important role in the early days of West Han, while later displaced by steel.

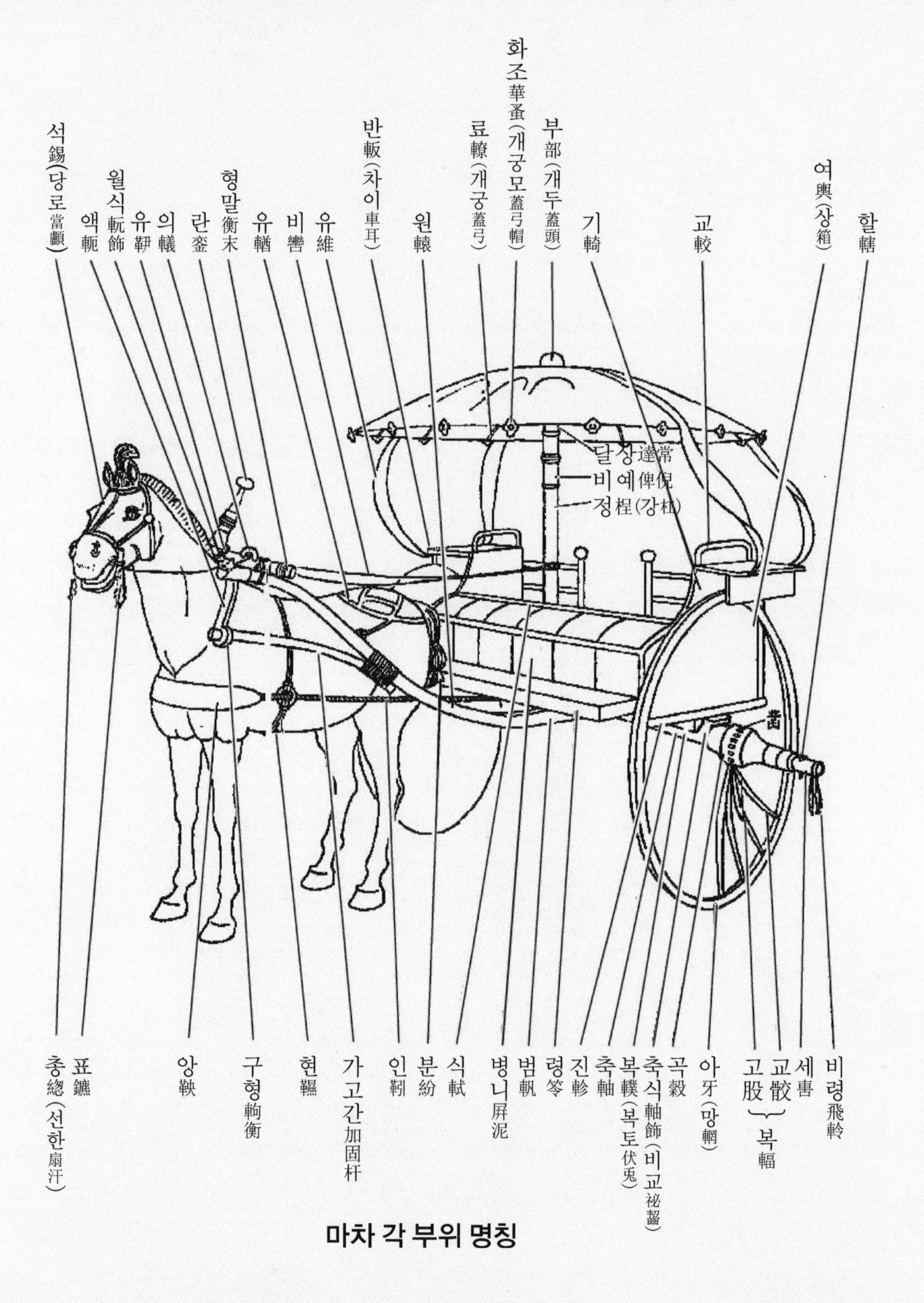

마차 각 부위 명칭

165

초엽기룡예(蕉葉夔龍軎) 호두할(虎頭轄)

서주(西周) 초기
길이 17.1cm 지름 5.3cm 무게 0.682kg
1998년 서안시(西安市) 밀수단속반에서 보내옴.

Leaves and Dragon Pattern Wei Tiger Head Pattern Xia

Western Zhou Dynasty(1066BC~771BC)
Total L 17.1cm D 5.3cm Weight 0.682kg
Transferred by the Smuggle－Proventing Office of Xi'an in 1998

예(軎, 굴대)의 형체는 장통형(長筒形)이고 안에서 밖으로 점점 가늘어지며 바깥 끝은 입을 봉했다. 안쪽 끝 부분에도 상하로 대칭되는 직사각형 할공(轄孔)이 있고 가운데 허리의 조금 뒷부분에 한 쌍의 작은 동그란 구멍이 있어 할공과 90도를 이룬다. 할공 양측의 주요 문양은 머리는 크고 몸은 짧고 꼬리는 위로 들린 기문(夔紋)으로 표현했다. 운뢰문(雲雷紋)을 바탕에 장식했다. 그 뒤에는 초엽문(蕉葉紋) 한 바퀴를 둘렀고 세트마다 하단이 연결된 정자문(丁字紋)이 두 개 있고 그 허리 부분 좌우로 각각 한 갈래씩 나와 있다. 바탕문양의 윗부분은 운뢰문을 채웠고 아랫부분은 가는 선으로 채웠다. 주요 문양의 가운데는 모두 음각선(陰刻線)을 장식하였다. 굴대의 입을 봉한 한 끝의 중간에는 부조로 반룡문(蟠龍紋)을 장식하였다.

할(轄)의 형태는 납작한 직사각형이며 굴대의 할공에 끼울 수 있다. 그 아래에 하나의 부정형인 구멍이 있는데 쐐기를 박아 고정시키는 데 쓴다. 윗부분은 호랑이 모양이고 호랑이 귀 아래에 한 쌍의 네모난 구멍이 있다.

이 기물의 형태는 서주(西周) 초기에 흔히 보인다. 기문(夔紋)의 형태와 3층 문양의 장식기법 또한 서주 초기 특징에 속한다.

166

뇌문예(雷紋軎)

춘추(春秋)
길이 4.9cm 지름 5.3cm 무게 0.22kg
1997년 8월 서안시 장안현(구)(西安市 長安縣(區)) 두곡(杜曲) 폐품처리소 수집

Wei with Thunder Pattern

Spring and Autumn Period(770BC~476BC)
Total L 4.9cm D 5.3cm Weight 0.22kg
Collected from Duqu Storehouse in Chang'an County(District), Xi'an in Aug 1997

예(軎)의 몸체는 굵고 짧다. 꼭대기는 뚫려 있고 내구(內口)는 외구(外口)보다 조금 크다. 내구의 끝에는 넓은 평절연(平折緣)이 있고 할공(轄孔)은 안쪽 가장자리에 바짝 붙었다. 몸체는 구련뢰문(勾連雷紋)으로 가득하고 그 주선(主線)에는 'S'형 운문(雲紋)을 장식했다. 뇌문 사이는 좁은 선으로 나뉜다.

167

통형예(筒形軎)

전국(戰國)
길이 7.6cm 지름 3.5cm 무게 0.265kg
1976년 3월 서안시 대백양(西安市 大白楊) 폐품처리창고 수집

Pipe-shaped Wei

Warring States Period(475BC~221BC)
Total L 7.6cm D 3.5cm Weight 0.265kg
Collected in Dabaiyang warehouse, Xi'an in Mar 1976

몸체는 통형(筒形)이고 꼭대기는 뚫려 있다. 내구(內口) 가까운 곳은 비탈 모양으로 밖으로 벌어졌고 동시에 밖으로 젖혀져 있다. 비탈 위에는 할공(轄孔)과 세현문(細弦紋) 두 바퀴가 있고 외구(外口) 가까이에는 넓은 테가 한 줄 있으며 테 위에 철릉(凸稜)이 있다.

168

호형할(虎形轄)

전국(戰國) 말기
높이 7.88cm 호(虎) 3.6cm 두께 1.3cm 무게 0.0985kg
1978년 5월 서안시 아방궁향 요서촌(西安市 阿房宮鄕 窯西村) 출토

Tiger-shaped Xia

Warring States Period(475BC~221BC)
Total H 7.88cm L of tiger 3.6cm T 1.3cm Weight 0.0985kg
Excavated from Yaoxi Village Efanggong Community, Xi'an in May 1978

할(轄)의 형태는 납작한 직사각형이고 예(軎)의 할공(轄孔)에 끼워 사용한다. 할의 위쪽에 와호(臥虎)를 장식했고 호랑이 몸체 각 부위의 윤곽은 뚜렷하다. 할의 아래위로 구멍이 한 개씩 있는데 쐐기를 꽂아 고정시키는 데 사용하고 한 면에는 2행 8자의 "卌六年, 禾工, 一, 工免(십육년, 화공, 일, 공면)" 명문(銘文)이 새겨져 있다. 호랑이의 조형 특징 및 명문의 내용과 글씨체를 감안할 때 전국(戰國) 말기 진소왕(秦昭王) 46년의 기물(器物)로 추정된다.

169

용형거예(龍形車軎)

당(唐)
길이 23cm 입지름 7.8cm 무게 0.821kg
1972년 서안시 대백양(西安市 大白楊) 폐품처리창고 수집

Dragon-shaped Wei On Wheels

Tang Dynasty(618AD~907AD)
Total L 23cm D 7.8cm Weight 0.821kg
Collected in Dabaiyang warehouse, Xi'an in 1972

예(軎)의 안쪽 절반은 원통형이고 끝은 밖으로 벌어졌다. 바깥쪽 절반은 용머리 모양이고 위 입술[上脣]은 젖혀진 상태이다. 두 눈은 직사각형이고 그 위에 달린 외뿔은 뒤로 젖히며 갈라졌다. 경부(頸部)에 음각한 수염은 위로 날리고 주둥이 뒤 입술은 벌어져 직사각형 할공(轄孔)을 이룬다. 속은 비어 있고 겉은 전체가 도금되어 있다.

용(龍)의 조형은 전형적인 당(唐) 풍격으로 용맹스럽고 대범하며 금빛 찬란하다. 고대 중국에서 용은 왕권의 상징이고 특히 한당대(漢唐代)에 황제가 쓰는 물건에만 용을 장식할 수 있었다. 이로 보아 이 예는 당대 황실에서 황제가 타는 수레의 축에 장식하던 기물로 추정된다.

형식(衡飾)은 고대(古代) 수레 형(衡) 양 끝에 있는 장식품이다. 그 형태는 짐승 머리나 통 모양이며 일부는 위로 굽은 모양이다. 형식은 상대(商代)에 출현해 서주(西周) 및 춘추전국(春秋戰國)시대에 유행하였다.

The decoration of Heng is for the use of two ends of Heng. The shape of it is carved like a beast head, or like a pipe, some are shaped bending upward. The decoration of Heng appeared in the early of Dynasty of west Zhou, and is prevalent in the period of West Zhou, Spring and Autumn Period, and Warring States.

170

장통형형식(長筒形衡飾)

서주(西周) 중기
길이 29.8cm 높이 10.7cm 통(筒)지름 4cm 무게 0.582kg
1980년 서안시 대백양(西安市 大白楊) 폐품처리창고 수집

Long Pipe-shaped Heng Decoration

Western Zhou Dynasty(1066BC~771BC)
L 29.8cm W 10.7cm D 4cm Weight 0.582kg
Collected in Dabaiyang warehouse, Xi'an in 1980

기물(器物)은 장통형(長筒形)이고 양 끝은 파손되었다. 위에는 위가 좁고 아래가 넓은 사다리꼴이 있고 양측에는 납작하고 둥근 고리가 있어 수레의 멍에를 묶는 데 사용한다.

종식(踵飾)은 고대(古代) 수레의 부품이다. 수레 끌채의 뒤 끝에 연결하는데 일반적으로 네모난 통형(筒形)이고 간단한 문양 장식이 있거나 없는 경우도 있다. 상대(商代) 말기에 처음 나타났다.

Zhong Decoration is the apparatus on ancient wheels. It is fastened to the end of Yuan, and has the shape of a cubed open pipe, on the body there are simple pattern of none. It appear in the later part of the Shang Dynasty.

171

기문종식(夔紋踵飾)

상대(商代) 말기
길이 15.2cm 너비 8.53cm 두께 6.5cm 무게 0.379kg
1979년 6월 서안시(西安市) 수집

Zhong with Kui Dragon Pattern

Shang Dynasty(1600BC~1066BC)
Total L 15.2cm W 8.53cm T 6.5cm Weight 0.379kg
Collected in Xi'an in Jun 1979

앞은 투관(套管)이고 뒤에는 홈이 있다. 투관의 횡단면은 뒤집힌 사다리꼴이고 허리는 조금 불룩하다. 겉에는 두 개의 역방향으로 된 기문(夔紋)을 장식했다. 기(夔)는 머리가 크고 몸은 짧으며 꼬리는 위로 말렸다. 몸체는 두 갈래로 나누어졌고 주변은 운뢰문(雲雷紋)을 채웠다. 홈은 위가 넓고 아래가 좁으며 표면에 삼각문(三角紋)을 장식했다. 앞의 관상(管狀) 부분은 원종(轅踵)의 밖에 씌운 것이고 뒷부분의 홈은 진(軫, 수레의 뒤턱나무)에 끼웠다. 은허(殷墟) 서구(西區) 거마갱(車馬坑) M7에서 같은 모양의 종식이 출토된 바 있다.

난령(鑾鈴) 은 고대(古代) 수레의 장식품이다. 수레가 움직이면 방울이 울린다. 상하 두 부분으로 구성되었다. 상부는 방울의 몸체로 방울에 바퀴살 모양 누공(鏤孔)이 있고 안에는 탄환(彈丸)이 있다. 하부는 방공좌(方銎座)로서 멍에 머리[軛首] 혹은 수레 횡목[車衡]에 설치한다. 상대에 나타나 서주부터 한대까지 유행하였다.

Luan is the apparatus used on the ancient wheels which can ring while wheels move. It is made of two parts. The upside is the body of the bell, which has holes on it as decoration, pills inside; the downside is the plate for Luan, for the purpose of installing on the front of E or Heng, It took into shape in the Shang Dynasty, and is prevalent in the Dynasty of West Zhou and Han.

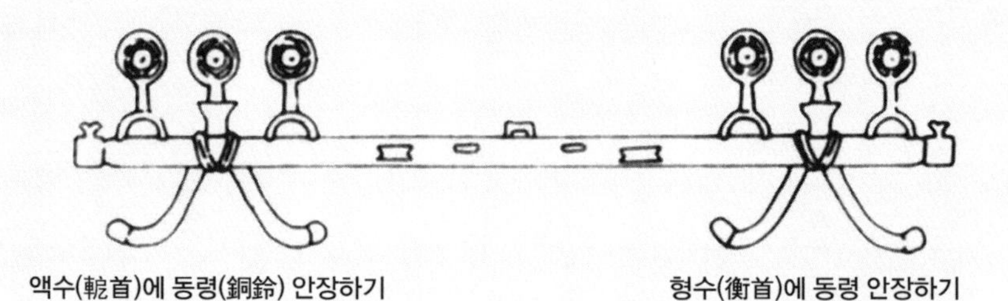

172

쌍면누공난령(雙面鏤空鑾鈴)

서주(西周) 초기
높이 15.65cm 영(鈴)지름 7.2cm 받침높이 7cm 무게 0.166kg
1967년 4월 서안시 대백양(西安市 大白楊) 폐품처리창고 수집

Both Sides Hollowed Luan Ring

Western Zhou Dynasty(1066BC~771BC)
Total H 15.65cm D of ring 7.2cm H of base 7cm Weight 0.166kg
Collected in Dabaiyang warehouse, Xi'an in Apr 1967

난(鑾)은 상하 두 부분으로 나눈다. 상부는 안에 탄환이 들어 있는 구형(球形)이고 공의 누공(鏤空)은 바퀴살 모양이며 주위는 비교적 넓은 가장자리가 있다. 가장자리에는 누공이 있는데 위에는 네 개의 작은 구멍이 있고 아래에는 두 개의 긴 호형(弧形)의 구멍이 나 있다. 하부는 구체(球體)를 연결하는 받침이고 자리의 측면은 긴 사다리꼴이며 허리 부분은 조금 들어갔다. 횡단면은 직사각형이고 네 변의 모서리는 약간 볼록하고 사면의 중간에도 각각 철릉(凸稜)이 하나씩 있다. 바닥 가까운 곳에 각각 네모난 구멍이 하나씩 뚫려 있다.

173

단면누공난령(單面鏤空鑾鈴)

서주(西周) 말기
높이 13.8cm 영(鈴)지름 7.5cm 받침높이 5.9cm
무게 0.258kg
1970년대 서안시 장안현(구)(西安市 長安縣(區)) 서주(西周) 풍호(豊鎬) 유적지 출토

One Side Hollowed Luan Ring

Western Zhou Dynasty(1066BC~771BC)
Total H 13.8cm D of ring 7.5cm H of base 5.9cm
Weight 0.258kg
Excavated from Fenggao Relic of Western Zhou Dynasty in Chang'an County(District), Xi'an in 1970's

난은 상하 두 부분으로 나눈다. 상부는 안에 탄환을 포함한 타원형 구체(球體)이고 공의 정면 누공(鏤空)은 수레 바퀴살 모양이다. 주위에는 외연(外緣)이 한 줄 있는데 가장자리에 비교적 넓은 세 개의 긴 호형(弧形)의 구멍이 있다. 뒷면은 타원형 구체이고 구체의 꼭대기는 직사각형 구멍 하나가 있다. 하부에는 정면이 넓고 측면이 좁은 편평한 사다리꼴 받침이 있다. 정면과 뒷면의 가운데에 세 줄의 조금 도드라진 가는 선이 있고 양측 아래위에 또 네 개의 납작하면서 긴 철흔(凸痕)이 보이고 사면의 중간 아래위에는 둘씩 대응되는 부정형(不定形) 누공이 새겨져 있다.

함(銜)은 말의 재갈을 가리키는 것으로 말의 주둥이에 재갈을 물려 말을 다루는 데 사용한다. 함은 서로 연결된 두 개의 구리사슬로 구성되었는데 양 끝은 각각 둥근 고리 및 표(鑣, 재갈)와 연결된다. 상대(商代) 말기에서 전국(戰國)시대까지 유행하였다.

Xian, namely rope for controlling the horse, is used in the mouth of horse for the purpose of controlling horses, Xian is made with two bronze sticks, on the sides of sticks two circles is made to join with Biao. And it is prevalent in the period of late Shang and Warring States.

174

함(銜)

서주(西周)
길이 16.2cm 무게 0.095kg
1996년 6월 서안시 장안현(구)(西安市 長安縣(區))
서주(西周) 풍호(豊鎬) 유적지 출토

Xian

Western Zhou Dynasty(1066BC~771BC)
Total L 16.2cm Weight 0.095kg
Excavated from Fenggao Relic of Western Zhou Dynasty in Chang'an County(District), Xi'an in Jun 1996

4점의 형태와 크기는 같다. 재갈은 두 개의 '∞'형 쌍환투(雙圜套, 쌍 고리로 된 씌우개)로 이루어졌고 고리의 크기는 같다. 이런 형태의 말 재갈은 은허(殷墟)와 풍호(豊鎬) 유적지 서주(西周)말기의 거마갱(車馬坑)에서 모두 발견된 바 있다.

175

함(銜)

춘추(春秋) 초기
길이 17.3cm 무게 0.133kg
1979년 서안시 대백양(西安市 大白楊) 폐품처리창고 수집

Xian

Spring and Autumn Period(770BC~476BC)
Total L 17.3cm Weight 0.133kg
Collected in Dabaiyang warehouse, Xi'an in 1979

2점으로 형태와 크기는 같다. 서로 연결된 두 부분으로 구성되었는데 바깥의 양 끝은 둥근 고리 모양이고 연결된 부분은 속이 비고 아랫변이 곡선인 이등변삼각형을 이루었다. 그중 한 마디의 상하 두 부분은 90도가 된다. 같은 모양의 함(銜)은 상촌령(上村嶺) M1617 77A1[『上村嶺虢國墓地(상촌령괵국묘지)』 과학출판사, 1955년]에서 볼 수 있었다. 연대는 춘추(春秋) 초기에 해당한다.

표(鑣)는 말굴레에 연결해 가죽 끈으로 말 재갈과 묶어 말을 통제하는 데 사용한다. 표는 원형(圓形), 방형(方形), 긴 줄 모양 세 가지가 있고 상대(商代) 말기에서 전국(戰國)시대까지 유행하였다.

Biao is fastening to the head of horse, through the leather rope with Xi'an, for the purpose of controlling horse. Biao has the shape of round, cube and rectangle, and is prevalent in the period of late Shang and Warring States.

176

원형표(圓形鑣)

서주(西周) 중기
길이 9.8cm 너비 8.2cm 두께 1.99cm 무게 0.13kg
1975년 2월 서안시 대백양(西安市 大白楊) 폐품처리창고 수집

Round-shaped Biao

Western Zhou Dynasty(1066BC~771BC)
L 9.8cm W 8.2cm T 1.99cm Weight 0.13kg
Collected in Dabaiyang warehouse, Xi'an in Feb 1975

2점의 형태와 크기는 같다. 기물의 형체는 둥글납작하고 전체적으로 곡선의 새 모양을 부조로 표현했다. 중심의 조금 아래에 둥근 구멍을 남겼고 위쪽에는 다리 모양의 양(梁)을 주조했으며 뒷면에는 넓은 다리 모양의 꼭지가 세 개 있다.

177

조수형표(鳥首形鑣)

서주(西周) 중기
길이 10.3cm 너비 7.4cm 두께 1.7cm 무게 0.078kg
1978년 4월 서안시 장안현(구)(西安市 長安縣(區)) 서주(西周) 풍호(豊鎬) 유적지 출토

Bird Head-shaped Biao

Western Zhou Dynasty(1066BC~771BC)
L 10.3cm W 7.4cm T 1.7cm Weight 0.078kg
Excavated from Fenggao Relic of Western Zhou Dynasty in Chang'an County(District), Xi'an in Apr 1978

기물(器物)의 형체는 위가 둥글고 아래는 뾰쪽하며 굽으면서 각을 이룬다. 가운데는 타원 사변형으로 조금 볼록하고 중간에 둥근 구멍이 있다. 윗부분에는 삼각형의 누공(鏤孔)이 있고 아래에는 바깥이 높고 안이 낮은 계단 모양을 하고 있다. 뒷면에는 두 개의 꼭지가 있다. 이 표의 조형은 보통 각형표(角形鑣)라고 부른다. 그러나 중부의 눈, 상부의 볏과 하부의 부리의 특징은 비교적 분명해 조수형표라고 한다.

당로(當盧)는 가죽 끈으로 말의 굴레와 연결하여 말의 이마 앞에 두는 장식물이다. 당로의 형태는 비교적 다양하며 상주(商周)시대에 성행하였다.

Danglu, is a kind of leather ropr fastened to the mask of horse and set on the front. Danglu has different shapes, and is prevalent in the period of Shang and Zhou.

178

반관형당로(半管形當盧)

서주(西周) 초기
길이 28.67cm 너비 10.2cm 무게 0.269kg
1996년 6월 서안시 장안현(구)(西安市 長安縣(區)) 서주(西周) 풍호(豊鎬) 유적지 출토

Pipe-shaped Danglu

Western Zhou Dynasty(1066BC~771BC)
Total L 28.67cm W 10.2cm Weight 0.269kg
Excavated from Fenggao Relic of Western Zhou Dynasty in Chang'an County(District), Xi'an in Jun 1996

윗부분은 측면으로 선 얕은 대야바닥 같고 아래로 긴 줄 모양의 관(管)을 세로로 곧게 이었다. 윗부분의 뒷면에는 두 개의 평행되는 세로 방향의 다리 모양 꼭지가 있다. 관(管)의 하단에는 직릉문(直稜紋)을 장식했고 뒷면의 하부에는 하나의 코가 있다. 한 점의 윗부분 뒷면의 꼭지 사이에 '𢦏帚'라는 2자의 명문(銘文)이 새겨져 있다. 정면에는 석문(席紋)의 흔적이 가득하다. 다른 한 점의 뒷면 윗부분에도 같은 2자의 명문이 보이는데 모두 양각(陽刻)으로 되어 있다.

179

쌍각형당로(雙角形當盧)

서주(西周) 초 · 중기
높이 18.1cm 최대너비 7.9cm 무게 0.122kg
1995년 5월 16일 서안시 장안현(구) 풍서향 대원촌(西安市 長安縣(區) 灃西鄕 大原村) 서주(西周) 토호(土壕) 출토

Two Angle-shaped Danglu

Western Zhou Dynasty(1066BC~771BC)
Total H 18.1cm Max W 7.9cm Weight 0.122kg
Excavated from Relic of Western Zhou Dynasty in Dayuan Village Fengxi Community Chang'an County(District), Xi'an in May 16 1995

윗부분은 두 뿔 모양을 이루고 가운데 부분은 가로로 타원형의 포(泡)가 조금 오목한 모양을 하고 있으며 아래는 긴 사다리꼴의 병(柄)이 있다. 두 뿔 중심에는 철릉(凸稜)이 포의 중심까지 이어지고 그 사이에는 짧은 철릉 하나가 끼어 있다. 손잡이의 중간에도 긴 철릉이 포의 중간 부분까지 이어지고 양쪽에 각각 하나씩 짧은 철릉이 있다. 포의 중간 부분 조금 위쪽에 직선의 줄이 있는데 양 끝은 각각 아래로 향해 두 갈래의 곡선을 이루었다. 뒷면 두 뿔의 뾰족한 부분과 자루 부분 하단의 철릉 아래에 각각 교형(橋形) 꼭지가 있는데 이것으로 당로를 고정시킨다.

절약(節約) 은 일자(一字), 십자(十字), 입자(廿字), 바퀴 모양[輪形] 등 여러 형태가 있는데 굴레와 고삐를 고정시켜 교차시키는 데 사용된다. 동절약(銅節約)은 상대(商代) 말기에 나타나 한대(漢代)까지 사용했고 그 이후에는 가죽 끈으로 매듭을 지어 절약을 대신하였다.

Jieyue, it has the shape of the Chinese character '一', '十', '廿', and the shape of wheels, it is used to fasten the mask, rope, to maintain the cross state. The bronze Jieyue appeared in the period of late Shang, and still get used in the period of Han, later it was displaced by straw made rope.

180

X형절약(X形節約)

서주(西周)
길이 3.6cm 너비 2.7cm 두께 1.1cm 무게 0.019kg
1993년 서안시 장안현(구)(西安市 長安縣(區)) 서주(西周) 풍호(豊鎬) 유적지 출토

X-shaped Jieyue

Western Zhou Dynasty(1066BC~771BC)
L 3.6cm W 2.7cm T 1.1cm Weight 0.019kg
Excavated from Fenggao Relic of Western Zhou Dynasty in Chang'an County(District), Xi'an in 1993

'X'형의 절약으로 두 개를 겹친 호형관(弧形管)처럼 생겼다. 그 안은 사방으로 뚫려 있고 허리 부분은 세 줄의 새끼무늬를 장식하였다. 뒷면 가운데 부분에 구멍이 있다.

181

포형절약(泡形節約)

서주(西周)
지름 3.8cm 두께 2.2cm 무게 0.0325kg
1993년 9월 서안시 장안현(구) 마왕진(西安市 長安縣(區) 馬王鎮) 양곡조합 동쪽 출토

Bulgy Ball-shaped Jieyue

Western Zhou Dynasty(1066BC~771BC)
D 3.8cm T 2.2cm Weight 0.0325kg
Excavated from Mawang Town Chang'an County(District), Xi'an in Sep 1993

정면은 불룩하게 융기했고 뒷면은 가운데가 비었으며 둘레에는 4개의 짧은 관이 나와 있는데 관 안은 뚫려 있다.

182

십자형절약(十字形節約)

서주(西周)
관 길이 2.79cm 두께 1.5cm 무게 0.02kg
1972년 서안시 대백양(西安市 大白楊) 폐품처리창고 수집

Cross-shaped Jieyue

Western Zhou Dynasty(1066BC~771BC)
L 2.79cm T 1.5cm Weight 0.02kg
Collected in Dabaiyang warehouse, Xi'an in 1972

십자 모양의 교차된 둥근 관처럼 생겼다. 관 안은 네 곳으로 뚫려 있고 뒷면에는 방형(方形) 구멍이 있으며 정면의 중간 부분에는 수면문(獸面紋)을 장식하였다.

183

환형절약(環形節約)

전국(戰國)
지름 5.7cm 두께 1.9cm 무게 0.07kg
1972년 서안시 대백양(西安市 大白楊) 폐품처리창고 수집

Ring-shaped Jieyue

Warring States Period(475BC~221BC)
D 5.7cm T 1.9cm Weight 0.07kg
Collected in Dabaiyang warehouse, Xi'an in 1972

2점의 형태와 크기는 같다. 형체는 환형(環形)이고 아래는 평평하고 위는 볼록하다. 윗부분은 밖으로 향한 세 개의 짐승 머리와 연결되었다. 짐승 머리는 입이 크고 혀를 내밀었으며 코는 융기하고 눈은 튀어나왔으며 큰 귀는 안으로 말렸다.

184

산형절약(傘形節約)

서주(西周)
지름 5.1cm 두께 2.2cm 무게 0.064kg
1985년 서안시 장안현(구) 풍서향(西安市 長安縣(區) 灃西鄕) 가마공장 출토

Umbrella-shaped Jieyue

Western Zhou Dynasty(1066BC~771BC)
D 5.1cm T 2.2cm Weight 0.064kg
Excavated from Fengxi Community Chang'an County(District), Xi'an in 1985

절약(節約)의 윗부분은 우산 모양이고 아래는 십자로 교차된 관 모양이며 우산 가장자리에 구멍이 있다. 십자관(十字管)의 중간은 누공(鏤空)이 있고 그 안은 네 곳으로 통한다.

마등(馬鐙)은 말안장의 양쪽에 달린 등자(鐙子)이다. 대부분이 철제이며 구리로 만든 것은 보다 적고, 옥으로 만든 것은 지극히 드물다. 동진(東晋) 시기에 나타났고 현재까지 사용되고 있다.

Saddle Iron is a kind of peddle hanging on the two sides of the saddle, most of which are made of steel, rarely are made of bronze. the elevated would be made with jade. It first appeared in the period of East Jin, and is used till today.

185

마등(馬鐙)

당(唐)
높이 19.1cm 너비 12.4cm
발판너비 6cm 무게 0.72kg
1976년 서안시 안탑구 장팔공사(향) 감가채(西安市 雁塔區 丈八公社(鄕) 甘家寨) 출토

Saddle Iron

Tang Dynasty(618AD~907AD)
Total H 19.1cm W 12.4cm
W of peddle 6cm Weight 0.72kg
Excavated from Ganjiazhai Village in Zhangba Community Yanta District, Xi'an in 1976

말등자는 한 쌍이고 모양과 크기는 같다. 형체는 원형이며 위에는 직사각형 꼭지가 있고 꼭지 아래에 직사각형 구멍이 있는데 달아매는 데 사용한다. 아래에는 타원형 발판이 있고 발판 양 끝은 곡선 모양이다.

생산공구

生産工具

Production Utensils

산(鏟)은 고대 땅을 깎고 풀을 제거하고 김을 매는 농기구이다. 모양은 대체로 지금의 삽에 해당한다. 산의 몸체는 하단에 날이 있고 상단에는 방형(方形) 혹은 타원형의 공(銎)이 있어 안에 나무 손잡이를 끼운다. 청동산(靑銅鏟)은 상대(商代) 말기에 최초로 나타났고 전국(戰國) 이후에는 철산(鐵鏟)이 널리 사용되었다.

Chan, the utensil to take earth, get rid of grass, and planting seeds. The shape of it is like nowadays spade. The downside of it has edge, and the upside has cubed or oval like Luan, handle fastened to the Luan. The bronze Chan was found in the late part of Shang, but steel Chan is widely used in the period of Qin and Han.

186

산(鏟)

상(商)
길이 10.2cm 날너비 6.4cm 공(銎)지름 4×5.8cm 무게 0.254kg
1975년 서안시 대백양(西安市 大白楊) 폐품처리창고 수집

Chan

Shang Dynasty(1600BC～1066BC)
L 10.2cm W 6.4cm D of Qiong 4×5.8cm Weight 0.254kg
Collected in Dabaiyang warehouse, Xi'an in 1975

산(鏟)은 가로로 넓고 호형(弧形)의 어깨에 날 부위는 조금 굽었다. 네모난 구멍은 몸체에 비스듬하게 이어진다. 공구(銎口)에는 두 줄의 테가 볼록하게 감겨 있다. 이런 산은 하남(河南) 안양(安陽) 소둔(小屯)에서 발견한 바 있으며 상대(商代)의 기물에 속한다.

187

산(鏟)

서주(西周)
길이 15.6cm 날너비 7.6cm 공(銎)지름 4.1×3.5cm 무게 0.56kg
1977년 서안시 대백양(西安市 大白楊) 폐품처리창고 수집

Chan

Western Zhou Dynasty(1066BC～771BC)
L 15.6cm W 7.6cm D of Qiong 4.1×3.5cm Weight 0.56kg
Collected in Dabaiyang warehouse, Xi'an in 1977

산(鏟)은 긴 사다리꼴이고 날은 조금 넓으며 어깨는 보다 좁다. 어깨와 날의 양쪽은 호형(弧形)이다. 날 부위는 곡선형이고 방공(方銎)은 몸체 절반이 넘는 깊이까지 이어지고 공구[銎口]에는 테가 있다. 그 아래에 작은 구멍 하나가 있는데 쐐기를 박아 자루를 고정시키는 데 사용한다. 산의 중간에 음각으로 "文(문)"이란 글자를 새겼다. 장안현(長安縣) 풍동(灃東) 상천북촌(上泉北村)에서 유사한 구리산[銅鏟]이 출토된 적이 있는데 연대는 서주(西周)의 것으로 추정된다.

기물 전형도

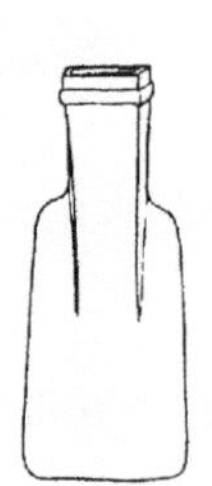
상(商)

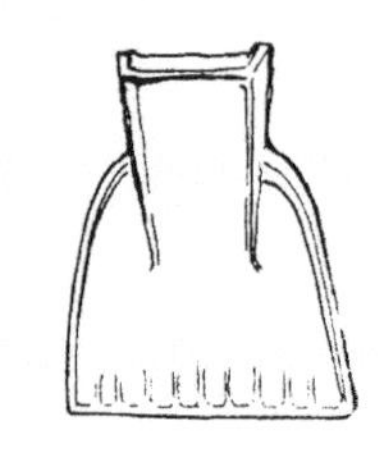
춘추(春秋)

곽(钁)은 밭을 갈고 땅을 파고 풀을 제거하는 농기구이다. 고문헌에는 '작(鐯)'이라고도 했다. 형태는 좁고 긴 줄 모양이고 길이와 너비의 비례는 약 3분의 1이다. 몸체는 두껍고 날은 좁으며 측면으로 보면 이등변삼각형이다. 한 면에 날이 있거나 혹은 양면에 날이 있고 위에는 직사각형의 공(銎)이 있다. 구멍 안에 네모난 나무를 끼우고 위에 자루를 연결한다. 자루와 곽은 직각을 이룬다. 청동곽(青銅钁)은 상대(商代) 초기에 나타났고 전국(戰國)시대에는 철곽(鐵钁)이 출현하였다.

Jue is the ancient utensil to break the earth, get rid of grass. In ancient documents it is also written in another way. It has the shape of a rectangle, and the ratio of length and breadth is three to one, it is thick and narrow for the edge. Looking from the side, it has the shape of a right triangle, one side edge or both sides, on top of it there is a rectangle Qiong, a cubed wood block inside, while a handle is on the cubed wood block, the handle form a right angle with Jue. The bronze Jue was first found in the early days of Shang Dynasty, steel Jue was found in the period of Warring States.

188

곽(钁)

서주(西周)
길이 14.1cm 날너비 4.3cm 공(銎)지름 5.1×3.2cm | 무게 0.57kg
1972년 서안시 대백양(西安市 大白楊) 폐품처리창고 수집

Jue

Western Zhou Dynasty(1066BC~771BC)
L 14.1cm W 4.3cm D of Qiong 5.1×3.2cm
Weight 0.57kg
Collected in Dabaiyang warehouse, Xi'an in 1972

곽(钁)의 형체는 좁고 길다. 측면으로 보면 송곳 모양이다. 직사각형 공의 입[銎口]은 속이 비고 곧은데 거의 날 부위까지 이른다. 양면의 날은 약간 곡선을 이룬다. 공(銎)의 끝은 볼록하게 나온 테가 두 개 있고 양측은 조금 불룩하다. 이 곽은 오대징(嗚大澂)이 소장한 사도곽(司徒钁)과 기본적으로 같은 모양으로 모두 서주(西周) 중기 초반 기물에 속한다.

기물 전형도

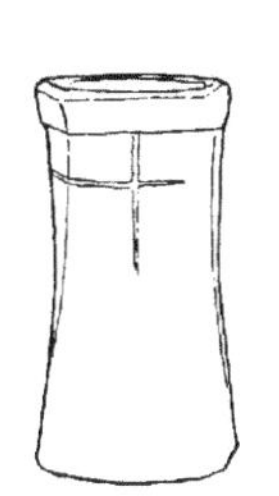

상대(商代)

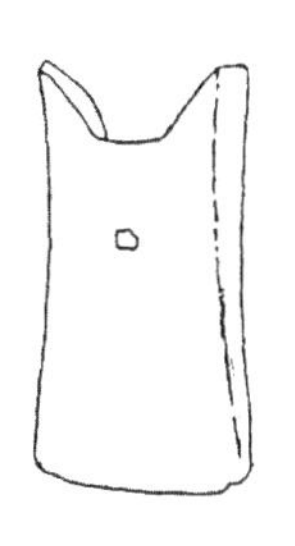

춘추(春秋)

분(錛)은 고대에 밭을 개간하고 나무를 베는 도구로 형태는 도끼와 비슷하다. 그러나 도끼는 양면 날이 많고 분은 단면 날만 있다. 뒷면은 조금 휘었고 공구(銎口)는 직사각형 또는 능형이다. 자루를 끼우는 방식은 곽(钁)과 같다. 청동분(青銅錛)은 상대(商代)에 나타나 춘추전국(春秋戰國)시대에 이르러 그 수가 늘어났으며 전국 이후에는 철분(鐵錛)이 널리 사용되었다.

Ben, it is the utensil used in the ancient time for the purpose of hoeing soil,. whittle wood. The shape is like that of ax, whereas the ax is always both side edged, while Ben is one side edged. The back is a little arcing, which has rectangle Qiong or rhombus one, the way to install the handle is the same with that of installing Jue. Bronze Ben is seen in the Dynasty of Shang, they are multiplying in the period of Spring and Autumn, and is widely used after the Warring States Period.

189

분(錛)

상대(商代) 말기
길이 10.8cm 날너비 3.9cm 공(銎)지름 3.8×2.4cm
무게 0.17kg
1971년 서안시 파교구 노우파(西安市 灞橋區 老牛坡) 상대(商代) 유적지 출토

Ben

Shang Dynasty(1600BC~1066BC)
L 10.8cm W 3.9cm D of Qiong 3.8×2.4cm
Weight 0.17kg
Excavated from Laoniupo Relic of Shang Dynasty in Baqiao District, Xi'an in 1971

분(錛)의 형체는 좁고 길다. 윗부분이 약간 넓고 가운데 부분의 양측은 약간 사선으로 곧게 뻗었다. 공구(銎口)는 직사각형이고 횡단면은 사다리꼴이며 속은 비고 거의 날 부위까지 이어진다. 몸체의 한 면은 평평하고 곧으며 다른 한 면은 약간 곡선을 이루고 날 부위에 이르러 봉(鋒)을 형성한다. 날 끝은 밖으로 벌어져 단면은 넓은 활 모양의 날을 이룬다. 날과 공의 입은 너비가 같다. 공(銎)의 끝에 돌기된 넓은 테가 있다. 이와 유사한 분이 섬서(陝西) 기산(岐山) 하가촌(賀家村)에서 출토된 적이 있고[『섬서기산하가촌서주묘장(陝西岐山賀家村西周墓葬)』, 『고고(考古)』 1976년 1기] 연대는 상대(商代) 말기에 해당한다.

부(斧)는 고대(古代)의 벌목 도구이다. 형태는 주로 다음과 같은 몇 가지가 있다. 첫째, 형체가 비교적 길고 날은 평평하거나 약간 호형(弧形)을 이루고 공(銎)은 둥글다. 둘째, 모양이 병기(兵器) 중의 월(鉞)과 같다. 몸체는 넓고 어깨[肩]가 있으며 날은 곡선을 이루었다. 셋째, 현대의 도끼[斧]와 유사하다. 양쪽 날 부분이 비교적 길거나 호형을 이루었고 자루를 끼우는 공은 둥글거나 직사각형이다. 원공부(圓銎斧, 둥근 공의 도끼)의 손잡이는 가로로 끼우고 직공부(直銎斧, 곧은 공의 도끼)의 손잡이는 세로로 끼운다. 청동부(青銅斧)는 상대에 출현하였고 전국 이후에는 철부(鐵斧)를 보편적으로 사용하였다.

Axe, it is the chopping apparatus of ancient times. The shape of it is as following 1. long shaped, the edge is flat or a little curved, round Qiong. 2. Yue like shape, broad body, having shoulder, one side edge. 3. Modern axe, the both sides has long and curved edge, round Qiong or rectangle straight Qiong, round Qiong axe has crossed fixed handle, straight Qiong axe has straight fixed handle. The bronze axe was first seen in the period of Shang. After the period of Warring States, steel axe is widely used.

190

호인부(弧刃斧)

서주(西周)
높이 9cm 날너비 7.3cm 무게 0.27kg
1975년 서안시 대백양(西安市 大白楊) 폐품처리창고 수집

Arc Shaped Axe

Western Zhou Dynasty(1066BC~771BC)
H 9cm W 7.3cm Weight 0.27kg
Collected in Dabaiyang warehouse, Xi'an in 1975

부(斧)의 형체는 약간 반원형이고 날 부위는 위로 어깨까지 이어진다. 공(銎)은 넓적한 통모양이다.

서(鋤)는 경작할 때 풀을 제거하는 농기구이다. 보통 길고 곧은 손잡이를 맞추어 제초한다. 지금까지 발굴된 동서(銅鋤)는 주로 한대(漢代)의 것이다.

Hoe is the major farm tool in hoeing the grass. Generally it has long and straight handle for hoeing grass while standing Bronze hoe is always seen in the Dynasty of Han.

191

대길리서(大吉利鋤)

한(漢)
높이 9.42cm 너비 4.55cm 공(銎)지름 2.5×1.9cm 무게 0.3kg
1977년 서안시 대백양(西安市 大白楊) 폐품처리창고 수집

Great Luck Hoe

Han Dynasty(206BC~220AD)
H 9.42cm W 4.55cm D of Qiong 2.5×1.9cm Weight 0.3kg
Collected in Dabaiyang warehouse, Xi'an in 1977

서(鋤)는 위가 넓고 아래가 좁다. 상단은 바리 모양과 비슷하고 공구(銎口)는 직사각형이다. 측면으로 보면 윗부분은 이지러진 달 모양이며 윤곽은 여러 겹의 곡선으로 장식하였다. 아랫부분의 단면은 송곳 모양인데 위가 두껍고 아래가 얇다. 정면의 길고 네모난 테두리 안에 '大吉利(대길리)'라는 예서(隸書) 3자를 양각으로 새겼다. 뒷면의 가운데에는 한대(漢代)의 오수전문(伍銖錢紋)을 새겼다.

정면

배면

도(刀)는 자르고 베고 찍는 기구이다. 주로 짐승 가죽이나 음식물을 자르고 목재나 뼈를 깎는 데 사용한다. 상주(商周)의 작업용 칼은 일반적으로 등이 곧고, 날이 평평하며, 몸체가 짧은 것과 그리고 등이 볼록하며 날이 옴폭하게 들어간 것이 있다. 전자는 중원지역의 전통적인 형식이고 후자는 북방의 초원 일대에서 유행하였다. 휴대가 편리하도록 칼자루 끝에 고리를 달았다.

Knife, is used for cutting, chopping, it is majorly used for cutting beast hide, food, peeling wood, and bones, etc. The knife is used in the period of Shang and Zhou Dynasties, is shaped with straight handle, flat edge, short body, and some have bulging handle and depressed edge, the former is the traditional form used in the middle of China, the latter is prevalent in the north grasslands of China. For the purpose of easily taking, this kind of knife is always decorated with a circle.

192

환수도(環首刀)

상(商)
길이 21.2cm 무게 0.088kg
1983년 서안시(西安市) 문물상점에서 넘겨받음.

Circle Headed Knife

Shang Dynasty(1600BC~1066BC)
L 21.2cm Weight 0.088kg
Transferred by Xi'an Culture Relic shop in 1983

도(刀)의 몸체는 약간 호형(弧形)이고 날과 등도 곡선에 가깝다. 날 부위는 조금 안으로 들어갔고 손잡이는 비교적 넓다. 자루 머리는 타원형의 고리 모양이다. 손잡이의 양면은 두 개의 'C'형 호선(弧線)으로 구성된 세 조의 'S'형 무늬를 장식하였다.

193

환수도(環首刀)

서주(西周)
길이 17.6cm 무게 0.056kg
1979년 서안시(西安市) 문물상점에서 넘겨받음.

Circle Headed Knife

Western Zhou Dynasty(1066BC~771BC)
L 17.6cm Weight 0.056kg
Transferred by Xi'an Culture Relic shop in 1979

몸체는 보다 짧고 약간 곡선을 이루었다. 칼은 앞으로 좁아져 나가면서 봉(鋒)을 이루고 날의 끝은 조금 들려 있다. 손잡이의 양면은 전영식동물문(剪影式動物紋, 동물의 윤곽에 따라 종이를 오려 내는 식의 무늬)을 장식했고 손잡이 끝은 약간 능형(菱形)이다.

194

환수도(環首刀)

서주(西周) 초기
길이 16.9cm 무게 0.043kg
1972년 서안시 대백양(西安市 大白楊) 폐품처리창고 수집

Circle Headed Knife

Western Zhou Dynasty(1066BC~771BC)
L 16.9cm Weight 0.043kg
Collected in Dabaiyang warehouse, Xi'an in 1972

몸체는 보다 짧고 비교적 크게 휘었다. 칼날은 앞으로 나가면서 좁아졌고 날 끝은 위로 들렸다. 손잡이와 칼날이 만나는 곳은 직각을 이루고 손잡이의 끝은 반환형(半環形)이다. 손잡이는 쌍선(雙線) S형 절곡문(竊曲紋)을 장식하였다.

195

환수도(環首刀)

서주(西周)
길이 18cm 무게 0.054kg
1979년 6월 서안시(西安市) 문물상점에서 넘겨받음.

Circle Headed Knife

Western Zhou Dynasty(1066BC~771BC)
L 18cm Weight 0.054kg
Transferred by Xi'an Culture Relic shop in Jun 1979

칼등은 조금 볼록하고 칼날은 약간 들어갔다. 날은 끝에 봉(峰)을 이루었다. 손잡이는 가늘고 길며 두 줄의 평행선이 있는데 선의 양측에는 짧은 사선이 있고 자루의 머리는 둥근 고리 모양이다. 손잡이와 칼날이 만나는 곳은 직각을 이룬다.

196

환수도(環首刀)

춘추(春秋) 말기
길이 28.8cm 무게 0.12kg
1981년 12월 14일 함양시 홍기공사(향) 양가만대대(촌)(咸陽市 紅旗公社(鄕) 楊家灣大隊(村)) 출토

Circle Headed Knife

Spring and Autumn Period(770BC~476BC)
L 28.8cm Weight 0.12kg
Excavated from Yangjiawan Village in Hongqi Community Xianyang city in Dec 14 1981

칼의 몸체는 좁고 길며 칼등과 날은 모두 평평하다. 칼끝은 뾰족하고 예리하며 손잡이는 곧고 손잡이의 양면은 형태가 다른 주룡문(走龍紋)을 장식하였고 타원형 손잡이 머리는 기문(夔紋)으로 표현하였다.

197

이형도(異形刀)

춘추(春秋)
길이 11.2cm 무게 0.024kg
1983년 서안시(西安市) 문물상점에서 넘겨받음.

Special Shape Knife

Spring and Autumn Period(770BC~476BC)
L 11.2cm Weight 0.024kg
Transferred by Xi'an Culture Relic shop in 1983

도(刀)의 몸체는 보다 짧고 칼날 끝은 위로 들렸으며 칼날의 뒤쪽으로 끝이 뾰족하게 나왔다. 손잡이는 넓고 길며 세 줄의 횡구문(橫溝紋)을 장식했고 자루 머리는 속이 찬 둥글납작한 모양이다.

198

이문도(螭紋刀)

전국(戰國)
길이 17.4cm 무게 0.054kg
1979년 6월 서안시(西安市) 문물상점에서 넘겨받음.

Chi Dragon Pattern Knife

Warring States Period(475BC~221BC)
L 17.4cm Weight 0.054kg
Transferred by Xi'an Culture Relic shop in Jun 1979

도(刀)의 몸체는 약간 호형(弧形)이고 칼날의 앞부분은 끝으로 가면서 뾰족하다. 자루는 보다 넓고 자루의 양면은 산리문(散螭紋)을 장식했다. 자루 끝의 측면에는 끈을 이을 수 있는 네모난 구멍이 하나 있다. 손잡이의 이문(螭紋)은 파곡형(波曲形, 파도 모양의 곡선)이고 곡선의 양 끝은 올챙이 모양이다. 이런 문양은 춘추(春秋) 말기에 나타나 전국(戰國) 초기에 유행하였다.

도량형

度量衡

Weighing Apparatus

척(尺)은 길이를 재는 도구, 자이다. 일반적으로 철, 구리, 은, 대나무, 나무, 뼈 등으로 만든다. 분(分), 촌(寸)의 눈금은 십진법을 차용하였다. 최초의 자는 상대(商代)에 나타났는데 길이는 16cm 정도이다. 동주(東周)의 구리자[銅尺]의 길이는 23.1cm이다. 진대(秦代)의 자는 지금까지 발견된 것이 없다. 한대(漢代)의 자는 보통 23~23.7cm 정도이다. 위진대(魏晉代)의 자는 24.5cm이고 남조(南朝)는 25cm, 북조(北朝)는 29cm이다. 수대(隋代)는 북조의 제도를 따랐다. 당대(唐代)는 자의 길이가 30cm이다. 송대(宋代)의 척도(尺度)는 차이가 비교적 많다. 여러 전문가들의 고증에 근거하여 송대 자의 기준을 31cm로 정했다. 명청(明清)의 척도는 대체로 같아 약 32~32.05cm 정도이다.

Measurements, is the ancient tools for measuring the length. It is made with steel, bronze, silver, bamboo, wood, and bones, etc. The measurement of Fen and Cun is using the decimal system. The earliest Chi is found in the period of Shang, with the definite length of 16 centimeter. In the period of East Zhou, the bronze Chi is measured as 23.1 centimeter. Till the period of Qin, the Chi is not found now. The Chi in the Han period is about 23~23.7 centimeter. In the period of Wei and Jin dynasties, the length of Chi is 24.5 centimeter. And in the period of Southern and northern Dynasty, the Chi in the Southern Dynasty is about 25 centimeter; in the Northern Dynasty is 29 centimeter. In the period of Sui. the measuring system is still following that of Northern Dynasty. In the Dynasty of Tang, the length of Chi is about 30 centimeter. In the period of Song, it makes a lot of difference with the length of Chi, and the length of Chi is 31 centimeter according to the checking of experts. The length of Chi is almost the same in the period of Ming and Qing dynasties, the length of it is about 32~32.05 centimeter.

199

유금동화조문척(鎏金銅花鳥紋尺)

당(唐)
길이 32cm 너비 2.3cm 무게 0.22kg
1982년 서안시 안탑구 곡강지(西安市 雁塔區 曲江池) 남원(南塬) 가마터 출토

The Gilded Flower and Birds Pattern Chi

Tang Dynasty(618AD~907AD)
L 32cm W 2.3cm Weight 0.22kg
Excavated from South of Qujiang pool in Yanta District, Xi'an in 1982

자[尺]는 가늘고 긴 모양인데 전체적으로 도금되어 있다. AB 양면의 문양은 거의 같은데 양식은 약간 달라 모양이 반대방향이다. 자 표면의 문양은 크게 두 부분으로 나뉜다. 한 부분은 머리가 자의 끝을 향한 두 조(組)의 절지화(折枝花)이고 다른 한 부분은 세로 방향으로 두 줄의 음각선을 기준으로 다섯 부분으로 나뉘고 그 가운데는 모두 단화(團花, 둥근 꽃무늬)를 장식하였다. A면의 첫 부분부터 네 번째 부분의 중간에서 끝으로 단화 사이는 기러기, 꿀벌, 앵무새를 장식했으며 마지막 부분은 단화 외에 날짐승이나 곤충은 없다. B면의 첫 부분은 단화만 있고 두 번째 부분부터 다섯 번째까지 문양은 A면과 같다. 자의 문양은 파고 새겼는데 선이 섬세하고 유창하다. 새와 곤충은 보다 사실적이고 꽃은 풍성하며 활엽(闊葉)이 말린 모양이 자연스럽다. 이는 당대(唐代) 말기의 풍격에 속한다.

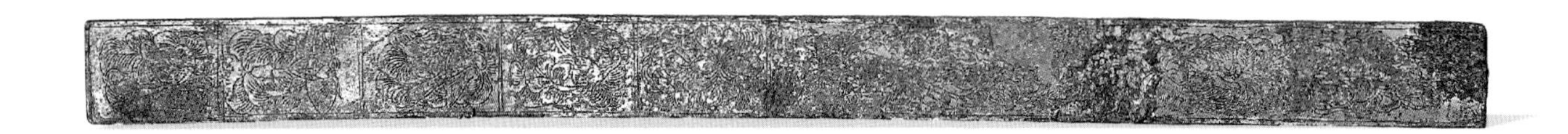

양(量)은 용량을 측정하는 기구로서 구리나 도자기로 되어 있다. 보통 '두(斗)', '승(升)' 이외에 '부(釜)', '곡(斛)', '합(合)', '약(龠)' 등의 단위가 있다. 지금까지 발견된 최초의 측량기는 전국(戰國)시대의 것이다. 부(釜) 등 대용량의 측량기는 손잡이에 해당하는 두 귀가 달린 것이 많다. 작은 용량의 계량기, 이를테면 승과 두는 손잡이가 하나만 달린 것이 많다. 익히 알려진 진(秦)나라의 측량제도를 보면 1승은 199.35mL[예컨대 상앙(商鞅)의 방승(方升)]에 해당하고 제(齊)나라의 1승은 205.8mL, 1부는 20,580mL에 해당한다. 진(秦)의 측량기는 타원형으로 된 것이 많고 손잡이가 하나 달려 있다. 기물의 벽에는 도량형 통일에 관한 조서가 새겨져 있다. 당시 측량제도는 1곡 = 10두 = 100승 = 1,000합 = 2,000약, 이고 1승은 200mL에 해당한다. 한대(漢代)는 진(秦)의 제도를 계승해서 1승은 약 200mL이다. 명대(明代) 성화병자동두(成化兵子銅斗) 용량은 9,600mL이고 청대(淸代) 호부양철방승(戶部楊鐵方升)은 1,043mL에 해당한다.

Liang, is the ancient apparatus for measuring. It is made of bronze or pottery. It is always measured in 'Dou' and 'Sheng', beside 'Fu', 'Hu', 'He', 'Cang', ect. Nowadays, the earlist mearing apparatus is found in the period of Warring States, many large content measuring equipments are all made with handles, and small measuring equipments like 'Sheng', 'Dou', all have one handle. The already known measuring system in Qin Dynasty(Shangyang Sheng), one Sheng is about 199.35 milliliter, in Kingdom Qi a Sheng is 205.8 milliliter, a Fu is about 20580 milliliter. The measuring equipments are all made oval like, with a single handle, the outside of the equipments are all inscribed with imperial edict, the measuring system is 1Hu=10Dou=100Sheng=1,000He=2,000Lun, one Sheng is about 200 milliliter. The system used in Han Dynasty is following the Qin system, according to which one liter is about 200 milliliter. In Qing Dynasty, the Hu ministry is using the Sheng measuring system like it equals to 1043 milliliter.

200

상림동단병량(上林銅單柄量)

서한(西漢) 말기
높이 4.36cm 입지름 10.2×7cm 손잡이길이 7.3cm 무게 0.267kg
1979년 서안시(西安市) 문물상점에서 넘겨받음.

Shanglin Bronze Single-handled Liang

Western Han Dynasty(206BC~23AD)
H 4.36cm Mouth D 10.2×7cm Handle L 7.3cm Weight 0.267kg
Transferred by Xi'an Culture Relic shop in 1979

타원형 측량기로서 손잡이는 하나이고 기물의 입은 조금 벌어졌다. 외벽 구연(口沿)에 철릉(凸稜) 한 줄을 둘렀고 밑바닥은 평평하다. 손잡이는 속이 비어 있어 자루를 끼울 수 있다.

외벽 구연 아래에 2행 36자의 다음과 같은 명문이 새겨져 있다. 첫째 행은 "上林共府初元三年受弘農郡(상림공부 초원 3년 홍농군에서 받음)" 12자이다. 둘째 행은 "黽池宮銅升, 重一斤二兩, 五鳳元年, 工常務造, 守□順臨, 第六(민지궁동승, 무게 한 근 두 냥, 오봉원년 장인 상무 제조, 수□순림, 제6)" 24자이다. 글씨체와 연호로 보아 두 차례에 걸쳐 새겼음을 알 수 있다. 둘째 행의 "黽池宮……"은 한 선제(漢宣帝) 오봉(伍鳳) 원년(元年)(기원전 57년) 기물을 만들 때 새긴 것이다. 첫째 행의 "上林共府……"는 한원제(漢元帝) 초원(初元) 3년(기원전 46년)에 기물을 홍농군에서 상림원으로 옮겨올 때 새긴 것이다. 민지궁은 민지현(澠池縣) 내에 있었던 것으로 추정된다. 『한서(漢書)』「지리지(地理志)」에는 "홍농군은 무제 원정 4년에 설치하고 11개 현을 관장하였다. 홍농은 옛 진나라의 함곡관…… 민지, 고제 8년 민지에는 촌민들이 살았고, 경제 중원 2년 초에 도읍을 축성하여 일만 호를 옮겨 현으로 만들었다(弘農郡, 武帝元鼎四年置. 縣十一: 弘農, 故秦函谷關……. 澠池, 高帝八年復澠池中鄉民. 景帝中元二年初城, 徙萬家爲縣)"라는 기록이 있다. 홍농군은 지금의 하남성(河南省) 서부에 위치해 있다. 당시에 홍농군은 11개 현을 관할했고 민지현은 그중의 하나였다.

초원 3년(기원전 46년) 상림원에 옮겨 온 다른 청동기도 발굴된 바 있는데 1973년 서안시(西安市) 삼교(三橋) 고요촌(高窯村)에서 출토된 동기(銅器) 중 9호와 10호는 "初元三年受東郡(초원3년 동군에서 접수했다)"는 내용이 있다. 기물은 "升(승)"이라는 명문이 있고 무게는 한 근 두 냥이라고 했으나 실제 용량은 198mL이고 무게는 267.3g이다.

권(權)은 천평칭(天平秤)의 저울추로 흔히 구리로 되어 있다. 전국(戰國)시대 권은 대체로 두 가지로 분류할 수 있다. 하나는 고리 모양이고 다른 하나는 반구형(半球形)인데 위 끝에는 꼭지가 있다. 실측에 따르면 한 근은 대략 250g 정도이다. 진대권(秦代權)의 모양은 후세의 저울추와 비슷하고 일부는 과릉형(瓜稜形)이다. 기물 위에는 시황(始皇) 26년(기원전 221년) 혹은 진이세(秦二世) 원년(기원전 209년) 조서(詔書)가 새겨져 있다. 한 근의 무게는 234.6~273.8g이다. 서한(西漢權)의 권은 대부분 자체 무게를 표시했는데 한 근은 약 250g에 해당된다. 신망(新莽權)의 권은 모두 고리 모양이고, 한 근의 무게는 240~250g이다. 동한(東漢)의 권은 철로 된 것이 많다. 단위와 치수는 통일되지 않았고 한 근은 200~270g 사이이다. 북조(北朝)의 권은 대부분 철제이고 단위와 치수가 일정하지 않다. 형태는 반구형, 참외 모양, 조롱박 모양 등이 있다. 현재 송대(宋代)의 동제(銅製) 저울추 2개가 발견되었는데 하나는 명문에 100근이라 쓰여 있으며 현재의 64,000g에 해당된다. 다른 하나는 명문에 100근이라 쓰여 있으며 현재의 62,500g에 해당한다. 명대(明代)에는 이미 다양한 무게의 저울추를 직사각형 상자 안에 쌓아 두었다. 단위의 계량 치수는 한 근에 580g이다. 청대(淸代)의 청동 저울추 역시 쌓아 올리는 방식을 많이 사용했다. 한 근은 약 596g에 해당한다.

Quan, is the weight used on the balance. And they are always made of bronze. The Quan in the Warring States are of two kinds one is circle like; the other is half ball like, on its top has a nose like knot. By inferring, each Jin measurement is about 250 grams. Quan in Qin Period is shaped like a weight, some are shaped like a melon, and imperial edicts are inscribed in the year of both Shihuang the year of twenty six(221 BC) or in the first year of second Emperor of Qin(209 BC), each weighs 234.6~273.8 grams. The Quan in the West Han period all have exact weight inscribed on the body, and each Jin has the weight about 250 grams. In the period of Xin Mang, the Quan is shaped like a circle, and each Jin is weighing 240~250grams. The Quan in the East Han period are mostly made of steel, the measuring system is not in one. Each Jin is about 200~270grams. And in the Northern Dynasties. Quan is made of steel only, the measuring system is at random, the shape is half ball like, melon like hulu like. In the period of Song, two bronze weights are found, one of it is inscribed as one hundred Jin, equals to nowadays 64000 grams, another is inscrived as one hundred Jin, equals to nowadays 62500 grams. In the period of Ming, all sets of different weights are collected in a rectangle box, each weighs about 580 grams. In the Qing Dynasty, bronze weights are mostly collected piling, each Jin equals to 596 grams.

201

화엽문권(花葉紋權)

한(漢)
높이 4.13cm 밑지름 4.72cm 무게 0.326kg
1974년 3월 서안시 대백양(西安市 大白楊) 폐품처리창고 수집

Flowers And Leaves Pattern Quan

Han Dynasty(206BC~220AD)
H 4.13cm Bottom D 4.72cm Weight 0.326kg
Collected in Dabaiyang warehouse, Xi'an in Mar 1974

권(權)은 찐빵 모양이고 꼭지는 짐승 모양이며 전체 표면은 꼭지를 중심으로 화엽문(花葉紋)을 장식했다. 꽃잎 사이는 좁은 능(稜)으로 나뉜다. 이 저울추에 장식한 화엽문 형태는 한대(漢代)의 거울에서 비교적 많이 볼 수 있다.

202

육릉형권(六稜形權)

북송(北宋)
높이 5.42cm 최대지름 2.81cm 두께 2cm
무게 0.119kg
1983년 서안시(西安市) 문물상점에서 넘겨받음.

Six Edges Quan

North Song Dynasty(960AD~1127AD)
H 5.42cm Max D 2.81cm T 2cm
Weight 0.119kg
Transferred by Xi'an Culture Relic shop in 1983

권(權)의 형체는 보다 작고 뒤집힌 사다리꼴의 네모난 꼭지가 있으며 꼭지의 구멍은 부정형이다. 저울추는 위가 작고 아래가 크다. 위 끝은 돌기되었는데 형체는 육각형이고 상하로 각각 음각선 한 줄로 둘레를 그렸다. 아래는 육각형의 허리가 들어간 받침이 있다. 저울추의 정면과 뒷면에는 각각 "皇宋(황송)"과 "南京(남경)"이라는 명문이 새겨져 있다. 북송대(北宋代)의 '남경'은 지금의 하남(河南) 상구(商丘)에 속한다.

①

②

203

육릉형권(六稜形權)

원(元)
① 높이 8.97cm 너비 5cm 두께 3.1cm
무게 0.58kg
② 높이 11.1cm 너비 6.5cm 두께 4.2cm
무게 0.71kg
1965년 6월 서안시 신성구 신민가(西安市 新城區 新民街) 출토

Six Edges Quan

Yuan Dynasty(1279AD~1368AD)
① H 8.97cm W 5cm T 3.1cm
Weight 0.58kg
② H 11.1cm W 6.5cm T 4.2cm
Weight 0.71kg
Excavated from Xinmin Road in Xincheng District, Xi'an in Jun 1965

뒤집힌 사다리꼴의 꼭지가 있으며 꼭지의 구멍은 부정형이다. 저울추의 형체는 위가 작고 아래가 크다. 위 끝은 돌기되었는데 그 형체는 육각형이고 상하로 각각 음각선 한 줄로 둘레를 그렸다. 아래는 육각형의 허리가 들어간 받침이 있다. 저울추의 몸체에는 각각 다음과 같은 명문이 새겨져 있다.

① "至元二十九年(지원 29년)", "□川路(□천로)", "上(상)" 측면에는 파스파 문자가 있다.

② "汴梁省下通行官秤至元五年造(변량성 하통행관 저울, 지원 5년 제조)"

①

204

타원형권(橢圓形權)

원(元)
① 높이 10.71cm 최대지름 5.4cm 무게 0.86kg
② 높이 10.93cm 최대지름 5.24cm 무게 0.9kg
③ 높이 10.73cm 최대지름 5.6cm 무게 0.65kg
1983년 서안시(西安市) 문물상점에서 넘겨받음.

Ellipse Shape Quan

Yuan Dynasty(1279AD~1368AD)
① H 10.71cm | Max D 5.4cm Weight 0.86kg
② H 10.93cm | Max D 5.24cm Weight 0.9kg
③ H 10.73cm | Max D 5.6cm Weight 0.65kg
Transferred by Xi'an Culture Relic shop in 1983

뒤집힌 사다리꼴의 꼭지가 있으며 꼭지의 구멍은 부정형이다. 저울추의 끝은 융기했다. 둥근 어깨에는 음현문(陰弦紋) 한 바퀴가 있고 상체는 둥글면서 불룩하고 하체는 곡선을 이루며 오므라들었다. 받침은 원형으로 겹쳐져 있다. 저울추의 몸체에는 다음과 같은 명문이 새겨져 있다.

①“大德元年□□府□(대덕 원년 □□부□)”
②A“奉元路官造一斤九兩(봉원노관 제조, 한 근 아홉 냥)”
B“皇慶元年上廿七(황경 원년 상27)”
③“延祐六年(연우 6년)”, “三(3)”

②A

②B

③

부절

符節

Maneuver Tally

부(符)는 고대(古代) 조정에서 명령을 전달하거나 군사를 움직일 때 사용하던 특수한 증빙이다. 형태는 호부(虎符), 응부(鷹符), 귀부(龜符), 어부(魚符), 우부(牛符) 등으로 다양하며 그중 호부가 많은 편이다. 재료는 구리, 나무, 옥 등을 사용하되 구리가 대부분이다. 부절(符節)은 보통 좌우 두 쪽으로 나뉜다. 오른쪽은 조정에 두고 왼쪽은 외부에 주둔한 군대에 발급한다. 조정에서 군사를 움직일 때 사자(使者)에게 오른쪽을 주어 주둔지로 파견한다. 군 통수의 검증을 거친 후, 군대는 사자가 전달한 명령에 따른다. 『사기(史記)』「신릉군열전(信陵君列傳)」에 기록된 "절부구조(竊符救趙, 병부를 훔쳐 조나라를 구하다)" 이야기는 병부(兵符)의 작용에 대하여 생동감 있게 묘사하였다. 부절은 시대에 따라 변화한다. 전국(戰國)시대에 출토된 것으로 진(秦)의 '신처호부(新郪虎符)', '양릉호부(陽陵虎符)'가 있으며 이 밖에 제호부(齊虎符)와 응부(鷹符)가 있는데 부절의 표면에는 명문으로 사용 방법이 설명되어 있다. 한(漢)은 진(秦)의 제도를 계승해서 부절은 여전히 호형(虎形)을 사용했다. 진(秦)과 신망(新莽)의 병부에는 일반적으로 금입사(金入絲) 기법을 이용한 명문이 있다. 서한(西漢)과 동한(東漢)은 은입사(銀入絲) 기법을 사용했다. 진대(晉代)를 시작으로 호부 형태는 머리를 쳐들고 가슴을 쑥 내민 모양인데 몸 전체는 호피문(虎皮紋)을 장식했고 명문은 착관(鑿款, 새기어 만든 낙관)을 사용했다. 일부는 명문을 가슴이나 안쪽에 새겼다. 당고조(唐高祖)는 조휘(祖徽)를 기피하여 동어부(銅魚符)로 고쳤다. 무측천(武則天) 시기는 귀부를 썼고 당중종(唐中宗) 때는 다시 어부로 고쳤으며 명문은 안쪽에 새겼다. 부절의 머리에는 구멍이 있어 끈을 맬 수 있다. 북송대(北宋代)에는 여전히 어부를 사용했고 남송대(南宋代)에는 호형부(虎形符)나 우형부(牛形符)를 사용했다. 송대 이후 패(牌)로 병부(兵符)를 대신하였다.

Also know as commander's tally, maneuver tally was an imperial authorization issued to generals for troop movement in ancient China. The tallies vary in their styles and materials. They take on the shape of tiger, eagle, tortoise, fish and ox, among which the tiger-shaped tallies were the most popular. The tallies were made of copper, wood, and jade, among which the bronze ones were the most common. A maneuver tally was usually made up of two parts, with the right part kept by the imperial court, and the left part issued to the garrison. Whenever the imperial court wanted to maneuver its troops, a messenger would be sent to the garrison with the right part of the tally, and the military would only take he commands conveyed by the messenger when the general affirmed that the messenger's tally exactly fit the left part. The use of commander's tally was vividly described in the story 'Stealing the Tall to Save the State of Zhao' from an ancient historical book Record of History-Biography of Sir Xinling. Maneuver tallies changed with the development of history. The excavated Warring States period tallies include the state of Qin style 'Xin Qi Tiger-shaped Tally' and 'Yangling Tiger-shaped Tally' as well as the Qi style tiger-shaped tall and eagle-shaped tally, with inscriptive instructions of using the tallies. Inherited from Qin Dynasty, the Han style tallies were usually inlaid with gold inscriptions, while the West and East Han style ones were inlaid with silver inscriptions. Since Jin Dynasty. the tiger-shaped tally has taken on the shape of a proud tiger, with up-holding head and convex chest, and the whole body of which was engraved with tiger skin patterns. Inscriptions on this type of tallies started to take on chiseled style, with some other chest or the reverse side of the tally. In order to avoid the taboo use of his ancestors, Tang Gao Zu adopted the fish-shaped tally instead of the tiger-shaped ones. During the reign of Empress Wu Ze Tian, tortoise-shaped tally was adopted. During the reign of Tang Zhong Zong, fish-shaped tally was in use again, with inscriptions on the tally's back, and a tying hole on the tally's head. The fish-shaped tally remained in use in North Song Dynasty. Until South Song Dynasty, tiger-shaped tally was adopted again, and ox-shaped tally was also in use. Since Song Dynasty, commander tally was replaced by plate.

205

호부(虎符)

양진남북조(兩晉南北朝)
길이 5.7cm 높이 4.46cm 두께 1.69cm
무게 0.086kg
1972년 서안시(西安市) 문물상점에서 넘겨받음.

Tiger-shaped Maneuver Tally

Southern and Northern Dynasty(1066BC~221BC)
L 5.7cm H 4.46cm T 1.69cm
Weight 0.086kg
Transferred by Xi'an Culture Relic shop in 1972

부절(符節)은 호형(虎形)이다. 호랑이는 엎드려 있는 모양인데 머리를 쳐들고 가슴을 내밀고 입을 벌려 울부짖는다. 높은 콧등에 눈은 돌출되고 눈썹은 굵고 두 귀는 뒤로 젖혀 있다. 척추는 네모나게 우뚝하고 꼬리는 굵은데 옆으로 말렸으며 몸 전체는 줄 모양의 얼룩무늬로 가득하다. 호랑이 복부 안쪽 절반은 볼록하고 다른 절반은 오목한데 두 부분의 길이, 너비, 높이(깊이)는 서로 같다. 이로써 미루어 보면 호부의 나머지 절반의 안쪽 구조는 서로 반대방향으로 되어 있어 결합이 가능하였던 것으로 추정된다. 머리를 쳐들고 가슴을 쑥 내밀고 전체가 호피문(虎皮紋)으로 된 호부는 양진(兩晋)과 남북조(南北朝)시대에 흔히 볼 수 있었다.

206

우부(牛符)

송(宋)
길이 7.7cm 너비 2.64cm 높이 4.5cm 무게 0.136kg
1972년 북경시(北京市) 문물상점에서 구매

Ox-shaped Maneuver Tally

Song Dynasty(960AD~1127AD)
L 7.7cm W 2.64cm H 4.5cm Weight 0.136kg
Purchased from Beijing Culture Relic shop in 1972

부절(符節)은 우형(牛形)이고 세로로 둘로 나뉜 소는 가만히 서 있는 모양이다. 주둥이가 짧고 이마가 넓다. 눈은 크고 눈썹은 반달형이고 두 뿔은 안쪽으로 말려 호형(弧形)을 이루었다. 목 아래로 처진 가죽은 살이 찌고 몸체는 비대하며 사지는 발굽이 생략되었다. 가는 꼬리는 측면으로 둔부에 붙었고 몸 전체는 도금하였다. 어깨 내측의 좌우는 한쪽은 유정(鉚釘)을 설치하고 다른 한쪽은 구멍이 있는데 이는 두 쪽을 맞추어 고정시키기 위해서이다. 소의 코와 뒤의 가랑이 부위에 구멍이 있는데 이는 끈을 꿰어 휴대하도록 만든 것이다. 소잔등의 중간에는 세로로 "□郡太守牛符□(□군태수우부□)"라는 7자의 명문(銘文)이 음각되어 있다. 첫 자는 지명으로 추정되는데 희미하여 알아볼 수 없다. 우부(牛符)는 송(宋)의 특수한 신부(信符)이다.

207

칙마연량패(敕馬燃亮牌)

서하(西夏)
길이 18.7cm 패지름 14.8cm 무게 0.64kg
1972년 서안시(西安市) 수집

Plate with the Inscription 'Chi Ma Ran liang'

Western Xia(1038AD~1227AD)
L 18.7cm D 14.8cm Weight 0.64kg
Collected in Xi'an in 1972

패(牌)는 둥글넓적한 모양이고 한쪽은 직사각형 손잡이가 있으며 상하 두 부분으로 맞추어 이루어졌다. 상부의 안쪽은 서하문(西夏文)으로 "敕馬燃亮(칙마연량)" 4자가 새겨져 있는데 '칙령에 따라 역마는 주야로 급히 달린다'는 뜻이다. 이 명문은 당시에 통용된 "칙주마패(敕走馬牌)"의 의역이다. 하부의 안쪽은 여의운문(如意雲紋) 네 조를 새겼다. 가장자리에는 현문(弦紋) 두 줄을 둘렀고 그 아래의 가장자리에 서하문 '編(편)' 자를 은입사(銀入絲) 기법으로 새겼다.

칙주마패는 서하국(西夏國)에서 발급한 것으로 휴대자의 신분과 사명(使命)을 증명하는 금속패이다. 위에는 서하문으로 된 명문이 있다. 『송사(宋史)』「하국전(夏國傳)」은 원호(元昊)가 "출병 시 은패를 신물로 삼아 군장들에게 명을 전달하게 하였다(發兵, 以銀牌召部長面受約束)"는 기록이 있다. 은패를 가지고 칙명을 전하는 사자(使者)를 '은패천사(銀牌天使)' 혹은 '대패천사(帶牌天使)'라고 하는데 은패는 현재 전하는 것이 없다. 지금까지 전하는 20개의 서하(西夏) 부패(符牌)는 모두 구리로 만들었는데 칙주마패, 방수패(防守牌)와 숙위패(宿衛牌) 모두 이에 속한다.

잡기

雜器

Miscellaneous Artifacts of
arious functions

위두(熨斗, 다리미)는 의복을 다리는 도구이다. 일반적으로 길고 곧은 손잡이, 둥근 형태, 평평한 밑, 넓은 구연(口緣) 모양이다. 사용할 때 숯불로 가열하여 의복을 다린다. 어떤 것은 "熨斗直衣(위두직의, 다리미로 옷을 다려 주름을 펴다)"라는 명문(銘文)이 주조되어 있다. 한위대(漢魏代)에 흔히 사용되었고 역대로 그 형태는 변화가 크지 않으며 명청대(明淸代)까지 줄곧 사용하였다.

Iron is an appliance used to press wrinkles of clothes. It normally has a long straight handle, round body, flat bottom and wide mouth. When used, coals are burnt inside to heat the iron for pressing the clothes. Some irons bear the inscription 'Iron for pressing clothes'. It was mainly popular in Han and Wei Dynasties, and remained popular until Ming and Qing Dynasties, with the shape and structure remained almost the same through out the time.

208

장의자손위두(長宜子孫熨斗)

한(漢)
높이 5cm 길이 32cm 손잡이길이 17.4cm
반(盤)지름 15cm 무게 0.46kg
1985년 서안시(西安市) 문물상점에서 넘겨받음.

Iron with 'Chang Yi Zi Sun' Patterns

Han Dynasty(206BC~220AD)
H 5cm Total L 32cm Handle L 17.4cm
Plate D 15cm Weight 0.46kg
Transferred by Xi'an Culture Relic shop in 1985

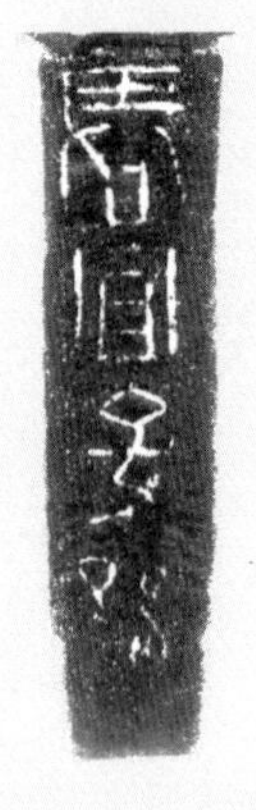

형태는 초두(鐎斗, 다리 셋에 손잡이가 있는 기물)와 비슷하고 입은 넓고 절연(折沿) 모양이다. 가장자리 아래는 넓은 철현문(凸弦紋)을 한 바퀴 둘렀고 키는 낮고 배는 곡선을 이루어 오므라들면서 평평한 바닥으로 이어진다. 복부 안쪽 밑바닥 중심은 돌출된 오수전문(五銖錢紋)을 새겼다. 가장자리 아래 측면으로 곧은 손잡이가 이어졌고 손잡이의 끝은 용머리 모양을 하고 있다. 용은 긴 입을 벌리고 이마는 높다. 네모난 짧은 코에 눈은 능형(菱形)이고 외뿔은 뒤로 젖혀 끝이 말렸다. 두 귀는 뒤로 접히고 손잡이에는 예서로 "長宜子孫(장의자손, 오랫동안 자손이 화목하라)"이라는 명문 4자가 음각되었다. 기물 손잡이의 용머리 형태는 한대(漢代)에 흔히 볼 수 있는 양식이고 오수전문도 한대 동기(銅器) 중에서 흔히 볼 수 있는데 길함과 부귀에 대한 소망이 담겨 있다.

209

용병위두(龍柄熨斗)

명(明)
두(斗)지름 14.3cm 손잡이길이 10.2cm 높이 10.93cm 무게 1.22kg
1972년 서안시 대백양(西安市 大白楊) 폐품처리창고 수집

Iron with Dragon-shaped Handle

Ming Dynasty(1368AD~1644AD)
Basin D 14.3cm Handle L 10.2cm H 10.93cm Weight Weight 1.22kg
Collected in Dabaiyang warehouse, Xi'an in 1972

두(斗)는 대야 모양이고 네모난 입술에 배가 깊다. 벽은 비스듬하고 밑은 평평하다. 가장자리 한쪽은 볼록하게 올라와 운두(雲頭) 모양을 하고 있다. 운두 아래 복부에 비스듬하게 통 모양의 곧은 손잡이가 이어졌다. 손잡이에는 용머리를 장식했다. 기물 벽의 운두 윗부분에 한 쌍의 질주하는 짐승을 주조했고, 아랫부분은 구련운문(勾連雲紋)을 장식했다. 운두 아래 구연부에는 넓은 띠 한 줄이 있어 기물 복부와 운두의 문양을 나눈다. 기물 복부는 온통 연속적으로 배열된 육각형의 귀배문(龜背紋)을 시문하였다. 이런 문양은 원대(元代) 이후의 도자기와 비단 직물에서 흔히 보인다. 기물 손잡이의 용은 입을 크게 벌려 자루를 삼킬 듯한 모습을 하고 있다. 이빨은 넓고 크며, 여의형(如意形) 콧방울에 두 눈은 둥글고 튀어나왔다. 굽은 눈썹은 말려 위로 올라갔고 외뿔은 위를 가리키며 귀는 서 있고 양 볼에는 긴 수염이 날린다. 이 형태는 명대(明代)에 흔히 볼 수 있는 모양이다.

훈로(薰爐)는 고대(古代) 분향용기(焚香用器)이다. 아래는 받침이 있고 위에는 뚜껑이 있으며 뚜껑은 높고 뾰족하다. 뚜껑에는 작은 구멍을 뚫었는데 분향 시 연기가 구멍으로 빠져나와 훈로라 지칭한다. 주로 다음과 같은 세 가지 용도가 있다. 첫째, 훈의(薰衣, 향 냄새를 옷에 배게 하다)에 사용한다. 고대에는 향수나 향료가 없기 때문에 입궐하여 임금을 알현하거나 존귀한 벗을 만날 때 반드시 훈의를 해야만 예절에 어긋나지 않았다. 고대에 훈의가 성행하여 서민들도 외출하여 손님을 찾아뵐 때 거의 훈의를 했다. 청(清) 건륭(乾隆) 시기 서방의 향료가 유입된 이후 훈의는 점차 줄어들었다. 둘째, 책방에서 사용했다. 고대 권문 자제는 책을 읽고 글을 지을 때 반드시 분향(焚香)을 했는데 실내의 악취를 제거할 수 있고 정신을 맑게 하여 피곤하여 해이해지는 것을 방지할 수 있다. 셋째, 신불(神佛)에 제사 지낼 때 사용한다. 궁정의 사당은 조상이나 신선, 보살에 참배하고 염불을 외울 때 모두 분향을 했다. 실내 혹은 원내(院內)에 향불 연기가 모락모락 오르고 서서히 감돌게 하는 것은 하나는 조상 혹은 신선에 대한 믿음을 뜻하고 다른 하나는 공기를 바꾸어 사람들에게 맑고 향기롭고 조용하고 엄숙한 느낌을 주기 위해서이다. 훈로의 조형은 질박하고 아름다우며 형식이 다양하고 모두 뚜껑이 달렸다. 뚜껑에 구멍을 뚫거나 훈로의 몸체에 구멍을 내기도 한다. 훈로는 전국(戰國) 중 · 후기에서 청대(清代) 말기까지 유행하였다.

Incense-burner was used to burn incense in ancient China, with a base at the bottom, and a high pointed roof on the top. The roof was hollow-carved with holes, from which the incense smoke came out. Hence its name. There're three main functions of the censer. Firstly, it was used to cense clothing. In ancient China, there was no perfume. Therefore in order to show courtesy, people would cense their clothes and hats before presenting themselves in the imperial court or paying formal visits to distinguished relatives and friends. It had become a common practice to cense clothes, and even common people would cense theirs before their visits. This phenomenon didn't quiet down until Qian Long's reign of Qing Dynasty, when perfume was introduced to China. Secondly, it was used to cense the study. In ancient China, whenever the young men from rich and powerful families read of wrote, they would burn incense, which could not only remove the foul-smelling in the study, but could also refresh themselves from falling asleep in a pleasing way. Thirdly, it was offered in worship to gods and buddha. This practice was followed from the imperial palace and the emperor's six harems, to the old temples. The incense was also burnt while people were worshiping their ancestors or paying religious homage to gods and Bodhisattva, as well as chanting scriptures or praying to Buddha. The upwardly curling incense smoke in the room or courtyard not only symbolizes esteem and faith to ancestors and gods, but also refreshes the air, which makes people to have a sense of delicate fragrance, tranquility and solemnness. The structure of the burners was pleasing to the eye and of primitive simplicity, with various styles. All burners were designed with lids. Either the lid or body of the burners was hollowed out. The incense-burners were popular from mid West Han Dynasty till late Qing Dynasty.

210

양산궁훈로(梁山宮薰爐)

서한(西漢) 중기
높이 23.9cm 최대복부지름 17cm 밑지름 12cm
무게 2.51kg
1980년 서안시 대백양(西安市 大白楊) 폐품처리창고 수집

Liangshan Palace Incense Burner

Western Han Dynasty(206BC~23AD)
H 23.9cm Max Belly D 17cm Bottom D 12cm
Weight 2.51kg
Collected in Dabaiyang warehouse, Xi'an in 1980

뚜껑이 달리고 외기둥은 두(豆, 옛날 제사용 기물의 하나) 모양이다. 아치 형태의 뚜껑 중앙에는 둥근 고리 모양의 꼭지가 있고 주위에는 세로로 긴 구멍 10개가 분포되었다. 뚜껑과 기물은 자모구(子母口)로 서로 맞물린다. 복부가 불룩하여 공처럼 생겼다. 복부의 가운데는 철릉(凸稜) 한 바퀴가 있는데 복부를 상하 두 부분으로 나눈다. 복부의 윗부분에 한 쌍의 환뉴(環鈕)가 있다. 뚜껑과 기물의 복부에는 모두 명문(銘文)이 새겨져 있다. 뚜껑에는 "梁山宮元鳳五年造(양산궁 원봉 5년 제조)"라는 3행 8자의 명문이 새겨져 있고, 기물 복부에는 "梁山宮一斗薰盧(爐), 幷重九斤半, 元鳳五年造(양산궁 일두훈로, 무게는 아홉 근 반, 원봉 5년 제조)"라는 5행 17자의 명문이 보인다.

명문에 따르면 이 기물은 한소제(漢昭帝) 원봉 5년(기원전 76년)에 양산궁에서 사용하기 위해 만든 것이다. 양산궁은 진대(秦代)에 건립되었고 한대(漢代)에 다시 개축했다. 지금의 섬서성(陝西省) 건현(乾縣) 오점향(嗚店鄕) 조압촌(弔壓村) 와자강(瓦子崗)에 유적이 있는데 동서로 140m, 남북으로 30m 규모이다. 『금석삭(金石索)』 「금(金)」에 "양산가마는 원강 원년에 만들었다(梁山鍋, 元康元年造)"는 기록이 있다. 양산궁훈로는 양산궁 연구에 중요한 자료가 된다.

211

홍안형훈로(鴻雁形薰爐)

서한(西漢)
높이 15.5cm 길이 18.5cm 너비 9cm 무게 0.62kg
1971년 서안시 안탑구 삼조촌(西安市 雁塔區 三兆村) 출토

Incense Burner in Swan Goose Shape

Western Han Dynasty(206BC~23AD)
H 15.5cm L 18.5cm W 9cm Weight 0.62kg
Excavated from Sanzhao Village Yanta District, Xi'an in 1971

구리 기러기는 머리를 쳐들고 가슴을 쑥 내밀었으며 눈을 크게 뜨고 위를 올려본다. 긴 부리는 위로 향하고 두 다리로 곧게 서 있다. 기러기 정수리의 깃털은 부조기법으로 표현했다. 복부는 비어 있다. 등은 뚜껑인데 자모구(子母扣)를 이룬다. 뚜껑은 융기되고 누공(鏤空)기법으로 이룡문(螭龍紋) 여섯 개를 새겼고 배 안에서 훈초(薰草)를 태우면 연기는 구멍을 통해 나온다. 구조가 정교하고 형상은 생동감이 있으며 일상의 모습이 짙다. 이런 훈로(薰爐)는 주로 서한(西漢) 중 · 후기에 속한다.

212

비조대병훈로(飛鳥帶柄薰爐)

한(漢)
높이 8cm 노(爐)지름 9cm 손잡이길이 12.3cm 무게 0.26kg
1965년 서안시 연호구 홍묘파(西安市 蓮湖區 紅廟坡) 군영(群英) 편직공장 출토

Incense Burner with Handle with Flying Bird Ornament

Han Dynasty(206BC~220AD)
H 8cm Stove D 9cm Handle L 12.3cm Weight 0.26kg
Excavated from Qunying Knitting Company at Hongmiaopo in Lianhu District, Xi'an in 1965

훈로(薰爐)는 평절연(平折沿)이고 복부는 비스듬하고 밑바닥은 평평하다. 자루가 있고 자루의 아래는 뾰족한 못이 달려 있어 훈로의 몸체와 손잡이가 수평을 유지하도록 한다. 훈로의 뚜껑은 원추형(圓錐形)이다. 뚜껑의 윗부분은 박산형(博山形)이고 꼭대기에는 새 한 마리가 깃을 활짝 펴고 날아오르는 모습을 하고 있다. 아래에는 누공(鏤空)이 조를 이루고 있다. 하나의 조는 4개의 직사각형이 하나의 능형(菱形) 구멍을 끼고 구성되었다. 뚜껑과 훈로는 자루 끝에서 꼭지로 연결되어 열거나 닫을 수 있다. 이런 훈로는 양진(兩晉)시대까지 여전히 사용되었다. 남경(南京) 상산(象山)에서 출토된 용두병훈(龍頭柄薰, 용머리 손잡이 훈로)은 이 훈로와 비슷한 형태로 위에는 역시 새 한 마리가 있다.

213

박산훈로(博山薰爐)

한(漢)
높이 25cm 반(盤)지름 19cm 무게 1.48kg
1964년 12월 16일 서안시 남소항(西安市 南小巷) 출토

Boshan Incense Burner

Han Dynasty(206BC~220AD)
Total H 25cm Plate D 19cm Weight 1.48kg
Excavated from Nanxiaoxiang in Xi'an in Dec 16 1964

훈로(薰爐)의 몸체는 두(豆, 제사용 기물의 하나) 모양에 가깝다. 훈로의 뚜껑은 산과 구름이 있는 도안을 장식했고 손잡이는 봉황새 모양이고 받침은 현무(玄武) 모양이며 아래는 승반(承盤)이 있다.

훈로는 원형이고 입은 오므라들고 배는 불룩하며 바닥은 둥글다. 위에는 뚜껑이 있고 자모구(子母扣)를 이룬다. 뚜껑은 첩첩이 쌓인 산 모양이고 산봉우리가 우뚝하며 날고뛰는 짐승들이 그 사이에 서식한다. 훈로 속에는 향료를 넣어 향기가 산봉우리들 사이로 풍겨 나와 공기 중에 가득 찬다. 산봉우리는 나무, 표범, 멧돼지, 원숭이 등으로 가득하다. 궁노(弓弩)를 가진 사냥꾼이 출몰한다. 훈로의 복부는 하나는 넓고 하나는 좁은 두 층의 현문(弦紋)이 있다. 훈로의 기둥은 봉황새 모양이고 머리 꼭대기에 훈로가 있으며 두 발은 거북이 등을 딛고 서 있다. 새의 목은 곧추세웠고 두 눈은 타원 모양이며 부리는 뾰족하다. 날개를 펴고 꼬리는 위로 들렸다가 다시 꺾여 펴졌다. 봉황새의 발아래에 있는 현무(玄武)는 거북과 뱀이 합쳐진 모습이다. 거북은 머리를 쳐들고 사지는 땅에 엎드려 있다. 거북등은 운뢰문(雲雷紋)으로 장식되었고 뱀이 거북의 몸을 감고 있다. 승반(承盤)은 평절연(平折沿)이고 그 아래로는 곧고 비스듬한 벽이 있다. 하복부는 접히면서 오므라들었고 작고 평평한 바닥의 중앙에는 훈로의 기둥을 잇는 못[鉚釘]이 있다.

이 훈로의 조형과 장식은 매우 정교하다. 조형은 실용적일 뿐만 아니라 미관 또한 중시하였다. 아름다운 장식품이면서도 과학적인 실용기물이라 하겠다.

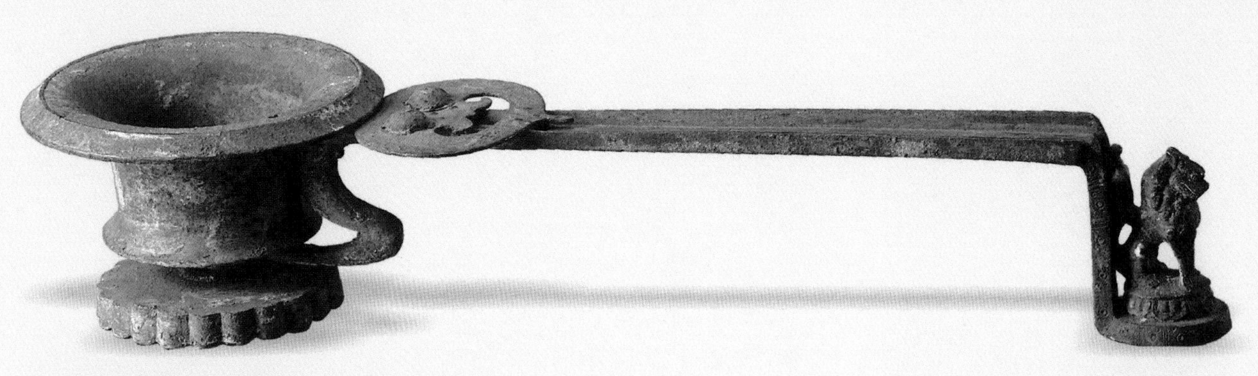

214

장병훈(長柄薰)

당(唐)
길이 39cm 노(爐)높이 7.7cm 무게 1.1kg
1969년 서안시 연호구(西安市 蓮湖區) 전신국(電信局) 서성문(西城門) 밖 삼구국(三九局) 공사장 출토

Incense Burner with Long Handle

Tang Dynasty(618AD~907AD)
Total L 39cm Stove H 7.7cm Weight 1.1kg
Excavated from Building Site of Telecoms Company in Lianhu District, Xi'an in 1969

훈로(薰爐)는 기물의 몸체, 긴 손잡이, 손잡이가 달린 뚜껑과 기물의 받침으로 구성되었다. 기물의 몸체는 컵 모양으로서 입은 크고 가장자리가 젖혀진 상태이며 입술은 오목하게 들어가고 허리 부분은 조금 오므라들었다. 바닥에 가까운 부분은 밖으로 벌어졌고 밑은 평평하다. 기물 아래는 떡 모양의 받침이 있고 주변은 연호형(連弧形)이며 봉우리가 만나는 곳과 받침 중심에는 음각으로 된 직선이 있어 한 줄의 꽃잎을 형성하였다. 받침대 속은 비어 있다. 기물 바닥 가운데에 못[鉚釘]이 있고 유정의 중간에 가는 구리못[銅釘]이 받침대 중심을 뚫고 지나 받침대와 기물을 연결하고 아울러 회전이 가능하게 만들었다. 훈로 한쪽에 긴 손잡이가 붙어 있고 손잡이의 한끝은 아래로 구부러져 밑을 받쳐 준다. 다른 한끝은 아래로 구부러진 후 다시 가로로 접혔는데 끝에는 사자가 웅크리고 있다. 손잡이와 훈로 몸체가 만나는 곳에 반원(半圓) 장식이 있는데 그 안에는 누공(鏤空)으로 표현한 운두문(雲頭紋)이 있다. 당(唐)의 불교 조각과 비석에는 불전(佛前)에 한 쌍의 사자가 자주 보이는데 그 사이에 향훈(香薰) 하나를 둔다. 불교미술작품 중에도 공양하는 사녀(仕女)가 긴 손잡이 향훈을 손에 들고 있는 그림이 있다. 그러므로 이 향훈은 불교용품으로 추정된다.

215

사족훈로(四足薰爐)

당(唐)
높이 12.65cm 입지름 10.5cm 발높이 4.2cm 무게 0.63kg
1983년 서안시(西安市) 문물상점에서 넘겨받음.

Four-footed Incense Burner

Tang Dynasty(618AD~907AD)
Total H 12.65cm Mouth D 10.5cm Feet H 4.2cm Weight 0.63kg
Transferred by Xi'an Culture Relic shop in 1983

훈로(薰爐)의 뚜껑은 융기되어 불룩하고 중앙에는 꼭지가 있다. 꼭지의 모자는 정수리가 뾰족한 공 모양이고 꼭지의 기둥은 짧다. 받침은 비탈 모양이고 꼭지의 주위에는 세 개의 운두형(雲頭形) 누공(鏤空)이 있다. 뚜껑 중간의 꺾인 대(臺)에는 구멍 네 개가 한 조를 이룬 누공이 세 곳 있다. 뚜껑 가장자리는 아래로 꺾이다가 밖으로 굽었고 가장자리 아래의 홈은 기물의 입과 맞물려 있다. 훈로의 구연(口沿)은 밖으로 젖혀져 있고 곧은 복부는 속이 보다 얕으며 밑은 평평하다. 복부에는 4개의 고리 모양의 꼭지가 있는데 감나무 꼭지형 뉴좌(鈕座)에 고리로 사슬을 연결하였다. 복부의 아래로 네 개의 짐승 발굽 모양의 다리가 있고 다리의 어깨는 힘 있고 우뚝하며 족근(足根)은 밖으로 벌어졌다.

요로(燎爐)는 고대 화톳불로 추위를 막는 난방도구이다. 일반적으로 원형(圓形) 혹은 방형(方形)의 반(盤) 모양으로 밑은 평평하고 다리가 세 개 있는 것도 있다. 아울러 긴 사슬을 달아 들기 편하게 했다. 직사각형의 난로의 몸체는 가장자리마다에 환이(環耳, 고리 모양의 귀)가 붙은 것이 많다. 요로는 춘추(春秋) 중기에 나타나 청대(淸代)에까지 줄곧 사용했다.

Liao stove is an implement used to heat by burning coals used in ancient times. It usually takes round or square plate shape. It has a flat base, some of which are installed with three feet to the bottom. There is a long chain for lifting. The rectangular body of the stove has a loop handle on each side. Liao Stove originated in the mid Spring and Autumn Period, and remained in use until Qing Dynasty.

216

기화궁오족로(奇華宮五足爐)

서한(西漢) 중기
높이 14cm 입지름 20cm 발높이 8cm 무게 2.58kg
1972년 서안시(西安市) 수집

Stove with Five Feet of Qihua Palace

Western Han Dynasty(206BC~23AD)
Total H 14cm Mouth D 20cm Feet H 8cm Weight 2.58kg
Collected in Xi'an in 1972

탁본 크기 1.7×26.5cm

주둥이는 약간 벌어졌고 평절연(平折沿)에 복부는 곧으며 밑은 평평하다. 복부의 벽은 철현문(凸弦紋) 네 줄을 둘렀고 복부 둘레에 등거리로 된 포수함환(鋪首銜環) 모양의 귀 다섯 개를 설치했다. 복부 아래 가장자리 근처에 눈이 크며 입을 크게 벌리고 혀를 길게 내민 다섯 개의 사자머리가 있다. 그 아래에는 사자 앞다리 다섯 개가 난로의 족부를 이루었다. 구연(口沿) 아래에 다음과 같은 29자의 명문이 새겨져 있다. "奇華宮銅㷭爐, 容一斗二升, 重十斤四兩, 天漢二年工趙博造, 護守丞賢省(기화궁동유로, 용량은 한 말 두 되, 무게는 열 근 넉 냥, 천한 2년 장인 조박 제작, 호수승 현성)."

명문(銘文)을 통해 이 난로는 한대(漢代) 장안성(長安城) 기화궁의 난방기구임을 알 수 있다. 기화궁은 곧 기화전(奇華殿)이고 한대 장안성 서쪽 건장궁(建章宮) 옆에 있다. 『삼보황도(三輔黃圖)』에 "기화전은 건장궁 옆에 있다. 사해 이적의 기물, 복장, 보배, 즉 화세포, 절옥도, 코끼리, 타조, 사자, 완마 등이 가득 찼다(奇華殿, 在建章宮旁. 四海夷狄器服珍寶, 火浣布, 切玉刀, 巨象, 大雀, 獅子, 宛馬, 充塞其中)"라는 기록이 있다. 천한 2년(天漢二年, 기원전 99년)은 서한(西漢) 무제(武帝) 시기이므로 이 요로(燎爐)는 한무제 시기의 기물이라 하겠다.

대구(帶鉤)는 '사비두(師比頭)'라고도 하는데 고대에 허리띠를 매는 데 쓰는 고리이다. 구리로 만든 것이 많고 철, 옥, 뼈로 만든 것도 있다. S형이 많고 아래에 기둥 모양의 못이 하나 있는데 가죽 띠의 한쪽을 박는 데 사용하고 상단의 고리는 띠의 다른 한끝을 거는 데 사용한다. 막대기형, 금면형(琴面形), 죽절형(竹節形), 원형(圓形)과 짐승 모양 등 다양하다. 큰 것은 수십 센티미터에 이르고 작은 것은 2cm인 것도 있는데 보통 10cm 정도이다. 대구에는 적절한 장식을 하는데 고리에 문양을 더하기도 하고 전체적으로 형상을 만들기도 한다. 이를테면 앞 끝의 갈고리를 새머리 혹은 짐승 머리 모양으로 만들고 고리의 목과 몸통은 새와 짐승의 목과 몸통 모양으로 만든다. 대구(帶鉤)의 형태에 따라 새와 짐승은 일반적으로 변형하거나 덧붙인다. 갈고리의 몸체에 장식을 하지 않은 것도 있다. 제작 기법에는 주조(鑄造), 금은입사(金銀入絲), 상감(象嵌) 등이 사용된다. 실용성에서 벗어나 제작이 화려하고 정교해진 것도 있다. 대구는 본래 북방 초원민족이 사용했는데 춘추(春秋)시대에 중원으로 유입되어 한대(漢代)에까지 사용되었다. 남북조(南北朝) 이후에는 대구(帶扣)가 유행하였다.

Belt hook, which was also known as "Shibitou", was a hook designed on an end of the girdle used in ancient China. Most belt hooks were made of bronze, and some were made of iron, jade as well as bones. The bodies of the belt hooks take on an "S" shape, with a nail at the bottom to fasten with one end of the girdle. The upper part of the hock takes on crooked head, which can hook the other end of the girdle. Belt hooks take on claviform, Qin surface form(Qin is a seven-stringed plucked instrument), and bamboo form, round shape as well as beast shape. The length of the belt hooks varies from 2 centimeters to more than 10 centimeters, among which the 10 centimeter ones was the most popular. The belt hooks were designed into proper structures. Not only decorating designs were added on the hooks, the whole body of the belt hook was structured into different shapes. For example, the front hook takes shape of bird head of beast head, and the neck and body of the belt hook takes on the shape of bird's or beast's neck and body. In order to fit the structure of the belt hooks, some changes and decorations would usually be made on the birds and beasts. There were also hooks with plain-surfaced bodies. The manufacturing techniques vary from casting, gold and silver inlaying, to common inlaying. Some hooks had exceeded their original practical functions, with extremely luxurious and fine designs. Belt hooks were originally used by the downsmen of northern China, and were introduced into the central plains(Composing the middle and lower reaches of the Huanghe River) in the Spring and Autumn period. Until Han Dynasty, they remained to be used. Since the South and North Dynasties, belt buckles prevailed instead of belt hooks.

1. 금조문대구(禽鳥紋帶鉤)

금조(禽鳥) 모양의 대구(帶鉤)를 물새 모양 대구라고도 한다. 그 기본 특징은 앞 끝의 갈고리는 새머리 모양으로 갈고리의 목을 새의 목으로, 갈고리의 몸을 새의 몸으로 하는 것이다. 물새[水禽]라고 지칭하는 이유는 부리가 편평하고 목과 몸이 납작하고 길어 오리와 같기 때문이다. 그러나 이런 특징은 대구의 실용성에 따라 그 형태도 변하는데 일부는 매와 비슷한 형태이다. 특히 오르도스 동대구(銅帶鉤)의 새의 모양은 기본적으로 물새의 특징이 거의 없다. 그러므로 금조문(禽鳥紋)이라고 하는 것이 더욱 합당하다. 대구는 대부분이 새 모양에 아무런 무늬가 없으며 날갯죽지, 깃털 등이 있는 것이 일부 있다. 또한 기하문(幾何紋)으로 새의 몸을 장식한 것도 간혹 보인다. 이런 유형의 대구는 춘추(春秋) 말기에서 서진(西晉)시대까지 사용되었다.

Bird-shaped Belt Hook

Belt hooks of bird shape were also called waterfowl-shaped belt hooks. They usually habe bird head-shaped front hooks, with the neck and body of the hooks in the shape of bird's neck and body. The reason why they were called waterfowl is because the birds take on the shape of ducks, with flat bills, as well as long and flat necks and bodies. The features mentioned above were usually changed according to the belt hooks' pragmatic functions. Some resemble the eagles. The Erduosi style bronze belt hooks in particular basically didn't take on the features of waterfowls. Therefor, it's more proper to call them bird-shaped hooks. Most belt hooks only take on bird shape, with plain surface. Others are designed with detailed parts like the wings and feathers. Only a few are decorated with geometrical patterns. This kind of hooks is more enduring, which were in use from the later Spring and Autumn period till West Jin Dynasty.

217

비조형대구(飛鳥形帶鉤)

전국(戰國)
길이 3.7cm 너비 2.4cm 높이 1.2cm 무게 0.013kg
1979년 서안시(西安市) 문물상점에서 넘겨받음.

Flying Birds Shape Belt Hook

Warring States Period(475BC~221BC)
Total L 3.7cm W 2.4cm H 1.2cm Weight 0.013kg
Transferred by Xi'an Culture Relic shop in 1979

대구(帶鉤)의 형체는 작고 정교하다. 새는 고개를 돌리고 나래를 활짝 펼치는 모습이고 몸 아래는 평평하고 납작한 둥근 꼭지가 있다.

기물전형도

전국(戰國) 초기

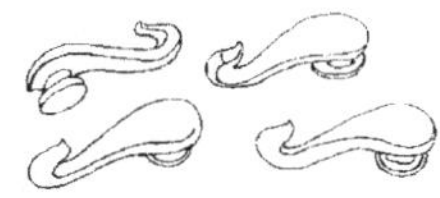

전국 말기

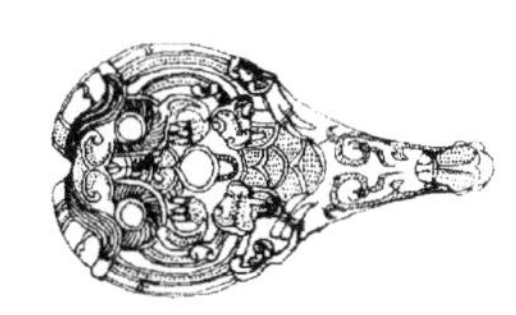

서한(西漢) 중기

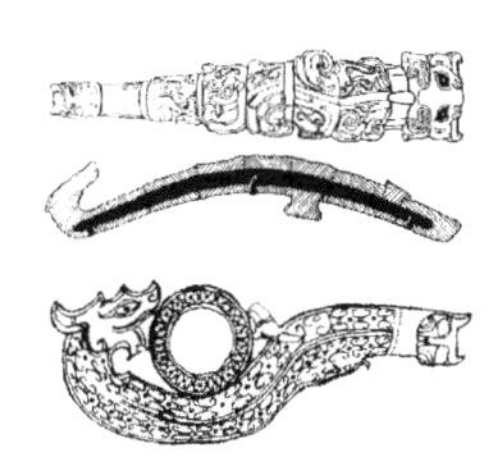

동한(東漢)

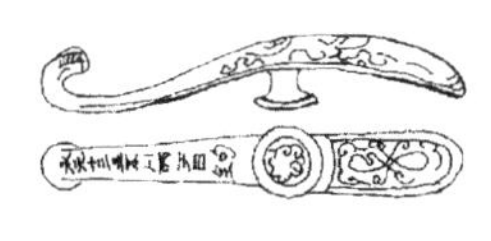

218

수금형대구(水禽形帶鉤)

한(漢)
길이 3.8cm 너비 2cm 높이 1.6cm 무게 0.011kg
1979년 서안시(西安市) 문물상점에서 넘겨받음.

Water Birds Belt Hook

Han Dynasty(206BC~220AD)
L 3.8cm W 2cm H 1.6cm Weight 0.011kg
Transferred by Xi'an Culture Relic shop in 1979

형체는 매우 작다. 구(鉤)의 머리는 날짐승 모양이고 긴 부리에 목은 굽었다. 뒤끝에는 두 날개가 있다. 둥근 꼭지는 구 몸체의 끝과 연결되고 꼭지는 바둑판무늬로 되어 있다. 네 모서리에는 넉 자의 양각 명문이 있으나 글씨가 모호하여 식별할 수 없다.

219

압형대구(鴨形帶鉤)

한(漢)
길이 2.8cm 너비 1.4cm 높이 1.6cm 무게 0.091kg
1973년 서안시(西安市) 문물상점에서 넘겨받음.

Duck Shape Belt Hook

Han Dynasty(206BC~220AD)
Total L 2.8cm W 1.4cm H 1.6cm Weight 0.091kg
Transferred by Xi'an Culture Relic shop in 1973

긴 부리에 복부는 짧다. 구(鉤)의 머리 쪽의 오리 부리는 길게 구의 몸체를 지나쳤다. 몸 아래는 납작하고 평평한 부정형인 꼭지가 있다. 전국(戰國) 말기와 통일 시기 진(秦)의 묘지에서 보인다.

2. 수면문대구(獸面紋帶鉤)

대구(帶鉤)는 갈고리가 짐승 얼굴 형태이며 대체로 세 가지로 분류할 수 있다. 하나는 짐승 머리의 양측에 큰 귀가 있고 목 및 앞 끝의 갈고리는 긴 코 모양이다. 이런 문양은 춘추(春秋) 말기와 전국(戰國)시대 초(楚)의 묘지에서 모두 발견된 바 있어 초나라 대구로 추정된다. 큰 귀의 짐승은 어떤 것인지 분명치 않으며 다른 초나라 기물장식에서는 많이 볼 수 없는 형태이다. 다른 하나는 짐승 얼굴에 귀가 있고 뿔이 없어 호랑이 얼굴로 짐작된다. 세 번째의 것은 짐승 머리의 두 뿔이 분명해 용의 머리로 보인다. 진한(秦漢) 시기에 이르러 짐승 얼굴은 이미 간략해졌고 두 뿔도 기하형(幾何形)으로 변하였다.

Beast Face-shaped Belt Hook

The body of this kind of hooks takes on the shape of beast head, which usually falls into three categories. The first category had two big ears on wither side of the beast heads, with proboscis shaped neck and front hook, which were excavated from Chu tombs of later Spring and Autumn period as well as the Warring States period, and were basically a type of the Chu style belt hooks. The big-eared beast, which was a pretty rare decoration on artifacts of the State of Chu, was a so far unknown animal. The second category takes on hornless beast head shape, with two ears, which were likely to be tiger face patterns. The third category of the belt hooks resembles dragonhead, with two obvious horns. Till Qin and Han Dynasties, this kind of animal faces were simplified, with the two horns in geometrical shapes.

220

수면문대구(獸面紋帶鉤)

전국(戰國)
길이 6.6cm 너비 2.7cm 높이 1.1cm 무게 0.022kg
1972년 서안시 대백양(西安市 大白楊) 폐품처리창고 수집

Beast Face Pattern Belt Hook

Warring States Period(475BC~221BC)
L 6.6cm W 2.7cm H 1.1cm Weight 0.022kg
Collected in Dabaiyang warehouse, Xi'an in 1972

구(鉤)의 몸체는 짐승 얼굴 모양이고 눈은 물방울 모양이다. 이마의 정수리는 튀어나왔고 두 뿔은 쌍선(雙線)으로 대칭되는 권운문(卷雲紋)을 장식했다. 구름 중심에 뚫린 구멍은 흡사 두 눈과 같다. 뒷면에 기하무늬를 장식했고 꼭지는 조금 융기되었다.

221

수면문대구(獸面紋帶鉤)

한(漢)
길이 12.8cm 너비 2.4cm 높이 2.6cm 무게 0.057kg
1975년 서안시 대백양(西安市 大白楊) 폐품처리창고 수집

Beast Face Pattern Belt Hook

Han Dynasty(206BC~220AD)
L 12.8cm W 2.4cm H 2.6cm Weight 0.057kg
Collected in Dabaiyang warehouse, Xi'an in 1975

구(鉤)의 몸체는 가늘고 길며 비교적 많이 휘어 있다. 구의 머리는 짐승 머리 모양이고 안으로 굽은 것이 목과 거의 평행을 이룬다. 구의 꼬리는 원형에 가까운 짐승 얼굴을 장식했다. 주둥이 부분은 올리브형이고 위에는 세 개의 동그라미가 있으며 눈썹은 세워져 있다. 구의 뒷부분은 안으로 옴폭하게 들어갔고 꼭지는 납작하고 평평하다.

3. 사형대구(耜形帶鉤)

보습 모양의 대구(帶鉤)는 춘추(春秋) 중 · 후기 연(燕)나라 고분에서 최초로 나타났다. 전국(戰國) 초 · 중기의 것도 소량 발견되었으며 주로 전국 말기에 유행하였다. 이런 대구의 대다수는 삼진(三晉)과 관중(關中) 지역에서 발견되었는데 삼진에서 출토된 것이 가장 많다.

Spade-shaped Belt Hook

The earliest spade-shaped belt hooks were excavated from tombs of the State of Yan in mid and late Spring and Autumn period. It was also found in small numbers of early and mid Warring States period and prevailed in the later Warring States period. Noticeably, the majority of this type of belt hooks was excavated in Sanjin and Central Shaanxi Plain areas, particularly in Sanjin area.

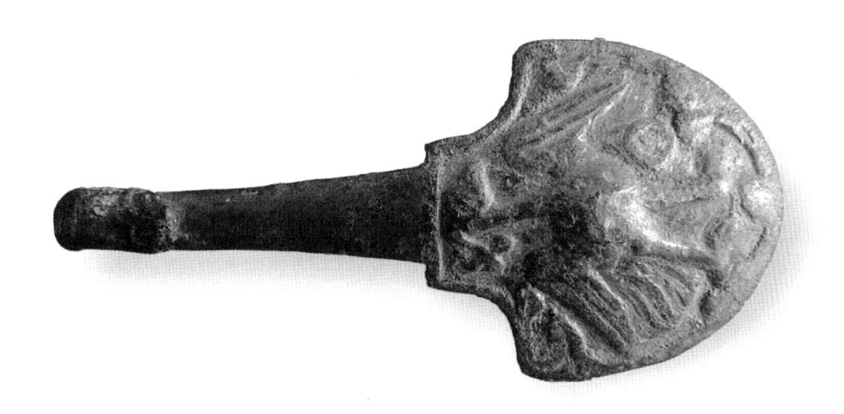

222

봉조사형대구(鳳鳥耜形帶鉤)

전국(戰國)
길이 7.5cm 너비 3.4cm 높이 1.5cm 무게 0.035kg
1973년 서안시 대백양(西安市 大白楊) 폐품처리창고 수집

Spade-shaped Belt Hook with Phoenix Pattern

Warring States Period(475BC~221BC)
L 7.5cm W 3.4cm H 1.5cm Weight 0.035kg
Collected in Dabaiyang warehouse, Xi'an in 1973

보습 모양이고 몸체는 부조 기법으로 바위산에 서 있는 봉황을 장식하였다. 볏은 뒤로 처지고 두 날개는 펼쳤으며 양쪽은 운문(雲紋)을 장식했다.

223

운문사형대구(雲紋耜形帶鉤)

전국(戰國)
길이 6.3cm 너비 3cm 높이 2.1cm 무게 0.054kg
1976년 서안시 대백양(西安市 大白楊) 폐품처리창고 수집

Spade-shaped Belt Hook with Cloud Pattern

Warring States Period(475BC~221BC)
L 6.3cm W 3cm H 2.1cm Weight 0.054kg
Collected in Dabaiyang warehouse, Xi'an in 1976

구(鉤)의 머리는 짐승 머리 모양이고 구의 몸체는 보습 모양이다. 표면에 운문(雲紋)을 장식했다.

224

용호문사형대구(龍虎紋耜形帶鉤)

한(漢)
길이 11.8cm 너비 2.4cm 높이 3.1cm 무게 0.062kg
1975년 서안시 대백양(西安市 大白楊) 폐품처리창고 수집

Spade-shaped Belt Hook with Dragon and Tiger Patterns

Han Dynasty(206BC~220AD)
L 11.8cm W 2.4cm H 3.1cm Weight 0.062kg
Collected in Dabaiyang warehouse, Xi'an in 1975

구(鉤)의 머리는 짐승 머리 모양이고 몸체는 보습 모양이다. 표면은 척추가 올라와 있고 거북 한 마리가 있다. 좌우는 부조 기법으로 용과 호랑이를 주조하였다. 바탕은 기하문(幾何紋)으로 채웠다. 갈고리 뒤쪽의 꼭지 표면은 조금 불룩하다.

4. 곡봉형대구(曲棒形帶鉤)

곡봉형대구는 몽둥이 모양으로 보통 궁형(弓形)을 이룬다. 주로 전국(戰國)시대에서 서진(西晉)시대에 유행하였다.

Crooked Stick-shaped Belt Hook

This type of belt hooks have quite even stick-shaped bodies, which were usually not so thick, and the bodies take on obvious arciform. They were popular in the Warring States period and West Jin Dynasty.

225

수문곡봉식대구(獸紋曲棒式帶鉤)

전국(戰國)
길이 19.4cm 너비 1.2cm 높이 2.5cm 무게 0.071kg
1983년 서안시(西安市) 문물상점에서 넘겨받음.

Beast Pattern Curved Stick Like Belt Hook

Warring States Period(475BC~221BC)
L 19.4cm W 1.2cm H 2.5cm Weight 0.071kg
Transferred by Xi'an Culture Relic shop in 1983

구(鉤)의 형체는 활처럼 곡선을 이루고 꼭지는 중간에 있다. 머리와 꼬리는 모두 짐승 머리 모양이고 목 부위에는 하나의 넓은 테가 있다. 구의 몸체는 대구의 머리 방향으로 향한 세 개의 수문(獸紋)을 장식했다. 뒷면에는 두 줄의 송석(松石)을 상감했다.

226

기하문곡봉식대구(幾何紋曲棒式帶鉤)

전국(戰國)
길이 11.8cm 너비 1.5cm 높이 2.2cm 무게 0.101kg
1997년 11월 9일 서안시(西安市) 수집

Geometry Pattern Curved Stick Like Belt Hook

Warring States Period(475BC~221BC)
L 11.8cm W 1.5cm H 2.2cm Weight 0.101kg
Collected in Xi'an in Nov 9 1997

구(鉤)의 머리는 짐승 머리 모양이고 몸체의 곡선은 완만하다. 몸체는 은입사(銀入絲) 기법으로 기하(幾何)무늬를 장식했고 사이에 어자문(魚籽紋)을 채웠다. 꼭지는 구의 뒷면 가운데에 위치해 있다.

227

쌍수수곡봉식대구(雙獸首曲棒式帶鉤)

한(漢)
길이 16.9cm 너비 1.7cm 높이 2.4cm 무게 0.109kg
1976년 서안시 대백양(西安市 大白楊) 폐품처리창고 수집

Two Beast Head Pattern Curved Stick Like Belt Hook

Han Dynasty(206BC~220AD)
L 16.9cm W 1.7cm H 2.4cm Weight 0.109kg
Collected in Dabaiyang warehouse, Xi'an in 1976

구(鉤)의 머리와 꼬리는 모두 짐승 머리 모양이다. 목과 꼬리 부분에 각각 넓은 테를 장식했고 테에는 두 개의 홈이 있다. 두 테 사이에도 오목한 홈이 있고 납작하고 평평한 둥근 꼭지는 대구 뒷면 중간에 위치해 있다.

5. 장패형대구(長牌形帶鉤)

장패형대구의 머리와 목은 비교적 짧고 작다. 형태는 직사각형 혹은 모서리가 둥근 직사각형이고 대부분은 보다 길고 크다. 주로 전국(戰國)시대 중 · 후기 양식에 속한다.

Long Plate-shaped Belt Hook

The long plate-shaped belt hooks usually have quite small heads and short necks. The body of the hooks takes on rectangle or round-cornered oblong shape, most of which are big and long. They were popular in mid and later Warring States period.

228

조문장패형대구(鳥紋長牌形帶鉤)

전국(戰國)
길이 14.6cm 너비 4.4cm 높이 1.1cm 무게 0.091kg
1979년 서안시(西安市) 문물상점에서 넘겨받음.

Bird Pattern Long Tablet like Belt Hook

Warring States Period(475BC~221BC)
L 14.6cm W 4.4cm H 1.1cm Weight 0.091kg
Transferred by Xi'an Culture Relic shop in 1979

대구(帶鉤)의 머리는 무늬가 없고 모양은 납작하고 평평하며 목은 보다 짧다. 몸체는 약간 납작하고 평평한 직사각형이고 표면에 6마리의 새무늬를 장식했다. 본래 도금했던 것은 떨어지고 없다. 뒷면의 꼭지는 작고 면은 평평하다.

229

운룡문장패식대구(雲龍紋長牌式帶鉤)

한(漢)
길이 10.2cm 너비 2.6cm 높이 1.8cm 무게 0.071kg
1983년 서안시(西安市) 문물상점에서 넘겨받음.

Dragon Pattern Long Tablet like Belt Hook

Han Dynasty(206BC~220AD)
L 10.2cm W 2.6cm H 1.8cm Weight 0.071kg
Transferred by Xi'an Culture Relic shop in 1983

몸체는 긴 패쪽 모양이고 표면에 부조기법으로 구름 속 이룡문(螭龍紋)을 장식했으며 구의 머리는 짐승 머리 모양이다. 목과 몸이 만나는 곳은 검의 손 보호대 모양으로 장식했다. 몸체 뒷면의 둥근 꼭지는 조금 융기했다. 표면은 원형에 적합한 이룡문을 장식했다.

6. 수형대구(獸形帶鉤)

이런 구(鉤)는 하나 또는 여러 짐승 모양을 부조(浮雕)하거나 누조(鏤雕)하여 만든다. 호랑이, 코뿔소, 여우, 사슴 외에도 원숭이, 뱀, 물고기, 자라, 도마뱀 등의 모양이 있다. 대부분의 대구(帶鉤)는 사실적으로 표현하기 위해 몸체를 생동감 있는 짐승 모양으로 만들며 목과 꼭지는 실용성을 중시하여 만든다. 사용 시에도 짐승의 조형을 두드러지게 해 매우 독특하다. 수형대구는 전국(戰國) 초기에 나타나 전국 말기에 크게 유행하였다. 진한대(秦漢代)에도 여전히 볼 수 있었고 서진대(西晉代)에 와서는 부분적으로 발견되었다. 재료는 청동이 많고 일부는 금은입사(金銀入絲) 기법으로 장식했다.

Beast-shaped Belt Hook

The body of this type of belt hooks was sculptured with empaistic or enchased beast patterns. Some with only one beast, while others with several. These beasts include tiger, rhinoceros, deer, serpent, monkey, fox, fish, turtle and lizard, which shows an extensive selections. Lots of belt hooks were very unique, with designs of different beasts. This type of hooks originated from early Warring States period and prevailed in the later Warring states period. They could still be found in use and even in use until Qin and Han Dynasties, and even in West Jin Dynasty, a few were found. Most of them were bronze cast, and few were inlaid with gold and silver decorative patterns.

230

수형대구(獸形帶鉤)

전국(戰國)
길이 11.6cm 너비 4.2cm 높이 2.2cm 무게 0.106kg
1983년 서안시(西安市) 문물상점에서 넘겨받음.

Beast Shape Belt Hook

Warring States Period(475BC~221BC)
L 11.6cm W 4.2cm H 2.2cm Weight 0.106kg
Transferred by Xi'an Culture Relic shop in 1983

몸체는 짐승 모양이다. 짐승의 형태는 짧고 벌린 입으로 내민 혀가 안쪽으로 말려 대구의 머리를 이루었다. 눈은 삼각형이고 귀는 뒤로 젖혀졌다. 외뿔은 비스듬히 서고 몸체는 지극히 짧다. 꼬리는 둘로 갈라져 말려 있다.

231

수문대구(獸紋帶鉤)

전국(戰國)
길이 17.7cm 너비 4.6cm 높이 1.1cm 무게 0.131kg
1969년 서안시 대백양(西安市 大白楊) 폐품처리창고 수집

Beast Shape Belt Hook

Warring States Period(475BC~221BC)
L 17.7cm W 4.6cm H 1.1cm Weight 0.131kg
Collected in Dabaiyang warehouse, Xi'an in 1969

구(鉤)의 머리는 짐승 머리 모양이고 몸체는 두 개의 'S'형 수문(獸紋)으로 구성되었으며 둘 사이에 꽃잎을 새겼다. 꼬리 부분 또한 짐승 머리 모양을 하고 있다. 몸체는 약간 구부러지고 뒷면 가운데에 납작하고 평평한 작은 꼭지가 하나 있다.

232

쌍수형대구(雙獸形帶鉤)

전국(戰國)
길이 5.8cm 너비 1.9cm 높이 2.7cm
무게 0.047kg
1979년 서안시(西安市) 문물상점에서 넘겨받음.

Double Beast Shape Belt Hook

Warring States Period(475BC~221BC)
L 5.8cm W 1.9cm H 2.7cm
Weight 0.047kg
Transferred by Xi'an Culture Relic shop in 1979

구(鉤)의 머리는 짐승 머리 모양이고 몸체는 짐승 얼굴형이다. 주둥이는 크고 코는 융기되었다. 능형(菱形)의 두 눈은 크게 부릅떴고 머리 위의 갈기는 굽어 있다. 꼭지 기둥은 꼬리에 있는 주둥이에서 토하는 모습을 하고 있다. 꼭지는 납작하고 평평하다.

233

이문대구(螭紋帶鉤)

전국(戰國)
길이 7.7cm 너비 4.3cm 높이 1.7cm
무게 0.043kg
1983년 서안시(西安市) 문물상점에서 넘겨받음.

Chi Pattern Belt Hook

Warring States Period(475BC~221BC)
L 7.7cm W 4.3cm H 1.7cm
Weight 0.043kg
Transferred by Xi'an Culture Relic shop in 1983

구(鉤)의 머리에는 십자 모양으로 짐승의 눈, 코를 표시했고 몸뚱이는 직사각형에 가깝다. 갈고리 가운데는 거북 하나가 있고 주위는 여러 개의 반리문(蟠螭紋)으로 장식하였다. 문양은 부조기법을 사용하였다. 뒷면은 안으로 옴폭하게 들어갔고 꼬리에 가까운 내측에는 납작하고 평평한 둥근 꼭지가 있다.

234

호금양형대구(虎噙羊形帶鉤)

전국(戰國)
길이 9.8cm 너비 4.4cm 높이 1.4cm
무게 0.058kg
1983년 서안시(西安市) 문물상점에서 넘겨받음.

Belt Hook in Shape of Tiger Bitting a Goat

Warring States Period(475BC~221BC)
L 9.8cm W 4.4cm H 1.4cm
Weight 0.058kg
Transferred by Xi'an Culture Relic shop in 1983

형태는 양의 모습이다. 양은 고개를 돌리고 있고 몸에는 다양한 운문(雲紋)을 장식했다. 사이사이에 어자문(魚籽紋)을 채웠다. 양의 앞에는 호랑이 한 마리가 양의 목을 물고 앞발로 목을 밀면서 찢는 모습을 하고 뒷다리는 없다. 꼬리 부분은 쳐들고 있어 대구(帶鉤)의 머리가 된다. 아래는 두 개의 둥근 고리가 있고 뒷면의 조금 뒤쪽으로 납작하고 평평한 작은 꼭지가 위치해 있다.

235

토형대구(兎形帶鉤)

전국(戰國)
길이 4.1cm 너비 1.8cm 높이 1.4cm 무게 0.015kg
1973년 2월 서안시(西安市) 수집

Rabbit Shape Belt Hook

Warring States Period(475BC~221BC)
L 4.1cm W 1.8cm H 1.4cm Weight 0.015kg
Collected in Xi'an in Feb 1973

구(鉤)의 몸체는 토끼 모양이다. 토끼의 몸뚱이는 비대하고 두 눈은 아래를 내려다보며 가늘고 긴 두 귀는 세워져 있다. 뒷다리는 구부리고 앞다리는 서려고 하는 모습을 취하고 있다. 뒷면은 안으로 옴폭하게 들어갔고 꼭지 지름은 구의 너비와 비슷하다. 꼭지는 조금 융기했다.

236

호형대구(虎形帶鉤)

한(漢)
길이 9cm 너비 3.1cm 높이 1.4cm
무게 0.041kg
1979년 6월 서안시(西安市) 수집

Tiger Shape Belt Hook

Han Dynasty(206BC~220AD)
L 9cm W 3.1cm H 1.4cm
Weight 0.041kg
Collected in Xi'an in Jun 1979

구(鉤)의 몸체는 고개를 돌린 호랑이 모양이다. 좌측의 발은 앞으로 내밀어 갈고리 역할을 하는 머리가 되고 호랑이 목에는 둥근 고리로 된 목걸이가 걸려 있다. 몸 전체는 줄 모양의 얼룩무늬로 가득하다. 뒷면의 꼭지 기둥은 작고 짧으며 꼭지는 평평하다.

237

수형대구(獸形帶鉤)

한(漢)
길이 9.5cm 너비 5.1cm 높이 1.8cm 무게 0.079kg
1972년 서안시 대백양(西安市 大白楊) 폐품처리창고 수집

Beast Body Belt Hook

Han Dynasty(206BC~220AD)
L 9.5cm W 5.1cm H 1.8cm Weight 0.079kg
Collected in Dabaiyang warehouse, Xi'an in 1972

구(鉤)의 머리는 목을 돌린 모양이고 구의 몸체는 8자형의 구불구불한 이룡(螭龍) 모양이며 뒷면 중간에는 납작하고 평평한 둥근 꼭지가 있다.

238

이룡문대구(螭龍紋帶鉤)

한(漢)
길이 11.5cm 너비 2.8cm 높이 1.8cm 무게 0.065kg
1979년 서안시(西安市) 문물상점에서 넘겨받음.

Chi Dragon Pattern Belt Hook

Han Dynasty(206BC~220AD)
L 11.5cm W 2.8cm H 1.8cm Weight 0.065kg
Transferred by Xi'an Culture Relic shop in 1979

구(鉤)의 머리는 목과 거의 수평을 이루었고 목의 길이는 짧다. 구의 몸은 부조기법으로 구름 사이의 이룡(螭龍)을 장식했고 뒷면 꼭지의 위치는 갈고리 머리로 치우쳐 있다. 납작하고 둥근 꼭지는 크고 평평하다.

239

후형대구(猴形帶鉤)

한(漢)
길이 8cm 너비 2cm 높이 1.4cm 무게 0.027kg
1979년 서안시(西安市) 문물상점에서 넘겨받음.

Monkey Pattern Belt Hook

Han Dynasty(206BC~220AD)
L 8cm W 2cm H 1.4cm Weight 0.027kg
Transferred by Xi'an Culture Relic shop in 1979

대구(帶鉤)는 원숭이 모양이다. 왼손은 안으로 굽어 갈고리 머리가 되고 몸과 오른팔은 자연스럽게 아래로 처졌다. 몸에는 좁은 소매저고리를 입고 허리에는 띠를 매었으며 등에는 꼭지가 있다.

240

수형쌍뉴대구(獸形雙鈕帶鉤)

위진남북조(魏晉南北朝)
길이 8.4cm 너비 3.7cm 높이 2.1cm
무게 0.047kg
1972년 서안시 대백양(西安市 大白楊)
폐품처리창고 수집

Beast Shape Two Button Belt Hook

Southern and Northern Dynasty(1066BC~221BC)
L 8.4cm W 3.7cm H 2.1cm
Weight 0.047kg
Collected in Dabaiyang warehouse, Xi'an in 1972

구(鉤)의 형체는 짐승 모양이고 짐승은 기어가면서 고개를 돌린 모습이다. 굵은 꼬리를 내민 것이 안으로 굽어 고리가 되었다. 짐승의 둔부에는 작은 짐승 하나가 있고 그 앞다리는 큰 짐승의 입으로 들어갔다. 짐승 몸체를 따라 형체가 긴 동물이 있고 그 머리는 짐승의 턱 아래로 이어진다. 뒷면 꼬리 부분과 중간에 크기가 서로 다른 납작하고 평평한 꼭지 두 개가 있다. 이 대구(帶鉤)는 조형이 특이하고 몸 전체에 줄 모양의 얼룩무늬를 장식했는데 이는 위진남북조대(魏晉南北朝代)의 특징에 속한다.

7. 이형대구(異形帶鉤)

모습이 특이한 이형대구는 전국(戰國) 중기에서 서진(西晉)까지 소량 발견되었다. 문양은 일반적인 대구와 다른데 예를 들어, 인물문양 등이 있다. 이형대구는 일정한 규칙이 없는데 일부 장인들이 독특한 구상에 따라 만들거나 일부 사용자들의 특수한 기호를 반영한 것으로 짐작된다. 소수의 대구는 사천(四川) 파촉(巴蜀)과 귀주(貴州)의 야랑(夜郎) 등지 기물로 지방의 풍속과 관련이 있어 보인다.

Belt Hooks of Irregular Shapes

Belt hooks of Irregular shapes of mid Warring States period to West Jin Dynasty were found occasionally with unique patterns, which were different form most other belt hooks, such as human figure-shaped patterns. According to researchers studies, this kind of hooks is made irregularly. They were considered as unique creations of some craftsmen or were out of some users' special interests. A few of the hooks were local products of Sichuan Bashu and Guizhou Yelang kingdom, which had something to do with the local customs.

241

장경대구(長頸帶鉤)

전국(戰國)
길이 9.2cm 너비 2.4cm 높이 2.4cm 무게 0.05kg
1983년 서안시(西安市) 문물상점에서 넘겨받음.

Long Neck Belt Hook

Warring States Period(475BC~221BC)
L 9.2cm W 2.4cm H 2.4cm Weight 0.05kg
Transferred by Xi'an Culture Relic shop in 1983

구(鉤)의 머리와 경부(頸部)의 각도가 크고 목이 특히 길다. 횡단면은 삼각형이고 꼬리 부분은 양측으로 튀어나왔다. 꼬리에 가까운 부분에 납작하고 평평한 둥근 꼭지가 있다.

242

부선대구(附蟬帶鉤)

전국(戰國)
길이 10.6cm 너비 1.5cm 높이 2.7cm
무게 0.049kg
1979년 서안시(西安市) 문물상점에서 넘겨받음.

Cicadas Attached Belt Hook

Warring States Period(475BC~221BC)
L 10.6cm W 1.5cm H 2.7cm
Weight 0.049kg
Transferred by Xi'an Culture Relic shop in 1979

구(鉤)의 몸체는 가늘고 길다. 꼬리 부분은 아래로 굽어 꼭지까지 연결되었다. 표면은 조롱박 모양을 음각했고 그 상부는 송곳 모양을 하고 있다. 그 아래는 세 개의 나문(螺紋)이 있고 양쪽 둘레는 파도형 곡선으로 되어 있다. 바탕은 작은 점으로 메워졌다. 꼬리 아래 굽어 있는 곳에 입체적인 매미무늬를 장식했는데 매우 사실적이다.

243

곤충형대구(昆蟲形帶鉤)

전국(戰國)
길이 4.9cm 너비 4.1cm 높이 1.8cm 무게 0.044kg
1973년 서안시 대백양(西安市 大白楊) 폐품처리창고 수집

Insect Shape Belt Hook

Warring States Period(475BC~221BC)
L 4.9cm W 4.1cm H 1.8cm Weight 0.044kg
Collected in Dabaiyang warehouse, Xi'an in 1973

구(鉤)의 형체는 짧고 넓으며 곤충 모양을 하고 있다. 고개를 돌려 갈고리를 이루고 두 날개는 활짝 폈다. 날개 표면에 어자문(魚籽紋)을 장식했고 몸에 음각한 가는 선으로 주름을 표시했다. 짧은 꼬리에는 방사형의 가는 선을 장식했다. 뒷면은 안으로 옴폭하게 들어갔고 꼬리 근처에 납작하고 평평한 둥근 꼭지가 있다.

244

선문대구(蟬紋帶鉤)

전국(戰國)
길이 13.9cm 너비 3.1cm 높이 2.7cm 무게 0.095kg
1983년 서안시(西安市) 문물상점에서 넘겨받음.

Cicadas Pattern Belt Hook

Warring States Period(475BC~221BC)
L 13.9cm W 3.1cm H 2.7cm Weight 0.095kg
Transferred by Xi'an Culture Relic shop in 1983

짐승 머리 모양 구의 끝 부분은 목과 거의 평행을 이룬다. 목이 길고 몸체는 매미와 흡사하다. 구의 목 뒷면은 'V' 자의 오목한 홈 모양이고 경사면은 기하무늬를 장식했다. 꼭지 기둥은 비스듬히 몸체와 연결되고 납작하고 평평한 꼭지 표면에 짐승 얼굴을 장식했다.

245

수수금신대구(獸首禽身帶鉤)

전국(戰國)
길이 2.7cm 너비 1.9cm 높이 1cm
무게 0.006kg
1979년 서안시(西安市) 수집

Beast Head Bird Body Like Belt Hook

Warring States Period(475BC~221BC)
L 2.7cm W 1.9cm H 1cm
Weight 0.006kg
Collected in Xi'an in 1979

구(鉤)의 형체는 지극히 작다. 구의 머리에 있는 짐승은 넓은 주둥이에 큰 귀를 가졌다. 구의 표면은 날짐승과 유사한데 날개는 조금 벌어졌다. 꼬리는 넓게 펼치고 온통 어자문(魚籽紋)을 장식했다. 갈고리의 뒷면은 삼태기 모양이고 가운데는 작은 꼭지가 있다.

246

수수압신대구(獸首鴨身帶鉤)

전국(戰國)
길이 5.4cm 너비 2.2cm 높이 2.2cm
무게 0.023kg
1979년 서안시(西安市) 수집

Beast Head Duck Body like Belt Hook

Warring States Period(475BC~221BC)
L 5.4cm W 2.2cm H 2.2cm
Weight 0.023kg
Collected in Xi'an in 1979

구(鉤)의 머리는 짐승 얼굴 모양이고 몸은 줄 모양이다. 오른쪽 날개는 등으로 모이고 왼쪽 날개는 앞으로 내밀었다. 뒷면 가운데는 안으로 옴폭하게 들어갔는데 본래 상감(象嵌)한 장식물이 있었던 것으로 보인다. 둥글납작한 꼭지는 조금 불룩하다.

247

감녹송석수조문대구(嵌綠松石獸鳥紋帶鉤)

한(漢)
길이 16cm 너비 2.7cm 높이 3.1cm 무게 0.062kg
1998년 3월 28일 서안시(西安市) 공안국(公安局)에서 넘겨줌.

Beast and Bird Pattern Belt Hook Inlaid with Song Stone

Han Dynasty(206BC~220AD)
L 16cm W 2.7cm H 3.1cm Weight 0.062kg
Transferred by Xi'an Public Security Bureau in Mar 28 1998

구(鉤)의 머리는 짐승 머리 모양이고 눈, 코, 귀의 윤곽은 분명하다. 몸체는 크게 휘어지고 앞뒤 두 개의 수문(獸紋)으로 구성되었다. 앞에 있는 짐승의 몸체는 평행으로 둘로 나뉘고 뒤의 짐승 허리 뒷부분은 조금 좁아진다. 꼬리는 평행으로 둘로 나누고 몸체 양측에는 각각 한 마리의 봉황새가 있다. 짐승, 새의 몸체와 꼬리 부분은 녹송석(綠松石)을 상감했다. 꼭지는 꼬리 부분 가까운 곳에 위치해 있고 조금 융기했다. 녹송석을 제외한 부분은 본래 도금을 했는데 대부분 벗겨졌다.

248

환형대구(環形帶鉤)

북조(北朝)
길이 5.6cm 너비 3.4cm 높이 1.8cm
무게 0.024kg
1983년 서안시(西安市) 수집

Circle Shape Belt Hook

Northern Dynasty(386AD~581AD)
L 5.6cm W 3.4cm H 1.8cm
Weight 0.024kg
Collected in Xi'an in 1983

구(鉤)의 머리는 새머리 모양이고 몸은 타원형이다. 고리의 표면은 한 줄의 연주문(聯珠紋)을 장식했다. 그 뒤에 말이 가로로 서 있고 뒷면에는 다리 모양의 꼭지가 있다.

8. 비파형대구(琵琶形帶鉤)

구(鉤)는 비파를 거꾸로 놓은 모양이고 크기는 일정치 않다. 횡단면은 반원형이 많고 길이는 다양하다. 춘추(春秋) 말기에서 동한(東漢) 말기에 유행하였다. 전국(戰國) 말기 이전에는 긴 비파형 위주이고 구의 형체는 문양이 있는 것이 많다. 꼭지는 꼬리 끝 가까운 곳에 있다. 진한대(秦漢代)는 크기가 작고 문양이 없는 것이 많았다. 꼭지는 고리 뒷면 가운데에 위치해 있다.

Lute-shaped Belt Hook

The body of the lute-shaped belt hooks takes on a reversed lute shape, with various forms. Most of their sections take on semicircle shape, which are of different lengths. The lute-shaped belt hooks prevailed from late Spring and Autumn period till late East Han Dynasty. Belt hooks before late Warring States period mainly took on the shape of long lutes, with ornamentations on the body and the knob near the hooks' end. During the Qin and Han Dynasties, short lute-shaped belt hooks with plain face were the most popular, which had the knob near the middle of the hook back.

249

착은수문비파형대구 (錯銀獸紋琵琶形帶鉤)

전국(戰國)
길이 11.6cm 너비 4.2cm 높이 2.2cm 무게 0.106kg
1983년 서안시(西安市) 문물상점에서 넘겨받음.

Silver Gilded Beast Pattern Lute-shaped Belt Hook

Warring States Period(475BC～221BC)
L 11.6cm W 4.2cm H 2.2cm Weight 0.106kg
Transferred by Xi'an Culture Relic shop in 1983

구(鉤)의 형체는 비파형이면서 좁고 목이 길다. 꼭지는 꼬리 끝 가까운 곳에 있다. 표면은 위는 평평하고 양쪽은 휘어 있으며 수문(獸紋)을 장식했다. 머리는 대구(帶鉤)의 꼬리 부분에 있고 몸뚱이와 꼬리는 구의 머리를 향해 뻗었다. 짐승의 다리는 운문(雲紋)을 새겼다. 몸뚱이는 운뢰문(雲雷紋), 원권문(圓圈紋), 반고리무늬 및 기타 기하문으로 장식하였다. 모든 선의 중간에는 은입사(銀入絲) 기법으로 메웠다. 꼭지의 위치는 구의 꼬리 부분과 가깝다.

250

비파형인뉴대구(琵琶形印鈕帶鉤)

한(漢)
길이 8.2cm 너비 1.3cm 높이 1.4cm 무게 0.037kg
1979년 서안시(西安市) 문물상점에서 넘겨받음.

Lute Pattern Belt Hook

Han Dynasty(206BC~220AD)
L 8.2cm W 1.3cm H 1.4cm Weight 0.037kg
Transferred by Xi'an Culture Relic shop in 1979

구(鉤)의 형체는 비파형이고 머리는 간략하게 표현된 오리머리 모양이다. 구의 몸체는 사마귀의 배와 비슷하다. 뒷면에 네모난 도장 모양의 꼭지가 있다. 도장에는 "君宜□□(군의□□)" 4자가 새겨져 있다.

251

착은비파형대구(錯銀琵琶形帶鉤)

한(漢)
길이 5.1cm 너비 1.5cm 높이 2cm 무게 0.067kg
1998년 3월 28일 서안시(西安市) 공안국(公安局)에서 넘겨줌.

Silver Gilded Lute-shaped Belt Hook

Han Dynasty(206BC~220AD)
L 5.1cm W 1.5cm H 2cm Weight 0.067kg
Transferred by Xi'an Public Security Bureau in mar 28 1998

몸체는 작고 두껍다. 구(鉤)의 머리는 짐승 머리 모양이고 형태는 비파형이다. 구 머리의 눈, 뿔과 몸체에 있는 짐승의 사지(四肢)는 은입사(銀入絲) 기법으로 표현했다. 중간에 은입사 운문(雲紋)을 장식했다. 뒷면의 꼭지는 한쪽으로 치우쳐 있고 꼭지 기둥은 굵고 짧다. 꼭지는 융기했고 은입사 와문(渦紋)을 장식했다.

252

누공이문비파형대구(鏤空螭紋琵琶形帶鉤)

한(漢)
길이 12.9cm 너비 2.4cm 높이 1.6cm 무게 0.039kg
1965년 10월 서안시 미앙구 홍묘파(西安市 未央區 紅廟坡) 하수도회사 창고에서 출토

Hollowed Chi Dragon Pattern Lute-shaped Belt Hook

Han Dynasty(206BC~220AD)
L 12.9cm W 2.4cm H 1.6cm Weight 0.039kg
Excavated from the storehouse of Municipal Company at Hongmiaopo in Weiyang District, Xi'an in Oct 1965

구(鉤)의 형체는 비파형이고 구의 머리는 파손되었다. 몸체는 투각(透刻)된 이문(螭紋)을 장식했고 이룡(螭龍)이 고개를 돌리고 기어가는 모습을 하고 있다. 뒤쪽 중앙에 납작하고 평평한 타원형 꼭지가 있다.

등(燈)은 '정(錠)'이라고도 부르는데 고대의 조명기구이다. 형태는 다양한데 일반적으로 위에는 기름을 담거나 초를 꽂을 수 있는 반(盤)이 있다. 가운데는 기둥이 있어 잡을 수 있게 되어 있고 아래에 등좌(燈座)가 있다. 어떤 등좌는 기러기 발 같아 '안족등(雁足燈)'이라고 부른다. 일부 반은 아래에 세 개의 짧은 다리가 있고 가장자리에 손잡이가 있는데 명문(銘文)에 '행등(行燈)', '행촉등(行燭燈)'이라고 쓰여 있다. 한편 사람 모양, 새 모양, 짐승 모양 등으로 주조한 것도 있다. 이 같은 동등(銅燈)은 전국(戰國)시대부터 한대(漢代)와 진대(晉代)에 성행하였다.

Lamp, also known as 'Ding', was an artifact for illumination used in ancient China. The lamp took on various shapes. They usually had a tray on the top for holding oil or candles, with a pillar for holding the tray in the middle, and a base at the bottom. Some bases shaped like wild goose feet, called 'Wild Goose-footed Lamp'. There're still some had three short small feet right beneath the tray, beside which there's a handle for holding, with inscriptions like 'portable lamp' or 'portable candlestick'. Some lamps were cast into the shapes of human figures, birds, and beasts. The lamp prevailed from the Warring States period till Han and Jin Dynasties.

253

유금양등(鎏金羊燈)

서한(西漢)
길이 27.4cm 너비 11.1cm 높이 21.8cm 무게 3kg
1982년 섬서성 봉상현 성북(陝西省 鳳翔縣 城北)에서 출토

Gilded Goat-shaped Light

Western Han Dynasty(206BC~23AD)
L 27.4cm W 11.1cm H 21.8cm Weight 3kg
Excavated from Fengxiang County in Shaanxi province in 1982

등(燈)의 형태는 엎드려 있는 양 모양이다. 양은 고개를 높이 쳐들고 두 뿔은 말려 있다. 앞다리를 뒤로 꿇고 뒷다리는 앞으로 구부렸다. 몸체는 둥그렇고 꼬리는 짧다. 섬세하게 조각하여 형상이 생동감 있고 사실적이다. 전체적으로 문양이 없이 도금했다. 양은 속이 비어 있는데 여기에 기름을 넣는다. 양은 등과 몸체 두 부분으로 나뉜다. 양의 목 부위에 꼭지를 달았고 엉덩이에도 작은 꼭지가 있다. 이렇게 하면 양의 등을 위로 젖혀 타원형 등반(燈盤)을 만들고 그것을 양머리에 수평으로 놓을 수 있다. 등반의 작은 유(流)는 등잔 심지를 놓기 위한 것이다. 등잔불을 끌 때 등반 안의 남은 기름을 작은 유를 통해 양의 배 안에 흘러 들어가게 하고 등반은 다시 양의 등에 덮어 둔다. 제작 시 실용성과 예술성을 결합하여 사용할 때에는 등잔이 되고 사용하지 않을 때에는 금속공예품이 되도록 하였다.

이 양등(羊燈)은 복부가 비어 있고 뚜껑을 열어 양머리에 놓아도 그 형태를 잃지 않는다. 그 모습이 자연스럽고 듬직하고 예스럽고 소박하며 선이 운율감이 있고 금빛이 찬란하다. 흡사 한 마리의 신양(神羊)이 광명을 '머리에 이고' 인간 세상에 내려온 듯하다. 이 등잔과 크기나 조형이 같은 유금양등이 하북성(河北省) 만성(滿城) 중산왕유승(中山王劉勝)의 묘에서도 출토된 바 있다. 이로 보아 한대(漢代)에 제후왕(諸侯王) 계층만 이런 등을 사용할 수 있었던 것으로 추정된다.

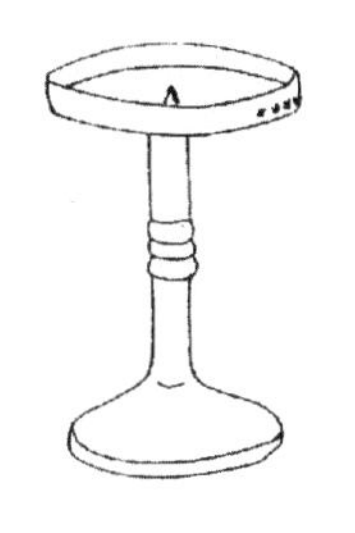

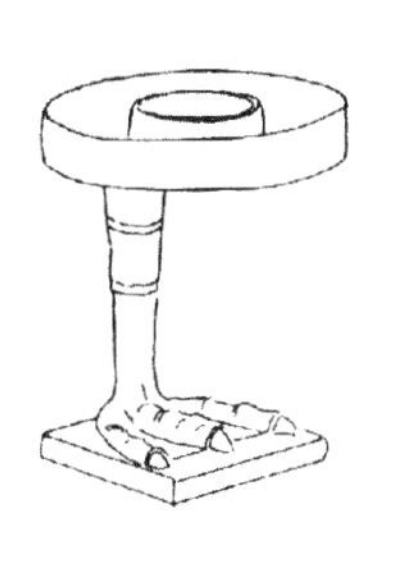

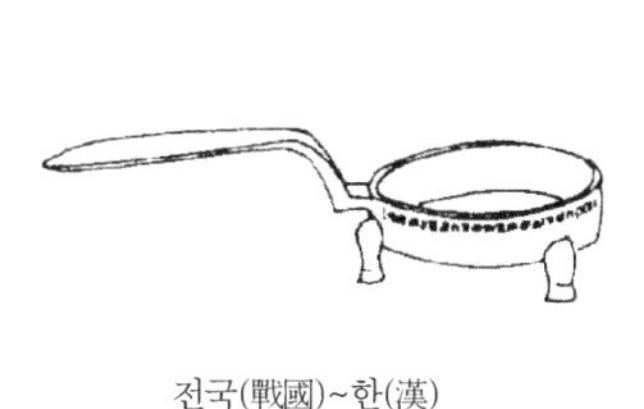

전국(戰國)~한(漢)

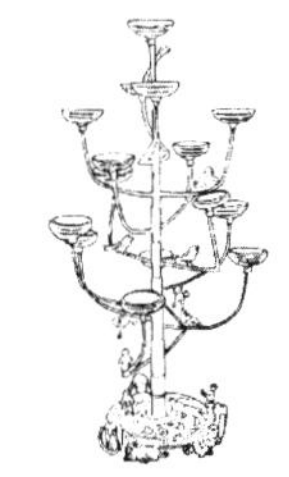

254

두형등(豆形燈)

서한(西漢)
높이 17cm 등반(燈盤)지름 8.8cm 승반(承盤) 지름 20.1cm
무게 1kg
1964년 서안시 연호구 남소항(西安市 蓮湖區 南小巷) 출토

Soybean-shaped Lamp

Western Han Dynasty(206BC~23AD)
Total H 17cm D of lamp plate 8.8cm D of bottom plate 20.1cm
Weight 1kg
Excavated from Nanxiaoxiang in Lianhu District, Xi'an in 1964

위에 등반(燈盤)이 있고 가운데는 기둥이 있다. 아래에는 등좌(燈座)가 있고 등좌 아래에 승반(承盤)이 있다. 등반은 원형이고 곧은 입에 밑은 평평하며 중심에는 초꽂이가 있다. 등잔 기둥은 조롱박 모양이고 허리에는 테 모양의 관현문(寬弦紋)이 있고 그 중간에는 또 좁은 능대(稜臺)가 있다. 등좌는 나팔형이고 부조로 이룡(螭龍) 세 마리를 새겼다. 승반은 평절연(平折沿)에 벽은 경사가 있고 복부 아랫부분은 오그라들고 밑은 평평하다. 두형등(豆形燈)은 전국(戰國)시대에 나타나 청대(淸代)까지 줄곧 사용되었고 형태는 시기에 따라 특징이 있다. 이런 형태의 기물은 서한(西漢)시대에 유행하였다.

255

행등(行燈)

한(漢)
높이 9.2cm 등반(燈盤)지름 13.54cm 손잡이길이 11.7cm
무게 0.63kg
2002년 7월 서안시(西安市) 전동기변압기공장 출토

Walking Lamp

Han Dynasty(206BC~220AD)
H 9.2cm D of lamp plate 13.54cm Handle L 11.7cm
Weight 0.63kg
Excavated from Xi'an Transformer Factory in July 2002

등반(燈盤)은 비교적 얕고 곧은 입, 네모난 입술에 가장자리는 비교적 두껍다. 아랫배는 비스듬히 오므라들고 밑은 평평하다. 아래로 짐승 발굽형의 다리가 받쳐 주고 있다. 다리 하나와 일직선이 되는 위치에 손잡이가 붙어 있다. 등반에 가까운 쪽은 용 모양인데 위로 쳐든 주둥이가 가로로 꺾인 모양의 손잡이이다. 등잔은 받침과 기둥이 없고 등반 아래에 다리가 있으며 측면에 손잡이가 있다. 이 같은 등을 '행등(行燈)'이라 하고 등잔을 들고 걸으면서 사용한다. 행등은 서한(西漢) 중 · 후기와 동한대(東漢代)에 유행하였다.

256

염등(拈燈)

한(漢)
높이 8.7cm 등반(燈盤)지름 10.9cm
승반(承盤)지름 21.6cm 손잡이길이 10.3cm
무게 1.79kg
1979년 서안시 대백양(西安市 大白楊)
폐품처리창고 수집

Nian Lamp

Han Dynasty(206BC~220AD)
H 8.7cm D of lamp plate 10.9cm
D of bottom plate 21.6cm Handle L 10.3cm
Weight 1.79kg
Collected in Dabaiyang warehouse, Xi'an in 1979

등(燈)의 형태는 밑이 평평한 솥과 비슷하다. 곧은 벽은 조금 기울었고 밑은 평평하다. 복부 가운데에 초꽂이가 있다. 복부의 측면 다리 하나와 일직선 위치에 중간이 꺾여 수평으로 뻗은 나뭇잎 모양의 손잡이가 달렸다. 복부 아래에 발굽 모양의 다리가 승반(承盤)의 가운데에 위치하고 세 다리는 승반에 박혀 있다. 승반의 벽은 등잔보다 얇고 넓은 평절연(平折沿)에 입은 크고 배는 꺾여 있으며 작은 권족(圈足)이 있다. 행등(行燈) 밑에 승반을 더한 것을 '염등(拈燈)'이라 하고 양한대(兩漢代)에 유행하였다.

257

안족등(雁足燈)

서한(西漢)
높이 21.7cm 등반(燈盤)지름 18.4cm
무게 1.35kg
1978년 서안시 미앙구(西安市 未央區) 출토

Wild Goose Feet Lamp

Western Han Dynasty(206BC~23AD)
Total H 21.7cm D of lamp plate 18.4cm
Weight 1.35kg
Excavated from Weiyang District, Xi'an in 1978

등반(燈盤)은 고리 모양이고 안팎의 곧은 벽은 비교적 낮다. 등반에 초꽂이가 세 개 있다. 등반 한쪽에 기둥이 붙어 있고 기둥은 기러기 다리 모양을 하고 있다. 윗부분의 양측에 나선형 권운문(卷雲紋)을 장식했다. 발바닥 부분에는 부조기법으로 권운문을 새겼고 발톱이 달린 발가락은 강건하고 힘 있다. 아래로 말굽형 받침이 있다.

고대 중국에서는 기러기를 신조(信鳥)라고 보았다. 혼인을 맺는 납채(納采) 혹은 대부의 상견 시 지례(贄禮)에 사용하였고 서신을 전하는 사람을 비유하기도 하여 안족(雁足)도 상서로운 물건으로 보게 된 것이다. 안족등(雁足燈)은 진대(秦代)에 나타나 서한(西漢) 말기와 동한(東漢) 초기 가장 유행하였다.

258

안족등(雁足燈)

동한(東漢)
높이 15.9cm 등반(燈盤)지름 9.2cm 승반(承盤)지름 16.8cm 무게 1.36kg
1975년 서안시 미앙구 고묘공사(향) 고북대대(西安市 未央區 高廟公社(鄕) 高北大隊) 출토

Wild Goose Feet Lamp

Eastern Han Dynasty(25AD~220AD)
H 15.9cm D of lamp plate 9.2cm D of bottom plate 16.8cm Weight 1.36kg
Excavated from Gaobei Village in Gaoniao Community Weiyang District, Xi'an in 1975

등은 등반(燈盤), 등좌(燈座)와 승반(承盤)으로 구성되었다. 등반은 원형이고 입술은 네모나고 곧은 벽에 밑은 평평하다. 등좌는 발가락이 네 개인 기러기 다리 모양이고 위는 세 부분으로 나뉘어 등반을 받쳐 준다. 등좌 아래에 넓은 절연(折沿)의 탁반(托盤)이 있고 위쪽 복부의 벽은 곧다. 아래 복부는 젖혀져 오므라들고 평평한 바닥에는 권족(圈足)이 있다.

259

녹로등(轆轤燈)

동한(東漢)
길이 13.6cm 너비 6.3cm 높이 11.6cm 무게 0.44kg
1977년 서안시 대백양(西安市 大白楊) 폐품처리창고 수집

Lulu Lamp

Eastern Han Dynasty(25AD~220AD)
L 13.6cm W 6.3cm Total H 11.6cm Weight 0.44kg
Collected in Dabaiyang warehouse, Xi'an in 1977

등(燈)은 직사각형이다. 위에는 봉형(蓬形) 뚜껑이 있고 앞뒤에 각각 하나씩 고리 모양의 꼭지가 있다. 복부는 아래로 내려가면서 완만히 오므라들고 밑의 양측에 'n'형 반권족(半圈足)이 있다. 뚜껑은 좌우로 반씩 나뉘는데 절반은 아래와 하나로 연결되었고 나머지 절반은 여닫을 수 있다. 중간의 움직이는 축으로 뚜껑이 연결되어 있다. 여닫기가 가능한 반쪽에는 꼭지가 있는데 손으로 그것을 잡고 뚜껑을 들어 올린다. 이 반쪽의 뚜껑이 등잔이 된다. 그 중간에는 초꽂이가 있어 초를 꽂을 수 있다. 뚜껑에는 또 유(流)가 있어 초가 타면서 녹아내린 촛농이 뚜껑 안으로 흘러내리고 촛농이 뚜껑 안에 차서 넘치면 뚜껑의 유를 통해 아래의 합에 쌓이게 된다. 설계가 매우 과학적이고 합리적이다. 이런 등잔은 주로 동한대(東漢代)에 유행하였고 진대(晉代)까지 사용하였다. 이 등잔은 뚜껑과 몸통이 축으로 연결되어 이름을 녹로등(轆轤燈)이라고 하였다.

포수(鋪首)는 전설에서 용의 아홉 아들 중 하나이다. 타고난 성품이 좋아서 항상 문 위에 장식하여 문을 지키는 수호신으로 삼았다. 포수로 문고리를 장식하는 기법은 한대(漢代)에서 근대까지 줄곧 유행하였다. 장식과 신분 표시 외에도 벽사(辟邪)와 길상(吉祥)의 뜻을 지니고 있다.

According to ancient Chinese legend, Pushou, who was born obstructive, was on of the nine sons of dragon. Therefore. Pushou was often ornamented on the door as a protector. The ornamentation of Pushou as knocker-holder prevailed from Han Dynasty, which was not only a noticeable symbol of the owners' status but also was a protector from evil and symbol of auspiciousness.

260

유금동포수문환(鎏金銅鋪首門環)

당(唐)
포수(鋪首)지름 26.5cm 고리지름 20.6cm 무게 1.6kg
1972년 서안시 신성구(西安市 新城區) 당(唐)대명궁(大明宮) 유적지 출토

Gilded Pushou, Knocker-holder

Tang Dynasty(618AD~907AD)
D of Pushou 26.5cm D of ring 20.6cm Weight 1.6kg
Excavated from Daming Palace Relic of Tang Dynasty in Xincheng District, Xi'an in 1972

둥글면서 얇은 조각으로 되었고 주요 문양은 추엽(錘鍱, 고대의 조각 기법이다. 먼저 모형을 만든 다음 겉에 얇은 구리조각을 감싸고 그것을 망치 같은 것으로 두드려 만든다)기법으로 만든 부조식 포수(鋪首)이다. 주변은 볼록한 연주문(聯珠紋)을 둘렀다. 포수는 모습이 흉악하다. 부릅뜬 눈, 찡그린 눈썹, 크게 벌린 입으로 날카로운 이빨이 다 드러난다. 혀끝은 둥근 고리 모양이고 혀 뒤에는 못이 있어 문 벽에 끼울 수 있다. 꼬리 끝은 가로로 젖혀져 포수를 고정시킨다. 포수의 정면은 도금하였다. 당대(唐代) 대명궁(大明宮) 유지에서 출토된 것으로 궁정 문에 달았던 포수로 추정된다.

진(鎭)은 자리 가장자리가 말리는 것을 방지하기 위해 눌러 두는 기물이다. 진대(秦代) 이전 사람들은 바닥에 자리를 깔고 앉거나 누웠는데 자리의 가장자리가 말리는 것을 방지하기 위해 처음엔 돌을 가져다가 눌러 놓았다. 사람들의 심미의식이 높아져 그 뒤에는 옥을 사용하였다. 굴원(屈原)의 『초사(楚辭)』에 "백옥으로 자리의 누름돌 삼고 석란을 뿌려 사방에 향기를 풍기네(白玉兮爲鎭, 疏石蘭兮爲芳)"라는 시구가 있다. 진한(秦漢) 이후에는 구리, 돌, 옥, 뼈, 이빨, 도자기 등으로 만든 진이 나타났는데 그중 구리제품이 가장 유행하였다. 그 응용범위가 점차 늘어나 자리 이외에도 바둑판이나 도박판 등에서도 사용하였다. 동시에 벽사(辟邪)를 기원하며 부장품으로 쓰이기도 하였다. 조형은 서수(瑞獸), 소, 양, 낙타와 인물형상이 비교적 많다.

In ancient China, when people sit on the ground as a form of weight. Zhen was used to hold the comers of matting from being rolled up. Before Qin Dynasty, when people sit or lie on the ground, they would use stones to hold down the corners of matting. As people's aesthetic taste improved, jade weight was used instead. The great Chinese poet Qu Yuan wrote in his <Songs of Chu> that 'White Zhen in jade, while fragrance in sparse orchid', Since Qin and Han Dynasties, Zhen of various other material became popular, such as copper, stone, jade, bone, ivory, iron, and porcelain, among which copper weight was the most popular. The function of Zhen extended gradually. Besides holding down matting, they were also applied to hold down chessboard, and even as protector from evils as burial objects. They usually took on the shapes of auspicious beasts, ox, goat, camel, and human figure.

261

유금와호진(鎏金臥虎鎭)

서한(西漢)
높이 11.2cm 길이 20×13.8cm 개당무게 2.6kg
1974년 서안시 파교구(西安市 灞橋區) 적채원(狄寨塬) 출토

Gilded Sleeping Tiger Paperweight

Western Han Dynasty(206BC~23AD)
H 11.2cm L 20×13.8cm Weight for each 2.6kg
Excavated from Gengzhai Village in Baqiao District, Xi'an in 1974

2점의 조형은 같다. 호랑이는 엎드려 있는 모양인데 앞다리는 정면으로 땅에 붙이고 뒷다리는 측면으로 구부리고 있다. 호랑이는 머리를 쳐들었고 주둥이는 크고 코는 넓적하며 목에는 둥근 목걸이를 걸었다. 등에는 C형 무늬와 작은 동그라미를 장식했고 척추 양쪽에 음각선으로 둘레를 장식했다. 복부는 유운문(流雲紋)을 장식했다. 호랑이 몸체는 안이 비었고 표면은 전체를 도금하였으나 많이 벗겨졌다. 그중 한 점의 밑면에는 "鄧市臣(등시신)"과 "十斤(십근)"이라는 명문(銘文)이 있다. 진(鎭)은 보통 4점이 한 세트인데 산시역사박물관(陝西歷史博物館)에 비치한 2점과 같은 형태이고 출토지점도 멀지 않은 것으로 보아 한 세트로 추정된다. 이 진은 형체가 크고 호랑이의 모습도 사실적이므로 서한(西漢) 초기 풍격에 속한다.

262

유금봉조진(鎏金鳳鳥鎭)

한(漢)
길이 6.4cm 너비 5.7cm 높이 4.7cm
무게 0.555kg, 0.575kg, 0.56kg, 0.576kg
1988년 서안시(西安市) 장가보(張家堡) 출토

Gilded Phoenix-shaped Paperweight

Han Dynasty(206BC~220AD)
L 6.4cm W 5.7cm H 4.7cm
Weight 0.555kg, 0.575kg, 0.56kg, 0.576kg
Excavated from Zhangjiabao, Xi'an in 1988

4점의 형태는 같다. 그중 1점은 일부 파손되었다. 봉황새는 엎드려 있는 모양이고 고개를 돌려 등의 깃털을 쪼아 다듬는다. 두 날개는 약간 펴져 있고 꼬리는 땅에 붙여 펴고 두 다리를 구부려 엎드렸다. 볏은 여의형(如意形)이고 부리는 굵고 눈은 가늘고 길며 꼬리에는 줄무늬가 있다. 목에는 반환형(半環形) 은제 목걸이를 걸었고 꼬리 깃은 번갈아 금은을 섞었으며 다른 부위는 모두 도금하였다.

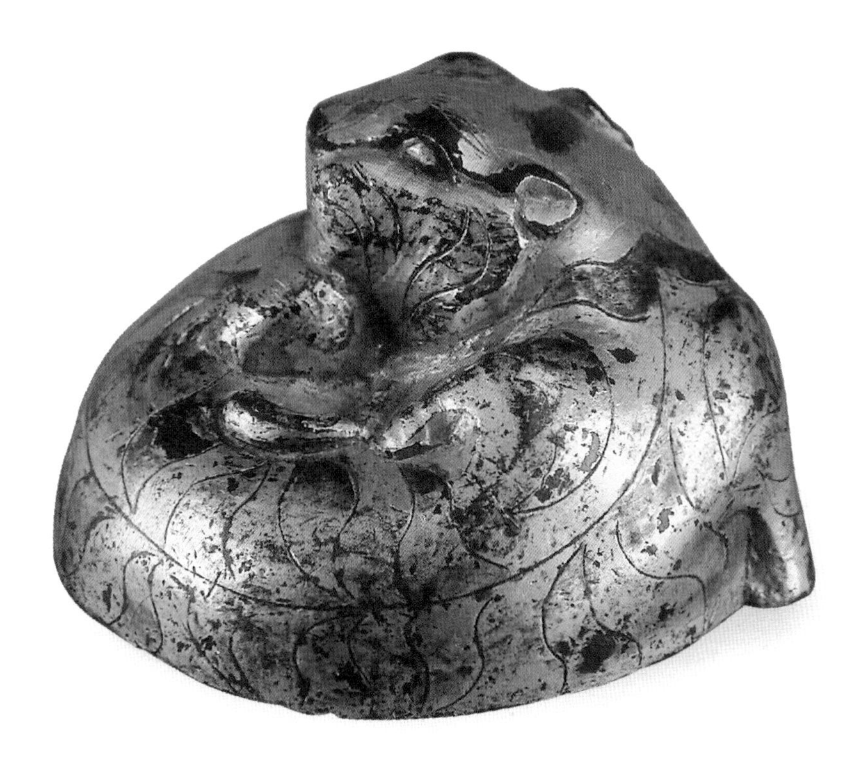

263

유금와호형진(鎏金臥虎形鎭)

한(漢)
높이 3.1cm 밑지름 6.1cm 개당무게 0.4kg
1973년 서안시 미앙구 미앙궁공사(향) 이일총촌(西安市 未央區 未央宮公社(鄉) 李一塚村) 출토

Gilded Sleeping Tiger Shape Paperweight

Han Dynasty(206BC~220AD)
H 3.1cm Bottom D 6.1cm Weight for each 0.4kg
Excavated from Liyizhong Village in Weiyanggong Community Weiyang District, Xi'an in 1973

4점이 한 세트이며 형태는 같다. 호랑이는 몸을 구부리고 엎드려 있는 모습이고 아래턱은 뒤 가랑이에 받쳐져 있다. 입은 크고 코는 넓다. 두 눈은 약간 뜨고 두 귀는 뒤로 젖혔다. 네 발은 모아서 안쪽으로 곡선을 이룬 모양이다. 굵고 긴 꼬리는 안으로 말려 복부 한쪽에 놓여 있다. 모습이 졸린 듯하다. 가는 음각선이 코에서 등을 따라 엉덩이까지 이르러 호랑이의 형체를 이루었다. 입, 코, 눈썹, 수염과 무릎의 털은 모두 음각으로 새겼다. 몸체의 얼룩무늬도 음각으로 그 윤곽을 그렸고 은색을 띠며 다른 부위는 금색을 띤다. 자세히 관찰하면 은색 부분은 일부 떨어져 나갔고 금색으로 덮인 부분도 있다. 이로 볼 때 호진(虎鎭)의 표면은 먼저 은박으로 싼 다음 다시 얼룩무늬 이외의 부분을 도금한 것으로 추정된다. 색채의 배합이 자연스럽게 조화되어 호랑이 형상이 살아 있는 듯 생동감이 있다. 진의 바닥 중앙에 부정형의 구멍이 있는데 구멍을 통해 납을 주입하여 무게를 늘려 안정성을 제고하기 위해서이다.

264

설창용압진(說唱俑壓鎭)

서한(西漢)
높이 8.5~9cm 최대밑지름 7.4cm
무게 0.355kg, 0.655kg, 0.76kg, 0.457kg
1972년 서안시 미앙구(西安市 未央區) 제2벽돌 기와공장 출토

Singer and Dancer Paperweight

Western Han Dynasty(206BC~23AD)
H 8.5~9cm Max Bottom D 7.4cm
Weight 0.355kg, 0.655kg, 0.76kg, 0.457kg
Excavated from Xi'an Second Brick Factory in Weiyang District, Xi'an in 1972

기물(器物)은 4점으로 구성되었다. 형태는 상이한데 모두 설창(說唱)하는 모습이다. 교령(交領)에 관수장포(寬袖長袍)를 입었고 허리에는 띠를 둘렀다. 한 점은 머리에 풍모(風帽)를 썼고, 뒤의 상투는 밖으로 드러났다. 수염은 분명하게 보이고 무릎을 굽혀 바닥에 앉아 있다. 왼손으로 땅을 짚었고 오른 팔꿈치는 다리에 받쳤으며 팔을 굽히고 손을 벌려 손짓하는 모습이다. 왼쪽 어깨는 높고 오른쪽 어깨는 낮다. 몸과 머리를 내밀고 담소하는 모습이 한창 흥이 올라 있다. 한 점은 자세가 앞의 것과 비슷한데 당당하게 이야기하는 모습으로 그 표정이 약간 장중하다. 한 점은 목을 내뻗고 등이 휘고 배는 불룩하고 몸을 구부리고 앉아 두 손은 무릎을 잡고 설창하는 모습이다. 나머지 한 점은 다리를 굽혀 한쪽으로 기울여 앉아 오른손은 바닥을 짚고 왼팔은 다리에 얹은 채 머리를 수그리고 실눈을 한 것이 마치 자는 듯하다.

이 인물형 진(鎭) 4점은 모두 합범법(合範法)으로 주조한 것으로 백희용(百戲俑)이 설창할 때의 생동감 있는 장면을 표현하였다. 제재는 현실생활에서 취하였고 인물조형이 지극히 사실적이며 표정이나 자태가 생동감 있고 자연스러워 인물조각의 높은 예술수준을 보여 준다.

265

호웅상투형진(虎熊相鬪形鎭)

한(漢)
높이 3.8cm, 3.9cm 지름 7.4cm 개당무게 0.58kg
1979년 서안시(西安市) 문물상점에서 넘겨받음.

Paperweight in Shape of the Fight Between Tiger and Bear

Han Dynasty(206BC~220AD)
H 3.8cm, 3.9cm D 7.4cm Weight for each 0.58kg
Transferred by Xi'an Culture Relic shop in 1979

2점의 크기는 같다. 호랑이와 곰이 서로 싸우는 모습이다. 맹호는 눈을 크게 뜨고 귀를 세웠고 앞발은 곰의 몸을 짓누르고 뒷다리 중 왼쪽 다리는 땅을 벋디디고 오른쪽 다리는 곰의 한 귀를 밟고 있다. 큰 입으로 곰의 복부를 물고 놓지 않는다. 곰은 눌려 땅에 넘어진 채 고통스럽게 울부짖는다. 앞의 한 발은 호랑이의 오른편 귀를 잡고 다른 한 발은 땅을 짚었으며 오른편의 뒷다리로 호랑이를 걷어차면서 있는 힘껏 발악한다. 호랑이의 용맹하고 사나움과 둔중하고 우둔한 곰의 모습이 선명한 대조를 이룬다. 호랑이의 수염, 눈썹과 곰의 털은 짧고 곧은 선으로 표현하여 호랑이의 사나움과 무서움에 떠는 곰의 모습을 더욱 효과적으로 드러냈고 곰과 호랑이가 치열하게 싸우는 장면을 생동감 있게 묘사하였다. 진(鎭)은 속이 차 있고 밑부분은 평평하며 전체는 도금하였다.

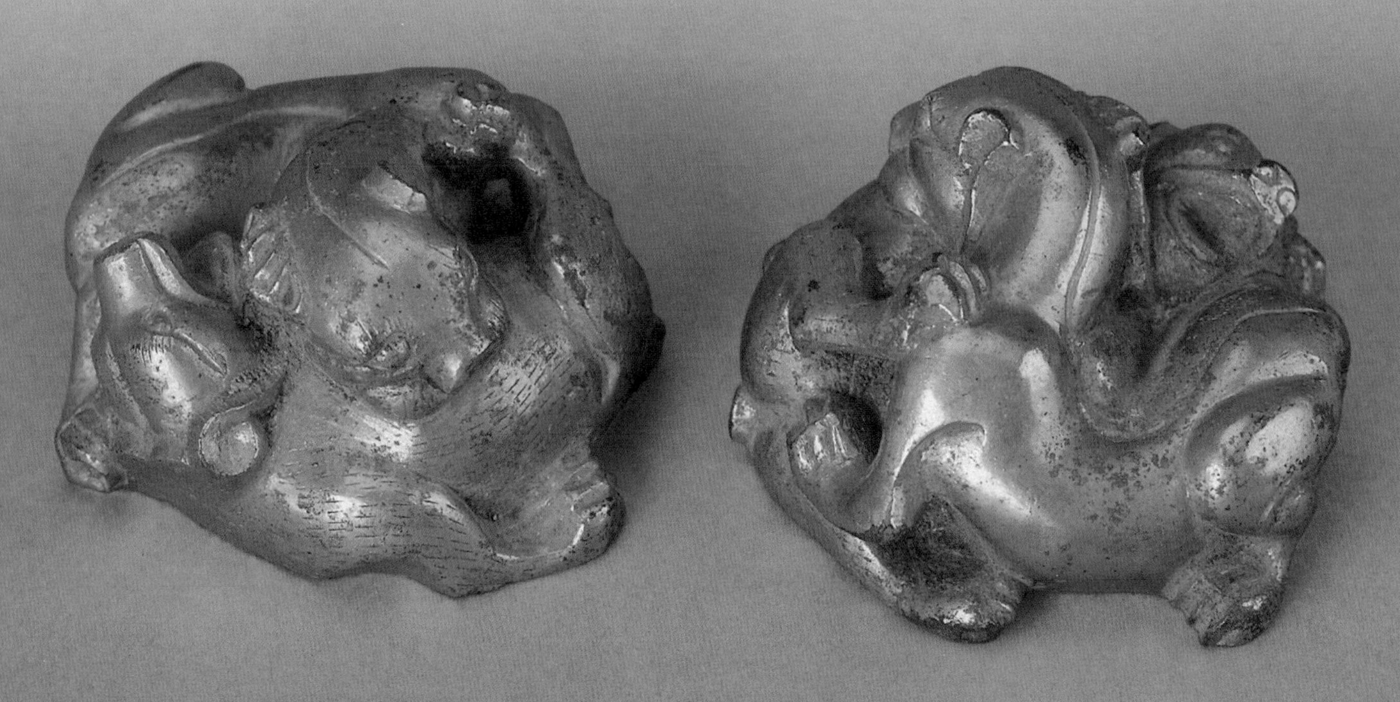

구장수(鳩杖首, 비둘기 모양의 지팡이 손잡이)는 고대에 노인이 사용하던 지팡이 맨 끝에 장식한 것으로 형태는 비둘기 모양이다. 이런 지팡이를 왕장(王杖) 또는 구장(鳩杖)이라 한다. 『후한서(後漢書)』「예의지(禮儀志)」에 해마다 8월(음력)이면 백성으로서 무릇 만 70이 되는 이에게 왕장을 수여한다. 만 80, 만 90이 되는 이는 별도로 선물한다는 기록이 있다. 당시에 지팡이를 하사하는 것은 일종의 예절이자 포상이었다. 한대(漢代)에 지팡이를 받은 자는 특권을 갖게 되어 자유롭게 관아를 출입할 수 있고 치도(馳道, 천자나 귀인이 다니는 길)의 옆으로 다닐 수 있으며 그 어떤 수모도 당하지 않는다. 지팡이 끝에 장식한 비둘기는 나름의 의미가 있다. 비둘기는 목이 메지 않는 새이다. 비둘기를 지팡이에 장식하는 것은 노인이 식사할 때 목이 메지 않고 음식이 잘 넘어가기를 기원하는 것이다. 이 밖에 비둘기 '구(鳩)'는 '9(九)'와 발음이 같고 9는 한 자릿수 중에서 가장 높은 수이므로 무수(無數)라고도 지칭한다. 이처럼 비둘기는 지극히 높고, 지극히 많고, 지극히 길고 지극히 큰 것을 상징한다. 한대 고분에서 구장수가 다량 출토된 것으로 보아 당시 노인들이 구장을 보편적으로 사용했음을 알 수 있다.

Turtledove cane head was a turtledove-shaped ornamentation installed to the top of the cane sticks of the elderly. This type of cane stick was called 'King's cane Stick' or 'Turtledove Cane Stick'. According to <History of Later Han Dynasty-Records of Rules of Rites>, all elderly aged above seventy were conferred with King's canes, while those older than eighty and ninety were conferred with other different awards. At that time, granting canes was a ritual of praise and honor. During Han Dynasty, citizens who were granted with canes could enjoy privilege of freely entering and leaving Yamun. They could also walk on the horseway, and should not be insulted in any form. The turtledove installed to the top of the cane had its special significance. Turtledove is the kind of bird that never cokes. Thus the ornamentation of the bird signifies that the elderly eat healthily without chokes and hiccups. Besides, the Chinese character Jiu(Turtledove) is a homonym of Jiu(nine), which is the biggest of all the nine numbers smaller than ten. And has unique significance, Jiu(nine), also called myriad, signifies extremely large in height, number, length, and extent. A large number of turtledove head canes were excavated from tombs of Han Dynasty, which shows that it was very popularly used.

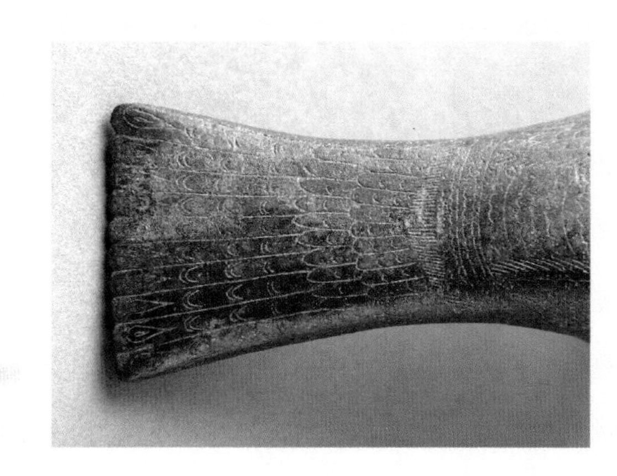

266

구장수(鳩杖首)

한(漢)
길이 14.6cm 너비 4.8cm 높이 9.3cm
무게 0.243kg
1985년 서안시 미앙구(西安市 未央區) 초탄(草灘) 폐품처리소 수집

Turtledove-shaped Cane Head

Han Dynasty(206BC~220AD)
Total L 14.6cm W 4.8cm H 9.3cm
Weight 0.243kg
Collected in Caotan Storehouse in Weiyang District, Xi'an in 1985

비둘기는 조용히 엎드려 있는 모양이다. 길고 뾰족한 부리에 배는 불룩하고 넓은 꼬리는 보다 길며 둥근 기둥에 안장하고 있다. 기둥은 속이 비어 있어 손잡이를 끼울 수 있다. 새의 부리, 눈, 다리 및 몸체의 깃털은 가는 음각선으로 새겨져 있다. 특히 날개, 꼬리, 복부의 털이 지극히 세밀하고 층차가 분명하며 깃털의 섬세하고 유연함이 지극히 사실적이다. 사용 시에 손바닥으로 비둘기의 등을 잡으면 엄지손가락과 식지는 비둘기의 목을 잡게 되는데 잡은 느낌이 좋고 편안하다.

동인(銅人)은 구리로 만든 인물상을 말한다. 중국의 인물 조각은 일찍 신석기시대에 나타났다. 처음에는 도기 또는 돌로 조각했다. 청동인물 조각상은 상대(商代) 말기에 나타났는데 인물형상을 사실적으로 표현했다. 한대(漢代) 이후 청동인물상은 도교와 불교 등 종교인물상이 주를 이루게 되었다.

Bronze figures refer to those molded with bronze. The Chinese character sculpture first appears in the early days of Neolithic Ages, first in the form of pottery or stone. Bronze figure appear in the late days of Shang Dynasty, mainly for sketching human figures, after the Han Dynasty some figures in Taoist legend or Buddhist legend become prevalent in bronze figure sculptures.

267

우인(羽人)

서한(西漢)
높이 15.3cm 무게 1.3kg
1964년 서안시 미앙구(西安市 未央區) 한대(漢代) 장안성(長安城) 유적지 남쪽 출토

Immortal Figure

Western Han Dynasty(206BC~23AD)
H 15.3cm Weight 1.3kg
Excavated from Chang'an Relic of Han Dynasty in Weiyang District, Xi'an in 1964

우인(羽人, 날개가 달린 사람)은 꿇어앉아 있고 얼굴은 길고 코는 뾰족하다. 광대뼈와 눈썹뼈가 튀어나오고 큰 귀는 세워져 머리보다 더 높다. 머리 뒤는 송곳 모양의 쪽이 있다. 얼핏 보면 얼굴이 험상궂으나 자세히 보면 눈언저리에 은은한 웃음기가 드러난다. 우인은 앞으로 몸을 기울이고 옷깃이 없고 소매가 좁으며 섶이 교차된 긴 옷을 입었다. 어깨는 넓고 허리는 가늘고 등에 권운문(卷雲紋)으로 장식된 두 날개가 붙어 있다. 팔꿈치는 앞으로 비스듬히 처지면서 내밀었고 왼손은 손가락을 펴서 모은 채 곧게 내밀고 오른손은 안쪽을 가리킨다. 높고 낮은 두 손은 마치 네모난 기물을 안은 듯한 모양이다. 무릎 사이에는 작은 구멍이 있어 안은 기물을 고정시키는 데 사용한다. 우인은 발꿈치에 엉덩이를 올리고 앉아 있고 의복 밑으로 맨발이 드러나 있다.

중국 고대문헌에 기록된 우인의 역사는 오래되었는데 그 내용은 모두 불사(不死)의 전설과 신선사상과 연관된다. 다수의 한대(漢代) 예술품 중 '우인'은 한대의 승선(升仙), 신선사상을 가장 잘 표현하는 형상의 하나이다. 우인의 특수한 조형은 양한대(兩漢代) 사람들이 우화승선(羽化升仙, 새로 변하여 신선이 됨)을 기원하는 가장 전형적인 증거이자 한대 사람들이 '우화승선'을 통해 '신선'이 되는 꿈을 이루는 가장 효과적인 방법으로 여긴 증거이기도 하다.

268

익인(翼人)

서한(西漢)
높이 3.2cm 너비 2.2cm 무게 0.009kg
1964년 5월 서안시 미앙구 홍묘파(西安市 未央區 紅廟坡)
사하탄(沙河灘) 농장 출토

Wing Figure

Western Han Dynasty(206BC~23AD)
H 3.2cm W 2.2cm Weight 0.009kg
Excavated from Shahetan Farm at Hongmiaopo in Weiyang District, Xi'an in May 1964

동인(銅人)은 나체의 어린이 모습을 하고 있다. 두 겨드랑이에 날개가 달리고 목에는 구슬을 걸었다. 손에는 작은 방울을 들고 가슴 앞에 모았는데 그 모습이 자연스럽고 생동감 있으며 귀엽고 사랑스럽다. 이 익동(翼童)은 서방 신화 중의 에로스와 흡사하다. 조형은 한대(漢代) 예술 풍격과는 전혀 다르다. 손에 든 방울은 '반령(盤鈴)'이라고도 하는데 4세기에 중국에 전해졌다. 이로 보아 이 익인(翼人)은 실크로드를 통해 서방에서 유입된 것으로 추정된다.

I. Cooking Utensils

1. Tripod with Volute Pattern

The body of this tripod takes on the shape of a transverse cuboid with slightly inclined handles. It has square lips, appreciably restrained flat folding brim, and a hanging belly, with its maximum diameter near the bottom. The belly is connected with a round base, to which installed three short pillar feet, which bear diminishing diameter form top to the bottom. The outside of each pillar feet has a vertical basting line. The upper part of its belly is decorated with the alternate of four - petal and eye pattern and volute on clouds and thunder pattern. The casting lines between the bottom of the belly and the end of the feet are slightly out curving. With close inspection, the mouth of this tripod is round but not so clear and neat, and the diameters of its three feet are slightly different, as well as the intervals between each leg.

In the pattern of four petals and eye, a beast eye is in the middle, with four equal - sized petals arranged in four directions around. Each petal concaves into the shaped of an crescent moon, with spiral cloud and thunder patterns decorated on the external tip. Therese decorative patterns originated in the later mid Shang Dynasty, and prevailed until early West Zhou Dynasty, The volute alternate with the four - petal and eye pattern takes on bulgy round shape. Decorated on the edge, the volute has four curling cambers, with a small circle at the center. Volute pattern originated in early upper layer of Erligang, and was popular in Shang and early West Zhou Dynasty. During the Spring and Autumn and Warring states period, despite its existence, the pattern of volute had been changed and simplified. This kind of decorative belt usually takes on the pattern of alternate four - petal eye and volute, with the latter one usually slightly smaller, which had cloud - thunder patterned background. Similar decorative belts prevailed in late Shang and early West Zhou dynasties. According to the shape and structure features, this tripod shall be traced back to late Shang Dynasty.

2. Zhou Huai Square-shaped Tripod

Square tripods prevailed in Shang and early West Zhou dynasties, and had become very rare since mid west Zhou Dynasty; the shape and decorative designs of the square tripods of different times differs from one another. Judging form the shape, the early Shang style square tripod takes on the shape of cubical Dou - shaped belly with pillar feet. It has deep belly, which has broad mouth and narrow bottom, thick and wide erect handles, which are hollow outside. It also has four hollow pillar feet, which have downward diminishing diameters. The late Shang style square tripod usually takes on rectangular trough shape, with slightly tilting walls, and the outside of the erect handles of which are not hollow. The top and bottom of the four pillar feet are basically identical in diameter, The early West Zhou Dynasty tripods of this period started to take on rectangular shape with round corners, most of which had lids. handles, as well as four outward stretching pillar feet.

Both the mouth and belly of this tripod take on rectangular shape. It has square lip, slightly outwardly tilting handle, shallow belly, and four pillar feet. The outside of both handles is decorated with double intaglio lines following the shape of the handles. The decorating designs on the fours sides of its belly are identical, with a vertical arris on both the middle of each side and the corner. On the upper part of the arris, there's tooth - like design. The upper part of the belly is decorated with snake patterns. The snake has triangular head, round bulgy eyes, and scaled body, the middle part of which bends downward(later Shag and early Zhou dynasties); Both sides of the belly is decorated with T - shaped cloud patterns, which curl up from the bottom of the vertical line that becomes one end of the inwardly curling horizontal line in another cloud pattern. Hence the T - shaped interconnected cloud patterns, connected with each other in all four directions. The upper part of the four pillar feet are decorated with a bodiless Taotie(a mythical ferocious animal) head pattern, with the arris as the center. The eyebrows, eyes, mouth and nose are arranged separately from each other.

On one side of its internal belly, a 27 - character inscription was vertically engraved in a square frame in its corner 'Wei(only)August, Yihai(time), the king granted Jin at Fengjing(the capital) with bronze to Yangwangxiu as Fuxinbao'.

The circuit of the inscriptions takes on the shape of a seal.

Built on the west bank of Banghe River during the reign of Marquis Wen of Zhou Dynasty. Fengjing was the ruling center of the tribe of Zhou. The inscriptions says 'Marquis Wen granted Ci with bronze to make ritual artifacts for his father and himself in Fengjing, the capital city'. According to the inscription, this tripod can be traced back to early West Zhou Dynasty.

3. Chengao's Ding, *Cooking Utensil*

The body of this tripod is thick and heavy, with slightly inclining erect handles, folded brim and square lip. It has a shallow belly, with a quite shallowly concave crotch. to which installed three pillar feet. The interior wall of the tripod's belly is engraved with a seventeen - character inscription. The belly is decorated with Taotie(a mythical ferocious animal) patterns, which coil

around the upper part of the pillar feet. Every Taotie pattern's eyebrows, eyes, mouth, nose are obviously separate. The head and body, legs and claws of the Taotie are also obviously separate. The main pattern is not designed with detailed patterns. The intervals between these patterns are decorated with cloud patterns serving as foil. The Taotie pattern was mainly popular in early West Zhou Dynasty.

In archeological excavations, this kind of tripods were all excavated in early Zhou Dynasty relics, such as the Zhou tomb of Di village in Chang'an excavated in 1958, the West Zhou tombs of Mawang village in Chang'an and Zhangjiapo in Fufeng County excavated in 1963. Besides, tripods of the same kind were also excavated in Henan province, Gansu province, and Beijing, which all dated beck to Wuchengkang period of early Zhou Dynasty, and prevailed until Kangzhao period.

4. Tripod with Interconnected Thunder Patterns

This tripod has an enormous body, with erect handles and square lips. The belly of this tripod is quite deep and slightly bulging, to which installed three pillar feet. Both the two handles are gradually narrowing upward, the exteriors of which are decorated with two dragon patterns. Beneath the brim, the upper body was decorated with the pattern of six Taotie, with the arris the center, while its lower body is decorated with interconnected cloud patterns. The three pillar feet which are thick on the top, slender in the middle, and slightly broad at the bottom. The upper part of the feet is decorated with Taotie face pattern, with the arris as the center, and the middle part of the fee are decorated with three convex strings.

Both of the handles are decorated with shinnying dragon pattern, with both of its lips curling upward and downward, round bulgy eyes, and horns on the head. The thick belt along the dragon's neck and back indicates the dorsal fin, which had a bifurcation on the upper part of its lower back. The dragon had thick and strong upward crinkling tail. The features of this dragon's head resembles that of the West Zhou style dragon patterns, but the deigns of dorsal fin and legs are relatively rare.

The arrangement of the pattern of six Taotie beneath the brim falls into two categories. One pattern has interconnected nose, eyes, eyebrows, ears and body, with two separate curved horns, and a downwards folding tail curling upward. The other pattern has similar designs on the body, The difference lies in its tail, which curls up and bifurcates into two crinkling branches stretching to each side. The latter patter also has legs and feet beneath the two sides of the dragon's body. The detailed patterns on the main Taotie patterns take on T shaped cloud patterns, with spiral curling cloud patterns serving as the foil. This kind of decorative design, which has the patterns of two different - shaped Taoties alternated with each other is quite rare. Obviously different from that beneath the brim, the decorative Taotie patterns on the tripod's feet takes the cloud mass - shaped arris as the dragon's bridge of nose, and has mutually separate eyes, eyebrows, horns, as well as the body and claws. This kind of separately designed Taotie patterns was still popular in the early period of mid Shang Dynasty, early and mid West Zhou Dynasty.

For the interconnected thunder patterns beneath the belly of the tripod, the lower end of the vertical line in the T - shaped thunder patterns takes on square spiral shape, which at the same time is taken as the inward curling end of another similar pattern's horizontal line. Hence the interconnected thunder patterns, which prevailed from early Shang Dynasty till early West Zhou Dynasty.

The shape and structure of this tripod resembles that of the Virtue Tripod of King Cheng's period excavated at Liujia village of Fufeng County, and Xihao tomb of King Kang's period at Hejia village of Qishan County. According to the shape, structure, and decorative patterns, this tripod can be traced back to West Zhou Dynasty.

5. Tripod with Loop-shaped Patterns

The brim of this tripod is installed with two erect handles. The tripod has a slightly protruding belly, to which installed three semi - solid hoof - shaped feet decorated with animal face. The inside of the feet is flat. The intervals between the six arris on the upper part of the tripod's belly are decorated with Qiequ dragon patterns. The lower part of tits belly is decorated with loop - shaped patterns. There're three protruding casting lines radiating form the center of the tripod's base to the ends of its three feet, which are decorated with separate Taotie face patterns.

The Qiequ dragon pattern was transformed from dragon patterns like the Kui pattern. The Qiequ pattern is expressed in the following three forms, the connection of two animal heads, the connection of two animal bodies, and the connection of two tails from up to down or from left to right. This kind of decorative patterns is usually interlinked into a belt form on bronze artifacts, and are decorated beneath the implement's rim, edge of the lid, and the engraving section of bell as the main decorative patterns. It prevailed from mid and late West Zhou Dynasty till Warring States period. Every section of the Qiequ dragon pattern decorated on this tripod is composed of two reverse units, both ends of which take on cross shape. There are two branches coming forth from the internal base of both ends. The two sections are not connected with each other. This type of Qiequ dragon pattern is of mid and later West Zhou style.

The loop belt pattern is also called Waveform pattern, the sunken part of which are similar to animal eyes. These patterns are simplified and transformed animal patterns, and are one of the main decorations of mid and late West Zhou Dynasty till early Spring and Autumn period. The loop belt pattern decorated on this tripod's belly has symmetric crests, the middle of which are decorated with eyebrows and mouth - shaped patterns, which were mainly found in the early period of late West Zhou Dynasty until early Spring and Autumn period.

The shape and structure of this tripod prevailed in mid and late West Zhou Dynasty. According to its decorative patterns, it can be traced back to late West Zhou Dynasty.

6. King Ji of the State of Wu's Tripod

This tripod has two slightly inclining erect handles, square brim, deep belly and a loop base, to which installed three short thick hoof - shaped feet. The outsides of both handles are decorated with intaglio lines following the shape of the handle. The upper part of its belly is decorated with two circles of intruding string patterns, with one circle of Qiequ dragon pattern in between. There are straight intruding arris casting lines between the end of each foot at the tripod's bottom, and inside therse lines, there are arc - shaped casting lines curling inward. The interior of the belly is engraved with a three - line twenty - character inscription saying King Ji of the State of Wu presented the tripod to Nangong Shishu as grain container for his descendants to use eternally. The inner side of this tripod's feet is flat and straight, and the outline of its feet take on the shape of the letter 'S'. The upper part of the feet is round and bulgy, connected with inward casting tibia and outward casting heels. The Qiequ dragon pattern on the tripod's belly takes on the unique shape of a horizontal 'S', which has two bifurcations curling inward. This type of Qiequ dragon pattern mainly prevailed from late West Zhou Dynasty till early Spring and Autumn period.

7. Tripod of Xunan

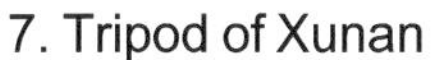

The belly of this tripod takes on the shape of a hemisphere, with two straight erect handles, which are broad on the top and narrow at the bottom. The tripod has square lips, flat folded brim, broad mouth, inclined arc belly, and almost flat base, to which installed three hoof - shaped feet which are round outside and concave inside. The feet are connected with thin shanks stretching outwards. Beneath the brim, three continuous over - lapped loop patterns of different sizes are decorated, with a string pattern below. The bottom of the belly slightly takes on plane triangular shape, with its three sides curling outward. There are three parallel Y - shaped casting lines with two straight arris radiating from the center of the tripod's bottom to the ends of the three feet. The interior of the belly is found with a four - line sixteen - character inscription saying the original owner of this tripod was Xunan, The font of the inscription is of late West Zhou Dynasty.

The shape of this tripod resembles that of the Eulogy Tripod in King Xuan's period of West Zhou Dynasty. Excavated at the same time with this tripod were one tripod with dragon patterns, a tripod with patterns, two kettles, and a wine vessel Lei. The shape of the two kettles also resembles that of the Eulogy Kettle of King Xuan's period. Thus it can be concluded that this tripod shall be traced back to King Xuan's period.

8. Tripod of Shu Yin Fu

The belly of the tripod takes on hemisphere shape. It has two straight erect handles, which are broad on the top and narrow at the bottom. The tripod has square lips, flat folded brim, broad mouth, inclined belly, and almost flat base, to which installed three hoof - shaped feet which are round outside and concave inside. The feet are connected with thin shanks stretching outwards. The upper belly is decorated with two circles of protuberant string patterns. Between the ends of the three feet at the bottom of the belly, there are three straight protruding casting lines. The inside part of the three feet, there are also another three inward curving cambered casting lines. The outside surface of the feet bears a vertical casting line. It interior of the tripod's belly is cast with a five - line 25 - character inscription 'November', died, Bayiqiu, Shu Yin fu used as precious tripod, the descendants will use it forever's, showing the owner of the tripod. This tripod' s shape and structure and the font of the inscription were consistent with the features in late West Zhou Dynasty.

9. Shanfujifu's Tripod

The body of this tripod takes on semispherical shape. It has erect handles. bulgy belly, and loop base installed with hoof - shaped feet, the inside of which is concave. Overlapped loop pattern is decorated beneath the brim, with a string pattern below as its supplement. The bottom of the tripod's belly is cast with three layers of triangular casting line. The interior wall of the belly is engraved with a three - line sixteen - character inscription stating that the tripod serves as Shanfujifu's, and it will be used by his descendants forever. The embryonic form of the over lapped loop pattern can be traced back to late Shang Dynasty, and early West Zhou Dynasty. It prevailed from late West Zhou Dynasty till early Spring and Autumn period. The over lapped

loop pattern beneath the brim of this tripod is arranged in successive units, each of which is formed by two loops of alternate sizes, The big loop in each unit takes on the shape of a square ellipse, with one end as a semicircle. the other concave and with two intruding angles, while the small loop of each unit takes on ear shape. The big loop is divided into three sections with two concave lines, one thick and the other narrow, while the small loop is separated by one concave line into two parts from its center. This type of over lapped loop pattern is mainly found on artifacts of late West Zhou Dynasty.

Artifacts of Shanfujifu were excavated in Renjiacun village. Fufeng County of Shaanxi Province in February 1940, seven of which have already been recorded, including four Shanfujiafu's Li, a Shanfujiafu's Gu, a Shanfujifu's Yu, a Shanfujifu's Xu, which are all traced back to late West Zhou Dynasty.

10. Tripod with Pan and Chi Patterns

The body of this tripod takes on flat sphere shape. It has slightly curve handles, restrained mouth, concave brim. deep belly, to which installed three hoof - shaped feet. It also has a lid, which is incomplete in the center. The lid can be fastened with the body of the tripod. There are three loop - shaped fastener on the arc lid, on the surface of which there is a string pattern that is round in the middle and broad at both sides, with the left space decorated with transformed Panchi dragon patterns. The middle part of the tripod's belly is decorated with a rope shaped protruding string pattern, with identical Panchi patterns decorated above and below. The bottom of the belly takes on cake shape, and is slightly bully. Both the inner and outer surfaces of the two handles are decorated with cloud patterns, and the side of the handles is decorated rope patterns. The end of the tripod's each foot is decorated with embossed Taotie face patterns.

The Panchi dragon pattern decorated on the lid and belly of the tripod is expressed with square cloud - thunder patterns arranged together with thick 'S' lines. This form of Panchi pattern originated in late Spring and Autumn period, prevailed in early Warring States period. The Taotie pattern decorated on the tripod's feet is bodiless, and has its horns curling outwards in two directions on the beast's head. The nose and eyes of the Taotie head are linked with each other, Below the side of its face, two legs were installed. Taotie pattern was one of the main decorative patterns prevailed from Erligang Culture period till early West Zhou Dynasty. During that during, it was mainly decorated on the main parts of artifacts, such as the belly, and the neck as the main theme decoration of the artifacts. Taotie pattern gradually declined since the mid West Zhou Dynasty. It mainly appears on the handles and feet of artifacts. According to this tripod's shape and decorations, it shall be traced back to the time between late Spring and Autumn period and early Warring States period.

11. Tripod with Tortoise Patterns

The body of this tripod takes on flat sphere shape. It has two handles, restrained mouth, loop base, to which installed three hoof - shaped high feet. There is a short bulgy arris casting line in the middle of its bottom. The tripod has a lid, which is bulgy at the top, on which there is a small lacing ring with three loop - shaped knobs, the ends of which take on bird head shape. When overturned, the loop - shaped knobs become the feet of the lid, which can be then served as food tray. The lid and the tripod can be fastened with each other. The interior of the lid is decorated with tortoise patterns cut in relief. The tortoise's head takes on triangular shape, and it has long stretching neck, with three claws, short tail, and round shell, on which are decorated with short straight lines. The form of this tripod resembles that of the Warring States period high - footed tripod with handles, excavated in Xinyang. Henan province, especially its three long slender hoof - shaped feet closely pressed against the outer wall of the tripod's belly, which is of early Warring States style.

12. Tripod with the Inscription Jiunian(the ninth year)

This tripod's body takes on flat sphere shape. It has two handles, slightly restrained mouth, somewhat bulgy belly, and loop base, to which installed three hoof - shaped feet. It has a lid, on which there are three loop - shaped knobs. On the middle part of tripod's belly, there is a string pattern cast in relief. At the bottom of the belly, there is a loop foot shaped protruding arris, with a cross - shaped pattern cut in relief at the center.

The upper part of the tripod's belly has an eight - line eighteen - character inscription, stating that the tripod was made in Jiu nian(the ninth year) by Qi, the craftsman for four people, namely Yi, Gan, Nian, and Qi whose official positions were Mingling, Gongshi, and Dafu respectively. The cubage of the tripod is 1.86L, the weight of the body is 1.81kg and the lid 0.45kg. According to the excavation spot, the structure and the style of the inscription of this tripod, it can be traced back to late Warring States period.

13. Linjinchu Tripod

This tripod takes on flat sphere shape, with its lid fastened with the body. It has a loop base, slightly curving handles. There's a protruding string on the bottom of the tripod's belly. The lid bears three loop - shaped knobs. There's inscription on both the lid and the belly of the tripod.

On the tripod's lid, there are three pieces of inscriptions engraved between the three knobs, which say 'Yi twenty three', 'Ming thirty two' and 'Linjin', There are altogether three pieces of inscriptions on the tripod's upper belly between the two handles. The four - line inscription on one side reads vertically from the right to the left 'Yi twenty Three(Time). Nine Jins and Five Liangs(Weight), One Dou and One Sheng(Capacity)', There are two pieces of inscription on the other side of the belly. The two - line horizontal one on the left reads from the left to the right 'Linjinchu Tripod, the whole capacity is one dou and one sheng, with the weight seven jins & ten liangs and nine jins and ten liangs. Named No. thirty two'. The inscription on the right reads from right to the left 'Linjin, zhong(weight)', with only three characters distinguishable, and the left are damaged. The above - mentioned place Linjin belonged to the State of Wei in the Warring States period, and it became a County in Qin Dynasty, which was transformed into Pujin Frontier Pass during the reign of King Wu of Han Dynasty. It situates in Dali County of Shaanxi province. Based on the tripod's inscription, the tripod was named Linjinchu tripod, which should have been used by the frontier chef or County chef. The cubage of the tripod is 2.17L, the weight of the body is 1.68kg and the lid 0.5kg

The two pieces of inscription on the tripod's lid were engraved at two different times, among which the inscription 'Yi Twenty Three' was inscribed at the same time with the one on the tripod's belly 'Yi Twenty Three(Time), Nine Jins and Five Liangs(weight), One Dou and One Sheng(Capacity)', while the inscription 'Ming(name) Thirty Two' was inscribed at the same time with the one on the belly 'Linjinchu Tripod', The inscription on the tripod 'Linjin, zhong(weight)' was the original inscription. This is probably due to the change of the place where the tripod was used, the original inscriptions may have been rubbed away and replaced by the new inscription, which shows where the tripod was used then.

According the structure and the name 'Linjin' in the tripod's inscription, this tripod can be traced back to early West han Dynasty.

14. Tripod with the Inscription 'Chudaguanchu'

With the lid lost, this tripod has small mouth, slightly tilting and curving handles, shallow belly, and loop base, to which installed three hoof - shaped feet. The belly is decorated with a circle of protruding string patterns, while the bottom of the belly is cast with unsymmetrical cross - shaped casting lines, with their arris rubbed away but still remarkable.

The upper part of the belly has four sections of inscriptions near the brim. The inscriptions are as follows 'Chudaguanchu, with lid, weighs thirteen jins and thirteen liangs, and the capacity is one dou and five sheng, No.eighty two'; 'the seven year, left tripod No.eleven'; 'Today Haoshigongchu bronze tripod, with the capacity of one dou and five sheng, weight of nine jins and twenty liangs, No.one hundred and ten seventh year, No.two hundred and eighty six, Ming ke' The cubage of the tripod is 2.86L the weight of body is 2.38kg. According to the font and contents of the inscriptions, they were engraved at three different times. In 1968, a 'Chudaguancao' bronze kettle was excavated at the tomb of Liu Sheng, King Jing of Mancheng city in Hebei province, with its inscription indicating its owner Chudaguan. The three characters 'Chudaguan' engraved on the Chudaguancao Tripod shows the origin of this tripod. This tripod could originally be the artifact of Liu Jiao's(King Yuan of the State of Chu) family, which was confiscated by the imperial court at the time when the family was defeated during the 'Seven - state Turmoil', and was bestowed to Liu Sheng. 'Chudaguanchu' tripod could also be an artifact held by King Yuan of the State of Chu, Liujia's family, which was then used as sacrificial utensil in Haoshi County. The book Records of Bronze and Stone - records of Bronze has recorded tripods of Han Dynasty, with the inscription 'Now the bronze tripod is used as sacrificial utensil, with its lid weighing two hundred and ten liang(equals to 10.5kg)'. The tripod recorded was likely to be used at the same period and the same kitchen as the Chudaguanchu tripod.

15. Tripod of Kunyangchengyu

The shape and structure of this tripod basically resemble that of the Taishan Palace Tripod. The upper belly of the tripod has a seven - line thirty - five - character inscription, which says 'Kunyangchengyu Bronze Tripod, with lid, Capacity Ten Dous, Weight Sixty - six Jins. Third Year, Yangzhaishouling, Made by Shoucheng, qianqiu, Zuole', according to which, the tripod was a tribute to the imperial court of Han Dynasty by Kunyang County. The cubage of the tripod is 19.45L, the weight of the body is 13.12kg and the lid 2.28kg. It was excavated in at the relics of former Shanglin Center, Hence this tripod was placed at Shanglin Center.

16. Tripod of Chengshan Palace

The body of this tripod takes on flat sphere shape. It has slightly curving handles. On the middle part of the tripod's belly, there's a protruding string. The belly is installed with three hoof - shaped feet, the inner surfaces of which are flat. There is a forty - nine - character inscription on the upper part of the belly, which falls into three sections. The first inscription says 'No. Sixteen, Chengshan Mountain of Chencang, with the capacity of one dou(unit of dry measure for grain), and weight of ten jin and fourteen liang(equals to 5.7kg)'. The inscription beneath this one was rubbed away, but the characters' one dou and nine jin' are still distinguishable. The second inscription says 'Inspecting Chengshan palace, the capacity of one dou with the weight of eight jin and fifteen liang is called ten'. The third inscription says 'The capacity is one dou and a litre', and the weight is seven jin and five liang'. The cubage of the tripod is 2.07L, the weight of the body is 2.18kg.

From the font and the form of the rubbed characters, the last inscription on the tripod's belly was engraved first, with characters showing the capacity are still distinguishable, and the rest was engraved later, Chencang was set up as a county 5in Qin Dynasty, abolished in North Zhou Dynasty, and was established again as a county in Sui Dynasty. The ancient city of Chencang situated in the east of Baoji city of Shaanxi province.

Probably due the change of places. the 'Chengshan' appeared in the two inscriptions should both indicate the 'Chengshan Palace'. According to archeological researches, the relic of chengshan palace was found 7.5 kilometers southwest of today's Meixian county seat. From the relic, more than ten pieces of 'Chengshan' eaves tiles from the capital in West Han Dynasty, where the emperors of Han Dynasty worship the sun.

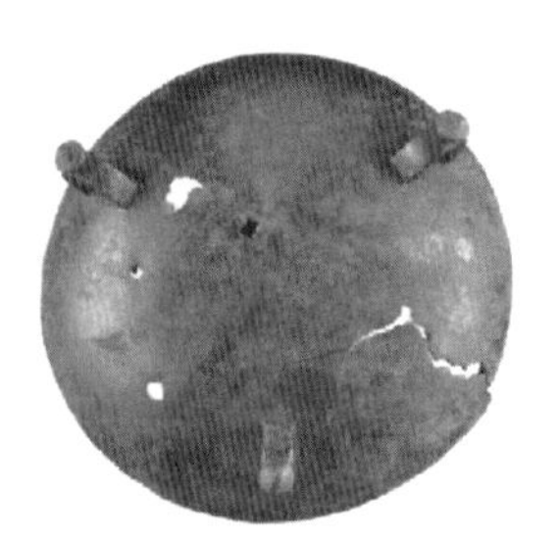

17. Tripod's Lid of Wuzuo Palace

The tripod has a bulgy lid, on which there are three bridge - shaped knobs that bulge in mushroom shape. There are two pieces of inscriptions on the tripod's lid. One piece says 'The State of Du, three jins, half of the article weighs two jins', while the other says 'Wuzuo of Hu, with the lid the capacity three liters, and half of the utensil weighs two jin, 100 and eighth'. The cubage of the tripod is 0.63L, the weight of the lid is 0.49kg. Du, was the ancient kingdom of Dubo. which was set up as Du County in Qin Dynasty, and was renamed Duling in Han Dynasty, which situates in the southeast of today's Chang'an County in Shanxi province. According to historical documents such as San Fu Huang Tu Xiao Zheng and History of the Former Han Dynasty - Chronological Record of King Wu. Wuzuo palace was built at the order of King Wu of Han Dynasty, and has its name derived from the oaks planted in the palace. However, according to inscriptions on the tripod's lid, the palace is situated in Du County.

In the second piece of inscription 'Hu, Wuzuo Palace', the character Hu indicates the kingdom of Jian in Xia Dynasty, the State of Hu in Qin Dynasty, and Hu County in Han Dynasty. The ancient city of Hu is situated in the north of today's Hu County in Shaanxi province. Wuzuo palace belonged to Hu County in Han Dynasty. According to the two pieces of inscriptions. Wuzuo palace belonged to both Du county and Hu County at different periods of han Dynasty. The lid of this tripod has provided solid proof for the research of the transformation of Wuzuo palace of han Dynasty.

18. Tripod of Taishan Palace

The body of this tripod takes on flat sphere shape. It is designed with bulgy lid that has three loop - shaped knobs, the ends of which are installed with short pillars, which render it possible to be placed upside down. The lid is fixed to the mouth of the tripod's body. Below the brim of the tripod, a couple of handles were installed, the upper part of which take on ring shape, while the lower part take on try square shape. It has bulgy belly, and a loop base, to which installed three hoof - shaped feet. The belly is decorated with a circle of protruding string patterns. The center of gravity of this utensil is quite low. Its body is quite thick and strong, without any decorative patterns, which is the popular shape and structure of Han style tripods.

The upper belly of the tripod is engraved in intaglio a five - line, thirty - character inscription in Han Style Calligraphy. Which says 'Tripod of Taishan palace, with the capacity of one dou, and weight of sixty two jins and two liangs, with lid. Made by craftsman Wangyi, No.116'. The cubage of the tripod is 22.5l, the weight of the body is 15.3kg The Taishan palace mentioned in the inscription should be the summer/winter palace of West han Dynasty which was not recorded in any historical documents, and was probably built after King Wu of Han Dynasty build soil altar to worship heaven on Taishan mountain. This tripod was built in 52BC for Taishan palace. Wang Yi was the tradesman who made this tripod. Of all the bronze utensils made at the same time with this tripod, the serial number of this utensil is 116. The practice of casting the craftsman's name on the articles originated from Shang and Zhou dynasties on bronze wares.

19. Shanglin Tripod

The two tripods resemble each other in both shape and structure. They both have flat sphere bodies, with arc lids, on which cast three loop - shaped knobs. There are straight pillars on the end of the knobs, which enables the lid to stand upside down. On both sides of the tripods' bellies, there are loop - shaped handles. The middle part of the belly is decorated with a circle of protruding string patterns. Three hoof - shaped feet are installed to the base of the belly. Both of the two tripods bear inscriptions.

Tripod 1 with the capacity of 20.75L and wight of 11.8kg and Tripod 2 with the capacity of 4.5L and weight of 4.42kg.

Both of the two tripods were made for Shanglin center, and were engraved with the serial numbers. 'Shanglin No. Twenty - six' was the serial number carved after the tripod was transformed into Shanglin Center. There were many tripods in Shanglin Center, all of which would be numbered as they were placed at Shanglin Center, Their serial numbers are engraved on the lids to make it easy for the management and use.

20. Li with Awl-shaped Legs

The mouth of this Li takes slightly round shape, but is not so clear and neat. On the tilted folded brim stand two handles. The straight neck of it inclines inward. The belly is bulgy and open - crotched, which takes on and obtuse angle. Three awl - shaped hollow feet are installed to the bottom of the belly. The Handles and feet are arranged in the form of five points. On the belly, there are the patterns of two protruding folded lines. The casting lines on the outer surface of the feet stretch upward to the brim of the Li. The casting lines on the inner surface of this Li's feet are connected with the Y - shaped casting line at the implement's bottom. It can be inferred from these 'casting tendons' that three pieces of outer casting patterns were used to make this Li. The shape and structure of this implement basically resemble that of the Li excavated at M110:1 at Liuli cabinet in Huixian County(Page 87 Comprehensive Studies on Bronze Wares of Shang and Zhou Dynasty, December 1981). The implement can be traced back to early time of Shang dynasty.

21. Li with Taotie Patterns

The body of this Li is thick and heavy. It has broad mouth, on the brim of which stand vertical handles. It also has straight neck and crotched baggy belly, to which installed three pillar feet. There are six arris on the implement's neck, the interspaces of which are decorated with Kui patterns, which are arranged in opposite directions on the neck. The belly is decorated with the pattern of three Taoties. There is an 'n' - shaped casting line between each end of the Li's feet on the bottom.

Kui is a legendary dragon - like animal in ancient China, which usually appears alone with its side sculpt. Some of the Kui's body takes on the shape of two branches or is in diagonal, with a head at either end. The Kui pattern prevailed in Shang Dynasty and early West Zhou Dynasty. The Kui pattern on this implement's neck has long horns on the head, widely open mouth, one claw, and a tail curling upwards. which is quite rare.

Taotie pattern is the main decorative pattern on bronze wares of Shang and Zhou dynasties. The basic structure of it is that with the nose girder as the midline, two horns and eyes are arranged symmetrically at both sides. Some Taotie patterns have eyebrows above the eyes, beside which there are ears. Most of the Taotie patterns have claws, at both sides of which stretch the body and tail. The Taotie pattern decorated on belly of this implement has big horns resembling that of the ox's, bulgy eyes and big nose. The Taotie looks fierce with its open mouth showing the teeth. The face, forehead, claws and body are expressed adequately in the technique of bot relief and plain carving. It was popular in late Shang Dynasty.

Li takes on the shape of crotched baggy feet. But the feet are solid. Two handles stand on the brim of the Li. This kind of Li originated in mid Shang Dynasty, and remained in use until the Warring States period. This Li is finely made with vivid shape and structure as well as decorative patterns. It is similar to the Li with animal face patterns excavated at Taoxia village in Huaxian County of Shaanxi province in 1972, and can be traced back to late Shang Dynasty.

22. Ya Fuxin's Li

It has square erect handles, which are slightly tilted. The handles are decorated with torsion fiber patterns. It also has broad mouth and folded brim. The erect loop - shaped neck is slightly restrained, with a circle of protruding string patterns decorated in the middle of the neck. The open - crotched feet has pillar - shaped heels. Inside the brim, there is a square frame at the corner, in which engraved a three - character inscription, 'Fuxin'. The height of this Li is bigger than its diameter. The handles and feet are arranged in the form of five points. The round mouth of the implement is not so neat. The three casting lines radiating from the center of the implement's bottom to the three feet take on the shape of 'Y'. Li of similar shape were excavated at M13, M20 Yunfengtang of Fufeng County, M2 Rujiazhuang village of Baoji City,

M4 Yongningbu of Hongdong Shanxi province, M2 Liutaizi of Jiyang Shandong province. These relics were all of the time no later than the period of Zhaomu II. Hence this Li shall be traced back to Zhaomu period of West Zhou Dynasty.

23. Bin Wang Li

The body of this Li is broad and wide. The wide tilted brim is folding outward. It has restrained neck, round shoulder, shallow belly with united crotch. This Li has three feet, which have pillar - shaped heels. The feet are semi - solid, above which there is a crescent - shaped arris on the belly. On both sides of the arris, four inclined parallels cut in intaglio were decorated. The upper part of the belly is decorated with a circle of string patterns, with a pair of intaglioed lines both above and beneath as an outline, inside which there are patterns of volute alternate with double - headed bird. The upper belly and the feet are decorated with horizontal ditch - shaped patterns. The casting lines between each foot at the bottom of the implement are connected with the casting lines on the inner surface of the feet. The brim is engraved with a six - character inscription saying the Li belongs to Bin Wang (King Bin) and his wife Jiang Qi.

Li of the same time are Weibo Li, Mishu Li, Xibo Li, and Dubo Li, among which Weibo Li was the earliest, which dated back to the period of King Yili, while the rest dated back to the period of King Lixuan II. Hence, this Li can be traced back to late West Zhou Dynasty, as early as the period of Yi.

24. Li with the Inscription 'Zhong Nan Fu'

The body of this Li is broad and wide. The wide tilted brim is folding outward. It has shallow belly with almost flat crotch. Its feet take on hoof shape, with enormous heels. Above each foot on the implement's belly, there is an arris with tooth - like decorations. Both sides of the arris are decorated with flowing cloud patterns, There are obvious casting lines between the surfaces of the arris and the corresponding neck, and back of the brim. The back of the three feet is almost flat. The two casting lines are connected with the ones on the bottom of the belly, and take on the shape of an 'n' between the feet and belly. With the tooth - like decoration as the center, the belly is decorated with the pattern of three Taotie, the nose, eyes, eyebrows, ears and front body of which are connected as a whole. It has bulgy eyes, with concave pupils. The horns of the Taotie take on try square shape. The back and front parts of the Taotie are separate. The crotched front part indicates the feet. Above the main patterns are decorated with intaglioed parallels following the original patterns.

There is a seven - line thirty - six - character inscription engraved on the brim and belly of the implement, which says, 'Only early June is auspicious, Shitangfu has progeny Zhongnanfu made the precious Li, used as mei shou, for his descendants' use forever'.

The shape and decorative patterns as well as the position of inscription of this Li all resemble that of the Li excavated at Yongshou Shaanxi province in 1965(Cultural Relics, 1965, Issue No.1). This Li can be traced back to late West Zhou Dynasty.

25. Yan with Taotie Pattern

The upper and lower parts of Yan's body are cast together, with the upper part called Zeng, and the lower part called Li. The brim of Zeng is open widely in a round obtuse angle, on which stand two handles decorated with cord patterns. The belly of Zeng is quite deep, and the lower part of the tilted belly draws inward in arc shape Between the two protruding strings is a circuit of belt pattern decorated beneath the brim of Zeng, in which is decorated with seven plain cake - shaped patterns. The interior bottom of Zeng is placed with a flexible grid, on which there are ten cross - shaped holes surrounded by three hollowed - out cirri. The lower part Li has a baggy belly, arc crotch, to which installed three pillar feet, each which is decorated with an elephant head, with the protruding casting line on the foot as its nose. The two ears of the elephant furl backwards. It has open eyes and curling eyebrows, with its feet stretching out from the mouth. Food is placed on the upper part Zeng, while water is filled in the lower part Li, with a grid placed between the two parts. When the water in the Li is vaporized, the steam will go through the grid to cook the food in Zeng. The shape and structure as well as the main features of this Yan is similar to that of the No.005 Yan excavated at tomb Changfu of Pudu village in Chang'an, and can the be traced back to mid West Zhou Dynasty.

26. Zeng with the Inscription Guo Da Du

The body of this Zeng takes on hemisphere shape. It has vertical mouth with square lips, deep arc belly, and high loop base. There is an obvious arris at the joint between the implement' s neck and belly, below which there is a circuit of protruding strings. Either side of its belly is installed with the decoration of a knocker and holder. On the bottom of the implement, there is a tenon, which can be inserted into the mortise of the Fu below. There is a grid - shaped partition placed in the middle of the bottom, which is divided by a cross into four even pie slices, each of which is hollowed out with parallel lines. The hollowed gaps on each of the abutting two pie slices take on ninety - degree angle.

ON the implement's neck, there are two pieces of inscriptions cut in intaglio. One of the inscriptions says 'Guo Da Fu', while the other says' Guo Da Fu Qi Fu Jin Ming Ye'. The font of both inscriptions is of late Warring States style in the State of Yan.

27. Zhaoshi Yan

This set of cooking utensil is composed of three parts, Fu. Zeng and Pen(Basin), which can be fit finely together.

The bronze Fu which is weight of 2.63kg has erect mouth, loop base, and flat bulgy belly. On each side of its upper belly, a knocker and holder decoration is installed. There is a protruding string - shaped arris on the middle of the belly, which is 0.3×1cm in thickness and width. There is a five - character inscription on the brim saying 'Zhaoshi(Name of a woman), eleven jin'.

The bronze Zeng which is weight of 1.99kg has vertical mouth. restrained lower belly, flat bottom, to which installed a loop base. There is a pair of symmetrical ring - holder masks on both sides of the Zeng's belly. The bottom of the Zeng is divided into four sections by a cross - shaped hollowed - out hole. In each of the section, there is a parallel prism shaped grid, each contiguous two of which take on the shaped of '人'. A short loop base in installed to the bottom. There's a small nose shaped decoration with a ring on each side of the belly. On the brim, there is a four - character inscription stating 'Zahoshi, eight jin'.

The bronze Pen (basin) which is weight of 1.87kg has flat folded brim, vertical mouth, restrained deep belly, flat bottom, to which installed a short loop base. Both sides of the belly are decorated with symmetrical small nose with a ring. On the brim, there is a line of inscription stating 'Zahoshi, eight jin and thirteen liang'.

When excavated, the aforementioned Yan was in the following structure, with the basin palced on Zeng, and the Zeng installed to the Fu. The mouth and base of the three parts fit neatly with each other, Fu is similar to today's caudron, and the Zeng and basin are similar to today's steamer. In archeological exactions, some sets of Zeng were placed on the bronze hearth, which indicates that they were used together with hearth as a set.

28. Fengyuan Fu

The body of this Fu takes the greater part of sphere shape. It has inward tilting mouth, round bulgy belly, and loop base. On the upper belly of the Fu, there is a wide collar, which enables the cauldron to be placed on the top of the kitchen range so that the lower belly can be heated more sufficiently and saves the time of cooking. Thick soot can be found on the lower part of the belly. The wall of the cauldron's belly is quite thick. The belly of the cauldron is engraved in relief a horizontal three - character inscription 'Made in Fengyuan' in Han style characters. The inscription 'Fengyuan' is a toponym. 'Jingzhaofu' of Song Dynasty was renamed 'Fengyuanlu' in Yuan Dynasty, which indicates today's Chang'an district of Xi'an. During Ming and Qing dynasties, this place was ruled by the government of Xi'an. Therefor, according to this inscription, this Fu can be traced back to Yuan Dynasty. This bronze Fu is quite similar to the implements of the same kind before Han Dynasty, but obviously differs from the cauldrons after Tang Dynasty, which is very rare.

29. Mou with Two Handles

This Mou has broad mouth and restrained neck, round flat belly, to which installed a loop base, A pair of large loop handles was installed between the interface of the implement's shoulder and belly. The section plane of the handles slightly takes rectangular shape. Both sides of the handles are decorated with cloud patterns. The whole surface of this implement is plain without any decorative patterns. Between the shoulder and belly of it, there is an obvious trapeziform prism. There is thick soot on the bottom of the Mou. So far, the excavated bronze Mou were all found with soot on the bottom, some of which even had bone crumbs, and were usually placed together with cooking utensils like tripods and Fu. This has proved that Mou used to serve as a practical cooking utensil. Many bronze Mous were excavated together with arms, which indicates that bronze Mou was also used as military cauldron.

According to the handles and the structure of this Mou, it should date back to late West Han Dynasty.

30. Movable Stove with Three Holes, *Cooking Stove*

The body of the cooking stove takes on the shape of the fore of a ship. There are three holes on the surface of the stove, distributed in the shape of a triangle. Above the stove placed three Fu, with two small ones in the front, and a big one at the back. An animal - head - shaped chimney is installed to the back of the stove. The valve of the stove takes on rectangular shape, with a straight end. The bottom of the stove is flat, to which installed four hoof - shaped feet.

When used charcoal is placed into the stove, and water is filled into the cauldron Fu, above which Zeng is placed to hold food so as to keep it warm for a long time. This set of cooking stove can be disassembled for movement, namely 'Movable Stove'. Movable stoves were mainly used in the cold areas of north China. The used of this kind of stove is the result of the gradual abundance and complexity people's life, and it also shows the ancient Chinese's pursuit of higher material and spiritual life. The shape and structure of this set of movable stove is of late West Han style, which were only seen in Mongolia, Shaanxi province, and Shanxi Province.

31. Movable Stove with One Hole, *Cooking Stove*

This set of stove is composed of several parts, including the body of stove, chimney, Fu Zeng and ladle. The body of this stove is quite flat, and the surface of which appreciably takes on the shape of a triangle with two arc sides. On the surface of the stove, there is a cooking hole, behind which there is a chimney taking on the shape of a beast head, from the open mouth of which goes the smoke. The valve of the stove takes on triangular shape. The stove has a flat base, to which installed four hoof - shaped feet. Above the cooking hole placed a loop - based Fu, which serves as water container. Above the Fu installed a basin - shaped Zeng, on the bottom of which there is a round spoke - shaped grid for steaming food. There are also two ladles for ladling food. This stove has one cooking hole, and appeared quite late, which was popular in late East Han Dynasty.

32. Jiaodou with Crooked Handle of Dragon Head Pattern

The body of this implement resembles Xi(ancient basin). The tilted folding brim curves upward and forms the mouth of the plate. The belly is appreciably inclined, with its lower belly decorated with four parallel strings. It has loop base, to which installed three high feet that are flat inner surface and round outer surface. The feet have arciform instep, and hoof - shaped heels. The belly is installed with a handle that curves upward. The section of the handle takes on diamond shape. There is a short pillar connecting the brim and handle as a reinforcement. The end of the handle take on the shape of a dragon head, which is long and slender, with long mouth, sharp teeth, bulgy pointed nose, protuberant forehead, enormous eye sockets, lofty eyebrows, backward furling ears, single horn bending over the neck, and long face without palpus. The sculpt of this dragonhead is quite common on figure stones of Wast Han Dynasty.

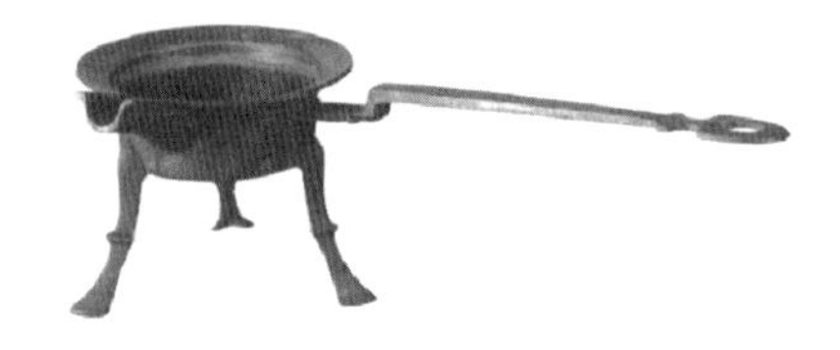

33. Jiaodou with Bamboo-shaped Hoof feet

The body of this Jiaodou takes on the shape of a shallow basin, which has wide flat brim folding tiltedly. Between the brim and belly there is a prism. The implement has erect belly and flat bottom, with a beak on the side of the brim. A long flat crooked handle is installed to the belly. The three bamboo - shaped hooves are high and slender curling outward. Every section of the bamboo - shaped feet takes on triangular shape. Jiaodou with similar features were all popular in the later period of the South and North Dynasties.

34. Fu with Deep Belly

The body of this Fu is tall and big. It has erect mouth and deep belly, which is appreciably tilted and open. The lower part of the belly is restrained in arc shape. The bottom of the Fu is installed with a trumpet - shaped loop base. The outside of the brim is welded with two annular handles, half of which comes out from the brim. There is a pearl shaped short pillar in the middle of each handle's roof. Both of the two surfaces are concave. There are marks of casting lines in the middle of both sides of the handles. The upper belly is decorated with a circuit of protuberant string.

35. Fu with Rectangular Belly

The body of this Fu takes on rectangular shape, with a slightly restrained mouth, and an inward folding brim, on which stand two flat semi - square - ellipse - shaped handles, on top of which there are short flat pillars. It has bulgy belly, which was restrained into a loop base. The upper belly of the implement is decorated with a circuit of protuberant string. It has trumpet - shaped high loop feet, the surface of which are hollowed out with five irregular holes.

II. Food Vessels

36. Bo Gui

There is loop knob in the middle of the lid's surface. The brim of the lid is protuberantly folded. This Gui has a pair of mouth in different sizes. Its belly is erectly bulgy. The two beast head -

shaped handled have hook - shaped perpendicular ears. Beneath the lid and the brim there is a decorative string with the pattern of four Kuis with the two beast heads as the center.

The Kui pattern decorated on this implement has a body of three even sections of similar widths, which is formed by cloud patterns. The tail of Kui is curling upward, and the section beneath the body is filled with cloud patterns. Both the legs and claws of the Kui take on cloud pattern. The back of the Kui is decorated with knife - shaped patterns.

This type of Kui pattern was mainly popular from late Shang Dynasty till early West Zhou Dynasty. During that period, Taotie pattern is formed with the arris as the center. In archeological excavations, the shape and structure of the Gui excavated from M7 and M13 at Zhuyuangou in Baoji City are quite similar to this implement's. According to researches, both of these two tombs were of King Kang's period of West Zhou Dynasty. Artifacts of similar structure are Fuding Gui, which dated back to the period of Kangzhao. Overall, this Gui should be traced back to King Kang's period and remained popular until the period of King Zhao.

37. Qie Gui

The upper part of this Gui's body is round, while its lower part is quadrate. It has broad mouth, restrained neck, round belly, loop base, to which installed a quadrate base. Beneath the brim is decorated with a circuit of four phoenixes, with the arris between each bird. Each phoenix has round eyes, sharp beak, high crest, with the head turning around, and the tail curling upward. Each side of the belly is installed with a handle in the shape of the phoenix. The loop foot is decorated with transformed Qiequ pattern. Each of the four side of the base is decorated with six phoenixes, which circle around with a square in the middle without any decorative patterns. The whole body of this Gui is decorated with thundercloud patterns as the foil.

The interior bottom of the belly is inscribed with a three - line eighteen - character inscription. The main idea of the inscription is as follows. The king called all his ministers together in Chengzhou, where they discussed the issue of going on punitive expedition to the states of Chu and Jing. The stratagem stated by Hongshu was adopted by the king. To memorize this merit, Duihongshu ordered to cast a precious Gui. This Gui was excavated in a tomb of West Zhou Dynasty. According to the features of other excavated artifacts and Duihongshu Gui, the 'king' mentioned in the inscription indicates King Kang of West Zhou Dynasty.

38. Shiyao Gui

The body of this Gui is thick and heavy, with bulgy belly. The hollow flat rectangular handles stand loftily above the mouth of the vessel. One of the handles is broken down. The vessel has a lid, and trumpet - shaped loop base. To the middle of the lid, a solid flat - roof round knob is installed, the top of which is decorated with the pattern of a coiling Kui dragon. The lid, neck and belly are decorated with detailed straight arris patterns. The two ears on the vessel's neck are in a ninety - degree angle with the two handles.

Both the lid and the interior belly of the vessel are engraved with a three - line, sixteen - character inscription.

The shape and structure as well as the decorative patterns on this vessel are of mid West Zhou style. The font of the inscription is quite identical to that of the Wei Gui, Wei Ding, and Ji Gui excavated at the same time. Hence, this Gui can be traced back to King Yi's period.

39. Bokaofu Gui

This vessel has deep and bulgy belly, with the biggest diameter on the middle of the belly. The two handles take on a beast holding a ring in mouth shape, with the ring taking the tortuous string shape. Below the loop base installed three flat in animal face shape. The lid of the vessel is lost. The belly is cast with horizontal ditch patterns. Below the brim and on the loop base, a circuit of Qiequ pattern was decorated. On the bottom of the vessel, there is a cross dividing the bottom into four sections, in each of which there are narrow centripetal strings in right angle. There is a three - line fourteen - character inscription at the bottom of the vessel saying 'Bokaofu's Gui, which is for the use of his descendants for good'.

The Qiequ patterns below the brim and on the loop base of the vessel take on different shapes. The Qiequ pattern below the brim is in separate patterns, with each unit composed of two separate parts on both the left and the right. There is an eye pattern in the middle of the right part; while the Qiequ pattern on the loop base takes on the shape of an 'L', which is arranged in axial symmetry. The two L - shaped patterns enclose an eye pattern, which forms a unit. These two Qiequ patterns were merely seen in late West Zhou Dynasty. According to the structure, this Gui is almost identical to the Zhongyinfu Gui, Wangchen Gui, Gongchen Gui, and Bobinfu Gui of King Yili's period. Accordingly, this Gui can be traced back to as early as the period of Yi, and a late as the period of King Li.

40. Gui with the Inscription Taishixiaozi

This vessel has deep and bulgy belly, beast - shaped handles with ears. The loop base is installed with three flat feet with animal - shaped patterns. The surface of its lid bulges up, with a ring - shaped knob. Both the lid surface and belly are cast with horizontal ditch patterns. The lid and brim are decorated with the pattern of overlapped rings. The loop base is decorated with the pattern of overlapped rings in two continuous units. There are web - shaped diamond patterns decorated on the bottom of the vessel.

Both the lid and the interior bottom of the vessel are engraved with a thirty - three - character inscription of same contents.

According to the sculpt and the distribution of the decorative patterns, this Gui is almost identical to the Shisong Gui, Song Gui, yi Gui, which were all coming down from history, and the excavated Sanchefu Gui, and Fu Gui. The font of inscriptions of these Gui is basically identical as well. According to researches, these Gui can all be traced back to King Xuan's period of West Zhou Dynasty.

41. Wei Gui

There are altogether four pieces with similar shape and decorative patterns. The body of Gui is flat and wide, with a lid above. The loop base is installed with a square base. The lid bulges in arc shape, with a trumpet - shaped knob in the middle that enables the lid to be placed upside down. The brim of the implement is square at the bottom and sharp on the top. The implement has quite shallow belly, restrained neck, two strong beast handles, with hook - shaped ears at the bottom. The lid, belly and base are decorated with four similar Taotie patterns respectively. On the belly of the Gui, a beast face is decorated above the middle of the Taotie's eyebrows. The loop base is decorated with the pattern of four dragons, which were found looking backward face to face with each other. The body of the implement has Taotie pattern as its manin pattern, with cloud pattern cut in intaglio as the decoration on both the ground pattern and the main pattern.

There are two pieces of six - line, fifty - five - character inscription with the same content on both the lid and the center of Gui's belly.

The two characters 'Rong Bo' mentioned in the inscription were also found on Wei he(ancient wine vessel) of King Yi's period, as well as on Tong Gui. Kang Ding. and Mao Gui. The font of the inscription is identical to that of Yong Yu and Shiyao Gui of King Yi's period. Overall, this implement can be traced back to the period of West Zhou dynasty.

42. Dui with Tao Patterns

The body of this vessel takes on sphere shape. It has a bulgy lid, on top of which is installed with a lacing ring. Near the brim of the lid, there are three knobs taking on the shape of crouching tigers, which enable the lid to be placed upside down as a tray. The lid and the body of the Dui can be installed with each other. On each side of the belly, there is a knocker - holder with ring decoration. The bottom of the vessel is installed with hoof - shaped feet. The space between the feet and the belly takes on closed - crotch pattern. The bottom of the belly and the inner surface of the feet are flat. On the surface of the lid, beneath the brim, and on the belly are decorated with four Tao patterns. This kind of pattern is also called rope pattern, which is formed by wavy lines twisting together into rope shape, and prevailed during the Spring and Autumn period and the Warring States period. Tripods of the same structure were excavated at M7 Niujiapo of Changzi, and can be traced back to early Warring States period.

43. Fugui Dou

The tray of this Dou takes on the shape of an alms bowl. It has erect mouth with square lips, appreciably folding brim, shallow bulgy belly and a loop base, to the middle of which installed a quite thick handel, the waist of which is restrained. The loop base is large. The belly is decorated with eight sets of volute patterns, which lay exactly on the arc surface of the round belly. The brim of the belly is decorated with four curves swirling in the same direction, with a small circle at the center. The loop base is decorated with four sets of inverted triangular patterns, each of which is filled with a transformed Taotie pattern. The interior bottom of the tray is engraved with a three - character inscription.

Volute pattern on bronze wares was first found on bronze Jia(wine cup) of Erlitou Culture period, and became popular during the early period of Shang Dynasty, which was primarily decorated on Ding, and the belly of Gui. Since mid West Zhou period, it was often engraved together with other decorative patterns, such as the patterns of dragon, thunder, and eyes. During the Spring and Autumn period and Warring States period, the arc line of each volute pattern usually takes the shape of two hooks, and was more gorgeously decorated. The volute pattern on this vessel is decorated as the main pattern on the belly of the tray, which is of typical Shang style. The Taotie pattern in inverted triangular shape was originally seen in mid Shang Dynasty, and prevailed in early West Zhou Dynasty.

This Dou was excavated at the Laoniupo Shang Dynasty relic in Xi'an, where some potteries, a few jade articles, and a certain number of bronze vessels and weapons were excavated, which were all artifacts of late Shang Dynasty. This vessel is lidless, and shallow - bellied. The handle is thick and high without engraved hole, which is of late Shang Dynasty style.

44. Kui with Dragon Handle

The plane of this Kui's body is rather round. A quite flat handle is installed to the belly. It has appreciably open mouth. The tilted belly of the vessel is slightly open. The lower part of the belly is restrained in arc shape, while the bottom of the belly takes on the shape of a thin cake, which is concave in the middle and protuberant around. The rim the vessel's bottom is cut in intaglio the pattern of three concentric circles. Below the outer brim on the vessel's mouth is decorated with a circuit of protuberant string pattern. The middle part of the vessel's belly is bestrewed with five circuits of protuberant strings. The handle takes on arc shape, which is curving on the top and bend in hook shape at the bottom. The end of the handle takes on the shape of a dragon head, which is rather narrow, with an open mouth, and high nose. The two eyes of the dragon take on the form of inverted trapezoid, and its single horn bends over to the neck. The shape and structure of this vessel, as well as the dragon head pattern on the end of the handle are all of East Han style. On figure stones at Wushi ancestral temple of East Han Dynasty, the image of people eating with Kui an can be found.

III. Wine Vessels

45. Jue with Single Pillar

This Jue is open - mouthed, with a short beak. There is a furcate pillar standing on the joint between the mouth of the beak and the brim of the vessel. On top of the pillar, there is a mushroom like cap, on which carved with volute - shaped pattern. The cup - shaped belly has a protuberant string pattern, in which are decorated with two lines of cloud and thunder patterns. There is a flat handle on one side of the vessel's belly. The lower part of the belly is slanting, and the bottom is appreciably bulgy. The three pyramid - shaped legs are projecting outward.

The cloud and thunder pattern decorated on the vessel's belly takes on the shape of slightly square round volute. The lines swirl around a central point for several circles, when the last circle is finished, they go on horizontally to form another volute swirling from outside to the inside for several circles and end at the central point. Cloud and thunder pattern decorated on vessels' s bellies as the main decorative pattern on vessel's bellies was only popular in Shang Dynasty. Since West Zhou Dynasty, the pattern was used mainly as the background pattern or fringe pattern together with other patterns.

Jue of the some sculpt were excavated at M238, Xiaotun, Anyang, Henan Province, which can be traced back to mid Shang Dynasty.

46. Jue with Taotie Pattern

The vessel has open - mouth, sharp tail, and a short, wide spout, near which there is a pair of mushroom - shaped pillars, the top of which is decorated with volute patterns. The cup - shaped belly is decorated with an ornamental belt, with a circuit of circle - shaped belly is decorated with an ornamental belt, with a circuit of circle - shaped patterns decorated both above and below, on which the pattern of two Taotie is decorated with the handle and the corresponding arris as the center. The two Taotie are separated by the arris, and have their eyebrows, eyes, mouth, nose, ears and body arranged separately. The clearance in the main pattern is decorated with cloud and thunder patterns, On one side of the belly, there is a flat ox - head - shaped handel, which is just on the side of a leg of the vessel. It has loop base, with three pyramid - shaped legs projecting outward. The corresponding belly to the handle is engraved in intaglio a two - character inscription 'Fu Yi'.

The sculpt of this kind of Jue inherits from the Shang style. Jue of the same sculpt such as the inherited Meng Jue, and Yuzhengliang Jue, were traced back to about King Kang's period of West Zhou Dynasty. Most excavations of this type of Jue were before King Kang's period of early Zhou Dynasty.

47. Jue with Phoenix Pattern

The vessel has open - mouth, sharp tail and a short, wide spout, near which there is a pair of umbrella - shaped pillars, the cap of which is decorated with two circuits of string patterns. It has quite straight belly, loop base, ox - head - shaped handle, which corresponds with one of the legs. The three feet of the vessel are projecting outward. On one side of the beak inside the cup' s belly, there is a two - line eight - character inscription recording the owner's name.

The ornamental pattern on the cup's belly is composed of two layers. The main pattern of the upper layer is the pattern of four pieces of plantain leaves, among which the two leaves at the front and back projecting below the spout and the tail of the cup. Inside the main pattern, the pattern of a pair of big bird looking back is decorated. The main pattern of the lower belly is the pattern of two pair of backward looking big birds. Below the main pattern, cloud and thunder pattern was taken as the foil. The big - bird pattern originated in late Shang Dynasty, prevailed in latter Early West Zhou Dynasty and earlier Mid West Zhou Dynasty, and declined since the mid and late West Zhou Dynasty. The big - bird pattern decorated on this Jue has two cristae, one of which droops down to the ground, while the other curls backward and combines with the beak of the bird as a whole. The two wings of the bird are lifting up high. The body of the bird is quite rough but neat. This type of big - bird pattern was mainly popular in mid West Zhou Dynasty.

In archeological excavations, few Jue of the same structure were of early West Zhou Dynasty, most were of Zhao Mu II of mid West Zhou Dynasty, and the latest were of late West Zhou Dynasty. According to the features of the decorative patterns, this Jue shall be traced back to mid West Zhou Dynasty.

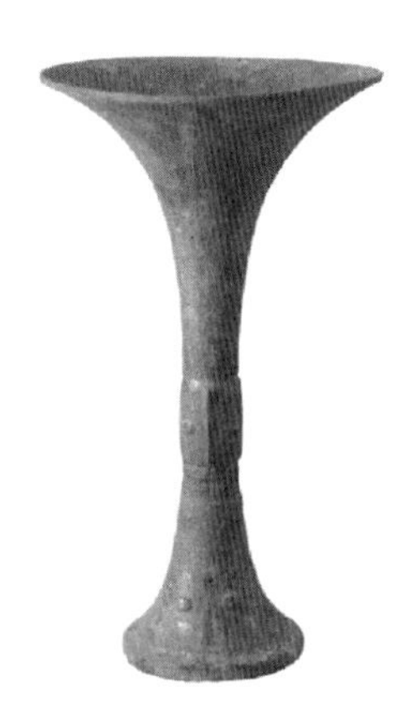

48. Gu with Taotie Pattern, *Wine Cup*

This cup has quite thick body, and a trumpet shaped mouth. Its belly is close to straight. The waist does not bulge. It has trumpet - shaped loop foot. The neck of the cup is decorated with plantain - leaf designs. There is an ornamental belt on both the waist and the loop base of the cup respectively. In the ornamental belt on the cup's waist, there are two corresponding arris, on each side of which the pattern of Taotie face is decorated. The Taotie pattern on the loop base corresponds with that on the waist. Above the waist of the cup, there is a circuit of protuberant string pattern. The space between the lower part of the waist and the loop base is decorated with two protuberant strings and two corresponding hollow - carved crosses, which have longer vertical bars. The two Taotie patterns decorated on the ornamental belts of the waist and the loop base have similar shape and structures. The short Taotie body is filled with cloud pattern. The upward curling tail takes on the form of a corkscrew cirrus cloud. The lower part of the Taotie is filled with cloud pattern. Even the legs and claws of the Taotie are expressed by cloud pattern. The back of Taotie is decorated with rows of knife - shaped patterns. This kind Taotie pattern was popular from late Shang Dynasty till early West Zhou Dynasty. Gu of the same sculpt were excavated at M3 Bajiazhuang village of Zhengzhou city. According to the features of the decorative patterns, this wine cup can be traced back to Late Shang Dynasty.

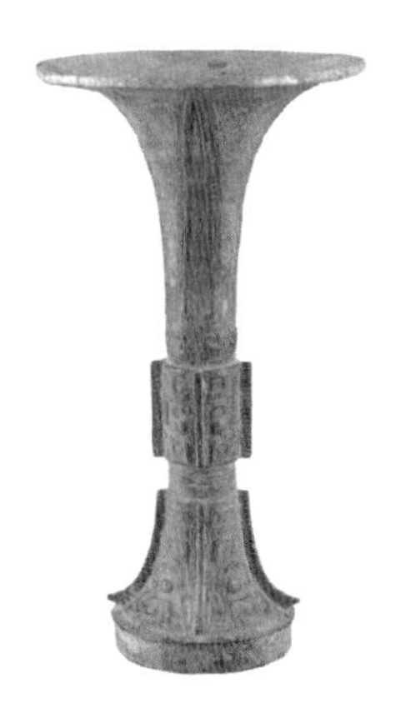

49. Ce Gu, *Wine Cup*

This wine cup is high and slender, with wide mouth. The curvature of the cup's belly is quite small. The central waist of the cup is appreciably bulgy. There are four arris distributed on the cup's central waist as well as its loop base. There are two parallel horizontal intaglio lines on each side of the arris. The loop base of the cup is projecting outward, with its heel taking on the shape of a high step. The neck of the cup is decorated with the pattern of plantain leaves, below which is decorated with the pattern of four serpants. The belly and loop base are decorated with two Taotie faces, with the two arris as the center and two string patterns both above and below. There is a symmetrical hollowed - out cross - shaped hole on the loop base. There is a two - character inscription in the loop base.

The plantain - leaf pattern is a kind of transformed beast body design. The plantain - leaf pattern decorated on the vessel's neck has two beast bodies arranged symmetrically in vertical direction, with one end wide and the other narrow, resembling plantain leave. This kind of pattern is usually decorated on the neck of Gu, or the belly of Ding(tripod), and prevailed from late Shang Dynasty till early Zhou Dynasty. The four separate serpent patterns below the plantain - leaf pattern has quite wide head, protuberant eyes, bow - shaped body and curling tail, with some scales decorated on the body. The serpent pattern is usually decorated beneath the brim and on the feet of vessels, in symmetrical arrangement, and was popular from mid Shang Dynasty till early West Zhou Dynasty. The pattern of decorating serpent beneath the plantain leaves was mainly popular from mid Shang Dynasty till early West Zhou Dynasty on the neck of Gu.

50. Yi Zhi, *Wine Vessel*

The body of this vessel takes on flat round shape. It has wide mouth, restrained neck, and high collar. A section of tilted straight wall on the slenderest part of the vessel's neck separates the neck from its bulgy body. It has flat oval belly, and high loop base. The lid and the body of the vessel can be flexibly installed or uninstalled. The lid bulges in semi - oval shape, with a mushroom - shaped knob at the center, the cap of which is decorated with volte pattern in intaglio. The base of the knob is decorated with the pattern of four petals of the same size. The main pattern on the lid and the belly is four corresponding four - petal and eye patterns. Each of the patterns has a beast eye in the middle, with four same - sized petal - shaped patterns decorated in the four corners. Every petal is concave in the middle into fork shape, with a T - shaped pattern decorated on each side. The ground pattern takes on cirrus cloud and S - shaped cloud as the foil. Below the brim of the vessel's mouth, a circle of triangular pattern is decorated, each one of which has small triangle on the top, and a spiral cirrus cloud on each side of the bottom. Both sides of the vessel's neck is decorated with a pattern of Taotie, the body, horn, and claws of which are expressed by thunder patterns. The tail of the Taotie takes on fork shape and curls upward. The loop base is decorated with the pattern of four Taotie, the body of which falls into two parts. The main pattern is decorated with the thunder pattern as the foil. The interior belly of the belly is engraved with a two - character inscription. The shape and structure of this of the flat - bodied Zhi excavated M5 Xiatun of the Yin relics, which has identical decorative structures with this vessel. The vessel can be traced back to Shang Dynasty.

51. Zhi with String Pattern

The vessel has round body, with a lid, which can be fixed to the body of the vessel. It has broad mouth, long narrow neck, droopy bulgy belly, and a high loop base projecting outward. There is a mushroom - shaped knob in the center of the highly bulgy lid, the cap of which is decorated with volute pattern in intaglio. On both the lid, and neck, there are two circuits of string patterns. Vessels of the same shape were excavated at tombs of West Zhou relics, in both Shaanxi and Henan province, most which can be traced back to the period of Chengkang II in early West Zhou Dynasty, and to as late as the period of Zhaomu.

52. Zhi with the Inscription Fuyi

This vessel has high and slender body, wide mouth, restrained neck, and droopy bulgy belly. The belly has tilted, straight wall, which projects outward, and revolves around the biggest diameter near the vessel's bottom forming the vessel's body. The high loop base of the vessel is slightly projecting outward and takes on the shape of a slope near the bottom. Between the two circuits of string patterns, there is an ornamental belt, with the pattern of two pairs of serpents as the amin decorative pattern, each pair of which are face to face on either side of the corresponding arris. The ground pattern is detailed cloud and thunder patterns. The high loop base is decorated with two circuits protuberant string patterns. The interior wall of the vessel' s belly is cast with a three - character inscription indicating the name of the vessel, Fuyi. The shape, structure and decorative patterns are all of early West Zhou style.

53. Cup and Stove for Heating Wine, Decorated with Four Gods

This set of vessel is made of a cup and a stove.

The cup takes on oval shape. There are two crescent - shaped handles on the brim and the bottom is flat.

The upper part of the stove takes on oval shape. It has four supporting nails on the brim. The four sides of the stove is decorated with four hollow - carved gods, while the two side walls are decorated with black dragon, and white tiger, and the top and bottom walls are decorated with scarlet bird and Xuanwu. The black dragon has huge eyes and long mouth, with its single horn curling backward, its front feet crotched, and the rear feet stretching out to the ground in the pose of flying up to the sky, which is very mighty and powerful. The white tiger takes on walking pose, and has widely open eyes, furled ears, open mouth showing the teeth, curling long tail, rough feet with sharp claws, and a body with stripes, which is ferocious and vigorous. The scarlet bird crooks its feet in of pose of rising, and looks back searching for something. The bird shakes its wings. The features on the two wings, the tail and the coronet are fine and neat. Xuanwu is the pattern of a tortoise and a serpent coiling around the tortoise. The serpent, with wide - open eyes and mouth, is rushing at the head of the tortoise. The tortoise is looking aside with its head rising up high, in the pose of fighting back. The combat of the tortoise and serpent is fierce and ferocious, which is quite vivid. The lower part of the stove takes on cuboid shape, the bottom of which bears ten rectangular holes, which serve both as blowholes and furnace dust passage. Near the corner of the two sides, the four legs of the stove take on the shape of four people shouldering. There is a round - shaped loop base at the bottom of the belly.

This set of vessel is used for heating wine, with the wine in the cup, and coal in the stove for heating. The hollow - carved four gods serve as the passage of smoke and the window for poking the fire in the chamber of stove. The grate at the bottom is for oxygen and the clearance of furnace dust.

So far, vessel of the same structure were excavated in Shaanxi, Shanxi, and Hebei provinces of north China, as well as Anhui, and Hunan provinces of south China, which were all relics of West Han Dynasty.

54. Jia with Taotie Pattern

The body of this Jia is takes on round shape. The vessel has wide mouth, on which there is a rectangular mushroom - shaped pillar knob with volute pattern. The high straight neck of the vessel is slightly tilted. The lower belly of the vessel is appreciably bulgy. There is a semicircular flat handle on one side of the vessel between the neckand the middle part of its belly, which corresponds with one of the vessel's legs. The flat bottom of the vessel bulges slightly. Its three legs are projecting outward, with their transects taking on T shape. Both the neck and belly are decorated with an ornamental belt, in which are decorated with three units of Taotie patterns, above and below which are decorated with small circles as the outline. The body of the Taotie pattern of both the upper and lower layers is composed of three sections. The difference lies in that the middle section of the upper layer Taotie body is a straight line, with its tail turning a little upward, while the middle section of the lower layer Taotie body is filled up with cloud pattern, with its tail curling upward. The shape and structure of the Jia excavated at the Yin relic of Xiaotun in Anyang(Xiaotun, 1980) resemble that of this vessel, and can be traced back to mid Shang Dynasty.

55. Jia in Li-shape

The body of this Jia has no obvious distinction of belly and foot. The cup has wide mouth and high collar. On the biggest diameter position of the mouth, stands a symmetrical semi - column mushroom - shaped knob, on which volute pattern is decorated. The lower part of the vessel's neck is decorated with a casting line. The inner side of the foot is narrow and flat and is connected with the concave triangular surface at the bottom of the belly, which shows that the bottom and the inside of the foot share the same mold. Vessels of the same shape were excavated at M875 of the west district of Yin relic(Bronze Wares of Yinxu Relic, picture 199), which can be traced back to late Shang Dynasty.

56. Shi Zun(Yi Wei Zun), *Wine Vessel*

This Zun has big trumpet - shaped mouth, slightly bulgy central waist. The loop base of the vessel is quite short. The vessel's belly is decorated with the pattern of two Taotie faces and the pattern of a pair of backward looking dragons as the main decorative patterns. The ground pattern is cloud and thunder pattern. The eyes, nose, mouth, and ear of the Taotie face are arranged separately from each other. The eyebrows are connected with the horn. The wide mouth of the Taotie is upwardly turning and downwardly bending. The long horn above the thick eyebrows curves horizontally. The backward looking dragons have big head but small body, T - shaped horn, upwardly lips, short and straight body, and a tail curling downward. The interior wall of the vessel's loop base is engraved with an eight - line, forty - one - character inscription.

The inscription mainly tells that on the day of yimao, Zi(the heavenly king, Qixiang) offered sacrifices at the central chamber of Zuchao, the Son of Heaven(indicating the king). The sacrifices are one white object, nine pairs of ear rings made of green pearls and jades, and hundred finely raised sacrificial oxen. Therefore the king bestowed Zixiang with a bronze ladle with jade handle, and one hundred strings of shells. Zi granted some of these shells to Dingbei, who then take the granted shells which were inscribed with his family name.

The inscription has no time recording terms like the date, and the year, with only the combination of the Heavenly Stems and Earthly Branches recording the time as the start, which is quite common on the sacrificial vessels of late Shang and early Zhou Dynasties.

57. Fu Gui Zun

The shape of this Zun is similar to that of Gu, but is thick and short. The vessel has round wide mouth, which goes outward. The vessel has slightly bulgy central waist, and short loop base. The interior wall of the vessel's belly is cast with four sets of arris of the same length. Its neck is decorated with a circuit of plantain leave pattern, each of which is decorated with a pair of backward looking dragons in upside down position. Below the plantain - leaf pattern, there are four face - to - face horizontal Kui (a one - legged monster in fable) patterns. The central waist and the loop base are decorated with two patterns of Taotie faces. Inside the loop base is engraved with a two - character inscription 'Fu Gui'.

The plantain - leaf pattern decorated on this vessel is filled up with a backward looking dragon head, which is quite rare; The Kui pattern below it has short straight body, with its head stretching forward, and the body divided into fork shape; The Taotie pattern on the central waist of the vessel has obvious legs, feet, and claws beneath its body, with wing feathers on its back; The parts on the head of the Taotie pattern on the loop base, are separate with each other. The head body, legs and claws of the Taotie are separately arranged as well. The sculpt of this vessel resembles that of the Zun excavated at the West Zhou tomb in Gaojiabu village of Jingyang county in Shaanxi Province(Cultural Relic, July, 1972). The structure of this vessel' s decorative patterns, the arrangement of plantain - leaf pattern, and the Kui in pairs with the Taotie patterns both above and below, and the features of the vessel's shape and structure are all of early West Zhou style.

58. Gilded and Painted Zun in Phoenix Pattern

This Zun takes on round tube shape and the lid of which bulges up. In the middle of the lid there is a circle - shaped knob. Under the knob there is a persimmon - shaped base. On the surface of the lid installs three phoenix - shaped knob and the head of which turned around to hold the wings in the mouth. The lid and the body can be fastened like a snap fastener. The two sides of the belly are installed a pair of knocker - holders with ring in the mouth ornament. It has a flat bottom which links with three bear - shaped feet. On the middle surface of the lid, on the brim of the lid and on the upper and the lower of the belly install a circle of convex curved lines separately. Two curved lines stand side by side in the middle part of the vessel. The surface of the lid and the wall of the vessel are filled with floating clouds pattern, among which are carved ox, goat and various auspicious running animals. The pattern clearances are all gilded. The inside of the lid and the belly base are decorated with painted pictures. The bottom color of the picture in the lid is red suffused with yellow. All the patterns are painted with the line in a carpenter's ink marker. A phoenix flies with its wings spread in the middle of the painting. The tall feather of the phoenix id curving downward forming floating clouds pattern, which separate into five groups and spread. The floating clouds pattern filled around. The round protruding parts in the lid of the three phoenix - shaped knobs are decorated as three standing phoenixes. The body and the feather of the phoenix are painted in green and the feather of the wing is blue. A big S - shaped phoenix pattern is painted inside the belly base, which is decorated in green. The red - bottom ink - painted phoenix floating cloud pattern is also decorated in the vessel base. The floating cloud pattern is filled around the phoenix, which spread from the phoenix tail. And the two join together. The phoenix body and the tail feather are painted in green, which displays the thought of concrete and abstract concept.

The structure of this Zun belongs to bamboo - shaped Zun, which is the peculiar structure of Zun in Han Dynasty. It is a vessel for holding the wine. As a wine vessel it should not be painted inside. The painted pattern inside and on the base of the gilded bamboo - shaped Zun mentioned above should be painted before buried.

59. Bamboo–shaped Zun

The vessel takes on round tube shape with straight walls. The lid takes on big hill shape, with its brim fitted to the mouth of the vessel. Each side of the vessel's belly is installed with a knocker - holder - shaped handle, with a ring in the holder. The bottom of the vessel is installed with three nude figures in sitting pose. There is a round hole on top of the lid, the ornament on which is lost. The brim of the lid is engraved with two string patterns in intaglio. The surface of the lid is decorated with four layers of mountains cut in relief, with the peaks outlined by double lines of intaglio, which is filled with detailed vertical or tilted concave lines. There are volute - shaped cirrus cloud patterns near the peaks of the mountains. The tails of the clouds is connected with the edges of the mountains. The second layer of the mountains is surrounded by seven figures, among which are decorated with running or standing rare birds and strange animals. The third and fourth layers of the mountains are decorated with various auspicious running animals, among which there are the patterns of celestial beings riding on beat back, human face with animal body, tortoise, and phoenix. The edge of the lid takes on the shape of prism with folded corners, on which is engraved with a circuit of net pattern with tilted tartans. The side of the lid is engraved with three parallel triangular patterns. The upper, middle, and lower parts of the belly are decorated with three circuits of wide belts. The upper circuit is engraved with net pattern with tilted squares; the lower circuit has triangular pattern on the upper layer and three diamond patterns on the lower layer; the middle circuit has a circle of protuberant string pattern, with detailed short tilted lines carved on both sides. The pattern on the belly is a wide protuberant belt divided into two parts, each of which has same decorative patterns, and structure, which is a circuit of paratactic triangular peaks, mountainside of which are all curved. The space inside and between each peak is filled with an abnormal - shaped bird, beast, or animal with beast head and human body. Inside the peaks, spiral - shaped cirrus cloud pattern is decorated, with the interspaces filled up with narrow tilted intaglio lines.

The decoration of big mountain on the whole body of this vessel is closely related to the popular immortal ideology of Han Dynasty. The big mountains symbolize the celestial mountains in the sea, on which people pin their hope of longevity and eternal life.

60. Pot with Taotie Pattern

The pot has round body, slightly wide - open mouth, long neck restraining in the middle, flat round belly, and a tilted straight loop base, with a pair of bridge - shaped knob on the shoulders. Two protuberant strings are decorated below the brim. The neck is decorated with a circuit of ornamental belt, in which is decorated with two Taotie patterns, with the symmetrical arris as the center. The loop base is decorated with a circuit of tilted eye in cloud pattern. The bottom of the vessel is decorated with net pattern with tartans, serving as the tendons of the vessel.

The Taotie pattern decorated on the vessel's neck has round protuberant eyes, and has its nose, horn, body, legs, feet, and tails filled with cloud patterns. The cloud patterns between the eye patterns on the loop base are arranged in bevel shape. Both of these two patterns are of early West Zhou Dynasty style.

61. Cubic-shaped Pots with Taotie Pattern

The two pots were excavated at the same time, and have the same shape, structure, size, and decorative pattern. The pots take on cubic oval shape. The mouth, neck, belly, and feet are all flat and square, with round corners. They have quite high lids, slender neck and tilted shoulders, bulgy vertical belly, beast - head - shaped handles with a ring in the mouth, and loop base. The lid takes on cuboid shape, the upper part of which is like an upside down loop base. Below the brim of the lid is decorated with a circuit of overlapped rings. The surface of the lid is decorated with the S - shaped Qiequ pattern with the eye in the middle, similar to the simplified backward looking double - dragon pattern. There is a tribe badge on both the lid and the brim of the pots. A plain belt formed by two protuberant lines separates the neck and belly of the pots. The necks of the pots are decorated with loop belt patterns. The tops and bases of the loops are short and flat, while the sides of the loops are folded. Every peak of the loop has a beast - shaped pattern in it. The beast - shaped handles on both sides of the pot are strong and plump, which have curling nose, round eyes, pillar - shaped horns. Each side of the nose is decorated with cirrus cloud patter. The eyebrows are decorated with thunder pattern. The bulgy part on top of the horn is decorated with volute patterns. The bridge of the beast nose, two horns, tongue, and loop face are decorated with overlapped loop patterns. Each of the two bordering loop surfaces heaves like waves. The belly is decorated with two Taotie patterns, with the handles as the interface. The Taotie has two huge eyes, slightly upward curling eyebrows, separately arranged legs and body. The main pattern is decorated with a cloud and thunder pattern as the foil. There is an eye pattern on the four sides of the loop base of the pot, the interspaces of which are decorated with a set of cloud pattern with tilted corners.

The shape and structure of these two pots were quite common in late West Zhou Dynasty, but the loop belt pattern on the neck, and the Taotie pattern on the belly were quite rare, which show stateliness, and power, but are still so refined and neat. So far, few vessels have been found with the same decorative patterns.

62. Cube-shaped Pot with Dragon Patterns

The shape and structure of this pot is similar to the previous one's, with only the decorative patterns differing from the former one's. The top surface of the lid is decorated with two s - shaped backward looking Qiequ dragon patterns, with an eye in the middle of the dragon's forehead. The side of the lid is decorated with two continuous s - shaped Qiequ patterns. There is a tribe badge on both the lid and the interior side of the pot's mouth. Between the neck and belly of the pot are separated by a wide protuberant belt, in which there is a circuit of protuberant string pattern. The neck of the pot is decorated with loop belt shaped patterns, the peak top and base of which are eyebrow and mouth shaped patterns. The belly is decorated with intersected dragon patterns, which are three dragons intersecting with each other on both the chest and back of the belly. Each of the two sides of the belly is decorated with five intersected dragons. The four units of the dragon patterns are all arranged in axial symmetrical forms. The foot is decorated with a circuit of two continuous s - shaped Qiequ patterns.

The sculpt of the handles of this pot resembles that of the Liang Pot of the period of Liuxuan of West Zhou Dynasty. The structure and the loop belt pattern on the neck of the pot, and the intersected dragon pattern on the pot's belly are of no difference with that of the Song pots on King Xuan's period. Hence, this pot shall be traced back to no later than the period of King Lixuan II.

63. Cubic-shaped Pot with Pan and Chi Pattern

The pot takes on cubic shape. It has straight square mouth opening slightly. It has restrained neck, and quite bulgy shoulders. The four sides of the pot's lower belly tilt inward, white the cubic loop foot stretching outward. The lid of the pot takes on the shape of a square dressing table surface, with a flat - bodied transformed dragon - shaped knob on each of the four arris on the surface. The lid can be placed upside down as a high - stemmed tray. Each side of the pot is divided from the mouth to the foot into six layers of decorative patterns, which are separated by the broad plain belt on both sides of the four arris and the horizontal broad belt on the four sides of the pot. The first layer is the neck, which is decorated with inverted triangular patterns, with Panchi (tortuous dragon) pattern decorated inside. The second layer is the shoulder, which takes on trapezoid shape. The four layers below all take on the shape of inverted trapezoids, filled up with four continuous Panchi patterns. On each of the four shoulders, there is a knocker holder with ring decoration. The rings are decorated with three pointed clouds. The rings are decorated with cloud patterns on one side and thunder patterns on the other. The upper surfaces of the rings are decorated with cloud patterns on one side, and thunder patterns on the other. There is a protuberant diagonal arris on the bottom of the pot, which serves as the tendon. This pot has the same sculpt with that of the picture 776 in Encyclopedia of Shang and Zhou Sacrificial Objects, which is quite delicate. The decorative patterns on the whole body of the pot are refined and neat, splendid and vivid, which are different from the mighty and mysterious style of the Shang Dynasty. The base of the pot is quite thin. The pot takes on the same shape and structure as the Pot with tortuous dragon patterns recorded in Encyclopedia of Shang and Zhou

Sacrificial Objects, which also resemble in decorative patterns, and can be traced back to mid Warring States Period.

64. Silver Gilded Bronze Fang With Clouds Pattern

The shape of the Fang is tall, big, thick and heavy, which is a little cubic - shaped. It has a straight mouth and a short neck. The belly is deep and the loop base is cubic - shaped. There is no clear line of demarcation between the shoulder and the belly. The upper part of the belly is decorated symmetry knocker - holders with ring in the mouth ornament. There is an inscription on the curved surface that the upper part of the loop base restrains inward and connects to the belly. The inscription is totally 19 characters. The entire surface of the device is full of silver gilded clouds pattern. The decoration is changed along with the variations of the part of the device. A circle of clouds pattern is embedded at the brim of the mouth. The two sides of the four spines are adorned with diagonal clouds pattern. The large slanting square clouds pattern is decorated at the neck and the belly, which forms an axis at the middle of it and makes the line at the right and the left side be symmetry. The four sides of the loop base are also adorned with symmetry geometric figure of clouds pattern. The composition is ingeniously conceived and the design is meticulous. The decorations are in an orderly way. It is a graceful practical device of art. The devices unearthed at the same time with the bronze Fang are bronze light, bronze censer and bronze Cheng etc. They are buried at Shang Linyuan Site of Han Dynasty. Seeing from the buried place and the traces, we can conclude that these bronzes wares should be the devices used by the royal court. When meeting the turmoil and chaos of war at that time, they buried them hurriedly and fled. Until 1964, when the tube of the running water is built, they were discovered. Therefore, these bronze wares should be the royal court devices of West Han Dynasty.

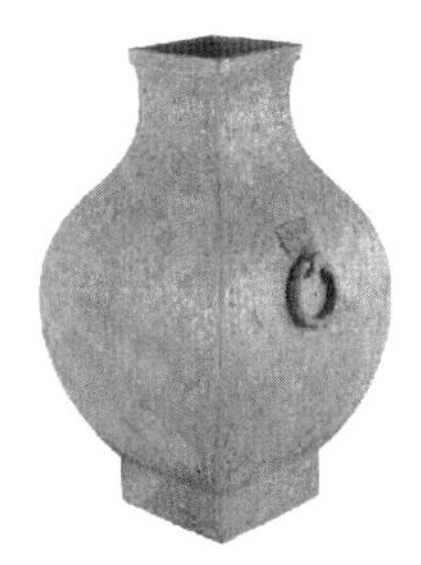

65. Gilded Phoenix-shaped Zhong

Two pieces of this pot are unearthed at the same time. They are in the same size. One of it is filled with 26kg wine, and the other one has a crack, which cause the wine lost through seepage. The lid of the pot bulges up. The inside part of the lid brim stretched out forming a circle, which forms another mouth and be brought into the pot. In the middle of the lid installs the phoenix - shaped knob. The phoenix is standing up with its head holding high and its tail raising. The phoenix keeps a pearl in the mouth and holds its wings on the back. The figure of it is smooth and vivid. The mouth of the pot is slightly broad and the neck restrained. It has a round bulge belly. The two sides of the shoulder are installed the knocker - holders with ring in the mouth ornament. The pot has loop base and the base near the belly folds inside forming a stage. The four string patterns protrude slightly on the mouth, should and belly.

The lid of the pot and the entire body are gilded, which looks beautiful and imposing. Gild is one of the traditional metalworking crafts in ancient China. It is called 'gilded in fire' in modern times. That is let gold dissolve in the mercury and forms the gold mud, which is painted on the surface of the copper or silver devices. Then heat it and let the mercury evaporate. Therefor, the gold adheres to the surface of the device. That is called gild.

This device is excavated from a single coffin chamber of a long slope aisle of a big grave in Han Dynasty. Besides the gilded copper pot mentioned above, the funerary objects in the chamber are 17 pieces of bronze ware as copper tripod and copper Fang, 5 pieces of cocoon - shaped pottery pot and 101 pieces of jade flake. Seeing from the structure of the grave and the excavated objects, this grave should be a tomb of a noble in high official position at the early period of West Han Dynasty that is the period from King Wen to King Wu. Therefore, this bronze Zhong should be the royal court device of West Han Dynasty.

66. Daguan Zhong

9 Chinese Characters horizontally made on the shoulder, indicating the content, and weight. The cubage of this Zhong is 22.5L and the weight of 10.2kg.

67. Nangong Zhong

Three lines of vertically inscription of 16 Chinese characters, indicating the place, content, weight, and exact year. The cubage of this Zhong is 18.85L and the weight of 10.17kg.

68. Hejian Shiguan Zhong

Two lines of inscriptions vertically made on the belly and under the handle, sixteen Chinese characters, indicating the content, weight. The cubage of this Zhong is 19.2L and the weight of 8.3kg.

69. Garlic-shaped Pot

The body of this pot is slender and high. It has short erect mouth, the circle below which takes on the shape of inverted garlic. The neck of the pot is long and slender, below the middle part of which has a round hoop. The round belly of the pot is slightly flat, to which installed an appreciably outward stretching loop base. There is a bridge - shaped knob in the middle of the pot's bottom.

The garlic - shape pot is a kind wine vessel both for storing and drinking wine. It originated in the late Warring States Period, and was merely popular in the state of Qin. This kind of pots were only used in Shaanxi and its neighboring areas such as Hubei, Sichuan and Henan provinces in Qin and Early Han Dynasties, and were all excavated in Qin tombs. Pots of the same kind were also excavated later in Shangdong, Guangdong, and Guangxi provinces. Since mid West Han Dynasty, the garlic - shaped pots had gradually diminished, instead, a kind of flat - bellied pot with erect mouth, long neck, and loop base had become popular. This garlic - shaped pot has quite flat belly, and relatively high stem. Pots of the same structure were also excavated at M1 Yunmeng tomb of Hubei province. The pot can be traced back to early West Han Dynasty.

70. Flat Pot with the Inscription 'Hejian Shiguan'

The body of this pot takes on flat oval shape. It has a bulgy lid, the middle of which has a small knob - shaped ring. The mouth of the lid that stretches into the pot's mouth is quite long. The pot has round mouth, quite thick brim, short restrained neck, and a flat body. The shoulder of the pot is decorated with a pair of knocker holder with rings. The front belly of the pot has wide concave boundary fence. The belly is slightly bulgy, and the outline of which takes on M shape. The belly is installed with rectangular - shaped loop foot. The edge of the pot's lid is engraved with a 15 - character inscription, which has the same content with the two - line vertical inscription engraved in Han style calligraphy on a side of the pot's belly. The inscription says 'The wine vessel of Shi Guan in He Jian has its capacity of two dous, and its weigh of eleven jins and two liangs'. The two characters 'He Jian' (between the rivers) in the inscription indicates a place in today's Hebei province, which got its name from the position of the place that is between the Yellow River and Yongding River. 'Shi Guan' means the official who is in charge of the bite and sup. The shape, structure, and decorative patterns of this pot were mainly popular in West Han Dynasty.

71. Pot Tributed by Jiujiang County For Shanglin Center

The mouth of this pot is slightly wide. It has appreciably restrained neck, round, and bulgy belly. Both sides of the shoulders are installed with two symmetrical knocker - holders with rings. Near the belly of the pot, the loop base restrains inward into an obvious prism shape. The body of the pot is vertically engraved with two characters 'Shanglin', while the belly of the pot is engraved horizontally with three characters 'Jiujianggong', according to which, this pot was tributed by Jiujiag County to the imperial palace, for the use of Shanglin Center. Jiujiang is the Jiujiang County of Han Dynasty, and is situated in today's Jiujiang city of Jiangxi province.

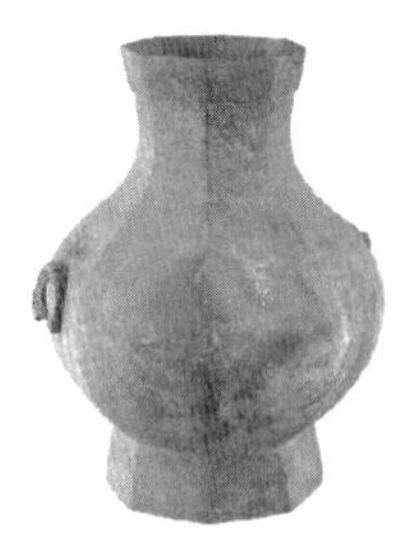

72. Shanglin Octahedral Pot

The body of this pot takes on octahedron shape. Its mouth is appreciably wide. It has slightly restrained neck, and bulgy round belly. Both sides of the shoulders are installed with a symmetrical knocker - holder with ring ornament. The loop base of the pot is stretching outward a little. There is a two - character inscription 'Shang Lin' engraved vertically on the shoulder of the pot.

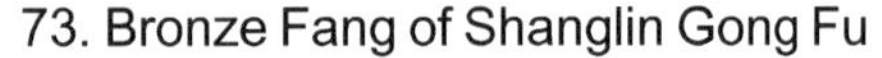

73. Bronze Fang of Shanglin Gong Fu

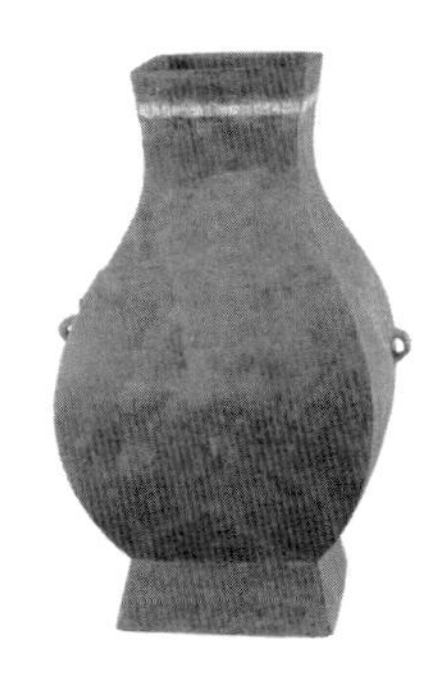

The square mouth of the vessel is slightly open. It has high neck, tilted shoulder, square belly with arc wall, and a quite high loop base. The shoulder of the vessel is installed with a pair of Knocker - holder - shaped handles, with a ring in each of the holder. The outside of the vessel' s brim is engraved with a 31 - character horizontal intaglio inscription in Han style calligraphy. The cubage of this Fang is 7.55L and the weight of 5.22kg. According to the inscription, this Fang was made in the third year of Shenjue (59BC) for Dong'e Palace by craftsman 'Guang', and was supervised by Zu Shi She Ren. In the third year of Chuyuan(46BC), it was transformed to Shanglin Gongfu from the Dong'e Palace of Dongjun County. Dongjun, with the governing center in Puyang, is situated in today's Puyang of Henan province. In Han Dynasty, Dongjun governs some areas of today's Henan and Shandong provinces. Dong'e Palace is a temporary palace (Summer/Winter palace) in this county.

74. Houlou, *Pot*

The body of this pot takes on gourd shape. It has a long neck in the shape of an inverted trumpet. The belly of his pot takes on flat sphere shape. The covering lid is restrained on the top, and widely open at the bottom. The surface of the lid slightly bulges. The twisting strings in the middle of the lid have a half of intaglio tortuous dragon pattern decorated inside. The edge of the lid is decorated with three high protuberant Panchi dragon - shaped knobs, the interspaces of which are decorated with tortuous snake patterns. When the lid is overturned, it can serve as a cup, with the three knobs as the feet. There used to be a belt fastener on each side of the pot's belly, on which there used to have rings with lifting chains. The three feet take on standing bear shape, which has big head, and longlegs. The bears are standing with forepaws akimbo, in the pose of shouldering the pot at full tilt, which is quite vivid and natural, and full of strong tinge of life.

These kinds of wine vessels are also called hoop - handled pots. A bonze vessel of the same kind was once excavated at the West Han tomb on the Bun Mountain of Longhua, Hebei province, which named itself 'Houlou'. According to Mr Sun Ji in his Illustrated Book of Han Dynasty Substantial Cultures, vessels of the same kind shall be named Houlou.

75. Gilded Flat Pot

This device is flat and has a straight mouth with short neck. Its flat belly bulges up. Its cross section is slightly peach - shaped. Its loop base is a rectangle with sharpened angle, which is stretched outward. The wall of the belly is decorated with the dual pitch arc curved inward, and the upper part of which is connected. The two sides of the shoulder have little ear separately. The original entire body is gilded, but because of the long time some part of it is peeled off. The shape of this pot is essentially the same as the common flat porcelain pot made in East Han Dynasty. The characteristic of the decoration at the belly is also unanimous, so it should be a device in East Han Dynasty.

76. Spitting Pot

The body of this pot is quite short. It has big tray - shaped mouth, erect brim, restrained neck, slightly tilted flat belly, and short loop base. The lid of this pot takes on funnel shape, the middle part of which goes into the mouth of the pot. There are small folded arris on the edge of the lid, which enables the lid to wedge on the mouth of the pot. Vessels of the same structure were popular during Sui Dynasty, most of which were pottery ones, and were used as spitting pots.

77. Washing Pot

The mouth of this pot takes on trumpet shape. It has slender neck, round shoulder, slightly tilted open belly and invisible loop base. There is an erect beak projecting form the shoulder of the pot, the belly of which bulges. The mouth of the beak takes on cup shape. The lid of the beak is lost. The shape and structure of this pot is basically identical to that of the porcelain washing pots of Tang Dynasty, which share the same purposes of use. The washing pot is the objected offered in worship in front of the Buddha, which is also used to hold clean water. In Yang Dynasty, porcelain washing pots were quite popular, while the bronze ones were quite rare.

78. Pot with Crooked Dragon-head-shaped Beak

The mouth of this pot takes on funnel shape. It has flat folded brim, high erect neck, flat sphere - shaped belly, and an outward stretching short loop base. A try square - shaped handle in dragon shape is installed between the brim of the mouth and the belly. On the belly corresponding with the handle, there is an upward going dragon - shaped beak. The lid of the pot bulges in the middle, and is flat on the edge. One side of the lid is connected with the dragon nose on top of the handle by an axis. The lid can be freely removed. The shape and structure of this pot were popular on pottery wares of the Five Dynasties. This kind of pot is quite rare.

79. Pu Ma's You, *Wine Vessel*

This vessel has a hoop handle, on which is decorated with Kui pattern, and the ends of which are decorated with goat head with horns. The covering lid of the vessel has a melon edge - shaped knob, and the edge of the lid is high. The horizontal plane of the vessel's belly takes on oval shape, with he biggest diameter near the bottom. It has quite low loop base. Below the brim of the vessel is decorated with a circuit of decorative pattern, the front, middle and back of which are decorate with animal heads, while both sides of the pattern are decorated with Kui patterns. The Kui patterns on the vessel's brim and loop base are quite unique. Every unit of the pattern is made of two Kui dragons of different shapes and opposite head directions. The dragon heading inward has its mouth facing downward in bottle shape. The one heading outward has its mouth stretching to the front, and it has pointed horns, and sharp claws. The two Kui dragons have

their tails sticking to each other as a whole, which is quite rare in Kui patterns. According to Mr. Li Xueqin, this vessel can be traced back to late Shang Dynasty.

There is a four - character inscription in the vessel's lid.

The inscription on the vessel's bottom is composed of two parts. The first part is the tribe names, made up by five characters. The second part is made up of four lines and twenty - three characters.

The main idea of the second part is as follows. Zhouzi, a minister, once received the emperor of Shang. His underling Puma served as the emperor's wagoner, whom the emperor was very pleased with. Therefor, Zhouzi was bestowed favor upon by the emperor. Zhouzi rewarded Puma with the largess bestowed by the emperor.

80. Loop-handled You with Phoenix Patterns

The body of this vessel takes square oval shape. It has a covering lid, the top of which is installed with a square oval knob. There are two horns stretching out from both sides of the vessel's brim. The belly is wide, flat, and drooping downward. The loop base of the vessel is stretching outward. The beast - head rings on both ends of the loop handle are interlinked with the semi - ring knobs on the vessel's neck. The loop handle of the vessel is flat inside and bulgy outside, each side of which is decorated with a row of thunder pattern. On the edge of the lid and below the brim of the vessel, a circuit of ornamental belt is decorated. On both sides of the beast faces in the front and back centers of the belt are decorated with a long curling bird pattern, the tail of which is composed of two parts. The upper part of the tail is pointed, flat, and straight, with a sharp tip. The lower part of the tail falls into three branches, both ends of which are curling inward. This kind of bird pattern was popular in the latter period of mid West Zhou Dynasty, or late West Zhou Dynasty. The lid and the interior belly of the vessel are engraved with a two - line eight - character inscription of the same content. This vessel's shape and structure was unique of early time of West Zhou Dynasty.

81. Loop - handled You with the Design of Dragon Looking Around

The body of the vessel takes is flat and round. The planes of both the vessel's lid and feet take on oval shape, while the one of its belly resembles a date stone. The lid takes on covering shape, and has restrained neck, bulgy roof, and a bud - shaped knob. There is a pair of semi - circle - shaped handles on both ends of the vessel's shoulder, which are connected with the loop knobs on both ends of the loop handles. The surface of the loop knob is decorated with a beast head, which is bigger on the upper part and smaller on the lower part, and has arm - like horns, with five teeth on the top. The main decorative patterns on the loop handle are four sets of double - headed dragon looking around designs. Each of the vessel's shoulder is decorated with an ox head. There is an ornamental belt on the vessel's lid and beneath its brim, the outline of which is composed of two lines filled with circles. Both the front and back of the two ornamental belts has two units with the arris and the bast head as the center. The main decorative pattern of each unit is two dragons looking around to the arris design. The dragons look around with open mouth, drooping long comb, short and straight body, with the two branches of the tail holding upward. The interspaces of the main decorative pattern are filled with cloud patterns as the foil. Both the interior roof and body of the vessel are engraved with three - character inscription of the same content. The decorative pattern of this vessel is quite rare, which was pretty popular in early West Zhou Dynasty.

82. You with Loop Handle

The vessel has a loop handle, on which the Kui pattern is decorated. The covering lid of the vessel takes on the shape of a snap fastener, the top of which bulges up with a bud - shaped knob. The belly of the vessel takes flat round shape, installed with a loop handle. A loop base is installed to the bottom of the vessel. There is an arris on the surface of the lid, belly, and each side of the loop base. There are tooth - shaped decorations on the arris of the vessel's lid and belly. On the lid and the front and back of the belly, the pattern of a broken down Taotie is decorated. The body of the Taotie is made up of two parts, with an upward curling tail. The loop handle, and loop base are decorated with Kui pattern, the shape and arrangement of which are identical to the previous one, except that the two Kui pattern are divided by the arris cast in between. There is a two - character inscription 'Fu Xin' engraved on the bottom of the vessel's belly. The shape and structure, as well as the Kui pattern, and Taotie pattern decorated on the vessel are all of early West Zhou style.

83. Loop-handled You with the Shape of A Sitting Naked Girl

The girl is sitting with two hands on laps, the head is round, the mouth, eyes is oval like and depressed, the protruding nose is triangle like, ears are hollow inside and take a half circle shape, one ear was damaged, two nipples are swelling, her hands are delicately made, the feet under the hip is very small and fine, this kind of figure sketching is simple. On the back of the girl, the Face of Beast Taotie is molded, its eyes has the signs of Chinese character, Taotie has long horn which connect nose downside and eyebrow upside together, its trunk and legs are made simple, with thunder and clouds pattern as backdrop, the whole figure has the flavor and characteristic of Shang and Zhou Dynasty. According to Mr. Li Xueqin, it should be a loop handle over the girl's head so that it's a special kind of Loop - handled You.

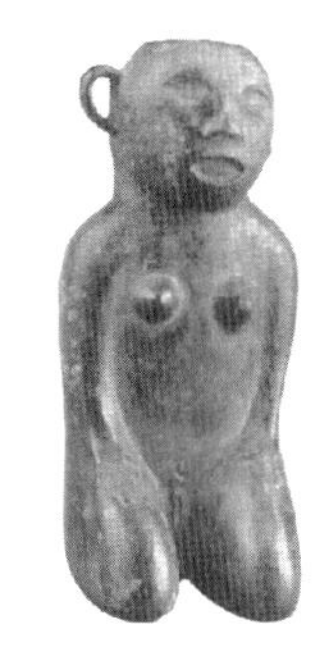

84. Bu with Kui Patterns

This Bu has tilted folded brim, and inward closing long neck. The wide belly takes on flat round shape, with the part near the base going inward. The high loop base is stretches slightly outward. The neck is decorated with two protuberant strings. The shoulder of the vessel is distributed with three protuberant beast - head - shaped handles. The two holes behind the two curling horns perforate through the hole in the mouth of the beast head, for fastening ropes. There is a circle of broad string pattern on the upper middle part of the vessel's belly, which separates the decorative patterns on the belly into two parts. Both sides of the three beast heads on the upper belly are decorated with a pair of Kui pattern. The lower belly and the loop base are decorated with three Taotie patterns made up by two symmetrical Kui patterns, with the ear of the beast head as the center. The mouth, nose, feet, and body of the dragons are decorated with thunder patterns. Cloud and thunder patterns are used as the foil beneath the main decorative pattern. This vessel is identical both in the shape and structure with the No.M232:R2057 Fou excavated at Xiaotun, Anyang of Henan province in 1973. It can be traced back to late Shang Dynasty.

85. He with Bird Pattern

The body of this vessel resembles that of Li. It has a tube - shaped beak in the front of the belly, and a beast - head - shaped handle at the back. It has wide mouth, erect neck, bulgy crotched belly, and three pillar - shaped feet. There is a semi - circle - shaped knob in the middle of the lid. A side of the lid and the upper end of the handle are installed with a small semi - circle knob, which used to be connected with a chain. The brim of the lid and the neck of the vessel are decorated with a circle of ornamental belt, which are decorated with symmetrical bird patterns, with the arris as the center Cloud pattern is taken as the foil.

Inside the ornamental belt of the brim of the lid, there are two birds with same head and body. One bird had long curling tail, while the other has not. The birds are in walking pose, with one claw in the front, and the other at the back. The birds have rounds heads and hooked beaks. The crest of the birds is in fork shape, with a short front branch, and long back branch. The back branch of the crest curls upward into spiral shape on the back of the birds. The middle part of the bird's body is decorated with an intaglio line, which becomes divergent in the front indicating the wings. The long - tailed bird's tail is made up of two sections. The first section is quite slender and takes on line shape. The other section is quite thick, with its end curling upward. Both the two sections have branches. The bird patterns decorated on the vessel's neck are all with long tails, the shape of which basically resembles that on the lid, which are all of mid West Zhou style.

86. He with Phoenix Beak

The body of this vessel takes flat round shape, with a beak in the front, a handle at the back, and a loop handle on the top. It has lid, square lips, erect neck, round bulgy belly, slightly restrained lower belly, and a small flat bottom, to which installed three feet. The lid and the body can be fastened like a snap fastener. The surface of the lid is appreciably bulgy, the center of which is installed with a sitting monkey with ring - shaped knob. The Panchi pattern on the lid takes on long tartan shape distributed in net form. The beak of the vessel takes on phoenix shape, and the handle takes on the shape of phoenix tail. The two ends of the loop handle take on the shape of tiger's head and tail, with the loop handle as the body of the tiger. The forefeet and rear feet of tigers are standing on both shoulders of the vessel. The two tigers are decorated with cloud patterns, with detailed roe patterns as the ground decoration. There are two rings installed to the ring - shaped knob on the vessel's back belly. There should have been another ring that can connect to the knob on the lid. The two wide overlapped string patterns separate the vessel's belly into three ornamental belts, which are all decorated with transformed simplified big bird patterns. In each unit, the bird head and body take on 'S' shape, while the crest and curling tail take on 'C' shape, which are quite rare. The heels of the birds are quite big. The shoulders of the legs take on half dragon shape in climbing position. In the tomb where this vessel was excavated, a bronze mirror, two pottery pots, a pottery Fu, a bronze handle of lacquerwork, and two stoneware handles were excavated at the same time. The shape and structure of these artifacts and tomb are all of late Warring States style.

87. Jiao He

The body of this vessel takes on flat round shape. It has erect mouth, bulgy belly, a beak, a handle, and three legs. It has a removable lid, which is connected with the body of the vessel by an axis. The lid bulges a little, with a small knob in the center, taking on the shape of two upward looking dragonheads connected by the lips. The round bodies of the two crawling dragons can easily form the knob. Around the knob is a circle of twisting string pattern. There are two layers of decorative patterns outside the knob, with a circle of protuberant string pattern in between. The inner layer is decorated with geometrical interlinked cloud patterns; the outer layer has a circle of narrow string pattern in the middle, each sides of which is decorated with the pattern of three simplified beats, made up by a row of four 'C' - shaped patterns and long narrow stings. The body of th vessel is plain without any decoration. There is a cast mark on th lower part of the vessel's belly. The beak of the vessel takes on bird - body shape, with the features, wings and claws expressed in intaglio. The handle of the vessel is low in the front and high at the back. It is hollow, and the end of which is decorated with a beast head. The legs of the vessel take on the shape of beast. So far, vessels of this kind were mostly excavated in tombs of West Han Dynasty.

88. Fou with Big-bird Pattern

The shape of this vessel is similar to that of a pot. It has a small erect mouth. The wide shoulder of the vessel slightly bulges. The lower belly of the vessel tilts inward. It has a loop base, the diameter of which is bigger than the mouth's. The lid looks like an overturned alms bowl, with a bridge - shaped knob in the middle. The lid is decorated with intaglio volute patterns. The shoulder is installed with a pair of knocker - holders with ring in the mouth ornament. One of the rings is lost. The upper belly of the vessel is decorated with a circuit of loop belt, in which six big birds are decorated. The big birds are looking backward, with the mouth wide - open, and a pearl in the mouth, the crest drooping down, the upward turning tail drooping down and curling inward. The crest of every bird merges with the tail of the bird before it. The eyes, wings, features, tail, and claws of the birds are all expressed by cirrus cloud patterns, the lines of which are smooth and graceful. The whole structure is harmonious and uniform, which is of the Warring States style.

89. Xiang Lei with Bird Pattern

The sections of this vessel's mouth, belly, feet all take on square shape. The mouth is outward open. It has arc shoulder, slightly opening tilted belly, high square loop base. There is an arris on the brim, belly, the edge and the middle of each margin of the loop base. The shoulder is decorated with two symmetrical embossed beast faces, the ears, mouth, shoulder, upper belly and each margin of the feet of which are decorated with a pair of phoenix patterns. The phoenix has high crest, pointed beak, upward curving wings, downward drooping tail, and erect big claws. The lower part of the phoenix is decorated with plantain - leaf pattern. With th side arris and central arris as the axle, the two opposite phoenix patterns form the Taotie pattern. The shape, structure, and decorative patterns of this vessel are of late Shang Dynasty style.

IV. Vessels for Holding Water

90. Yong Jar

This is one of the biggest jars in West Zhou Dynasty with broad opening, and slanting belly, inwardly drawn bottom, and slanting circle like feet. Two ears attached is connected directly with upper belly, and they curve to form an angle, two elephant heads are between the two ears on the belly, a circle of thick hoop is below the ears and trunk. The major pattern on the belly is leaves and beast body, on the neck and circle like feet are dragon and curving lines pattern, and the delicate thunder pattern is serving as backdrop.

A 122 Chinese character inscription is on the body of the jar, indicating the exact year, the people, and the affair.

The inscription is of 123 Chinese words as 'Yi is given the field of Shiyong by the highest sovereign, some people witnessing the ritual, they are Xing, Rong, Yin, Shisufu, Qianzhong, and earth charger, work charger, etc.'

According to the checking, Yi mentioned in the inscription is the man in the days of YiII's reign, the name of Yin is also popular in some inscription of late West Zhou Dynasty. The curving lines on the apparatus is popular in the late West Zhou Dynasty, the pattern of the characters is like Chengboti of Yi's reign, some are of late West Zhou calligraphy writing style, experts assume that it was made during the reign of Emperor Yi, while others assume it was made during the reign of Emperor Gong.

91. Bu Jar

The jar is thick and weighty, with broad opening and slanting belly, the low bottom part is drawn inward, and the feet are high steps like. Two ears are attached to the top belly; they are curving and are above the border of the jar. Between the two ears there are two trunks, protruding like a beast head. The main pattern is circle hoop like, with changing beast face pattern between the billow patterns; some kind of S pattern curving line is on the neck and circle feet, the two kinds of pattern are the characteristic in middle West Zhou Dynasty.

On the belly there is a 49 - character in scription which tells the story of Pu who is given the poter to charge daughter of Liao, Liaoxi, and this story just testify the documentary story about slaves of Xi in the period of Zhou, having a very valuable worth.

92. Plate of Lǚ Fu Yu

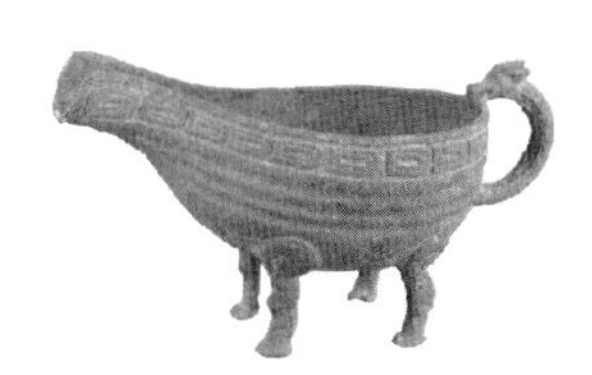

The plate is thick and weighty, with flat border and square, shallow belly, both ears are above the border of plates, circle like feet is turning outward. Two beast heads are attached to the front and back of the belly. Two dragon patterns could be seen on the left and on the right. The body is very long, with head turning backward, the middle ridge is bulging, the cap is dropping and tail is curling upward, and the end of tail is parting. String pattern is carved around the circle like feet.

Six lines of sixty - seven Chinese characters are carved below the belly.

This kind of jar is similar with those made during the reign of Emperor Li, while two ears closely attached to the body is mainly seen during the reign of Emperor Xuanyou, the calligraphy pattern is of some of late days. Inferring from what we see above, the time of this jar should be the first part of West Zhou, not beyond the later days of emperor Yi.

93. Yi with Circle Pattern

The body of this vessel takes on the shape of a ladle, with the curving lines goes upward, deep belly, round bottom, with half circle Ban, four flat feet is below. Ban has the shape of twisting dragons, which has thick eYibrows, and round big eYis, the two horns are protruding outward, with two ears turning backward close the body, it is imagined to take the water, the tail is touching the bottom of it. Circle pattern is decorated around the border of open mouth and Liu; three circles of lines are carved on the belly. On the belly is vertically carved six Chinese characters, this is like Zonghong Yi(Archeology, 1979 second issue) excavated at Lantian in Xi'an city, both in shape and pattern, the time is later West Zhou Dynasty.

94. Yi with Pan and chi Pattern

Yi is taking the shape of ladle, the bottom is curving upward, the front of Liu is curving onward with deep round belly, the bottom is flat, with half circle like Ban behind, four flat feet are set below. Ban is like a beast head reaching for water, with big eYis, two ears are vertically made in triangular shape. The body is covered with eYis and clouds patterns. The border of opening, around the Liu and on the feet are decorated with Liu and Pan dragon pattern, the lines are curling, no pattern between, the body is covered with square clouds and S pattern, with no definite head, horns of tail. The kind of Panchi pattern was prevalent in the days of Spring and Autumn period.

95. Plain-faced Yi

The body is rectangle like, with narrow Liu, the border of which is drawing inward. It has slanting belly, and flat bottom. The whole making is light and delicate, fine and simple.

From Han Dynasty, the usage of it became different from that of Qin Dynasty. According to Origin of Chinese Characters, 'Yi, like soup ladle, the handle of which has a hollowed line for pouring down of water and wine,' So, Yi can serve both as wine container and water container. Some same time gold gilded bronze jar is with wine inside, Yi without plate discovered, indicating that the Yi serves for containing wine.

96. Shanglin Jian

Nine pieces have been excavated with same size and type. They are all weighty and thick, with flat opening and folded opening, the belly is round and deep, with String patterns on it, the lower part of belly is drawing inward, and the bottom is flat. Only one is carved with bird pattern made at the third year of Hongjia, others are not carved, or inscribed. Every piece has Li style calligraphy Chinese characters carved outside.

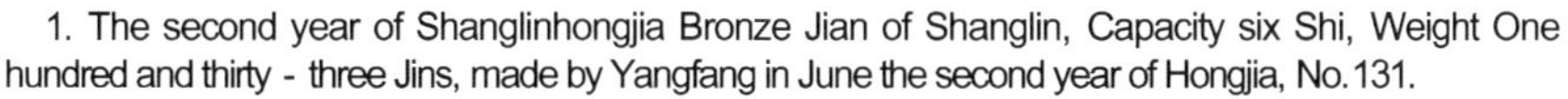

1. The second year of Shanglinhongjia Bronze Jian of Shanglin, Capacity six Shi, Weight One hundred and thirty - three Jins, made by Yangfang in June the second year of Hongjia, No.131.
2. The second year of Shanglinhongjia Bronze Jian of Shanglin, Capacity six Shi, Weight One hundred and thirty - two Jins, made by Zhouba in June the second year of Hongjia, No.150.
3. The third year of Shanglinhongjia Bronze Jian of Shanglin, Capacity five Shi, Weight One hundred and thirty - two Jins, made by Huangtong in July the third year of Hongjia, No.33.
4. The third year of Shanglinhongjia Bronze Jian of Shanglin, Capacity five Shi, Weight One hundred and five Jins, made by Zhoubo in July the third year of Hongjia, No.14.

5. The first year of Shanglinyangshuo Bronze Jian of Shanglin, Capacity five Shi, Weight One hundred and thirty Jins, made by Yangzheng in Sep the first year of Yangshuo, No.10.

6. The fourth year of Shanglinyangshuo Bronze Jian of Shanglin, Capacity five Shi, Weight One hundred and twenty - five Jins, made by Zhoubo in May the fourth year of Yangshuo, No.82.

7. The third year of Shanglinchuyuan Bronze Jian of Shanglinyuzhangguan, Capacity five Shi, Weight ninety - nine Jins, No.495.

8. The third year of Chuyuan Capacity one Shi, Weight ninety Jins, No.660.

Those inscriptions above tell the place, content, weight, time of molding and name of craftsman, and number of each one. Shanglin is originally the garden of old Qin Dynasty, and was extended by Emperor Hanwu, which has seventy separate blocks, such as Yuzhang sight in the lake of Kunming. And inferring from the inscription, those bronze utensils above are made for the Palace of Shanglin, in the two pieces, one in the third year of ShanglinChuyuan is made for sight of Yuguan, another was not clearly indicated, but they were discovered at the same time with other utensils, thus belong to bronze ones of Shanglin undoubtedly.

97. Man shaped feet Xi

It is more like a basin, with flat opening, and folded border, the belly below is opening outward, it has round bottom with circle like feet attached. The holding part take the shape of a man, the whole body is covered by crossing collar and short robe, two arms on the waist, standing straightly, Xi is on the head and shoulders of the man, thus the man is staring with long eyebrows with hard labor. The large Xi is on three people's bodies, and their eyes, noses and mouths are taking a look of suffering hard labor, the picture is very delicate and touching. This kind of Xi is prevalent in the late West Han Dynasty.

98. Xi of Fourth year of Chuyuan

The opening of Xi is opening outward, with folded border, the belly is deep and round, with upper belly protruding, and low belly drawn inward, the bottom is flat. A circle of thick hoop with string pattern is carved on the upper belly, with a circle of thick hoop is molded in the middle part of it. The front part of opening is carved with two Chinese characters; on the lower part of the thick hoop, twenty six Chinese characters are carved, indicating the year, the weight and craftsman's name. This kind of form is often seen in the West Han Dynasty.

99. Goat Pattern Xi

It is arc like, with the opening turning outward, the belly is protruding and turning inward below, there is a sunken circle in the middle of the belly, a circle of folded hoop is on the border, the corresponding bottom is protruding like a flat feet, around which are three lines of string pattern. Beside the belly there is a pair of knocker - holders. In the bottom there is a goat pattern, which is fat and big, grass in the mouth, and it is walking between rocks and grass on the mountain, S pattern clouds are decorated upside and backside. The pattern of goat is taking the meaning 'auspiciousness', meaning great luck.

100. Fuguichang Xi

The opening is turning outward and broad, the belly is deep and the waist is protruding, with flat bottom. On both sides of belly, there are two layers of overlapped broad string patterns. On the belly there is a circle of two layers String pattern, the pattern is protruding in the middle. The rectangle like blocks are below the belly, in which are molded with six Chinese characters in Han style calligraphy. This kind of inscription is prevalent on some bronze utensils of Han Dynasty.

101. Juan

Juan is taking the shape of a basin, with folded thick belt around the opening, deep belly is slanting made outward, the bottom is flat, circle like feet is made below it, and the end of feet is connected with belly. The whole body is simple with no pattern. Two inscriptions could be seen on the outside belly, one is fourteen Chinese characters inscription, indicating the place, content, and weight. Another one is five Chinese characters inscription, indicating the number. According to the inscription, this utensil is taken by Palace of Zhaotai of Shanglin Garden as bronze Juan for kitchen. The Palace of Zhaotai sometimes is for empress or dethroned one. The empress of Emperor Hanxua was enclosed in this place.

This utensil is named Juan by its own inscription, which is completely different from common Juan, and is rarely seen.

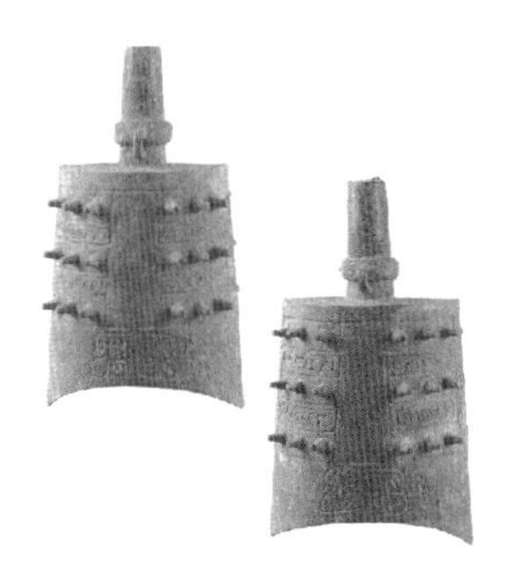

V. Musical Instruments

102. Yong Bell

The body of bell is very long, and is cylinder like with small upside and big downside, on which Xuan and Gan are set. Between Zheng, Zhuan, and Mei there are lines, and Mei has a flat top. The part of Zhuan has the clouds pattern, and each pattern is made of angle like clouds facing each other. The part of Sui has crossing thunders decorated on it in the front and at the back, each foot has a pair of T pattern, this kind of pattern is one of the characteristics in the late West Zhou bronze bell patterns.

103. A Chime of Bells

The set has five pieces, which all have the same shape and size. The figure is thick and long, the lower part is fat, above the middle part it is thin, two Xians have the shape of curve. Zheng, Zhuan, Mei all have bulging patterns on them. Mei is a kind of knot like pattern.

Chime of Bells is made of a series of bronze bells from big ones to small ones. Till now the earliest set of chime is excavated in Changyou tomb Pudu Village, Chang'an County, and Rujia Tomb in Baoji City, the time is middle West Zhou, three pieces a set, eight pieces a set in the late West Zhou, in the East Zhou there is fourteen pieces a set, in the Zenghouyi Tomb found in Suizhou City, a chime which has sixty four pieces is found, the time is Warring States. Bell originated in the middle part of West Zhou Dynasty, and is one of the most important musical instruments in mourning the ancestors and celebrations till Spring and Autumn and Warring States. The Chime of Bells are usually set according to the sizes on the wood frame, to be struck for sound.

This set of Bells is of five parts, small and light, this form is only seen in the Warring States.

104. Dragon Pattern Button Bell

Hollowed two dragon pattern button, the head of dragon is facing each other, with mouth open, the horn is bending backward till joining with the dragon body, the body is curving, and the two front feet is forming a square hole, the back feet is standing slating, the tail is dropping naturally, and the tip is rising upward. The head and the legs are all decorated with grain patterns, the back and tail of dragon is decorated with fish scale patterns, and some geometry pattern on the later part of dragon. Zheng, Mei, and Zhuan are all connected in rope made blocks. On one side it said 'Yingzhong ', on the other side it said 'Dahe', they all follow the pattern of Zhuan. On both side of Zheng, there are two lines of Zhuan pattern characters, they separate Mei into three columns, each column has three bugling knot. The border of Wu, Zhuan, Gu and rope pattern block is curling hair like, beside Zheng and Gu, it's simple and clear.

VI. Weapons

105. Curving Dagger-axe

Yuan has the shape of long bull tongue; the middle is a little bulging, with Lan both up and down. In the front of Nei, there is a little round hole, with the later part bending downward. On the both sides of Nei, there are same kinds of Kui Dragon pattern.

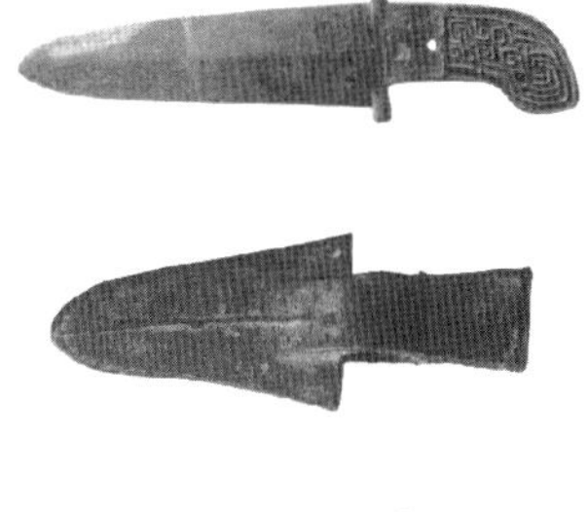

106. Qiong Dagger-axe

The Yuan is bull tongue like, and it has a bulging ridge in the middle, the section of holes in Nei is oval like, and later part of Nei is flat.

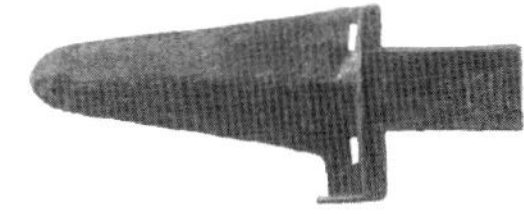

107. Shan Character Pattern Dagger-axe

Yuan is bull tongue like, and the middle ridge is a little bulgy. There are two Chuan beside Lan. The Hu is short, and there are thorns pointing from Hu. There is a rectangle plate in the later part of Nei, with a Chinese character inscribed there, meaning mountain.

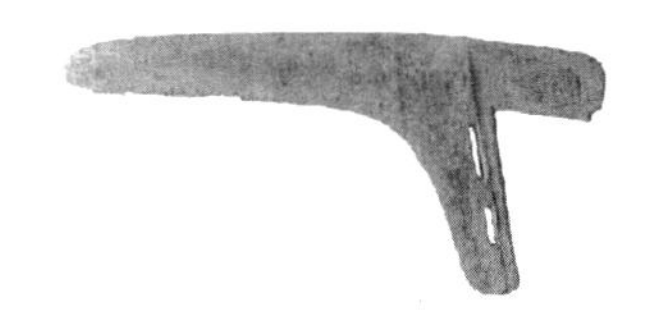

108. Youhu Dagger-axe

The Yuan is long and curving, with a bulging ridge in the middle, the edge is curving inward, means it is forming a round, two Chuan on Hu is a little long. Nei is a little curving downward, and taking a view of rectangle, some thorns could be seen at the back, as well as some fillister.

109. Straight Dagger-axe

Yuan is broad and a little curving, with a blunt pointed top, bulging in the middle, Lans both upside and downside are bulging too. Nei is square like, with a Chuan in the middle. Yuan is decorated with triangle formed by cicadas and whirlpools patterns, and a rhombus pattern is curved in the middle, with beast head like thing as side Lans. At the back of Nei, there is a circle of rectangle fillister, and there is a pair of half beast face patterns in the fillister, the two can form a complete beast head.

110. Dagger-axe with Bird Pattern

The body is light and thin, with straight Yuan and curving Nei. Yuan is a little broad, the pointed top is sharp, and the middle ridge is not so apparent, the upside Lan was damaged, the downside Lan is bulging, the lower part of Nei is curving, and hollowed like a bird, and the delicate lines of two birds pattern is not same.

111. Dagger-axe with Beast Patterns

The back of Yuan is curving, with the edge forming a circle. The later part of edge is forming an arc with edge of Hu. On the short Hu there is a single Chuan. Lan could be seen on the top and below. Nei is a flat round like rectangle, the angle is pointing inward, a fillister is on upside border, and three fillister could be seen on another border. At the end of Yuan, a relief like beast head is decorated there, Chi dragon like tongue is reaching out of the beast head, and the horn is bending as side Lan.

112. Fish Bone Pattern Short Hu Dagger-axe

Yuan is short and broad, Hu is short and square like, the side Lan is running from edge to the end of Hu, two Chuan could be seen beside Lan, and a round Chuan is in the middle of Yuan. A beast face like pattern is seen at the back of Yuan, a bull head is in the front, the head is bulging outward to the pointed top of edge, beside the ridge there are five pairs of fish bone patterns made of thick curving lines, around which two lines of pearls string patterns; the part of Hu is decorated with Kui dragon pattern. Nei is rectangle like, in the middle of which is decorated with depressed plate fish bone patterns. All the major patterns is using S like cloud pattern as background.

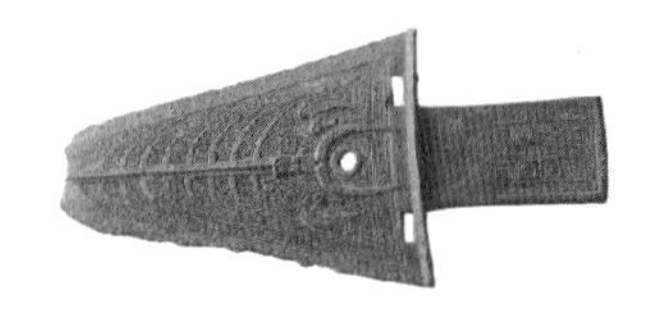

113. Bull Head Pattern Triangle Dagger-axe

Yuan has the shape of triangle, the front edge is blunt, the middle ridge is narrow and bulging, a round Chuan is at the back, two rectangle Chuan could be seen beside Lan. At the back of Yuan, a bull head is decorated there, two horns is forming a U upward, the bull face is rectangle like, two ears are slanting aside, with two rhombus eyes, two little whirlpool like whole indicate two nostrils; beside the bull head there is a pair of flying birds; in the front of bull head fish bone pattern is on it. The thunder pattern is used as background for major patterns. On the face of Yuan, a circle of lines is formed with three lines of pearl string. At the back of Nei, four square pattern S - shaped signs are used for decoration, beside which, in the middle and at the back two lines of pearl string is filled there.

114. Dagger-axe with Ji Character

Yuan is narrow, with a bulging ridge in the middle, Hu is a little long, the side Lan is narrow, thin and bulging, in the front of Nei there is a rectangle Chuan. On both sides of Nei the same kind of pattern could be seen, three short horizontally lines is beside the Lan, and the other three lines is forming the shape of the letter C, below which an angle is rising, like a bird. A Shu character 'Ji' is inscribed on the part of Hu.

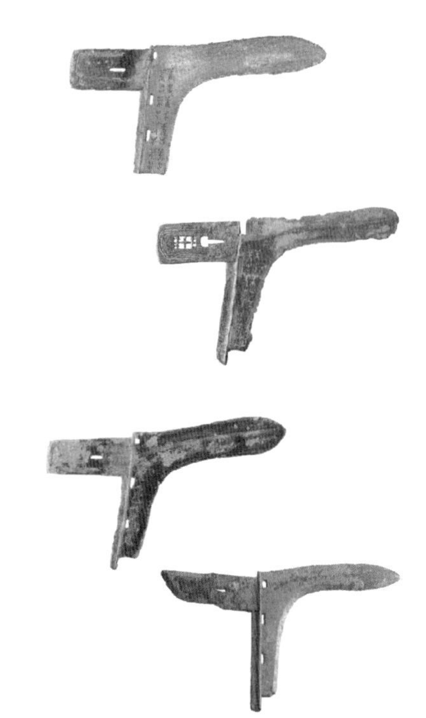

115. Dagger-axe with Ji Character

Yuan is long and narrow, with a bulging ridge, the waist part is drawing in, and the front edge is blunt. Hu is long, and there are three Chuan lin Lan; the front part of Nei has a ⊥ pattern Chuan, behind Chuan in the Nei of the rectangle, there is a hollowed cross in the middle, like railings, the hollowed pattern has three sides with three lines of C pattern, a diversion is raising from the angle. A Shu characters 'Ji' is inscribed on the part of Hu.

116. Goat Pattern Dagger-axe

Yuan is a little tilting upward, ridge is forming in the middle, and three Chuans are seen on the middle of Hu, a Chuan is forming in the middle of rectangle like Nei. On one side of Hu, the pattern of four shadow play like goats is decorated there. On the surface of Nei is twisted birds pattern.

117. Yueyang Dagger-axe

Yuan and Hu are narrow and long, no ridge is formed in the middle of Yuan, three Chuan is in the near side of Lan, Nei has the shape of rectangle. Three sides of Nei all have edges, a

Chuan is forming in the middle of Nei, two Chinese characters '高武' are inscribed on one side and '栎阳' on the other side.

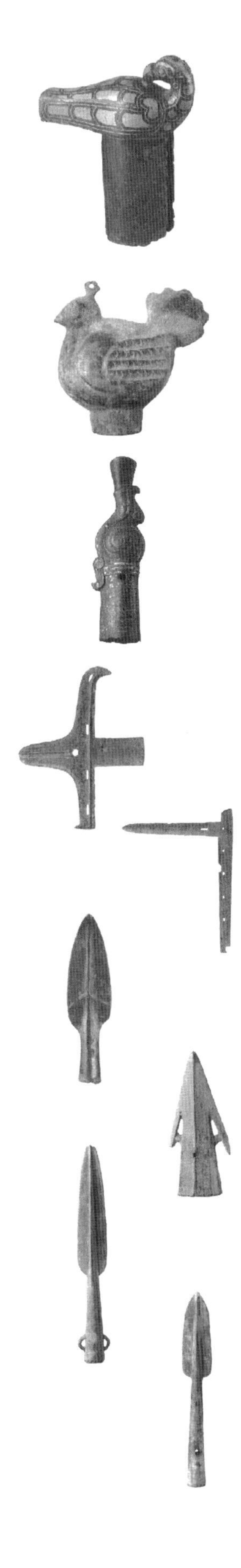

118. Silver Gilded Dagger-axe Cap in Turtledove Shape

It is shaped like turtledove. The patterns on it indicate feathers, long tails, the figure is naturally made like real one, delicate made. Turtledove is sitting on the plate, which is a rectangle column, pipe like; Mi could be set into it for fixing. Inside the plate, eleven characters inscription could be seen, indicating the time.

In archeological discoveries, this kind of utensil is always found out with dagger - axe and Zun in some tombs of Warring States and Han Dynasty, and the cap is always put on the dagger - axe, serving as cap decoration on Mi of dagger - axe, on the other end of Mi, Zun and Dun could be found, in the same style with the Cap. The already found gold or silver gilded turtledove dagger - axe cap is mostly found in the tomb of Han Dynasty, the cap in the Dynasty of Han is shaped both turning back or pointing outward, no patterns.

119. Bird Pattern Dagger-axe Cap

The body of bird is flat and round, silently sitting and neck twisted, two eyes is carves, on the top of head vertically made flat cap is on it, a round hole is on the cap, two wing is drawing to the belly, tail open outward. The body of bird is hollow, below which a short round barrel is used to wrap Mi. this kid of dagger - axe cap is always seen in the period of Han.

120. Dagger-axe Dun with Bird Pattern

The body of Dun is cylinder like. On the surface there are gold gilded flying clouds pattern; till the middle it is turning into bird pattern, feathers are indicated by gold gilded cloud pattern; the lower part take the shape of awl, and is decorated with triangle pattern, the lower part is a little bulging. The section of Qiong is a little like almond. Inferring from the hole of Qiong, the section of Mi is also like this, this for the holder to take with right sense of direction.

Dun is a kind of attachment to long stick weapons, and it is set at the end of Mi handles. In the ancient times, soldiers have the habit of inserting Dun on the ground, thus the end of which is made sharp or flat.

121. Knife and Dagger-axe Mixed Ji

The whole part of Ji is a long knife with pointed tip tilting upward, in the middle part a Yuan is deriving, a flat and straight Nei is corresponding with Yuan. In the middle of Yuan a bulging ridge is seen, behind which is a round Chuan, side Lan is between thorn end and Hu, four Chuan is beside end of Hu. This Ji is a mixture of knife and dagger - axe, which are taken as a whole and fixed on a wood Mi, for catching and killing.

122. Bu Shaped Ji

The thorn of Ji was damaged. Yuan is long and narrow, the ridge is flat, and it is the same narrow with Cong, the front edge is drawing into a point, in the near side, a Chuan is on it. The part of Hu is long and narrow too, below it a short bulging, the outside part is edge, and inside part is Lan, in which are five Chuan.

123. Willow Leaves like Spear

The spear has the shape of a willow leave, the edge is broad, and two sides is curving downward, the middle part is made into a ridge, Jiao is flat round and hollow.

124. Inverted Thorn Spear

Spear has the shape of flat triangle, the slanting edge is pointing onward, the section is rhombus like, the middle ridge is bulging; behind the two sides are inverted thorns, and some short columns are connected with Jiao; no border between Jiao and ridge, hollow inside for inserting Mi; Chuan is made on Jiao, for the purpose of hammering nail to fix Mi.

125. Long Jiao Spear

The spear has the shape of willow leave, which is longer, the two sides are curving downward, the long Jiao is pointing to the point, and the near side of Jiao end has double fastening rope.

126. Long Jiao Spear

Edge is broad and short, while the long Jiao is pointing to the point, the near edge side of Jiao is narrow and bulging, and some vertically made holes are on the up part of Jiao, for the purpose of fixing with nails.

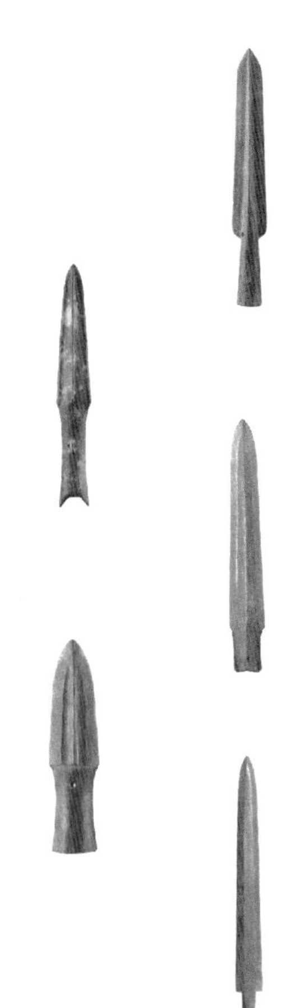

127. Long Edge Spear

Jiao is connected with middle ridge to the point of edge, the two side of ridge is like an arc, two sides are narrow and long, the front edge is sharp. Chuan could be found between Jiao on the edge, for the purpose of fixing.

128. Depression Jiao Spear

Jiao is connecting with middle ridge and is reaching together to the edge point, the both sides of ridge is a little depressed, with narrow point. A single button could be seen on Jiao, the end of which is depressed.

129. Broad Jiao Hollow Spear

The body of spear is broad and thick, the edge point is sharp, the middle ridge is straight, short Cong and broad E, on one side there is a round Chuan, olive shaped hole of Qiong is reaching the near edge.

130. Broad Jiao Spear

The body is thick and broad, the middle part is bulging, its both sides have fillisters, the edge is broad; Jiao is broad, the waist is drawing inside, with holes on it, the section take a look of olive shape. The spear is hollow inside, from the mouth of Qiong to the near edge point.

131. Flat Stick Pi

The body of Pi is like a sword, with slating Cong and edge, the ridge is flat with flat stick. While using, a long wood handle could be fixed on it.

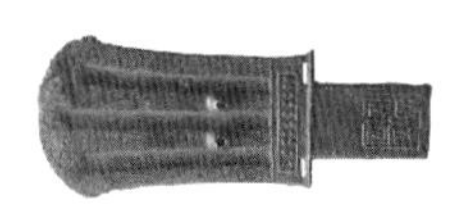

132. Yue with Fillister

The body is taking the shape of rectangle, and is drawing inside on the waist, the edge is curving and turning outside, two Chuan could be seen below Ben, between Chuan there is a side Lan, below which in the rectangle block two lines of button like nails are on it. Nei is straight, on both sides of Nei clouds pattern are seen. On the both sides of Yue is molded three lines of broad fillisters, two pairs of Chuan holes are set on it, the border of holes are bulging.

133. Round Hole Yue

The body is taking the shape of sqare, with narrow waist, the edge part is curving and turning outside, below Ben is two long Chuan, between them a side Lan is set there. Nei is rectangle like. In the middle of Yue there is a big hole.

134. Beast Face Pattern Yue

The body of Yue is a vertically set rectangle, with edges on both sides, the upside is oval like Qiong, on both sides of Qiong a kind of piling lines pattern are on it, on the top of Qiong is a flat square figure. On both sides of Yue a beast face pattern is decorated there, the feature is separated, such as eyes, eyebrows, and ears, the body is connected with nose and parted form tail, the side of eyes is long, eyebrow is arc like, ear take the shape of half circle, the nose and tail have the shape of curling clouds, above the beast a Ren character pattern is indicating the shape of the top of head.

135. Button Nails Pattern Yue

The body of Yue is taking the shape of rectangle, the two sides are parallel, edge part is curving, below Ben are two long Chuan, between Chuan are side Lan, below Lan in the rectangle block two lines of button pattern is set there. The Nei is rectangle like. In middle of Yue, there is a big hole, on the border of which is triangle like thick belt.

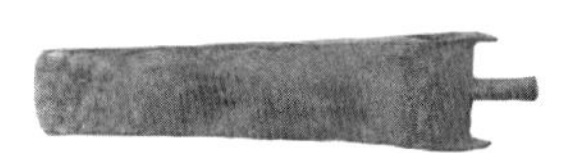

136. Axe

Axe has the shape of rectangle, and is broad upside narrow downside, with two edges and edges and a horizontal oval like hole. In the middle of upside, there is a round column, and two sharp fangs are deriving from the two shoulders.

137. Curve Shape Axe

The axe has the shape of a rectangle; two sides a straight, with two side edges decorated with two circles of button patterns. In the middle of top hole there is a flat column, below which two buttons are set on both sides.

138. Axe

The body of axe is oval like, with two arc like edge, the upside is oval like hole. On top of the hole there is a short square column, a bridge pattern button is set on top of back part. On the body of axe, which has the square hole, on both sides of which parallels triangle like characters, the signs on upside and downside of the pipe of hole is very apparent.

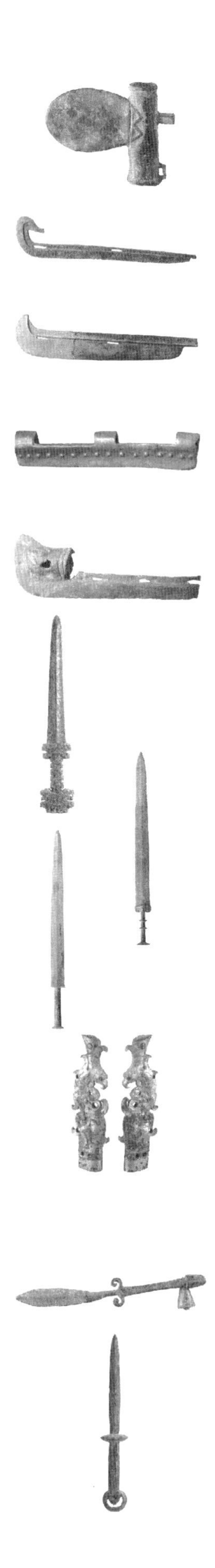

139. Curling Knife

The body is long and narrow, with the pointed tip turning backward, to wrap the top part of Mi, two horizontal Chuan are on the ridge of it.

140. Tip Tilting Knife

The body of knife is narrow and long, the tip is curling upward, to be against the front part of Mi, the back ridge and Lan is going together from the handle to pointed tip, flat long horizontal Chuan is below Lan.

141. Knife with Long Blade and Three Holes

The body is straight, with three holes on the ridge, near which there is one lien of button patterns. The back of the knife is drilled with a flat pipe, which is cut into two parts, thus forming a kind of three arc bridge pattern holes.

142. Knife with a Hole

The back part of it is damaged. The front part of knife is curling upward, with flat round hole on the back. On the surface of it, is a beast face pattern decoration, with two round Chuan on both sides, three Chuan holes are on the knife ridge. The handle of the knife, fastened with Mi, is inserted into hole on the top. Nails are hammered in to the Mi, and then fastened to Chuan.

143. Pan and Qiu Dragon Pattern Sword

The body of sword is short but broad, a ridge is bulging in the middle, with sharp edge, the Ge, Jing and Shou of sword are joined together, and are decorate with relief like Pan and Qiu Dragon pattern, the eyes of Pan Dragon is decorated with Song stone, yet had lost in the history.

144. Beast Face Pattern Sword

The body of sword is long and narrow, and the ridge is straight, with slanting and broad Cong, the front E is going slowly narrow. On the body fillister can be seen, on which shovel back pattern beast face is carved, on the round Jing are two thick round belts, the handle of sword is taking the shape of a trumpet.

145. Narrow Ge Sword

The body is narrow and long, in the middle there is a ridge, with a slanting and broad Cong, the front blade is going narrow to the end, the round handle has no belt, hollow inside, and the end of handle can be folded into a round end like.

146. Birds and Beast Pattern Handle of Sword

Two pieces are found, with same type, size, and weight. The whole part is like a rectangle, with a eagle head pattern on the top, below is a beast sitting with six paws. The eyes of eagle and cap are decorated with colored glaze and Song stone, gilded all over the body. The downside part has a flat Qiong, on the side of which a hole is drilled to hammer the nails in fixing Mi. In the excavation of the tomb of Madam Cao Dongyuan Village Anhui Province of Han Dynasty, a same kind of sword handle is on the warrior's sword.

147. Bell Fastened Dagger

The body has the shape of willow leaf. The ridge is bulging in the middle, goat horn like Ge, flat handle, the end of which is snakehead shaped. The mouth of snake is open, with two eyes hollowed, two eyes and jaw depressed. The back of handle has two bridge pattern buttons, at the near end bell is fastened on the button.

148. Circle Headed Dagger

The dagger is short and small, edge is curving and slowly drawn into a edge, the ridge is made in the middle, with flat Jing slanting in two sides into a thick belt, the end of handle is double half circle, for the purpose of fastening rope.

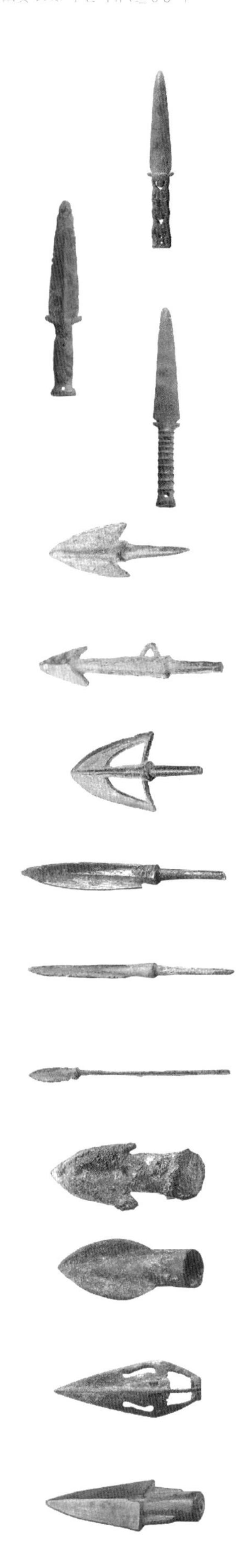

149. Tiger Pattern Dagger

It is willow leaf like, the ridge is a little bulging with short Cong, two E is drawing in the front to form an edge, Ge has the shape of Chinese character '八' , hollow inside with flat square handle. On both sides of handle there are same hollowed tiger pattern, with strip like pattern on each tiger.

150. Button Nails Pattern Dagger

The dagger has the shape of triangle; the ridge is connecting with handle in the middle. Jing is flat and round, a circle of button nail pattern is seen in the front and at the back, the buttons are forming a triangle with six of them, triangle crossing with each other, the end of handle is shaping like a trumpet.

151. Xuan Pattern Dagger

Two slanting edges are drawing inward, with front blunt tip, and '八' Chinese character pattern Ge. The handle is round and flat, with some parallel bulging string patterns on it, a pair of holes is made in the front and at the back for fastening the rope.

152. Two Wing Zu

Two leaves are deriving from both side of the ridge, they are forming a pointed tip in the front, and some inverted thorns are made at the back. This kind of Zu has rhombus like ridge, with thin wings open outside, the side blade is tilting outward, Ting has the shape of a awl, it has the characteristic of bronze Zu in Shang Dynasty.

153. Single Ear Zu

The body is short and small, with rhombus section, and two wings is turning backward. Ting is round and long, and is parted into two parts, thick in the front and thin at the back; an half - circle - shaped ear is at the front.

154. Hollowed Zu

The body is flat and broad, with two wings open outward, the middle ridge is forming, with round Zu thick in the front and thin at the back. The back parts of two wings of Zu are hollowed.

155. Three Wing Zu

It has a round ridge with three wings, three wings are forming an arc and are drawing into a pointed tip, each is 120 degree from the other, in them a fillister is formed, with short back edge. It is a three edge Ting.

156. Three Wing Zu

The body of Zu is thin and long, with extremely narrow wings, no back edge, the ridge is short and Ting is like a three - edged awl.

157. Three Wing Zu

The body is short and small, on the round ridge there are three narrow wings, ridge os forming from Ben. It is a king of three - edged Ting.

158. Three Wing Zu

The ridge of it has three wings, with short back edge. The ridge is forming from the Ben, the original steel Ting was damaged, which is formerly inserted in the ridge.

159. Three Wing Zu

On the ridge of Zu, there are wings, the wing are forming an arc and is drawn into a pointed tip, the first part from Ben is short, hollow inside, and have tracks of wood (bamboo) Ting.

160. Three Wing Zu

On the ridge of Zu, there are three hollowed triangles, the three wings is forming a triangle, and are also pointing to the tip. The surface of it is hollowed. At the back, three wings are drawn into a small circle, the middle of which is pointing the middle of the ridge.

161. Triangle shape Zu

The body is taking the shape of a triangle, with two blades. The horizontal section is rhombus like. In the hollow ridge there are remains of damaged ores.

162. Silver Gilded Crossbow

The implements on crossbow are complete, including Wangshan for aiming, Ya for plucking bowstring, and Xuandao for pulling the button into Kuo, with Shu. On the surface of crossbow, Ya and Wangshan some golden and silver flower pattern are seen on it. An arrow fillister is carved on the body of crossbow, an arrow is decorated in the middle of the up fillister, a pair of wild geese, clouds and hills pattern are set on the both side; the surface of crossbow is covered with mountain and clouds pattern, beast and birds pattern are ser in between; both sides of Wangshan is decorated with mountain and clouds, on the side edge is S pattern cloud and triangle like geometry pattern; the front of Ya is decorated with S like cloud pattern, the outside is decorated with beast like pattern. All the patterns are expressed in a way of gold and silver gilding, the lines are delicate and fluent, gorgeous and magnificent, still flowing and shining through two thousand year.

163. 17th Year of Yanxi Crossbow

The structure of this crossbow is like the former one, but the size is much bigger. On the right side of Kuo four lines of Li pattern calligraphy in 34 character indicates the exact time, prosecuters' name, and weight. According to the inscription, this crossbow was made by Li Jiongye in 254 A.D.

164. Bow like Apparatus

The apparatus is flat oval like, broad in the middle and narrow in the end, arcing upward, in the middle of which there is a round bulging button, the end of which has a bulging circle; the both sides of bow has two arcing arms. The top of two arms is fastened closely with Mi of cow. At the end of this arm, there is a decoration of bell.

VII. Wheels, Horses Appliances

165. Leaves and Dragon Pattern Wei Tiger Head Pattern Xia

Wei has the shape of ling pipe, turning thinner from inside, and closed outside. There are two triangular shaped holes vertically set on the inside part, while a pair of small holes are set on the middle part forming a right angle. The two sides of the holes of Xia has the pattern of animal of Kui, which has a big head, short body and a tail, the background is pattern of ground, cloud and thunder. A kind of leaves pattern is decorated around, while each block has two Ding character pattern decoration, in the middle part are two diversion from two different sides, ground pattern is below the pattern of cloud and thunder, as decoration of thin line downside. And the tow major patterns mentioned above are all decorated with a shadowed line. The closed side of Wei has the pattern of embossment dragon.

Xia has the shape of a flat triangular, and it can b fitted into the holes of Xia; the former has a irregular hole for the purpose of fixing peg; and its upside has a shape of tiger head, the tiger ears has a pair of triangular holes.

This set of axis - based pattern is always seen in the early days of West Zhou, the pattern of Kui Dragon is regarded sas also one of the characteristic of the time.

166. Wei with Thunder Pattern

The body of Wei is thick and short, the top is hollow, the inside mouth is wider than the outside mouth, the inside mouth end has a kind of thick circle, Xia holes are drilled in the inside part. The body of Wei is decorated with the pattern of thunder. An S like cloud pattern is decorated along the major line, each block is parted by thin line.

167. Pipe-shaped Wei

Wei has the shape of a pipe, the top is completely hollow, which goes slowly open like a horn, on which you can see the Xia holes and two circles of thin lines, on the end of the horn, a thick circle of round pattern is set, whole another circle of curved line is set on it.

168. Tiger-shaped Xia

Xia has the shape of a triangular, which could be inserted into the hole of Xia. The top of Xia is decorated as a tiger, which has the distinctive line. Two holes are drilled both on the topside and downside, which is prepared for peg. On one side, two lines of inscription composed of about seven Chinese characters like '卌 六 年, 禾 工, 工 免' indicating the exact year. Judging from the shape of the tiger and the content of the inscription, this Xia should be made in the Warring States.

169. Dragon-shaped Wei On Wheels

The interior part of Wei is shaped like a pipe, the rear part flatting outside, whereas the exterior part is carved like a dragon, which has tilting lips, and flaming eyes, the only horn is parted at the back of it, hair is growing on the neck part, the mouth part is leading to the body of Xia. Wei is

hollow inside, with the whole body covered with gold.

This Wei decorated with the image of dragon has the characteristic of Tang Dynasty; the dragon is carved in a way of glorious and glowing with gold. In the ancient china, dragon is one of the symbols of extreme power of royal family, especially in the Dynasty of Han and Tang, only the things emperor used could be decorated with dragons, thus inferring, this dragon pattern decorated Wei is the decoration for royal wheels.

170. Long Pipe-shaped Heng Decoration

It has the shape of a long pipe, but the two end is not complete like it was made at the past, on the body there are ladder shaped dots. On the exterior parts, two metal circle is used to fasten the E.

171. Zhong with Kui Dragon pattern

The front part is like a pipe, while the rear part has a curved line around it. The side of pipe is a little like a ladder, on the outside two Kui Dragons are facing the opposite way, the Kui Dragon has big head, short body, and a curling tail, the body is parting at the back, besides the pattern of Kui Dragon, the rest is decorated with pattern of clouds and thunder. The curved line has the shape of broad upside narrow downside, with triangle like patterns decorated outside. The front part of pipe is wrapping the Zhong of Yuan, with the later part is wrapped in the Zhen. The same kind of Zhong decoration is seen in the pit of Yin Tomb, number M7 the west part, and it is made in the late Shang Dynasty.

172. Both Sides Hollowed Luan Ring

Luan can be seen as two parts. The upper part is ball shaped, which has pills inside, the ball is hollowed out, and it has a very thick belt, on which hollowed holes are set, four holes upside, two holes downside; the down part is a plate stick to the ball, the plate has the shape of a ladder, the section is a rectangle, the four side lines are made bulging, while the middle of four sides has a bulging line, at the rear of each side there is a cubed hole.

173. One Side Hollowed Luan Ring

Luan has two parts. The up part is a oval - shaped ball, which has in it, the front side of the ball is hollowed, and a thick belt is made for it, on the belt there holes. The back is a oval - shaped ball and there is a triangular hole on it; the down part is a ladder shaped plate, the front part broad while the other part is narrow. The front and the back side both has bulging thin lines, while both sides also have long bulging signs, and some hollowed holes can be seen on the four sides.

174. Xian

Four pieces, they are of same size and shape. Xian is made with two ∞ shaped involved circles, they are of same size. This kid of Xian could be seen in the pit of Dynasty of Yin, and pit late West Zhou.

175. Xian

Two pieces, they have the same size and shape. It is made with two parts, the two ends are made into round shape, the joining part is shaped like a triangular with a curving side, among which one part is foded to form a right angle. The same kind of Xian could be seen in the discoveries of Shangling Village M1617:77A1 (Shangling Guoguo Tomb, Science Publishing House, 1959), the period is in Spring and Autumn.

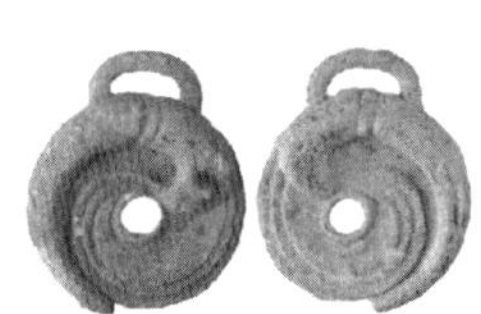

176. Round-shaped Biao

Two pieces, they have the same size and shape. They are flat and round, has the sign of bird, there is a hole in the near middle, above the hole there is a bridge like belt, and on the other side of it there are three thick knots.

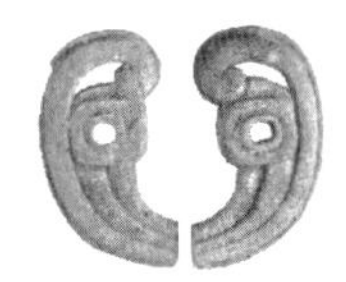

177. Bird Head-shaped Biao

It is round upside and sharp downside, and an oval shaped part bulging in the middle, a hole in the middle, the up part is hollowed with triangle shaped holes, the down part has the shape of three steps, the back side has two knots. This kind of Biao is called Angle Biao, while the characteristic of eye in the middle, head on the top, beck is on downside is apparent, thus the name bird head shaped.

178. Pipe-shaped Danglu

Two pieces, they have the same size and shape, the up part is like a tilted shallow basin, and the low part is like a long pipe. The up part has two parallel knot, the lower part of the pipe has the pattern of bulging lines, while the lower part of its other side has a bridge. One piece has the two characters on the knots and mat pattern on front side as back pattern, another piece of Danglu also has the two characters.

179. Two Angle-shaped Danglu

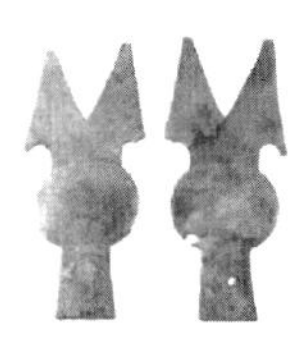

The up part is two angles shaped, in the middle a horizontal oval is depressed, and at the down part there is a ladder shaped handle. From the middle of the two angles, a bulging line is made to the middle of the round circle, the two sides has a bulging line. From the up part of the round circle two curve are made out of the line. On the backside, a bridge like button is on the near point of the angle and the hoop of the lower stem for the purpose of fixing Danglu.

180. X-shaped Jieyue

Jieyue has the shape of X, and it is like two curved pipes crossing with each other, open for each other inside, facing into four directions, in the middle part three rope patterns, on the backside there is a hole in the middle.

181. Bulgy Ball-shaped Jieyue

Jieyue has a bulging ball on the front, the backside is hollowed with four short pipes rising outward from it, which are connected with each other.

182. Cross-shaped Jieyue

Jieyue is like two pipes crossed. but they are open to four directions, the downside has a cubed hole, in the middle a beast face pattern is on it.

183. Ring-shaped Jieyue

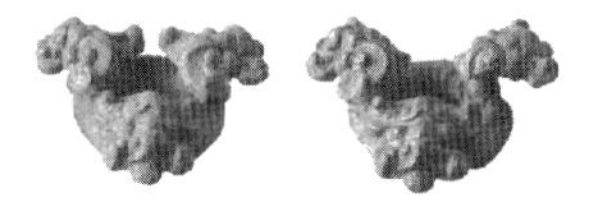

Two pieces, they have the same shape and size. The body has the shape of a ring, flat downside and bulging upside. Three outfacing beast heads are carved on the top. The beast is showing its tongue, it has high nose and bulging eyes, the big ears turning inside.

184. Umbrella-shaped Jieyue

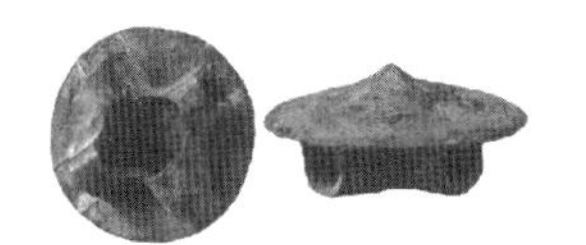

Upside of Jieyue has the shape of an umbrella, while the downside is a cross - shaped pipe. The umbrella is reaching the mouth of pipe. The cross like pipe is hollow, and open in four directions.

185. Saddle Iron

A pair of saddle irons, they have the same size and shape. It is round like, and has rectangle knot upside, while rectangle hole downside, for the purpose of fastening rope; on the low part there is an oval peddle, which is tilting outside.

VIII. Production Utensils

186. Chan

Chan has the shape of a ladder, the edge is broad, while the shoulder is narrow, both has the sign of curve, cubed Qiong is reaching to the middle, the mouth of Qiong has a belt, under which a small hole is on it, this is to fixed nails. In the middle of Chan a Chinese character is seen. A same kind of bronze Chan was found in Quanbei Village of Chang'an District, the period is West Zhou.

187. Chan

The body is broad and thick, the shoulder is curved, and the edge is also curved, the cubed Qiong is slowly to the body part, the mouth of it has a bulging belt. The kind of Chan was excavated in Anyang of He Nan Province, and it is the utensil in the Shang Dynasty.

188. Jue

The body of it is long and narrow, which looks like an awl from the side. The hole has the rectangle mouth, hollow inside till reaching the edge, the both sides edge is curved, the hole has two bulging belt, bulging two sides. This Jue is similarly like Situ Jue owned by Wu Dahui, it was made in the early days of middle West Zhou.

189. Ben

The body is narrow and long, the top is a little broad, the from the middle part it is slating straight, the mouth of Qiong is rectangle like, the middle is hollow till reaching to the edge. One side of the body is flat, another side is curved to edge, the edge is reaching outside, one side edge, the edge is as wide as the mouth of Qiong. On the mouth of Qiong there is a bulging belt. The same kind of Ben is discovered in the Hejia Village of Shaanxi Province, (Shaanxi Qishan Hejia Village West Zhou Dynasty Tomb Utensils, Archeology 1976, 1 issue), the time should be late Shang Dynasty.

190. Arc shaped axe

The axe has the shape of semi circle. The edge is reaching to the shoulder, flat and cubed Qiong.

191. Great Luck Hoe

The body of hoe has broad upside and narrow downside; the upside is almost like a helmet, with rectangle Qiong. Seen from side, the upside has the shape of shadowed moon, and is decorated with many curves; the section of the lower part is awl like, thick upside and thin downside. On the front side of hoe there are three Chinese Li writing style characters, while on the backside a Wuzhu coin money pattern is set in the middle.

192. Circle Headed Knife

The body of knife is like an arc, the edge and back is a little curved, the inside part of edge is depressed, the handle is broad, the end of handle is oval like. The both sides of handle are all decorated with three sets of two S patterns.

193. Circle Headed Knife

The body of knife is short, and a little curved. the edge is slowly drawn into a angle, and the end is a little tilted. On both sides of handle, there are three animal patterns; the end of handle is like a rhombus.

194. Circle Headed Knife

The body of knife is short, and bend downward dramatically, the edge is drawn into an angle, and the pointed tip is tilting upward. The handle and edge from a right angle, the end of handle is like a half circle. The handle is decorated with two lines and S pattern curving lines.

195. Circle Headed Knife

The back of knife is a little bulging, the pointed tip is depressed, the edge and its end is shaped like a peak; the handle is long and thin, having two parallel lines on it, each line has short slanting lines, the end of handle is like a circle. The handle and edge form a right angle.

196. Circle Headed Knife

The body is thin and long, the back and edge is flat, the pointed tip is sharp. The handle is straight with flying dragons pattern on both sides of it, clouds pattern is decorated on the handle, the oval like handle is decorated with Kui dragon pattern.

197. Special Shape Knife

The body is short, the edge is tilting upward, on the edge thorns are made from it; the handle is broad and long, with the decoration of three curved lines, the end of handle is like a flat cube.

198. Chi Dragon pattern knife

The body is arc like, the front part of edge is drawn into a peak, the handle is broad, and two sides of handle are decorated with Chi Dragon pattern. A square like hole is on the handle end. The Chi Dragon pattern is shaped like a curve, and the curving lines is tadpole like. This kind of pattern originated in the Spring and Autumn period, and is prevalent in the Warring States Period.

IX. Weighing Apparatus

199. The Gilded Flower and Birds Pattern Chi

The Chi is rectangle like, and gilded with gold all around. A and B sided of it have the same kind of pattern, while the patterns are a little different, for the direction is different. The outside pattern of Chi. is of two parts one part is decorated with the pattern of two series of flowers opening to one end of Chi. Another part is decorated with vertical lines, and is decorated with groups of flowers each section. For A side, the pattern from first section to the fourth section is wild goose, wild goose, bees, and parrot, and the last part is grouped flowers, no signs of birds on insects; In B side, the pattern from first section to the fourth section is wild goose, wild goose, bees, and parrot, and the last part is grouped flowers, no signs of birds or insects; In B side, the first section is grouped flowers, while the latter four sections have the same kind of pattern with the first four section of side A. The patterns on the face of Chi are all carved, and the lines on it are fluent and delicate. The birds and insects on it are all made naturally. Groups of flower have distinctive shades, and the broad leaves tilt naturally, which is the obvious flavor of late Tang Dynasty.

200. Shanglin Bronze Single-handled Liang

It is an oval like Liang, with a single handle, and the mouth of it is opening outside, there is a thick belt around the mouth, the bottom is flat, while the handle is hollow.

Two lines of 36 characters inscription is below the thick belt 12 Chinese characters in the first line and 24 Chinese characters in the second line.

Inferring from the characters and the time, these words are carved twice. The second line is made at the first year of Wufeng (53BC); the first line is carved at the third year of Emperor Hanwen's throne. The Palace of Mianchi is suspected in the Village of Mianchi. According to the words of Han Documentary Geography part, 'Hongnong County was officially admitted in the fourth year of Wu Emperor Yuan ding. County the eleven issue Hongnong, so Qin Dynasty Hangu Guan. Mianchi, Became one of the villagers of Mianchi in the eighth year of Gao Emperor. At the second year of Jing Emperor, it is made into a village.' The county is now in the Province of Henan, in the ancient time Hongnong County has eleven villages, and Mianchi is one of them.

According to the archeology discovery, at the third year of Chuyuan, some bronze utensils are set in the Shanglin Yuan. for example in the bronze utensil groups found in Xi'an City Sanqiao County Gaoyao village, number 9 and number 10 bronze Jian is made in the year of 'the third year of Chunyuan at Shoudong County'. The utensil is inscribed as Sheng, and it is weighing one Jin and two Liang, and it is really measuring 198 milliliter, weighing 267.3grams.

201. Flowers And Leaves Pattern Quan

Quan has the shape of bun, the knot has the shape of a beast, generally viewing the surface is covered with flowers and leaves rising from the middle knot, between flower petals, some thick lines goes through them, the pattern of flower and leaves on the Quan is generally seen on the mirrors of Han Dynasty.

202. Six Edges Quan

The body of Quan is small, inverted ladder like knot is on it, the hole on the knot is irregular, the shape of Quan is small upside and big downside, the top of it is bulging, the body has six edges, and two lines run through the body upside and downside, a six corners plate is set under it. On the front side and back side of the Quan, two inscriptions of Chinese characters are seen on them.

203. Six Edges Quan

The inverted ladder like button is irregular. The body of it is small upside and big downside, the top of it is bulging, and the body is hexagon like, a circle of line is made upside and downside, a hexagon like plate is below. Some inscriptions are on it as following.

Quan ① nine Chinese characters indicating the year, and place.

Quan ② thirteen Chinese characters indicating the time, and place.

204. Ellipse Shape Quan

It has inverted ladder like knot, with irregular hole on it, the top of Quan is bulging, on the round shoulder of it, a circle of line run through it, the upside is round and protruding, while the downside body is curving inside, the plate is round like. Some inscriptions are seen on the body, as following:

Quan ① eight Chinese characters indicating the time and place

Quan ② fourteen Chinese characters indicating weight, place, and exact time

Quan ③ five Chinese characters indicating the time and number

X. Maneuver Tally

205. Tiger-shaped Maneuver Tally

The tally takes on the shape of a semi - faced tiger, which is in crouching pose, with its head and chest holding up high roaring. The tiger has high nose, protuberant eyes, thick eyebrows, backward furling ears and square bulgy back, with a sturdy tail curling to the side. The whole body of the tiger is bestrewed with stripes. Inside the outline of the tiger's belly, one half is square and protuberant, while the other is concave. The protuberant and concave parts correspond with each other in length, width, and height(depth). It can be judged from this from this part of the tally that the inside of the other part of the tally takes on opposite structure as this one so as to fit exactly with each other. This kind of tiger - shaped tally with protuberant chest and upholding chest, with tiger stripes on the body was mainly popular in the East and West Jin dynasties as well as the South and North dynasties.

206. Ox-shaped Maneuver Tally

The tally is ox - shaped, and vertically divided into two parts. The ox is standing quietly with its mouth short and forehead broad. Its eyes are big and eyebrows bend high. The two horns are curved inside. Its fat and thick skin drops down under the neck. It has a strong body and four limbs without feet. The entire body is gilded. One side of its inside shoulder is installed a rivet, and the other side of it is a corresponding hole for fixing. The holes are installed on the nose and the hip to fasten. In the middle of the back, five characters inscription is carved vertically. The first character should be a place name. It is pity that we cannot identify it because it is faded. The ox - shaped maneuver tally is a peculiar tally of Song Dynasty.

207. Plate with the Inscription 'Chi Ma Ran Liang'

The plate has flat, and round body, with a rectangular handle on one side, which is composed of two parts inserted with one another. The upper part is engraved with four Xixia characters in regular script 'Chi Ma Ran Liang', Meaning ordering imperially the post horse to gallop day and night. This inscription is the free translation of the universal Han - character inscription 'Chi Zou Ma pai' at the time. The lower part is engraved with four sets of good - luck cloud patterns, the edge of which is carved with two string patterns, the edge below has a silver inlaid character 'bian'.

The plate with the inscription 'Chi Ma Ran Liang' is a kind of metal plate issued by the West Xia Kingdom(1038~1227), to show the identity and the mission one is on. The plate has inscriptions engraved in West Xia characters. According to History of Song Dynasty - Records of West Xia Kingdom. Yuan Hao 'dispatched troop, called on the generals by the silver tally state the obligations face to face'. The messenger with the sliver plate is called 'Silver Plate Angel' or 'Angel with Silver Plat', whom are greatly respected. However no silver plate has been found yet. The excavated and handed down West Xia plates are all bronze ones, including the three categories of 'Chi Zou Ma' plate, defense plate and Su Wei plate.

XI. Miscellaneous Artifacts of various functions

208. Iron with 'Chang Yi Zi Sun' Patterns

This iron takes on the shape of Diaodou. It has broad mouth, and folded brim, below which there is a circuit of broad protuberant string patterns. It has short are - shaped belly, round and restrained near flat bottom. On the interior bottom of the iron's belly, there's a protuberant Wuzhu coin pattern. A straight handle is installed below the brim. The end of the handle takes on dragon head shape. The dragon has an open mouth, long proboscis, broad forehead, and diamond - shaped eyes. The crooked end of the dragon's single horn is curling upward. The two ears of the dragon curl backward. The upper surface of the front of the handle is engraved with intaglio four - character inscription 'Zhang Yi Zi Sun' in Han style calligraphy. The dragon shape of the iron's handle was popular in Han Dynasty. The Wuzhu coin pattern was also a popular decoration on bronze wares of Han Dynasty, symbolizing good fortune, riches and honor.

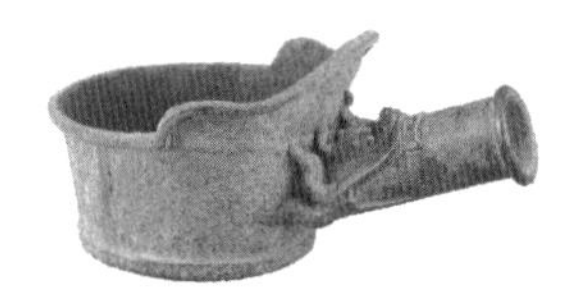

209. Iron with Dragon-shaped Handle

The iron takes on the shape of a basin. It has square lips, deep belly, tilted belly, and flat bottom. One side of the brim protredes into heap of clouds pattern. The bellies of the corresponding clouds are connected with a tilted tube - shaped straight handle, the and of which is decorated with a dragon head. The cloud on the iron's belly is decorated with a running beast. The lower part of the iron is decorated with interlinked cloud pattern. There is a broad belt on the brim below the cloud, which separates the decorative patterns on the iron's belly and the cloud. The belly is decorated with a continuous six - sided geometrical turtle back pattern. This kind of decorative pattern was mainly found on porcelains and baldachins after Yuan Dynasty. The dragon on the end of the iron's handle is opening in swallowing shape. The dragon has big wide teeth, S - shaped nose, round bulgy eyes, upward curling eyebrows, upward pointing single horn, and erect ears. There are two long drifting feelers on the cheeks of the dragonhead, which was the popular shape of Ming Dynasty.

210. Liangshan Palace Incense Burner

This incense burner has a lid. The single column takes on bean shape. There is a round knob in the center of the bulgy lid, around which there are ten vertical long holes. The lid and the body of the burner can be fastened as the snap fastener. The bulgy belly takes on ball shape,

and is separated into two parts by a protuberant arris in the middle, the upper part of which is installed with a pair of ring - shaped handles. There are inscriptions on both the lid and the belly. The three - line eight - character inscription on the lid says 'Made in the fifth year of Fengyuan, Liangshan Palace'. The five - line, fifteen - character on the belly says. 'Incense burner of Langshan Palace, with the capacity of one Sheng, and weight of nine and a half jins, made in the fifth year of Yuanfeng'.

According to the inscription, this burner was made in the fifth year of Fengyuan (76BC) in Liangshan palace. Liangshan palace was originally built in Qin, and was rebuilt and put in use in Han Dynasty, which is situated at Wazi hillock of Diaoya village. Wudian Township, Qianxian County in Shaanxi province, where there is a 140m by 30m relic. Artifacts of Liangshan palace were also excavated before. According to Records of Bronze and Stone Wares - Bronze,' Cauldron of Liangshan, made in the first year of the reign of King Yuankang'. The discovery of Liangshan palace incense burner provides another important concrete proof for the research of Liangshan palace.

211. Incense Burner in Swan Gosse Shape

The bronze swan goose holds up its head and chest, with its eyes looking upward, the long beak pointing up and two erect legs. The features on the swan goose's head are expressed in relief pattern. The belly of the swan goose is hollow. The back of the swan goose serves as the lid of the burner, which takes on snap fastener form. The lid bulges up, and hollowed out into the pattern of six inter coiled Chi Dragons. Incense is burnt inside the belly, while the smoke comes out from the hollow - carved holes. The structure of this incense burner is neat and vivid, which is full of the tinge of life. This type of incense burners was mainly popular in mid and late West Han Dynasty.

212. Incense Burner with Handle with Flying Bird Ornament

The burner has flat brim, tilted belly, flat bottom, and a handle, below which there is an awl - shaped nail that keeps the body of the burner and the handle in balance. The burner has a lid, which slightly takes conic shape. The upper part of the lid takes on big mountain shape, with a bird spreading the wings in flying posture. There is a circuit of hollow - carved holes on the lower part of the lid. Each unit of the holes is composed of four oblongs with a spiral - shaped hollow - carved aperture in the middle. The lid and the stove are connected by a chain on the end of the handle, which are removable. This kind of incense burners still remained in use until the East and West Jin Dynasties, such as the one with dragonhead handle excavated at west foot of Xiangshan Mountain in Nanjing province of East Jin Dynasty, which is quite similar to this burner, and it also has an ornament of flying bird.

213. Boshan Incense Burner

The body of this burner resembles that of bean. The lid is decorated with the pattern of mountains and hills. The handle of the burner takes on phoenix bird shape. The base of the burner takes on tortoise shape, with a tray at the bottom.

The burner takes on round shape. It has restrained mouth, bulgy belly, and a loop base. It has a lid, which resembles a snap fastener. The lid takes on mountain shape, with birds and animals living among the mountains. Incense is placed inside the burner, and the fragrance comes out from the interspaces between the mountain peaks into the air. The peaks are decorated with trees, leopards, boars, and monkeys, where there are also hunters with bows. There are two layers of string patterns on the belly of the burner, one broad, and the other narrow. The pillar of the burner takes on phoenix shape, on the head of which is the incense burner, and the two feet of which are on the center of the tortoise back. The bird has erect neck, oval eyes, pointed beak, open wings, and flowing tail. The tortoise stand stood by the phoenix is a combination of tortoise and snake, with the tortoise head holding up, and four feet close to the ground. The tortoise's back is decorated with cloud and thunder patterns. A snake coils the tortoise. The tray has flat folded brim, erect tilted belly, inclining lower belly, and small flat bottom, with a rivet in the middle of the bottom connecting with the pillar of the burner.

The shape, structure, and decoration of this incense burner is quite creative and shows originality, which is not only practical but also beautiful. It is not only an exquisite ornament, but also a practical artifact of scientific value.

214. Incense Burner with Long Handle

The burner is made up of the body, long handle, lid with a knob, and the stand. The body of the burner takes on cup shape, with the wide brim folding outward. It has concave lips, slightly restrained waist, and a flat bottom. The part of the belly near the bottom is projecting outward. There is a cake - shaped stand at the bottom of the burner, the outside of which takes on continuous arc shape, with an intaglio line in the interspaces between each peak of the arc and in the center of the stand, which form a circuit of petals. The stand is hollow at the bottom. There is a rivet at the bottom of the burner's stand. A narrow bronze nail in the center of the rivet connects the stand with the body of the burner through the center of the stand, which can be flexibly turned. A side of the body of the burner is installed with a long handle. One end of the handle connected to the body of the burner curves downward and holds the bottom. The other end bends down and folds horizontally, with a lion on the end. The interface between the handle and the body of the burner is decorated with a round piece, which is hollow carved with cloud patterns. The statues and figure tablets of Tang Dynasty usually has a pair of lions in front of the Buddha, between which is placed an incense burner. In Buddhist art works, there are similar images of maids of honor holding long - handled incense burner in hands. Hence, this incense burner should be a Buddhist article.

215. Four-footed Incense Burner

The middle of the burner's lid bulges up, with a knob at center. The cap of the knob takes on round ball shape, with an assembled point. The pillar of the knob is short. The surface of the cap takes on slope shape. There are four cloud - shaped hollow - carved apertures around the knob. There is a flat folded platform in the middle of the lid's surface, and three sets of hollow - carved apertures made up of four holes. The brim of the lid folds downeward and curves outward, which fastens the mouth of the burner. The brim of the burner's body turns outward. The erect belly of the burner is quite shallow. The bottom is flat. There are four ring - shaped knobs on the burner's belly. The knobs have stands resembling the persimmon base. There are chains on the rings. The lower belly of the burner is installed with four animal - shaped feet, the heels of which projecting outward.

216. Stove with Five Feet of Qihua Palace

The mouth of this burner is slightly open. It has folded brim slightly inclined erect belly, and flat bottom. The belly is decorated with four protuberant string patterns. Around the belly, There are five lion heads with ball in relief. There is a circuit of five lion heads near the brim on the lower belly. The lions have large eyes, and open mouths, with their tongues projecting out. There are five lion forefeet made into the burner's feet. Below the mouth is engraved with a twenty - nine - character inscription 'Bronze Yu stove of Qihua Palace, with the capacity of one dou and two sheng, the weight of ten jin and four liang, made in the second year of Tianhan by craftsman Zhaobo, guarding the ministry of Jixian'.

According to the inscription, this stove was made as a warming implement for Qihua palace of Chang'an City, The Qihua palace is the Qihua hall, which is situated in the west of Chang' an city, near Jianzhang palace. According to records in San Fu Huang Tu, 'Qihua hall is beside Jianzhang Palace. Precious artifacts from around the country are placed here, including fire - proof cloth, knife for cutting jade, enormous elephant, big sparrow, lion, mild horse, etc.' In the second year of Tianhan(99BC), was the period of Liuche, King Wu of West Han Dynasty. Hence, this stove was of King Wu's Period of West Han Dynasty.

217. Flying Birds shape Belt Hook

The hook is small, and it takes the shape of a bird flying with neck turning back, some flat buttons is below its body.

218. Water Birds Belt Hook

It is small, with bird head like end, long beck and twisted neck, two wings spreading behind; some round buttons is connecting with the end of the hook, on the surface of which there are some square chess patterns. There is a four - characters inscription on the edge, but is not clear.

219. Duck shape Belt Hook

The duck has long beak and short belly, the end of the hook is forming the beak, which is winding beyond the hook, some irregular buttons is below the body of duck, this is popularly seen in some tombs of late Warring States or after union of Qin.

220. Beast Face Pattern Belt Hook

The hook take the shape of beast head, the eyes have the shape of water drops, with bulging forehead, two horns are curling cloud like, with hollowed hole in the middle of the cloud. On the back of the hook there are geometry pattern, with bulging buttons.

221. Beast Face Pattern Belt Hook

The hook is long and thin. The front part of hook is beast head like, curving inward and goes parallel with the neck. The end of the hook is round beast face like. The mouth is olive like, with three circles. The eyes and eyebrows are shaped vertically. The back of hook is depressed; while the surface of button is flat.

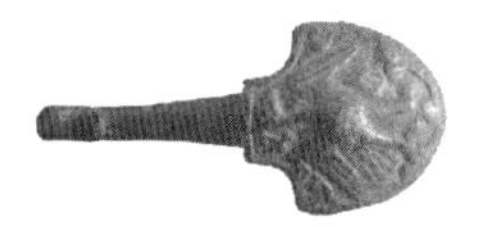

222. Spade-shaped Belt Hook with Phoenix Pattern

The whole body takes on the shape of spade, with a relief carved phoenix, the phoenix is standing on the rock, cap turning backward, wings open, clouds pattern filled as background.

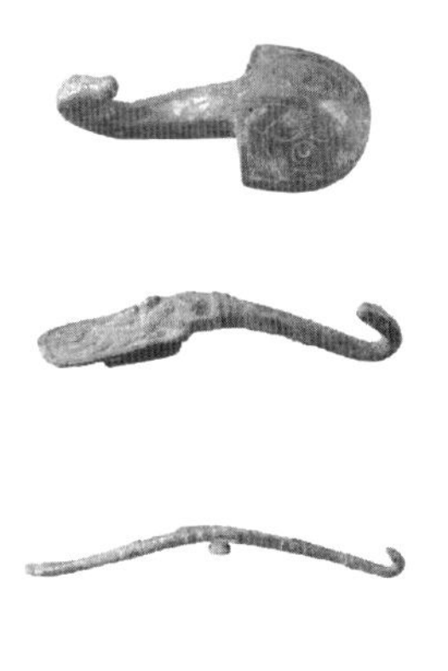

223. Spade-shaped Belt Hook with Cloud Pattern

The front of it is beast head alike, the whole body is taking the shape of Liu, with curling cloud like pattern.

224. Spade-shaped Belt Hook with Dragon and Tiger Patterns

The front of the hook is taking the shape of beast head, and the body is Liu like. In the middle of the hook forms a ridge, in the middle stands a turtle, a dragon and a tiger is on both sides, relief carved alike, the pattern of earth is covered with geometry pattern. The back and the surface of button are bulging.

225. Beast Pattern Curved Stick Like Belt Hook

The body is taking the shape of bow; the button is in the middle. the front and end of hook is beast head alike, around the neck there is a circle of broad belt, three beast patterns is pointing to the front, two lines of Song stone are embedded on the back.

226. Geometry Pattern Curved Stick Like Belt Hook

The front of hook is in beast head shape. The radian of the hook is not big. The hook is silver gilded in geometry pattern, among which the fish egg pattern is filled in. The button is in the middle of the hook back.

227. Two Beast Head Pattern Curved Stick Like Belt Hook

The front and end of hook is in beast head shape, around the neck and the tail there is a circle of thick hoop, on which two fillisters are carved, some flat round buttons are set in the middle of back hook.

228. Bird Pattern Long Tablet like Belt Hook

The front of hook is flat and plain and its neck is short. The hook is slightly flat rectangle. Six bird patterns are decorated on the surface. Most of the original gilded surface has peeled off. The surface of the hook back is plain and the button is small.

229. Dragon Pattern Long Tablet like Belt Hook

The body is long tablet like, with relief like Chi Dragon pattern on the surface; the front take the shape of beast head, a sword of Ge pattern is set between the neck and the body part. The round button is a little bulging on the back of the hook; this round shaped is fitted for carving a Chi Dragon pattern.

230. Beast Shape Belt Hook

The body takes the shape of beast, which has a short body, mouth open, tongue protruding and its tip curling backward, eyes are triangle like, ears are drawing backward, the single horn is vertically standing, and the trunk is very short, with tail parted up and down at the end.

231. Beast Shape Belt Hook

The hook front is beast head like. The hook body is beast face like, with large mouth, high nose, diamond shape eyes wide open, and hair is curling delicately, and the button stick is reaching out of the beast mouth, the button is flat.

232. Double Beast Shape Belt Hook

The front of the hook is beast head like, the whole body is made up with two S - shaped beast, which are separated by flower petals, and the tail is covered by beast head pattern. The hook is a little curved, with a flat little button in the middle of the back.

233. Chi Pattern Belt Hook

The front of hook is carved with pattern of cross, indicating the eyes, nose, the hook is rectangle like, with a turtle in the middle, some Pan and Chi Dragon patterns are molded in relief pattern as background. The back is sunken, a flat round button is set on the near end side.

234. Belt Hook in Shape of Tiger Bitting a Goat

The hook body is like a goat, with its head turning backward some kinds of cloud patterns is decorating on the ankle and trunk part, and fish seeds pattern are filling for clearance, before which a tiger is biting the goat's neck, using front paws tearing, yet no indication for back paws, the tiger's tail is tilting upward served as front of hook. Below the body of goat, there are two round circles; a flat little button is on its back.

235. Rabbit Shape Belt Hook

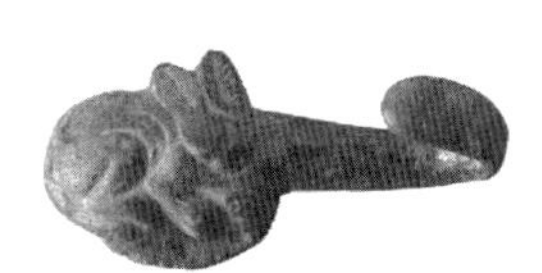

The hook is taking the shape of a rabbit, which is fat, two eyes looking down, two ears are vertically standing, the back foot is groveling, and the forefoot is to rise. The hook back is sunken, the stick is the same thick with it, with the surface of it a little protruding.

236. Tiger Shape Belt Hook

The hook body is taking the shape of a tiger with its head turning backward, neck with a metal circle. The left claw pull ahead forming the head of the hook. Some strips like pattern alover its body. The button stick is thick and short on the hook back, while the button face is flat.

237. Beast Body Belt Hook

The front of hook is taking the shape of neck turning backward, the body is a 8pattern Pan Dragon like beast, in the middle is a flat round button.

238. Chi Dragon Pattern Belt Hook

The front of hook is paralleled with neck, which is short, some kind of Chi dragon relief style pattern is decorating the hook, and on the back the button is near the front of the hook, the button is flat and big.

239. Monkey Pattern Belt Hook

The hook is taking the shape of a monkey, its left hand is bended inward, with naturally dropping body and right arm, the monkey is in a narrow sleeve robe, with a belt on the waist, and a button on the back.

240. Beast Shape Two Button Belt Hook

The hook is taking the shape of a beast, which is crouching on the ground, with thick tail rising like a hook from inside, its front paws is reaching into the giant beast's mouth. A long animal is parallel with beast's trunk; its head is reaching to the jaw of the beast. At the back and in the middle of the look, two flat buttons, and one big one small, is on the back of hook. This hook is peculiarly made, with strip pattern on the whole body of the beast, and which was popular in the Wei and Jin dynasties, as well as Northern Dynasties and Southern dynasties.

241. Long Neck Belt Hook

The front of it is forming an angle with the neck, which is very long, the horizontal section is like a triangle, the tail is curling to the side, with a flat round button in the near side of tail.

242. Cicadas Attached Belt Hook

The hook is long and narrow; its tail is turning downward to connect with hook button. On the surface of it is a series of calabash pattern, with awl shape on the top, three screw patterns below, some ripple like curving line is on two sides, and the pattern of earth is decorated with some little dots. A cicada's pattern is carved below the end of hook.

243. Insect Shape Belt Hook

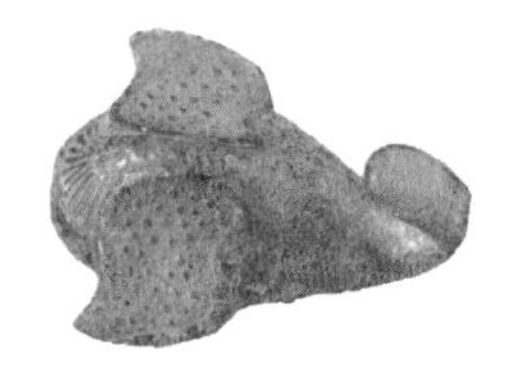

The hook body is short and broad, and is insect like. Its head is turning backward forming a hook, the two wings spreading outward, with fish seeds decorated for clearance, and hidden lines are curving on the body, some short thin lines are set in radiation on the tail. It's back is sunken, a flat round button is on the near tail part.

244. Cicadas Pattern Belt Hook

The beast head shape hook end is parallel with neck; the neck is long, with the body of hook like cicadas. On the back of hook there is a V pattern fillister; geometry like pattern is covering the side. Button stick is connected slantingly with hook; on the surface of button is a beast face pattern.

245. Beast Head Bird Body Like Belt Hook

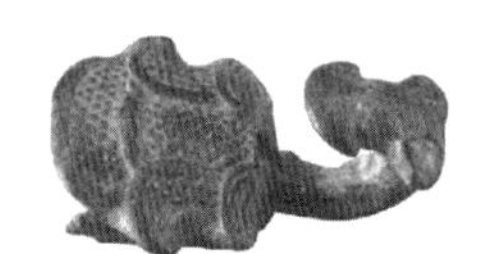

The hook is extremely small. The front of it is shaped like beast head, with broad mouth and big ears; the surface of hook is like a bird, with wings open outward, the tail is rising outward, on the body is decorated some fish eggs pattern. The back of hook is taking the shape of dustpan, with a little button in the middle.

246. beast Head Duck Body like Belt Hook

The front of hook is beast face like, the body is duck like, right wing is closing the back, and there is a depression part in the middle of the back, where something should been carved there, with flat round and bulging button.

247. Beast and Bird Pattern Belt Hook Inlaid with Song Stone

The front of hook is in beast head shape. The outline of the eyes, nose and ears is distinct. The hook is curved in a big angle, which is formed by two beast patterns in the front and the back. The body of the front beast is separated into two parallel branches; the waist of the back beast is restrained a little, and its tail is divided into two parallel branches. At the two sides of the beast body there is a bird separately. Both the body and the tail of the beast and the bird are decorated with Song Stone. The button is near the back of the hook and surface of the button bulges up. Except the place Song Stone decorated, the other parts are original gilded, but most of them peeled off.

248. Circle Shape Belt Hook

The end of Hook is taking the shape of bird, the whole body is like a oval, on the surface of it is a circle of pearls joining pattern, behind which a horse is standing there, and a bridge like button is on the back of the horse.

249. Silver Gilded Beast Pattern Lute-shaped Belt Hook

The hook is a little lute - shaped with a narrow body and a long neck. The button is near the end of the hook. The surface of the hook is flat in the middle and slanting at the two sides, which is decorated with beast pattern. The beast head is at the end of the hook, and its body and tail are extended to the front of the hook. the beast's legs and feet are indicated by the clouds pattern. The body is decorated with clouds and thunder patterns, circle pattern, semi - ring pattern and other geometry pattern. Among all these patterns, the silver gilded lines are filled in it. The button is near the end of the hook.

250. Lute Pattern Belt Hook

The hook take the shape of lute, the front of which is like a duck head, the body is like the belly of mantis, in the later part of it is a square pattern seal like button, the inscription is of four Chinese characters.

251. Silver Gilded Lute-shaped Belt Hook

The hook is short, small, and thick. The front is in beast head shape, while the body is lute - shaped. The eyes and horns on the head and the limbs of the beast on the body are indicated by the silver gilded pattern, and the middle part is adorned with silver gilded clouds pattern. The position of the button is near the end. The button pillar is thick and short, while the surface of the button bulges decorated with silver gilded volute pattern.

252. Hollowed Chi Dragon Pattern Lute-shape Belt Hook

The hook is taking the shape of lute, with already damaged front; the whole body is hollowed with Chi Dragon pattern, which is turning its head backward, like crouching. In the middle of the hook back there is a flat oval button.

253. Gilded Goat-shaped Light

The light is in sleeping goat shape. The goat holds its head high, and has two horns curved. Its front legs kneel down backward, while the back legs bend frontward. The body is perfectly round with a short tail. It is vividly portrayed and looks naturally. The entire body is plain but gilded. The goat's belly is hollow, which is used store the oil. The back and the body can be divided into two parts. At the back of the goat's neck, there is a movable knob. A little promoting knob is installed on the buttock, which opens the goat's back upward and forms an ellipse shaped light plate, which can be put on the head of the goat. There is a little running mouth on the plate to put the lamp wick on. When the light is put out, the remained oil in the plate can flow to the inside of the belly through the running mouth. Put the light plate upside down to the goat' s back and the goat returns to the sleeping shape. The designer of this light ingeniously mixes the practical and artistic character together. When using it is a light, while when not using it is a beautiful metal handicraft.

The belly of this piece of gilded goat - shaped light is hollow. When the cover opens and turns it on the goat's head, it is still in a good shape, which stays naturally, steadily and unsophisticatedly. The line of it has a charm of rhyming, flowing and shinning, which just like a mysterious goat coming to the human world by 'taking' the light. Another gilded goat - shaped light having the same size and structure is also unearthed from Liu Sheng's Tomb, the King of Zhong Shan in Man city. He Bei Province. Therefore, only the officials as dukes or princes can use this kind of light in Han Dynasty.

254. Soybean-shaped Lamp

On the top of the lamp is a plate, which is hold by a column in the middle, and a round plate is at the bottom. The plate of lamp is round, flat bottom. with candle Qian in the middle. The column takes the shape of a calabash; on the waist is a hoop of Xuan pattern, with another

narrow thick hoop in the middle. The pedestal below is calabash alike, the pattern of three Chi Dragons carved in relief is twisting around the pedestal. The pedestal has folded thick border, with slanting side, the low belly is drawn to the flat base. This kind of soybean lamp is popular in the Warring States, and is used till Qing Dynasty, whereas different types in different days. This utensil is prevalent in the West Han Dynasty.

255. Walking Lamp

The plate of lamp is shallow, border is thick, the beneath belly is drawn inside, with flat pedestal in the form of beast feet. One of the feet is connected with a handel, which is forming a dragon in the near lamp side, a kind of leaf like handle is rising and folded from the dragon mouth. This kind of lamp has not pedestal or column, only have three feet beneath the plate, with a handle aside, namely 'alking lamp', for carrying while walking. This kind of walking lamp is prevalent in the West Han and Eastern Han Dynasties.

256. Nian Lamp

The lamp the shape of a flat pan, with slanting side, and flat bottom. Candle Qian is in the middle. A foot is connected with straight reaching out leaf like handle. Three hoofs like feet is below the belly, and are joined in the middle of the plate, three feet is molded into the plate. The plate is thinner than the body, with broad and flat border, broad opening, curved belly, and short loop feet. This kind of attaching a plate to Walking Lamp is called 'Nian Deng', and is prevalent in the Western and Eastern Han Dynasty.

257. Wild Goose Feet Lamp

The plate takes the shape of trough, with straight and low sides. In the plate there are three Candle Qian. The wild goose feet shape column is on the side of the plate, which has volute cloud pattern on upper part and cloud pattern of rilievo on the lower part. The wild goose feet is standing on a hoof shape board and looking powerful. In ancient China, wild goose is taken as a kind of luck bird, a gift during marriage ceremony and meeting VIPs; sometimes it is even compared with some people whose job is to send letters, so the claews of wild goose are taken as luck. This kind of lamp is made in Qin Dynasty, and is prevalent in late Western Han Dynasty and early Eastern Han Dynasty.

258. Wild Goose Feet Lamp

The lamp is composed of plate, pedestal and holding plate. The plate is round, with straight sides. The pedestal is four - claw shaped; the claws are standing, with three parting upside, to support the plate. And another plate is below, with broad and folded border, the upper belly is straight while the beneath one is drawn inward, with some kind of circle claws is set below.

259. Lulu Lamp

The lamp has a rectangle shape, with a cap on the top, a half circle button is in the front and at the back, the belly part is drawing inward from up to down, two corresponding 'n' pattern half circle feet is on both sides. The cap is parted into two parts, one half is connected with the box beneath, another half could be torn open, an axle is used to connecting two half circles into one. One part, which could be uncovered, has a button on it, by taking it the cover could be open, thus become the lamp cup, in the middle of which there is a lamp Qian to insert candles. On the cap there is a draining fillister, from which the liquid of candle will be collected, whereas too much liquid of candle is accumulated in the cap, they will be drained from the fillister into the box beneath, and will not dropping outside of the lamp, this is scientifically designed. This kind of lamp is prevalent in the Eastern Han Dynasty, till the Jin Dynasty. The cap is connected with lamp with an axle, thus the name Lulu Lamp.

260. Gilded Pushou, Knocker-holder

It is in round and flat shape. The main decoration is the relief Pushou pattern produced by hammering. The outline is made by the round protruding joint pearl pattern. The appearance of Pushou is ferocious. The eyes open and the eyebrows knitted. Its broad mouth open; the sharp teeth are shown; its tongue rolls up the round ring. At the back of the tongue, it is the branch style rivet, which is used to insert the end of the bolt staple to fix Pushou. The front of Pushou is gilded. It is unearthed from Da Ming Palace Site of Dang Dynasty. It should be the device on the door of the palace.

261. Gilded Sleeping Tiger Paperweight

Two pieces of the device have the same structure. The tiger curls up with its front limbs lie on the ground and its back limbs lie on its side. The tiger holds its head high, and has a broad mouth and a wide nose. It wears the neckband. Along the back, it is decorated with dual - hook C - shape pattern and little circle. The two sides of the spine are outlined with dual intaglio line. The belly is fully decorated with dual lines clouds pattern. The body of the tiger is hollow and entirely gilded, although most of which peels off. The base of one piece is cast with the inscription "郯市臣" and "十斤". Generally, four pieces of paperweight make a group. Two pieces of it look alike are hidden by Shannxi Historical Museum. The excavated place is not far away. It is doubted that they are a group of paperweight. The structure of the paperweight is large. The shape of the tiger is made realistically, which belongs to the characteristic of the early period of West Han Dynasty.

262. Gilded Phoenix-shaped Paperweight

Four pieces of the paperweight have the same shape, and one of it is broken. The phoenix lies prostrate with its head turn over to peck the feather on its back. The phoenix flaps its wings slightly, extends its tail on the ground and bents its two claws. The crest is made in S - shaped and the mouth is short. The eyes of the phoenix are long and narrow, while the tail is made in loose belt shape. There is a silver semi - ring neckband. The feather on the tail is gold alternating with silver and the other parts are gilded.

263. Gilded Sleeping Tiger Shape Paperweight

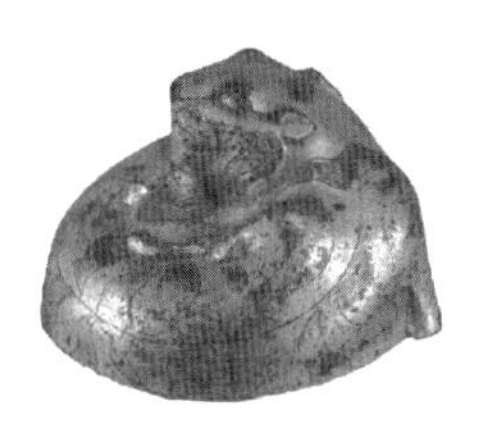

Four pieces of the device make one group, which have the same shape and structure. The tiger curls up with its jaw sustained by its hip. The tiger has a broad mouth and a wide nose. Its two eyes open slightly and two ears tuck backward, while its four paws are put side by side forming an inside curve. The thick strong tail curls inside and is put beside the belly, which looks comfort and seems to sleep. An intaglio line draws the shape of the tiger from nose along the spine and extends to buttock. The intaglio lines draw all the mouth, nose, eyebrows, mustache and hair on the elbow and also the outline of the streaks on its body, which shows the intaglio color, while other part are showing gold color. Some of the silver parts peel off and some are covered by gold, when looking carefully. Therefore, the surface of the tiger - shaped paperweight are covered by silver first, and then gilded at the parts except the streaks. The colors match naturally and quite well, which makes the whole body of the tiger lifelike. There is an irregular hole in the middle of the base of the paperweight, which is used to put the lead in to add its weight and its stability.

264. Singer and Dancer Paper weight

The set has four pieces, each has different appearance, all are dancers and singers, with collar crossing broad sleeves long robe, belt on the waist. One figure is wearing a cap, whereas the hair bud on the back is clear, as well as moustache, kneeling on the ground, left hand on the ground to get self - support, right upper arm is on the leg, and front arm is reaching out, the left shoulder is high and right shoulder is low, the man's body is leaning forward, chatting and laughing; the second figure is similar with the first one, and is like chatting joyfully, face solemn like; the third one is projecting its neck and bending its back, its belly is bulging, sitting on the ground, two arms on the knees, open its mouth like singing; the last one is bending its knee and sitting slantingly, its right arm is on the ground to support itself, left arm on the leg, eyes narrowed like taking a nap.

The four figures are molded with Hefan, and they are in a situation where a hundred figures are performing. These figures are all shaped according to the reality, thus they are all vivid, with vivid expressions that show the highest craft of sculpture.

265. Paperweight in Shape of the fight Between Tiger and Bear

Two pieces of the paperweight are made in the same shape. It is made in the shape of the fight between the tiger and the bear. The tiger opens its eyes with its ears stand upright. The front paws press the body of the bear, while the left back limb presses on the ground and the right one steps on one ear of the bear. The big mouth of the tiger bites the belly of the bear. The bear is pressed on the ground, cry piteously. One of its paws holds the right ear of the tiger tightly, while the other one braces on the ground. The right back limb presses the shoulder of the tiger desperately, and spares no effort to struggle. It is a strong contrast that the tiger is ferocious and violent while the bear is clumsy and stupid. The mustache, eyebrows of the tiger and the hair of the bear are shown by the short straight line, which strongly shows the ferociousness of the tiger and the terror of the bear. A scene of an exciting fight between tiger and bear presents itself before our eyes. The paperweight is solid with the base flat. The entire body is gilded.

266. Turtledove-shaped Cane Head

Turtledove is crouching silently, with long sharp beak, and round belly, the broad tail is very long, the bird is sitting on the end of a stick, which is hollow inside to take a handle in. The delicate part of the bird, such as beck, eye, leg, and feathers on it are carved delicately, especially the feathers on the wing, tail and furs on the belly, the sculptor really capture the fine making. When using it, put your palm on the back of the turtledove, while thumb and index finger is crossing at the bird's neck part, the feeling for taking it is smooth and comfortable.

267. Immortal figure

Immortal figure is in kneeling position, with long face and pointing nose, two big ears is projecting vertically above the head, an awl like bun is at the back of head. First viewed, the face is twisted, while carefully checking, a smile could be tackled from between eyes and eyebrows. The figure is bending forward, wearing a tight sleeves collar crossing long robe, and the shoulder part is broad while waist is narrow, and on the back are two wings with curling cloud pattern. Two arms are protruding forward while bending at the elbow, the left hand is projecting straightly forward, and right hand is pointing directly inward, two hands - up and down - are forming a shape of curving square, between both knees there is a half round circle hole, below which a small hole is made for fixing the apparatus it is taking. The immortal figure is sitting on its heels; a pair of bare feet is reaching out of its robe under the hip.

Records about immortal figure in ancient Chinese documents enjoyed a long history, which were all about legends of immortality, or ideology of celestialization. Of the many works of art in Han Dynasty, the Immortal Figure way was one of the most vivid images to express the celestial ideology. Its unique image is the most typical proof of people's desire of ascending to heaven and becoming immortal, which is also a clear proof of the people of Han Dynasty that the practice of ascending to heaven is the most effective way to become an immortal.

268. Wing Figure

The bronze figure is like a body naked kid, with two wings spreading from its ribs, pearl - string necklace is around its neck, a Ba is put on its chest with one hand, and the figure is vivid made, looking lovely. This Wing kid is very like Eros in Western legend, yet the flavor is totally different. The Ba on the kid's hand is also known as 'Panling', which was conveyed to our country at fourth century. Inferring form this, this Wing kid could be transmitted from western countries through the Silk Road.

고도(古都)인 시안은 중화문명의 중요한 발상지로 상주(商周)에서 진한대(秦漢代)까지 청동기물(青銅器物)을 주조하던 중심지였다. 반세기 동안 여기서 출토된 청동기물은 수적으로 많을 뿐만 아니라 유형 및 변화 또한 체계적이고 완벽해 시안 초기의 모습을 정확하고도 직관적으로 보여 주고 있다. 오랫동안 땅속에 묻혀 있던 역사유물을 소개하고 시안 및 전국의 인문과학연구에 자료를 제공하고 시안의 문화관광사업에 활력을 불어넣기 위해 시안시문물국(西安市文物局) 정위린(鄭育林)과 쑨푸시(孫福喜) 선생이 함께『시안문물정화(西安文物精華)』「청동기」편을 기획하였다.

이 도서는 시안지역에서 출토된 각종 청동기 3백 점을 수록하고 있어 전형성과 대표성을 띤다. 그중 상당 부분의 기물은 명문(銘文)이 있고 대부분 처음 발표되는 것들이다.

본 도서의 편찬사업은 쑨푸시 박사가 총책임자로 왕펑쥔(王鋒鈞) 선생과 함께 체계를 세우고 문물의 설명을 작성하였다. 사진은 왕바오핑(王保平)이 촬영하고, 탁본은 장준(張俊)이 제작하였고, 그림은 타이지린(郜紫林)이 그렸으며 문자 교정은 짜이오롱(翟榮), 왕후안링(王煥玲), 꾸시아오얀(賈曉燕)이 담당하였다. 리쉐친(李學勤) 선생과 장마오롱(張懋鎔) 선생이 기물의 명문(銘文)을 해독하고, 일부 기물의 연대를 판단하는 데 소중한 의견을 제시했다. 리쉐친 선생이 서문을, 장모용 선생이 서언을 썼다. 시안시문물국의 동리췬(董立群), 시앙더후오(向德和), 리싱쩐(李興振) 씨도 본 도서의 편찬 과정에 지원을 아끼지 않은 것에 대해 감사함을 전한다.

본 도서는 국내외 문화예술 전문가와 문물애호가를 대상으로 한 청동기 전문서적으로 체계의 과학성에 심혈을 기울였다. 설명은 되도록 정확하고 간단명료하게 기술하고자 노력하였고 디자인은 미관을 강조하였다. 이는 본 도서를 통하여 시안지역 청동기 문화의 발전상을 보다 체계적으로 폭넓은 독자들에게 보여 주기 위해서이다. 본 도서의 저자는 모두 장기간 문물관리와 연구사업에 종사한 전문가이지만 수준의 한계로 잘못된 부분이 있다면 독자들의 소중한 의견을 바라는 바이다.

2005년 4월 25일

편집자